NIGHT OF THE LIVINGCAT

STORY HAWKMAN ZEICHNUNGEN MECHA-ROOTS

4

INHALT

STORY
HAWKMAN
ZEICHNUNGEN
MECHA-ROOTS
ÜBERSETZUNG
JAN LUKAS KUHN
LEKTORAT
KATHARINA ALTREUTHER
LETTERING
MIRIAM ESTEBAN ROSSI & MASSIMO STELLA

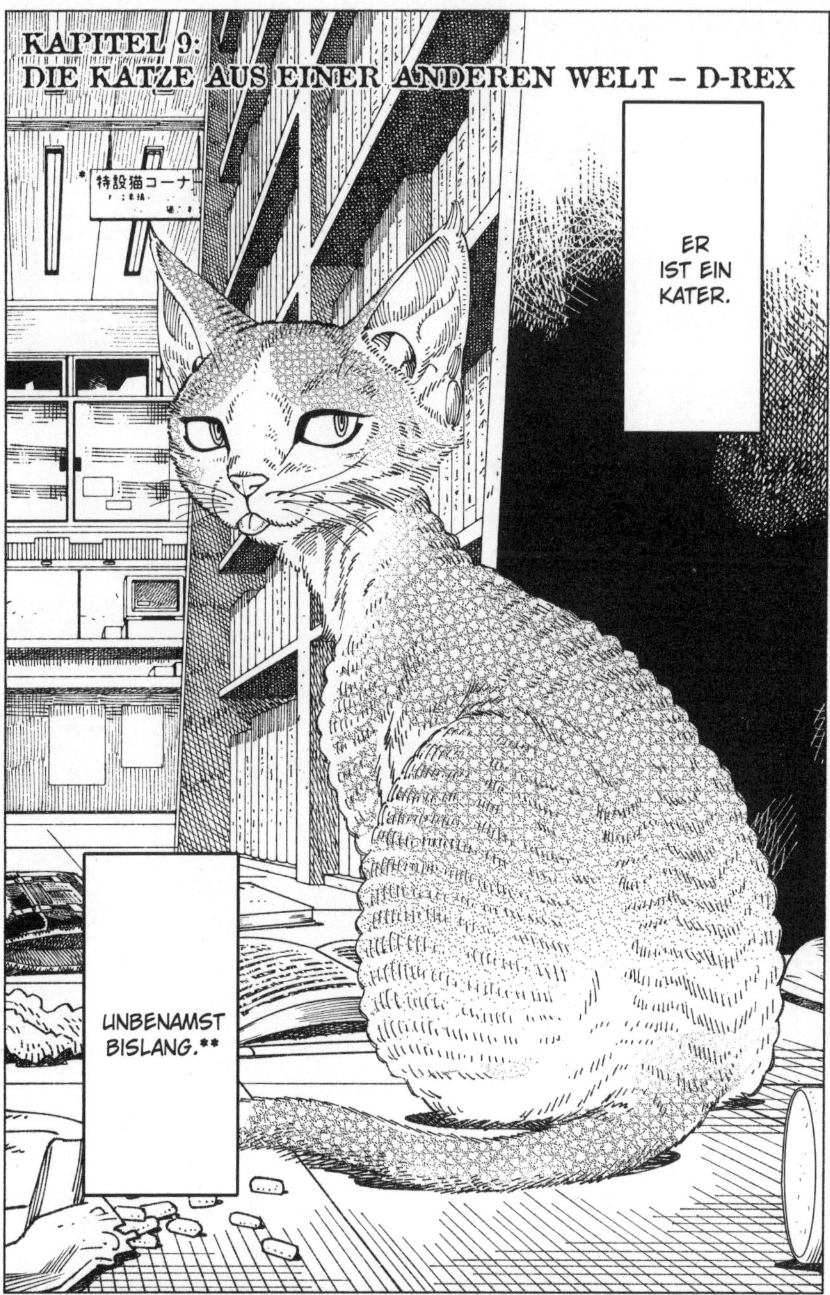

* SONDERECKE KATZE ** AUS OTTO PUTZ' ÜBERSETZUNG VON NATSUME SOSEKIS *WAGAHAI WA NEKO DE ARU* (ICH DER KATER).

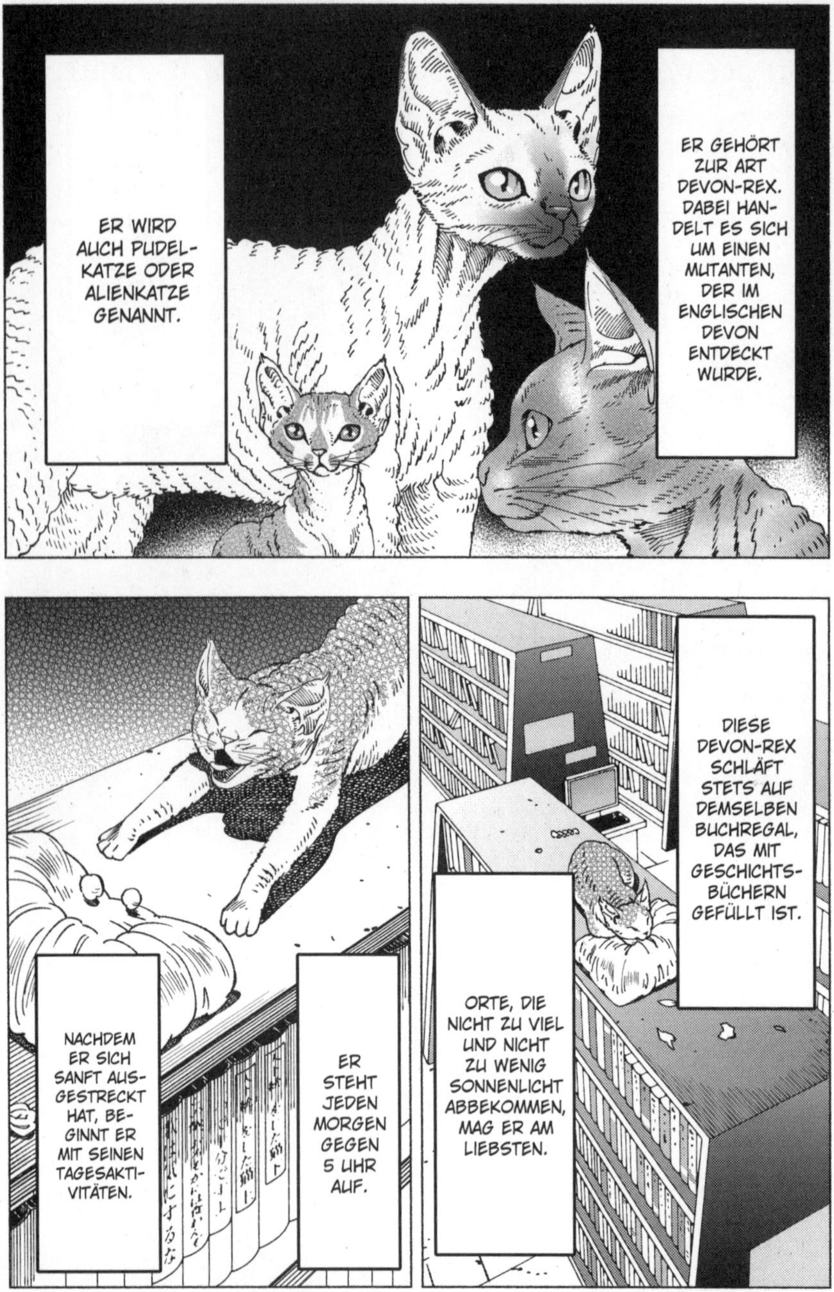

ER GEHÖRT ZUR ART DEVON-REX. DABEI HANDELT ES SICH UM EINEN MUTANTEN, DER IM ENGLISCHEN DEVON ENTDECKT WURDE.

ER WIRD AUCH PUDELKATZE ODER ALIENKATZE GENANNT.

DIESE DEVON-REX SCHLÄFT STETS AUF DEMSELBEN BUCHREGAL, DAS MIT GESCHICHTSBÜCHERN GEFÜLLT IST.

ORTE, DIE NICHT ZU VIEL UND NICHT ZU WENIG SONNENLICHT ABBEKOMMEN, MAG ER AM LIEBSTEN.

ER STEHT JEDEN MORGEN GEGEN 5 UHR AUF.

NACHDEM ER SICH SANFT AUSGESTRECKT HAT, BEGINNT ER MIT SEINEN TAGESAKTIVITÄTEN.

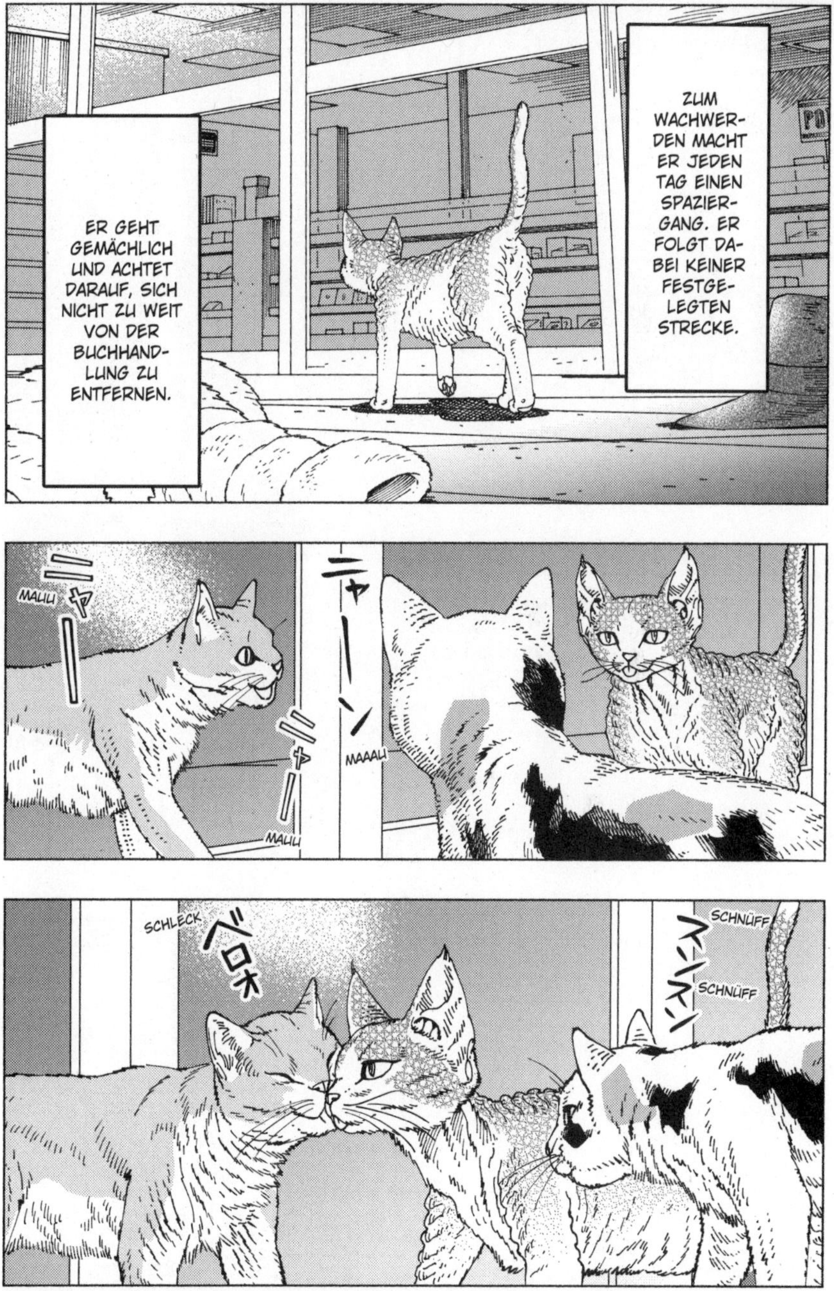

ZUM WACHWERDEN MACHT ER JEDEN TAG EINEN SPAZIERGANG. ER FOLGT DABEI KEINER FESTGELEGTEN STRECKE.

ER GEHT GEMÄCHLICH UND ACHTET DARAUF, SICH NICHT ZU WEIT VON DER BUCHHANDLUNG ZU ENTFERNEN.

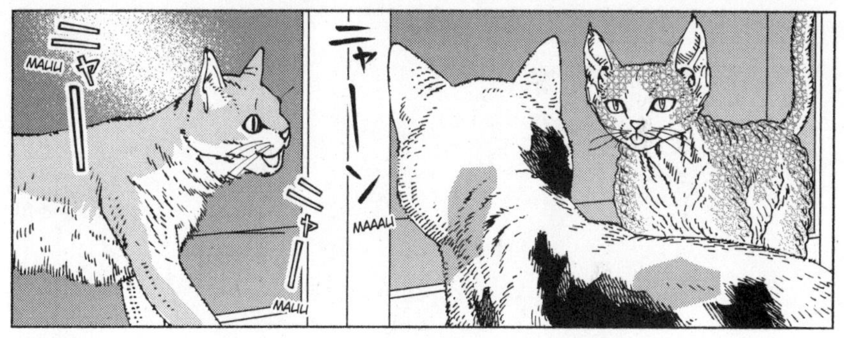

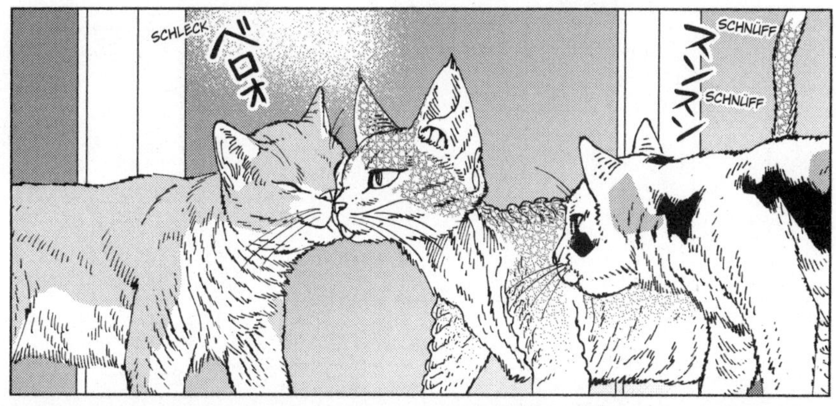

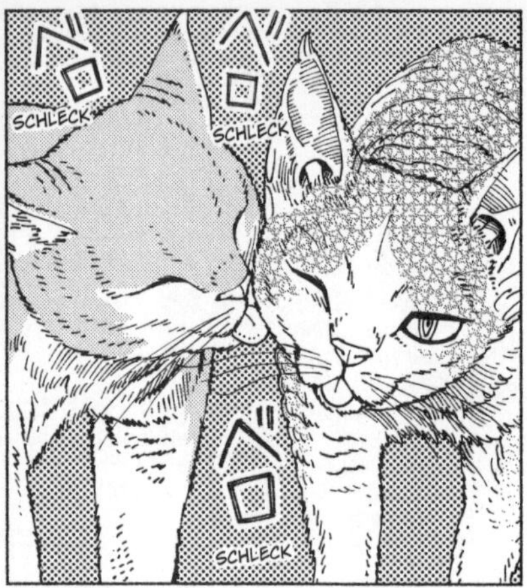

ベロ
SCHLECK
ベロ
SCHLECK
ベロ
SCHLECK

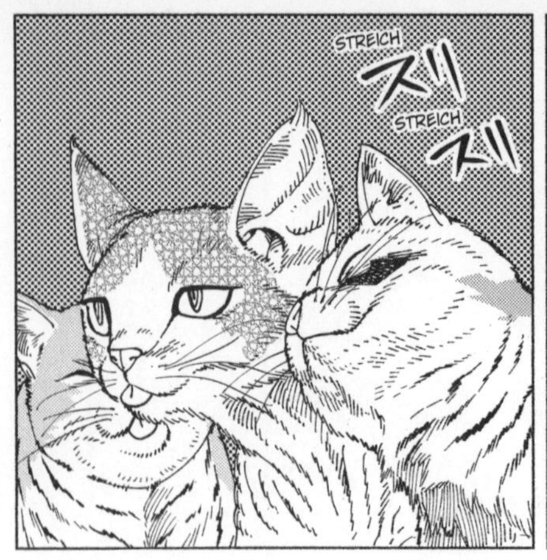

STREICH
ズリ
STREICH
ズリ

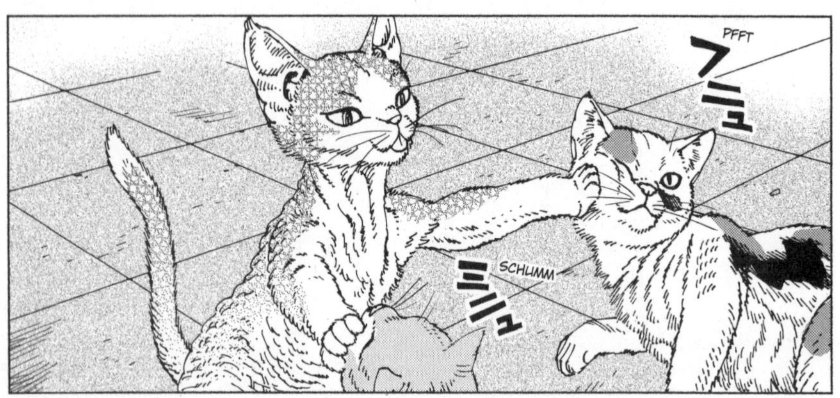

PFFT
フニュ
SCHUMM
ミュ

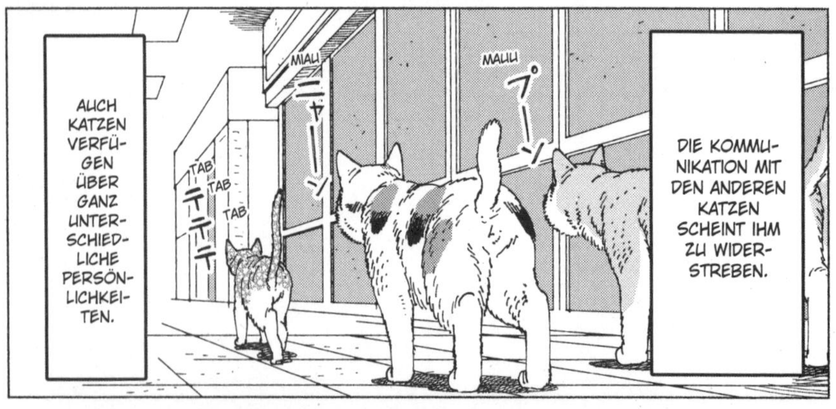

DIE KOMMUNIKATION MIT DEN ANDEREN KATZEN SCHEINT IHM ZU WIDERSTREBEN.
MAUU
プーン
MIAU
ニャーン
TAB TAB TAB
テテテ
AUCH KATZEN VERFÜGEN ÜBER GANZ UNTERSCHIEDLICHE PERSÖNLICHKEITEN.

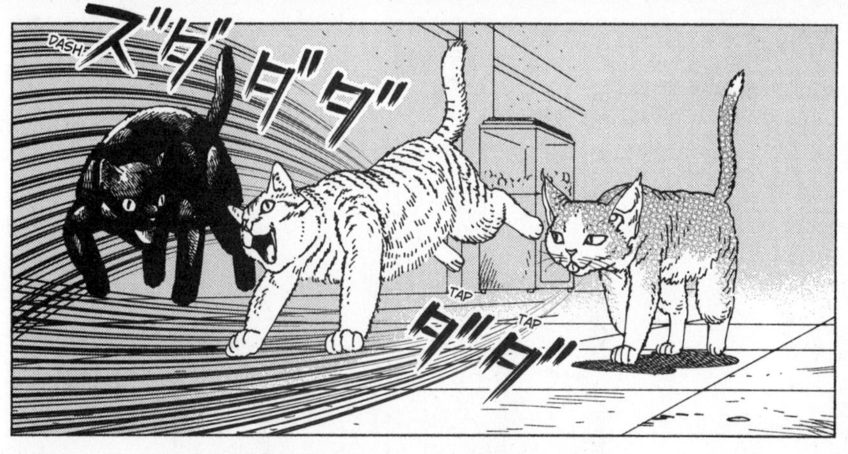
DASH!
ズダダダ
ダダ
TAP
TAP

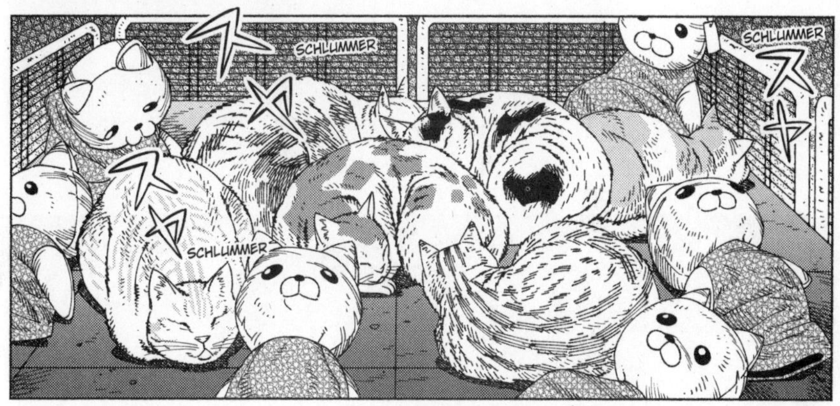
スヤ
SCHLUMMER
スヤ
SCHLUMMER
スヤ
SCHLUMMER

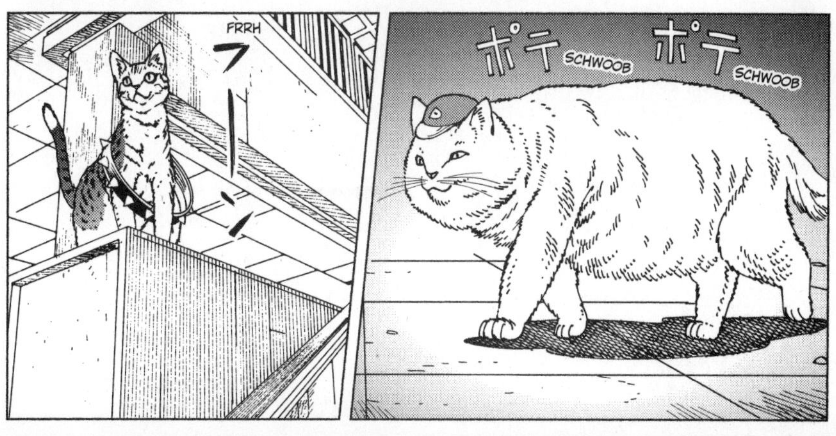
ポテ
SCHWOOB
ポテ
SCHWOOB
FRRH
フー

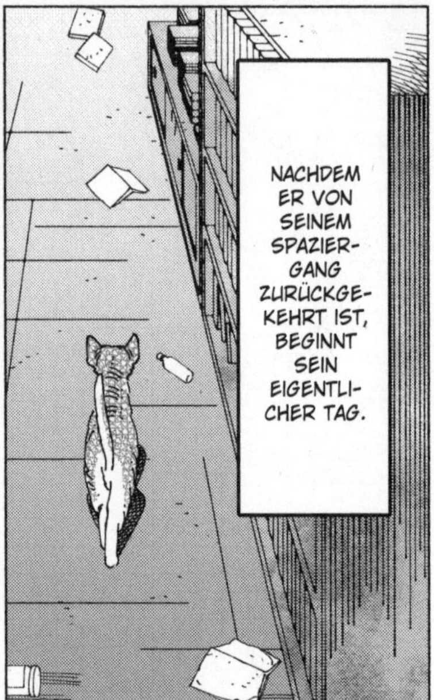

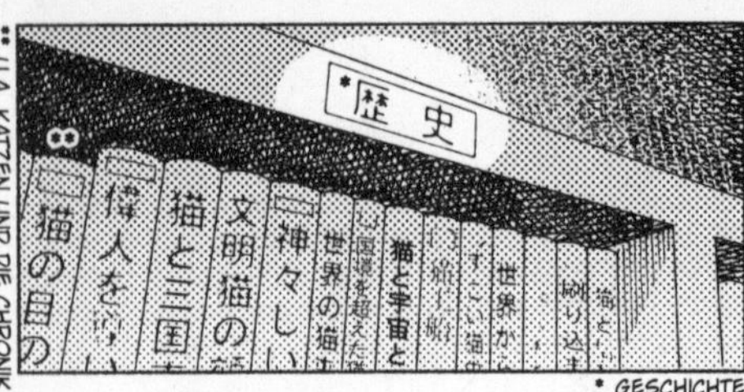

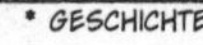

* GESCHICHTE

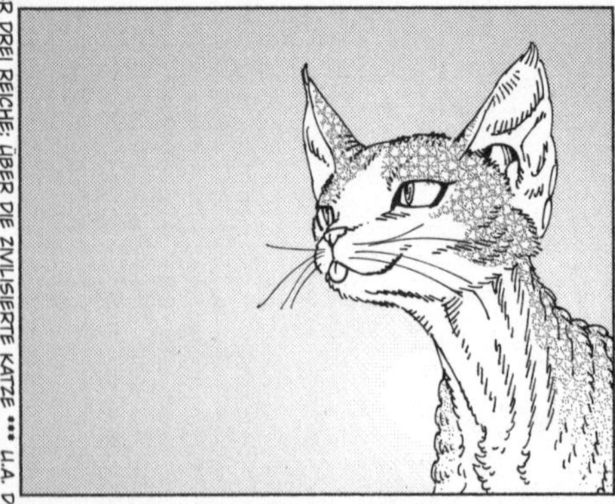

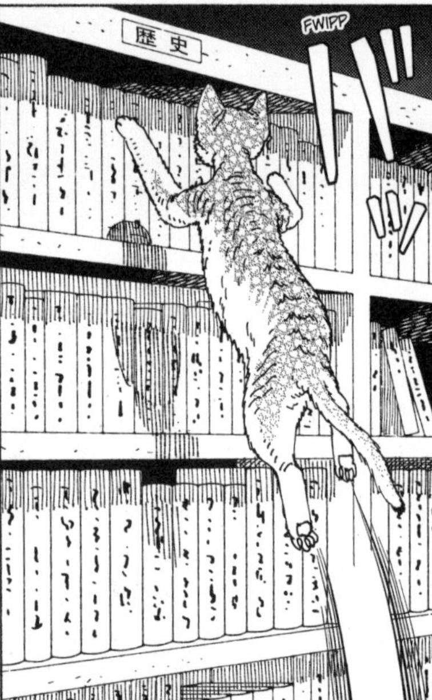

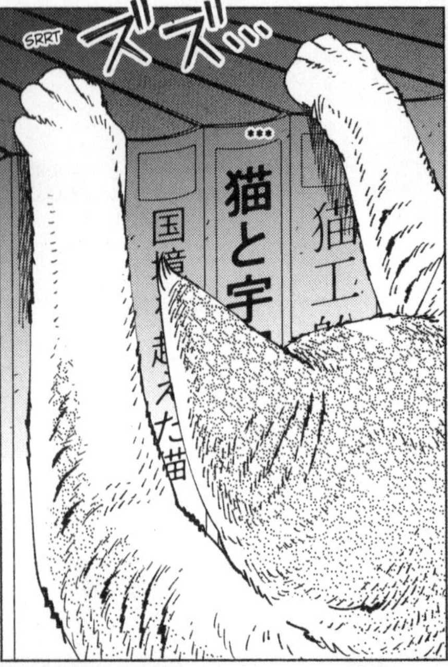

** U.A. KATZEN UND DIE CHRONIK DER DREI REICHE; ÜBER DIE ZIVILISIERTE KATZE *** U.A. DIE KATZE, DIE GRENZEN ÜBERQUERTE; DIE KATZE, DER WELTRAUM UND DER MENSCH

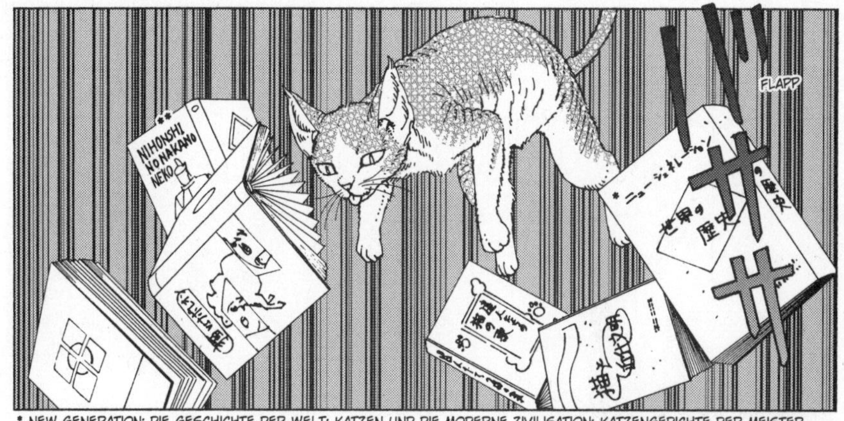

* NEW GENERATION: DIE GESCHICHTE DER WELT; KATZEN UND DIE MODERNE ZIVILISATION; KATZENGEDICHTE DER MEISTER
** DIE KATZE IN DER JAPANISCHEN GESCHICHTE; KATZE VS. NAPOLEON *** DIE KATZE, DER WELTRAUM UND DER MENSCH

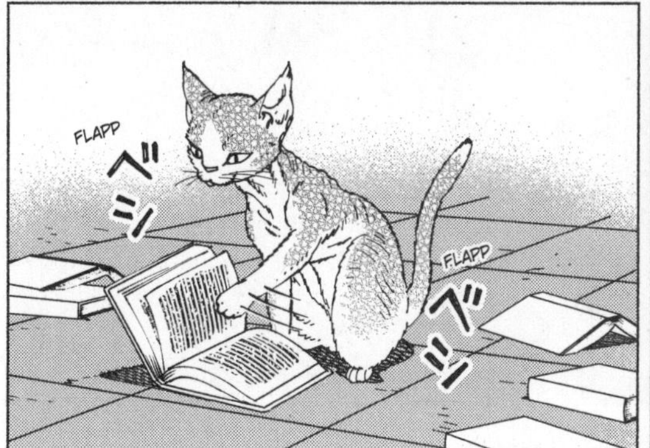

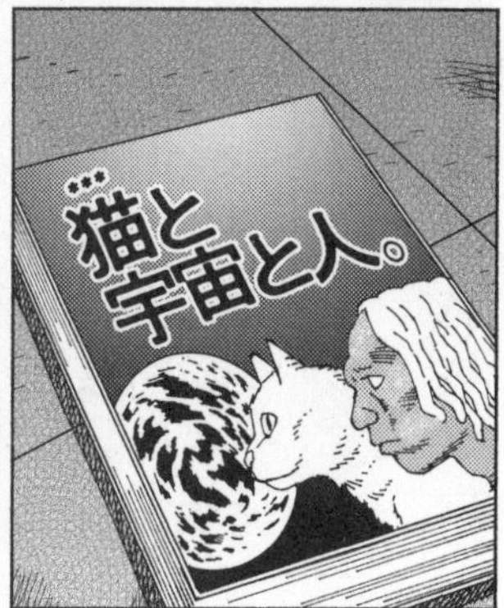

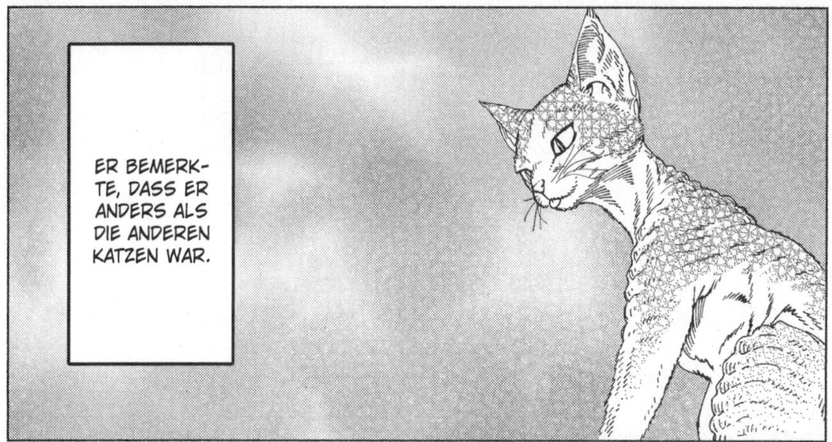

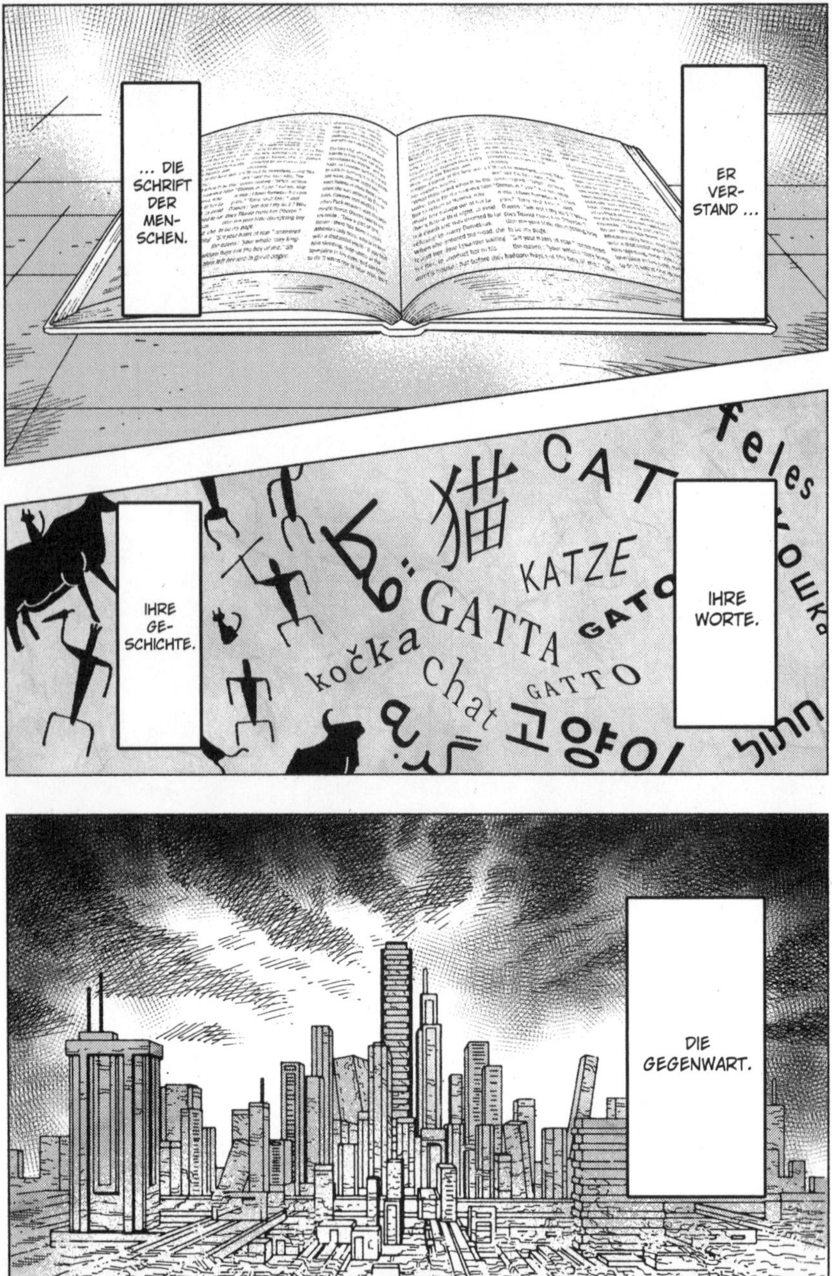

ER VERSTAND ...

... DIE SCHRIFT DER MENSCHEN.

IHRE WORTE.

IHRE GESCHICHTE.

feles
CAT
猫
KATZE
GATTA
GATO
kočka
chat
GATTO
고양이

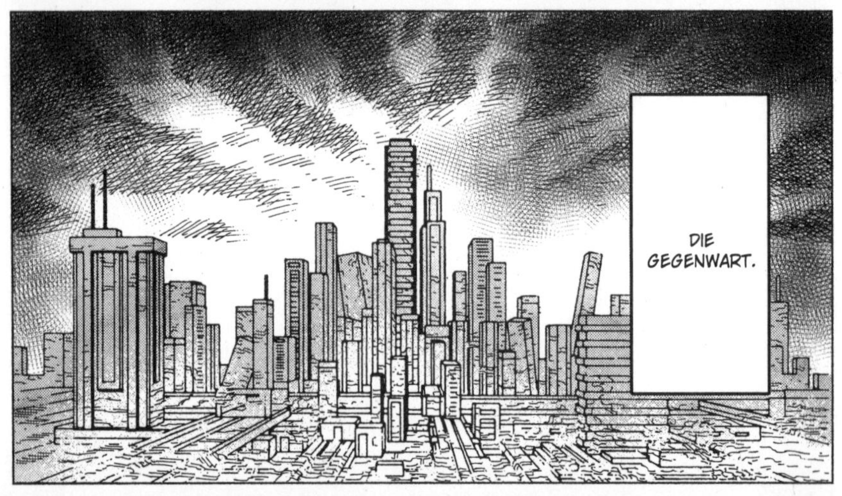

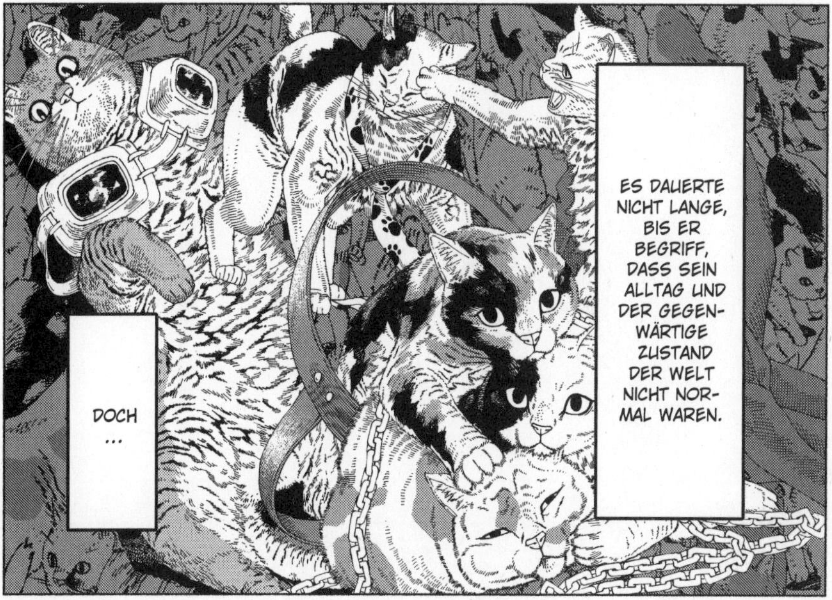

ES DAUERTE NICHT LANGE, BIS ER BEGRIFF, DASS SEIN ALLTAG UND DER GEGENWÄRTIGE ZUSTAND DER WELT NICHT NORMAL WAREN.

DOCH ...

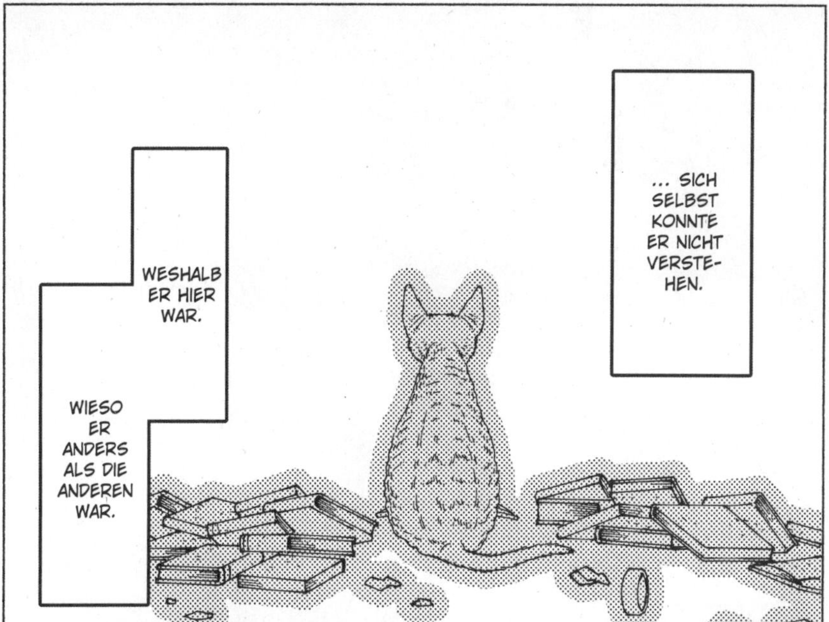

... SICH SELBST KONNTE ER NICHT VERSTEHEN.

WESHALB ER HIER WAR.

WIESO ER ANDERS ALS DIE ANDEREN WAR.

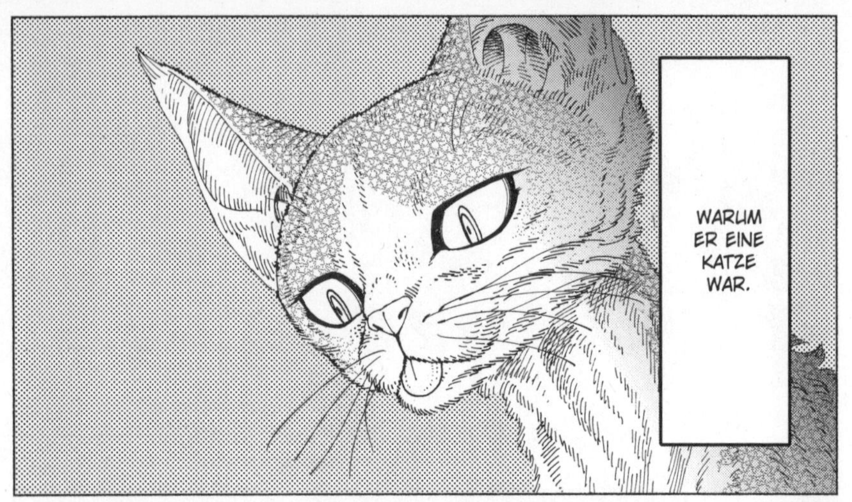

WAR DAS SCHON BEI SEINER GEBURT SO? WAS HAT DIESEN ZUSTAND VERURSACHT? WAS IST EIN MENSCH UND WAS EINE KATZE?

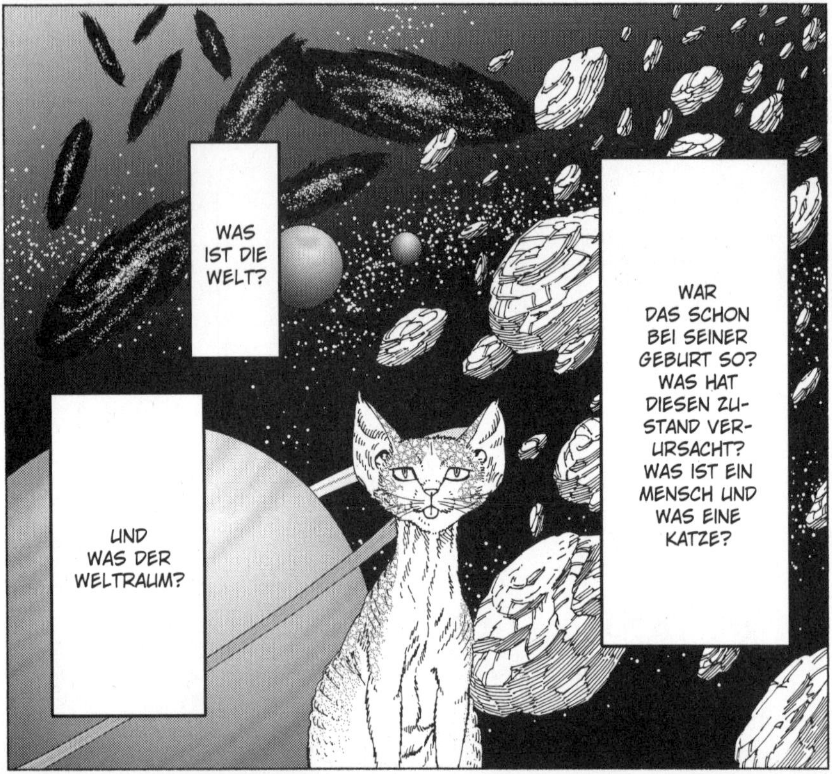

WAS IST DIE WELT?

UND WAS DER WELTRAUM?

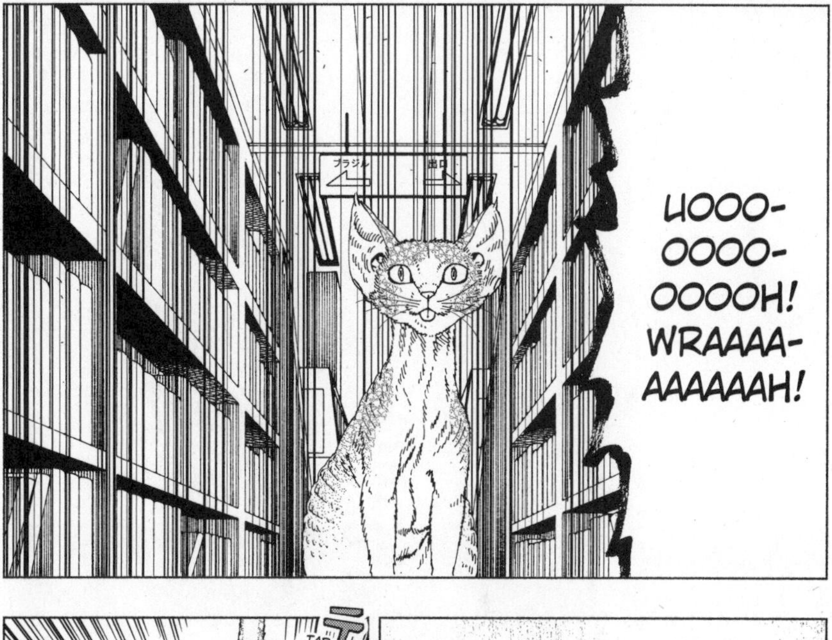

ブラジル
出口

UOOO-
OOOO-
OOOOH!
WRAAAA-
AAAAAAH!

No!!

DIESER ORT WIRD HÄUFIG BESUCHT UND AUS BESUCHERN WERDEN INNERHALB WENIGER MINUTEN BEWOHNER.

テ TAP
テ TAP
テ TAP

DIESER SCHREI LÖSTE EINE ANDERE EMPFINDUNG AUS ALS BEI DEN BISHERIGEN BESUCHERN.

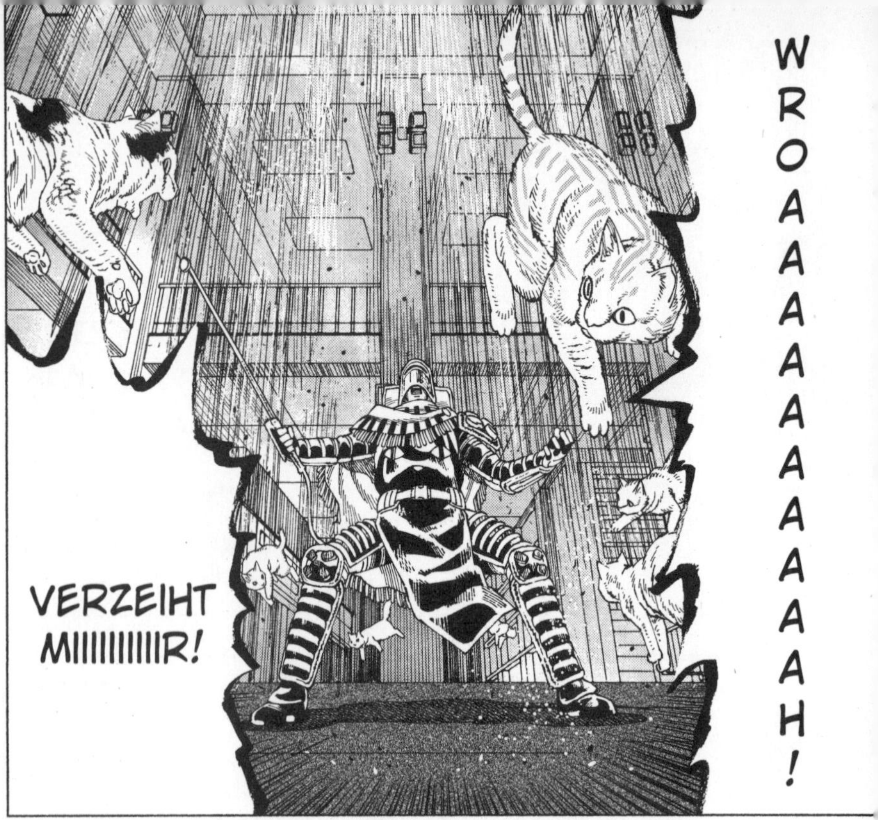

WROAAAAAAAAAAAH!

VERZEIHT MIIIIIIIIIIR!

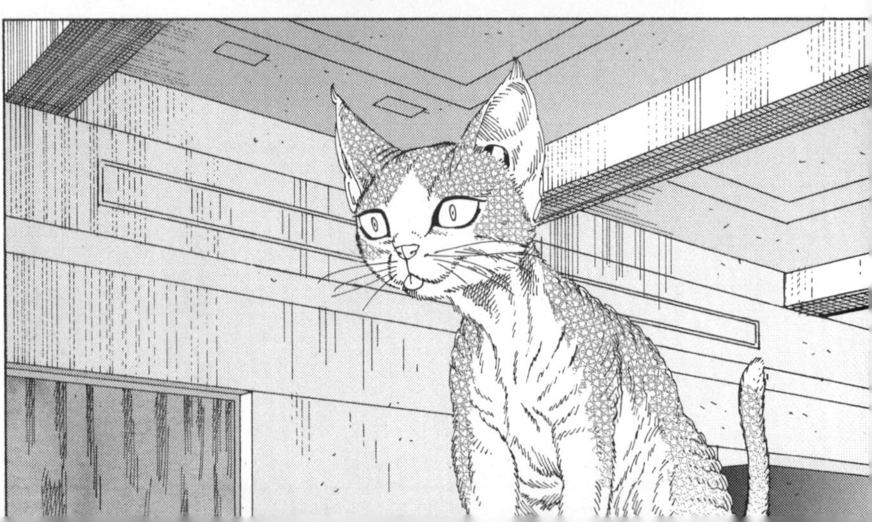

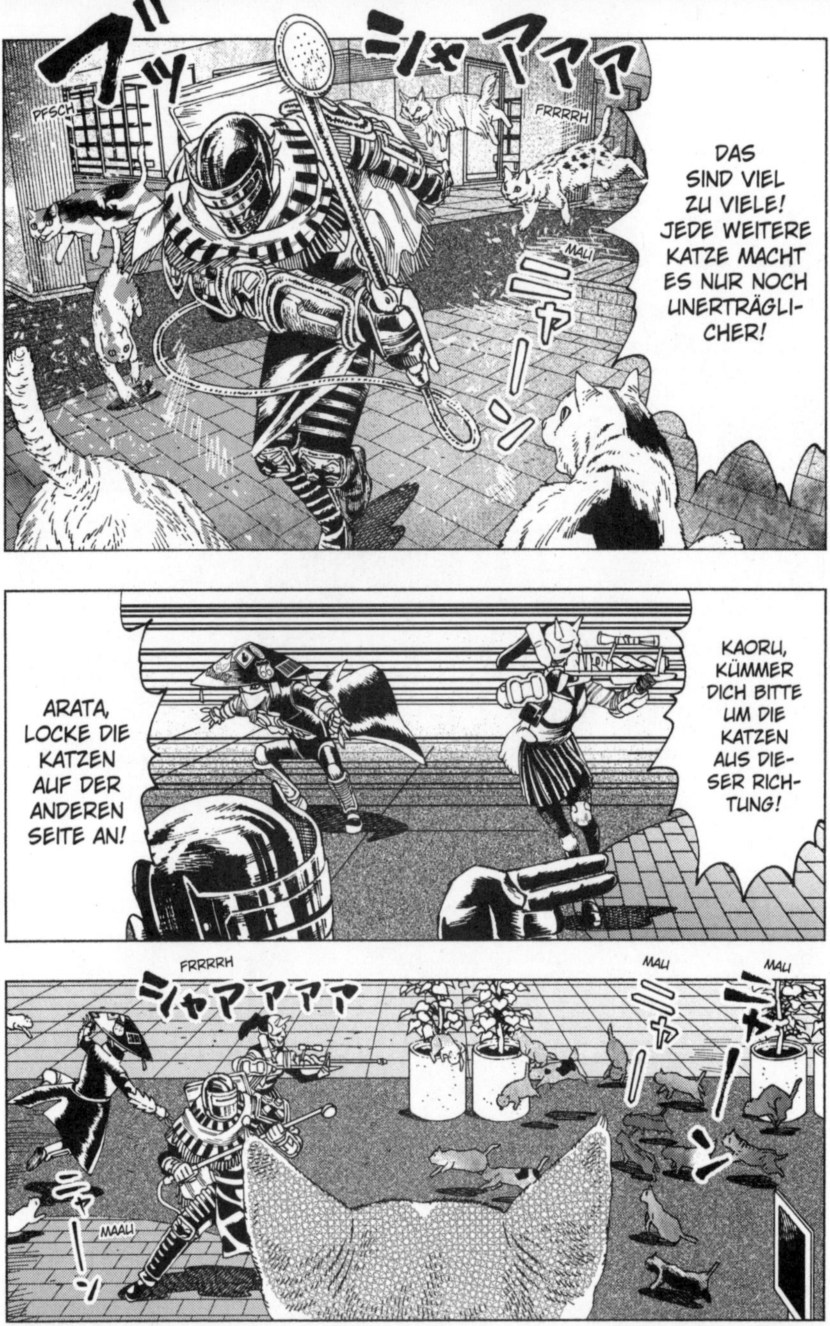

ブッ
PFSCH
シャアアア
FRRRRH

DAS SIND VIEL ZU VIELE! JEDE WEITERE KATZE MACHT ES NUR NOCH UNERTRÄGLICHER!

MAU
ニャーン

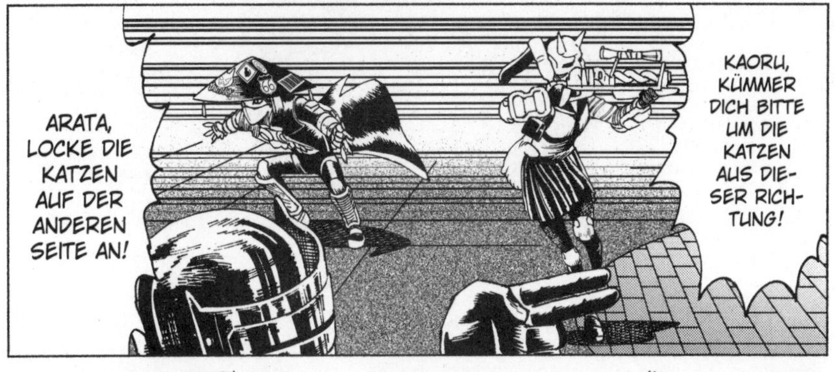

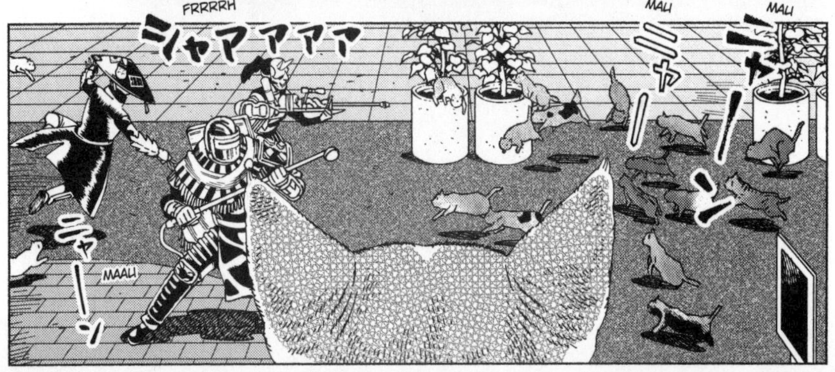

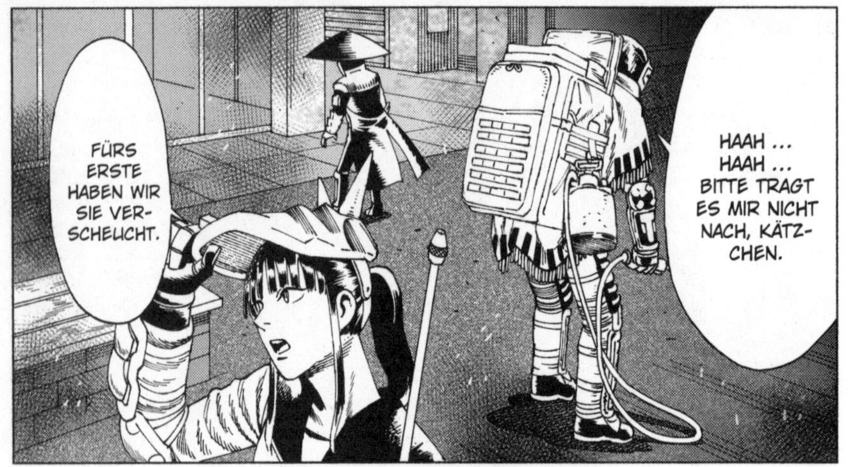
HAAH … HAAH … BITTE TRAGT ES MIR NICHT NACH, KÄTZCHEN.
FÜRS ERSTE HABEN WIR SIE VERSCHEUCHT.

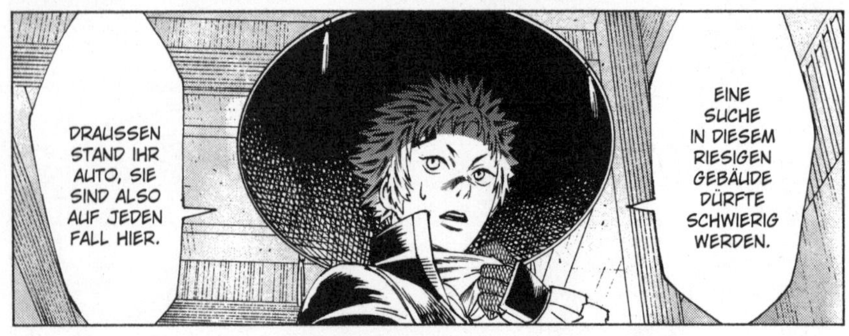
EINE SUCHE IN DIESEM RIESIGEN GEBÄUDE DÜRFTE SCHWIERIG WERDEN.
DRAUSSEN STAND IHR AUTO, SIE SIND ALSO AUF JEDEN FALL HIER.

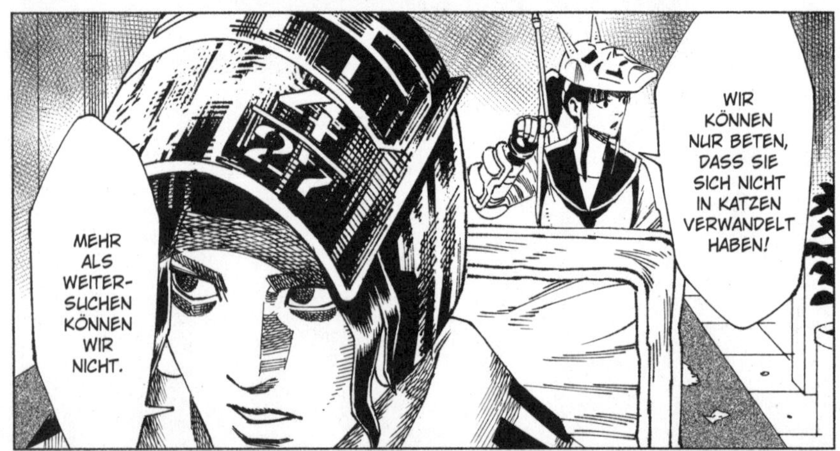
WIR KÖNNEN NUR BETEN, DASS SIE SICH NICHT IN KATZEN VERWANDELT HABEN!
MEHR ALS WEITERSUCHEN KÖNNEN WIR NICHT.

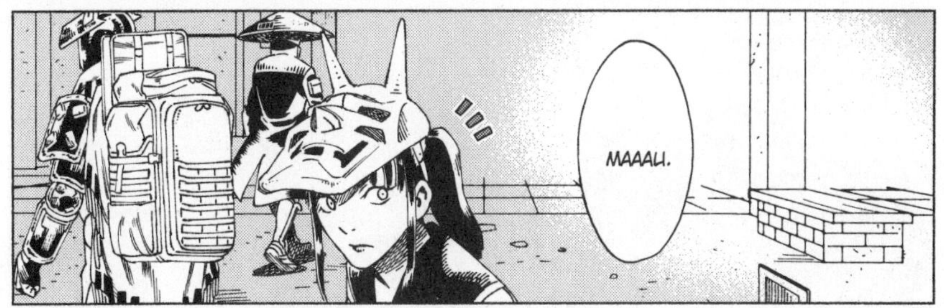
MAAAU.

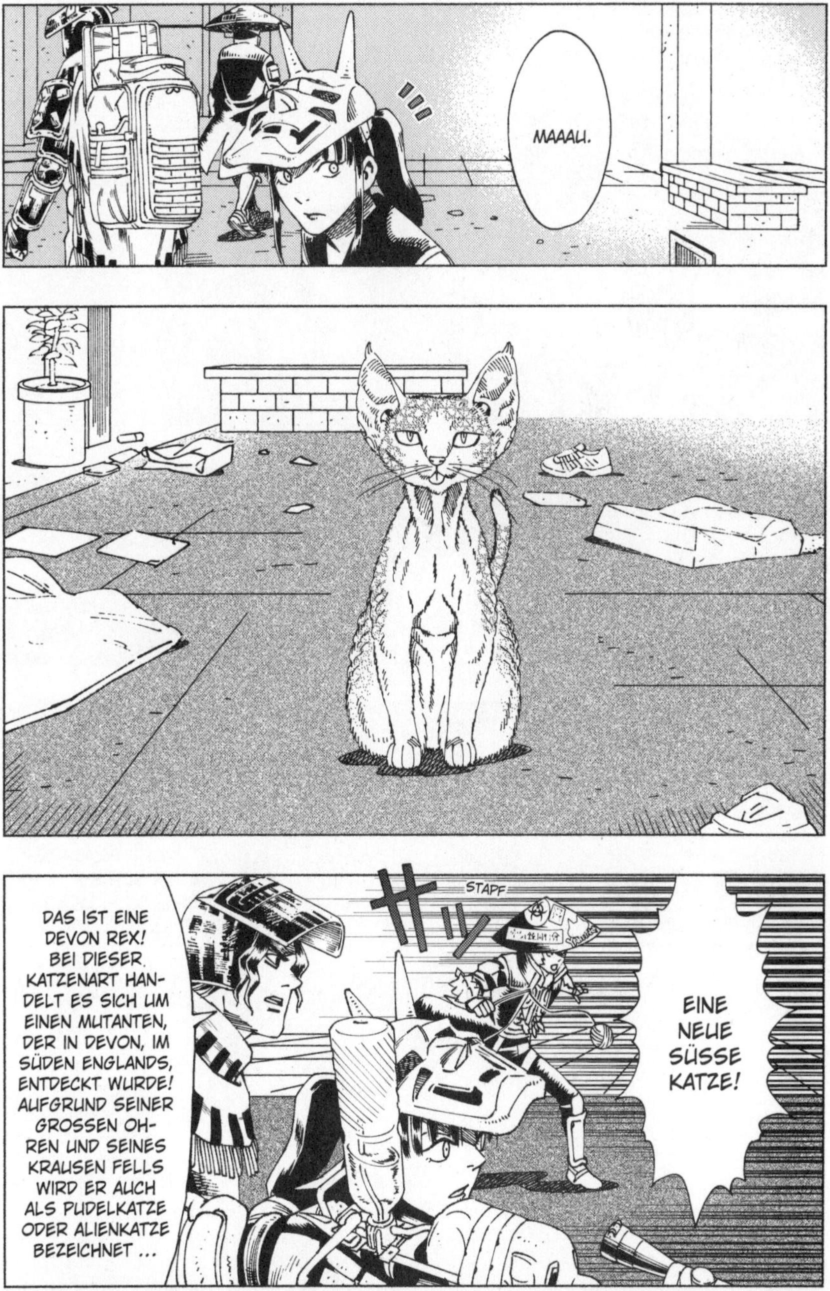

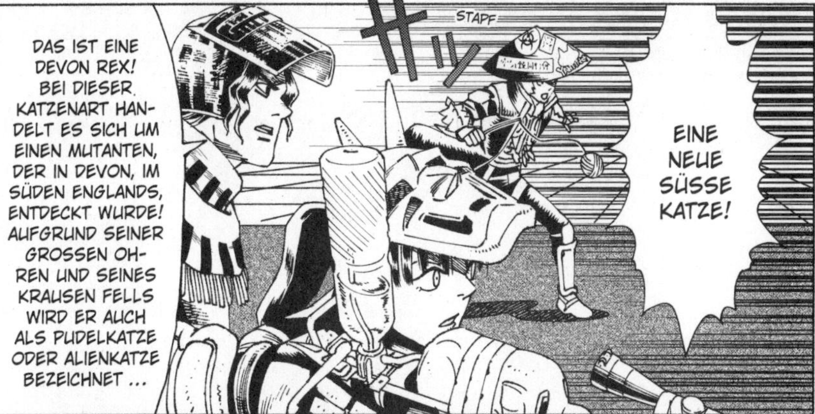
EINE NEUE SÜSSE KATZE!
STAPF
DAS IST EINE DEVON REX! BEI DIESER KATZENART HANDELT ES SICH UM EINEN MUTANTEN, DER IN DEVON, IM SÜDEN ENGLANDS, ENTDECKT WURDE! AUFGRUND SEINER GROSSEN OHREN UND SEINES KRAUSEN FELLS WIRD ER AUCH ALS PUDELKATZE ODER ALIENKATZE BEZEICHNET …

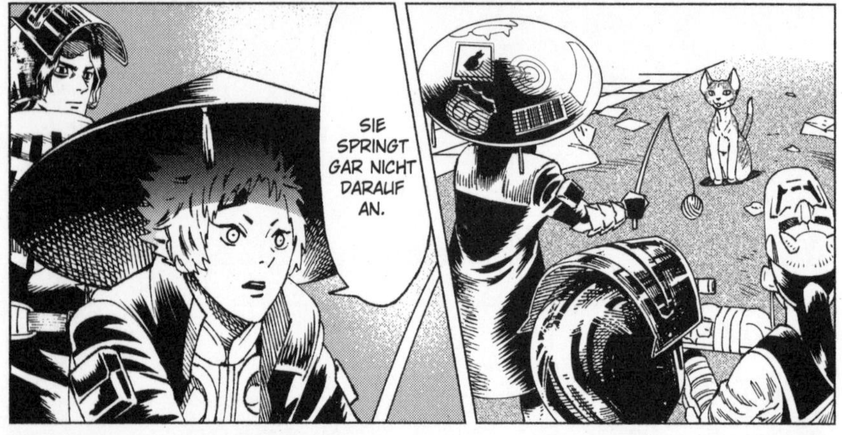

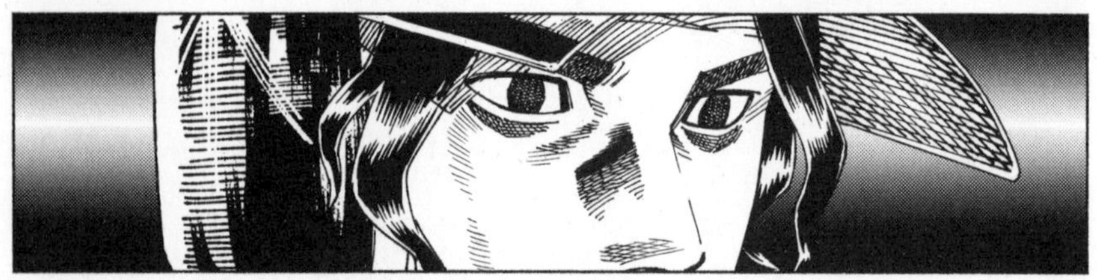

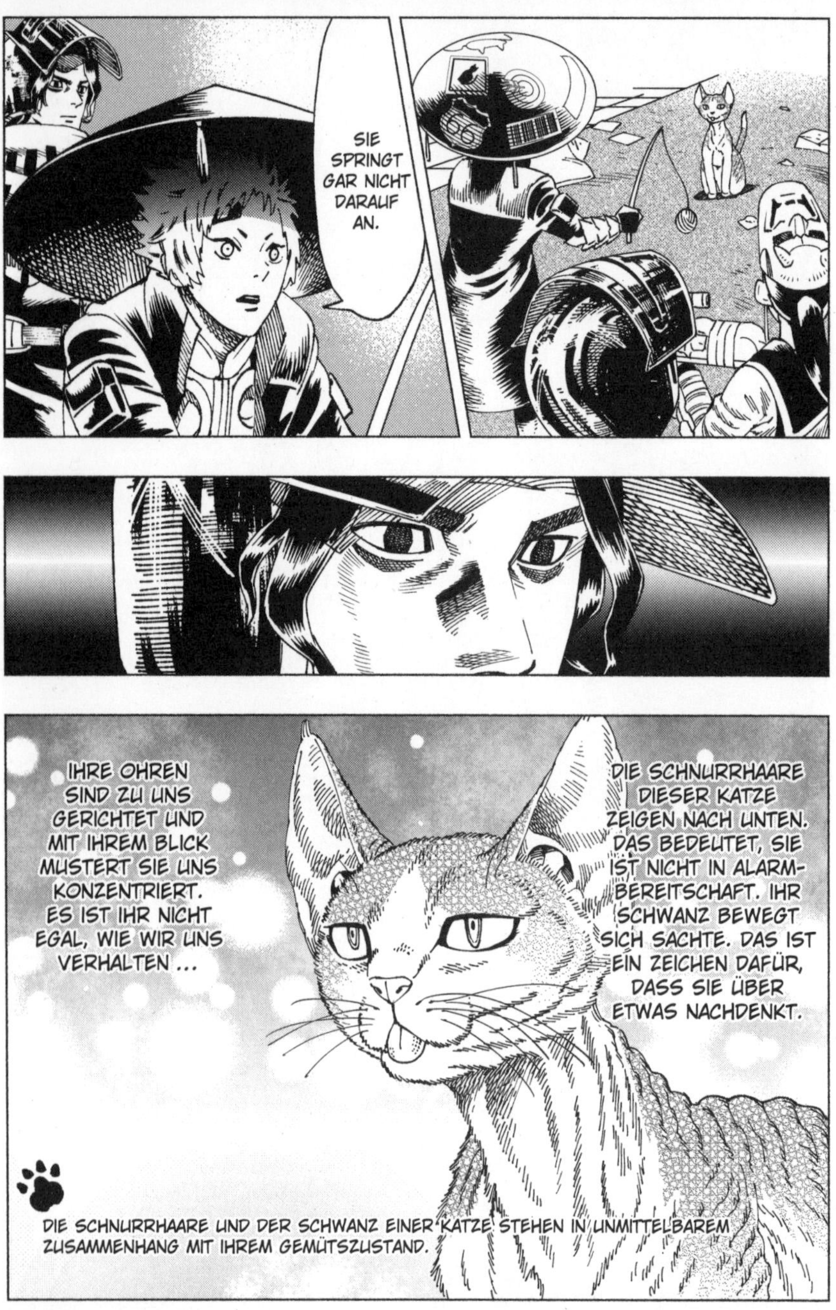

DIE SCHNURRHAARE DIESER KATZE ZEIGEN NACH UNTEN. DAS BEDEUTET, SIE IST NICHT IN ALARM-BEREITSCHAFT. IHR SCHWANZ BEWEGT SICH SACHTE. DAS IST EIN ZEICHEN DAFÜR, DASS SIE ÜBER ETWAS NACHDENKT.

IHRE OHREN SIND ZU UNS GERICHTET UND MIT IHREM BLICK MUSTERT SIE UNS KONZENTRIERT. ES IST IHR NICHT EGAL, WIE WIR UNS VERHALTEN …

DIE SCHNURRHAARE UND DER SCHWANZ EINER KATZE STEHEN IN UNMITTELBAREM ZUSAMMENHANG MIT IHREM GEMÜTSZUSTAND.

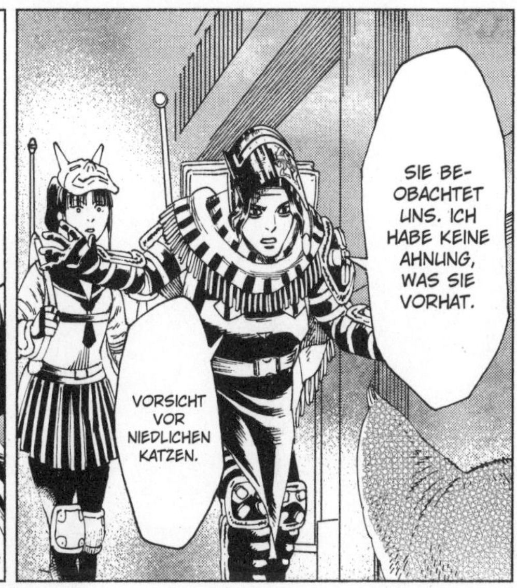

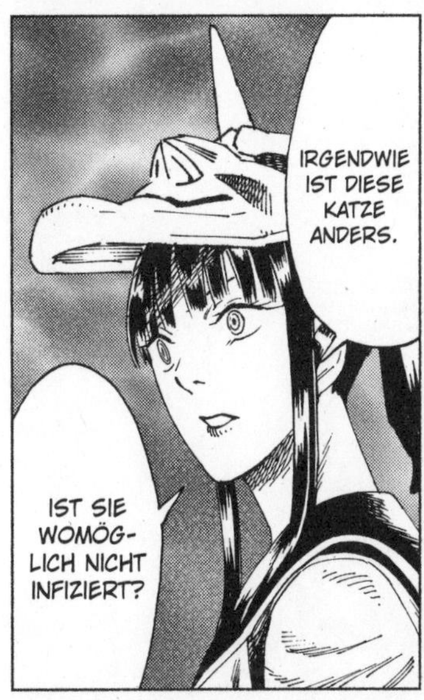

* LUFTGEWEHRVEREIN

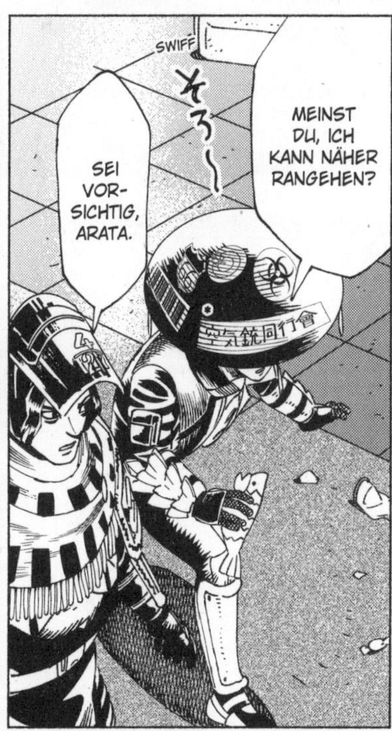

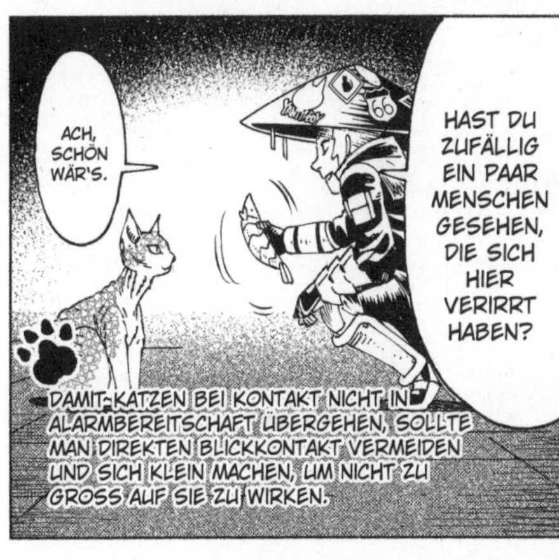

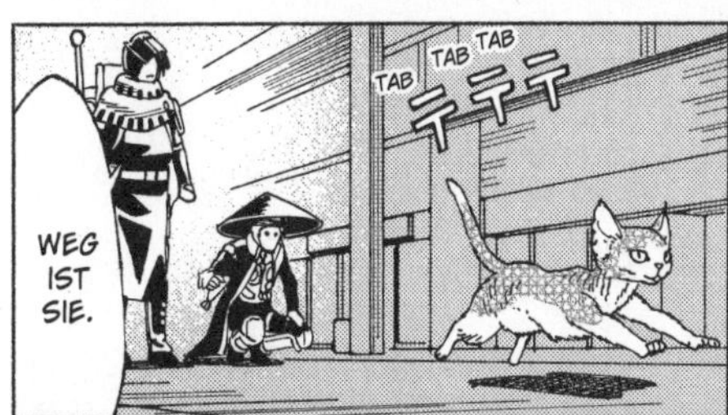

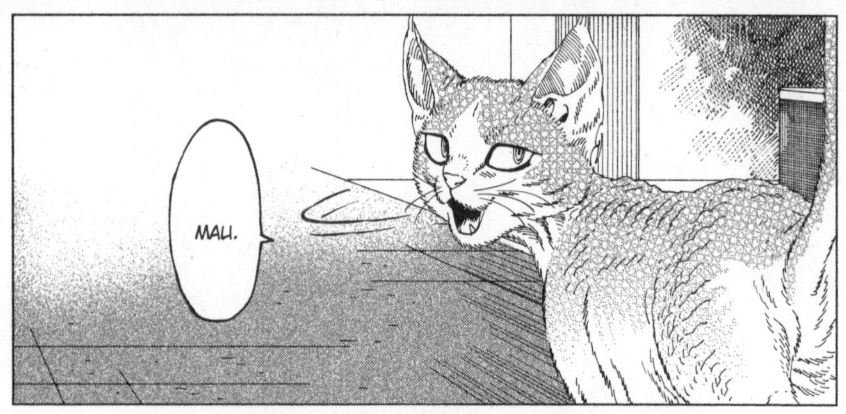
MAU.

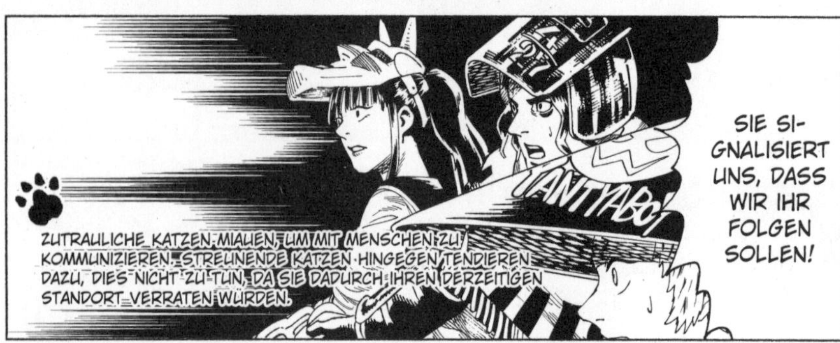
SIE SIGNALISIERT UNS, DASS WIR IHR FOLGEN SOLLEN!
ZUTRAULICHE KATZEN MIAUEN, UM MIT MENSCHEN ZU KOMMUNIZIEREN. STREUNENDE KATZEN HINGEGEN TENDIEREN DAZU, DIES NICHT ZU TUN, DA SIE DADURCH IHREN DERZEITIGEN STANDORT VERRATEN WÜRDEN.

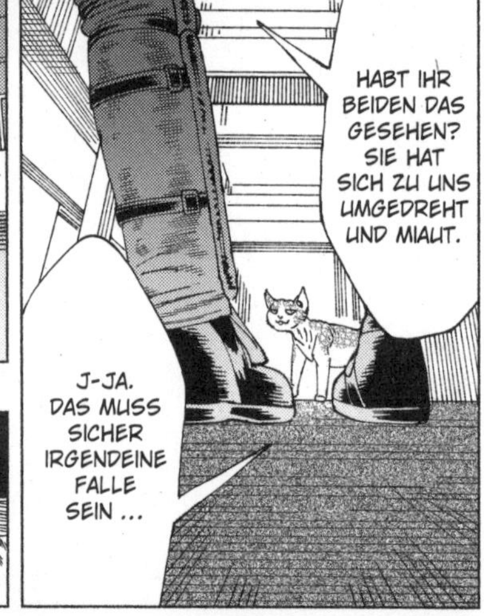
HABT IHR BEIDEN DAS GESEHEN? SIE HAT SICH ZU UNS UMGEDREHT UND MIAUT.
J-JA. DAS MUSS SICHER IRGENDEINE FALLE SEIN …

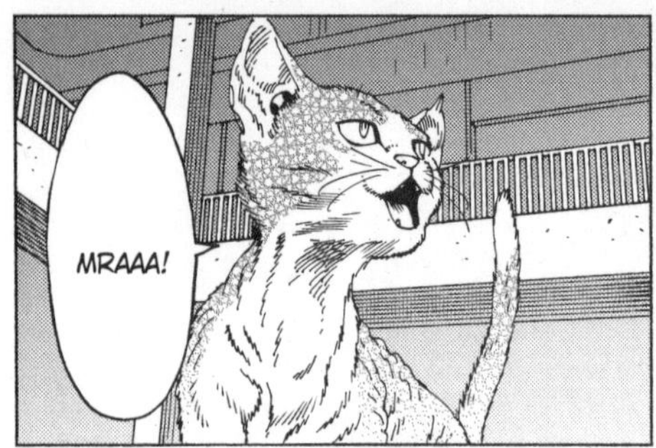
MRAAA!

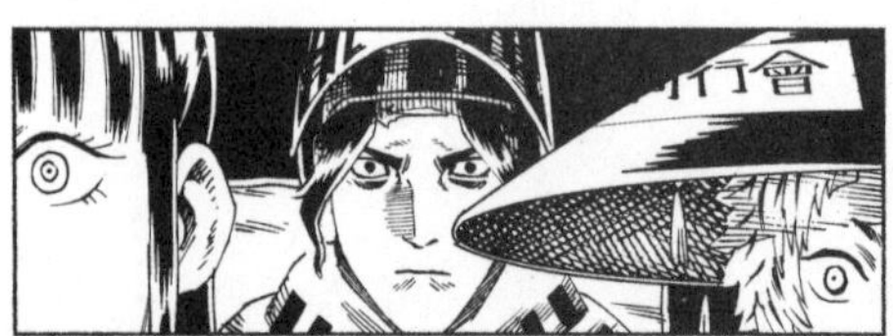

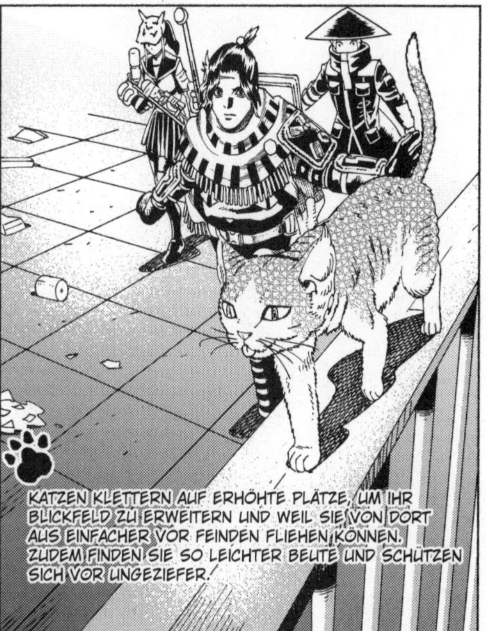
KATZEN KLETTERN AUF ERHÖHTE PLÄTZE, UM IHR BLICKFELD ZU ERWEITERN UND WEIL SIE VON DORT AUS EINFACHER VOR FEINDEN FLIEHEN KÖNNEN. ZUDEM FINDEN SIE SO LEICHTER BEUTE UND SCHÜTZEN SICH VOR UNGEZIEFER.

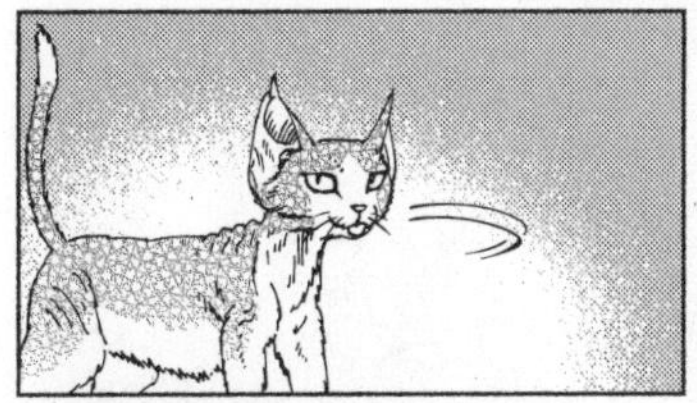

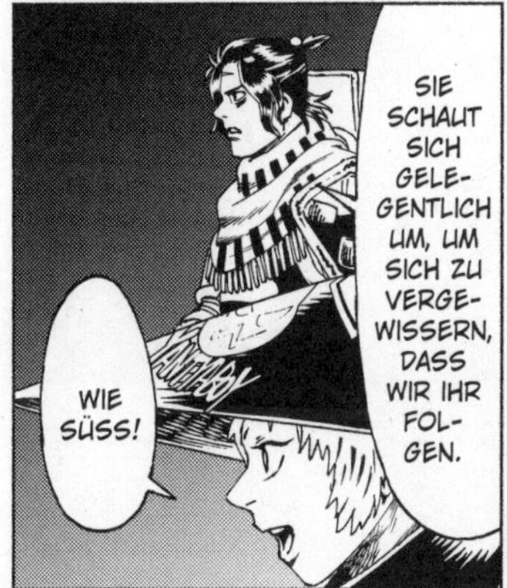
SIE SCHAUT SICH GELEGENTLICH UM, UM SICH ZU VERGEWISSERN, DASS WIR IHR FOLGEN.
WIE SÜSS!

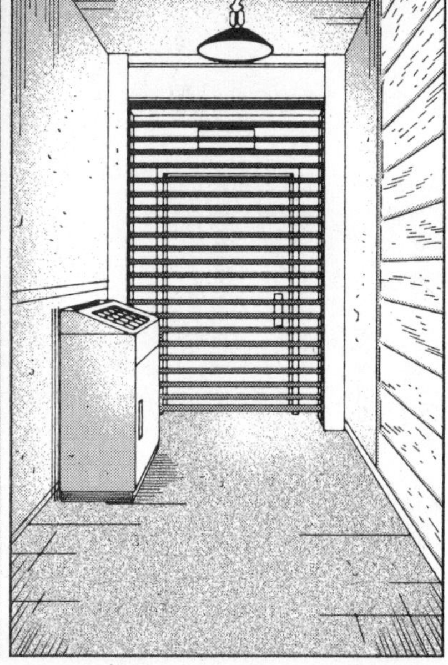

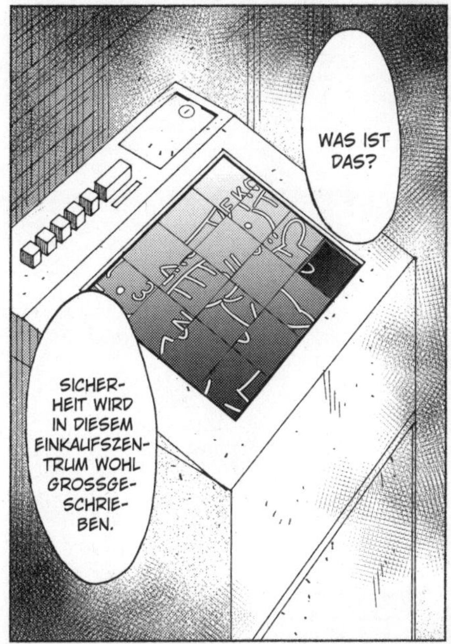
WAS IST DAS?
SICHERHEIT WIRD IN DIESEM EINKAUFSZENTRUM WOHL GROSSGESCHRIEBEN.

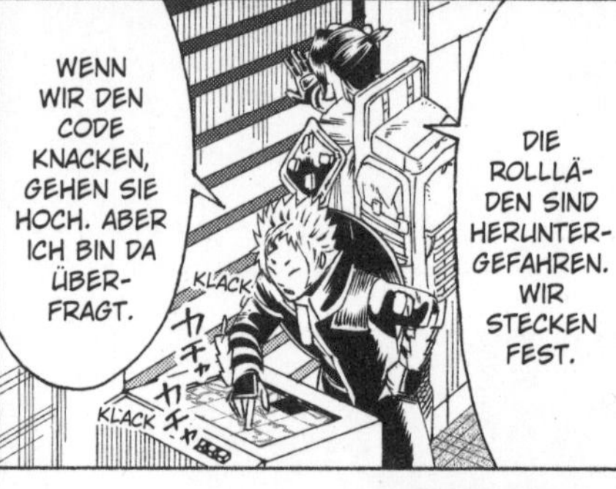
DIE ROLLLÄDEN SIND HERUNTERGEFAHREN. WIR STECKEN FEST.
WENN WIR DEN CODE KNACKEN, GEHEN SIE HOCH. ABER ICH BIN DA ÜBERFRAGT.
KLACK
KLACK

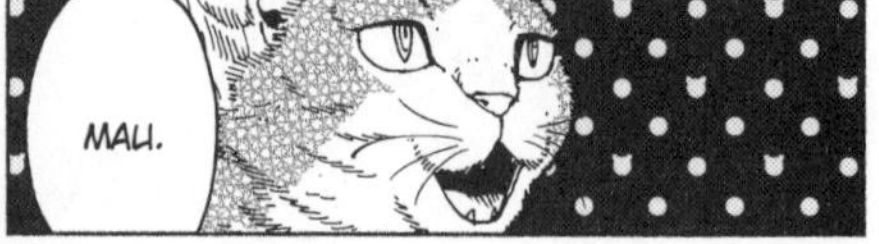
MAU.

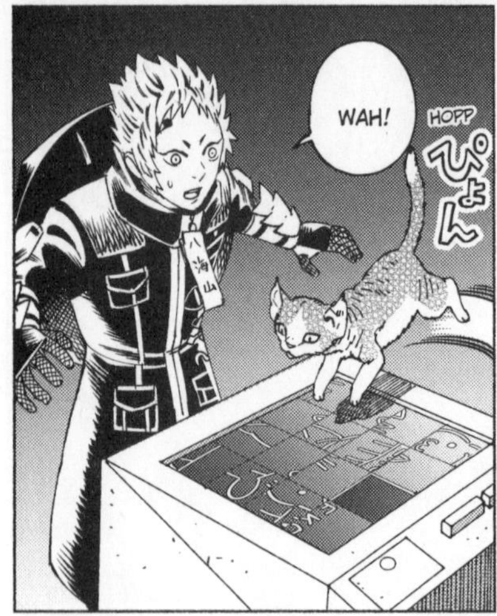
HOPP
ぴょん
WAH!

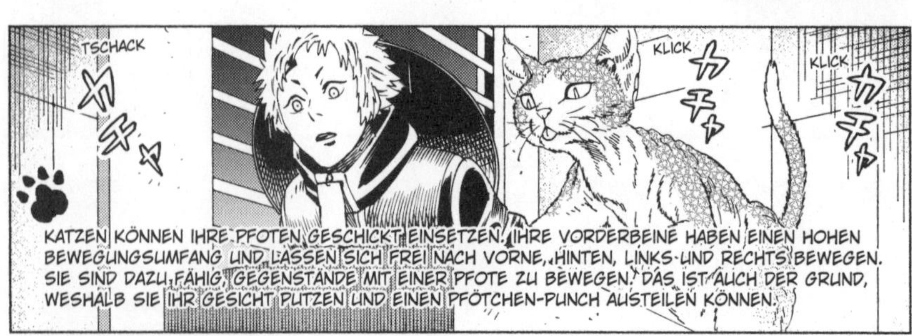
KLICK
KLICK
TSCHACK
KATZEN KÖNNEN IHRE PFOTEN GESCHICKT EINSETZEN. IHRE VORDERBEINE HABEN EINEN HOHEN BEWEGUNGSUMFANG UND LASSEN SICH FREI NACH VORNE, HINTEN, LINKS UND RECHTS BEWEGEN. SIE SIND DAZU FÄHIG, GEGENSTÄNDE MIT EINER PFOTE ZU BEWEGEN. DAS IST AUCH DER GRUND, WESHALB SIE IHR GESICHT PUTZEN UND EINEN PFÖTCHEN-PUNCH AUSTEILEN KÖNNEN.

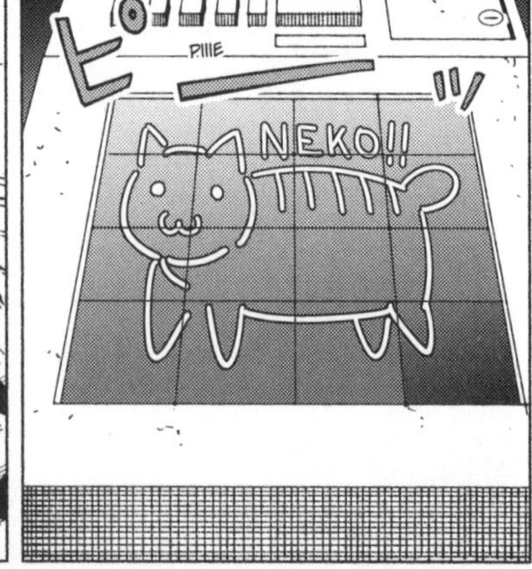
PIIIE
NEKO!!

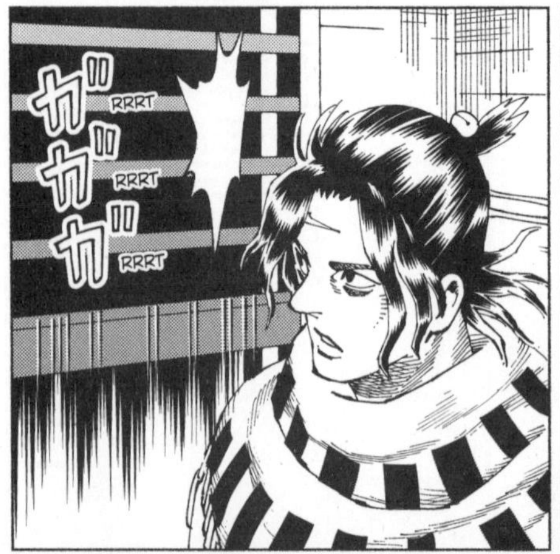
RRRT
RRRT
RRRT

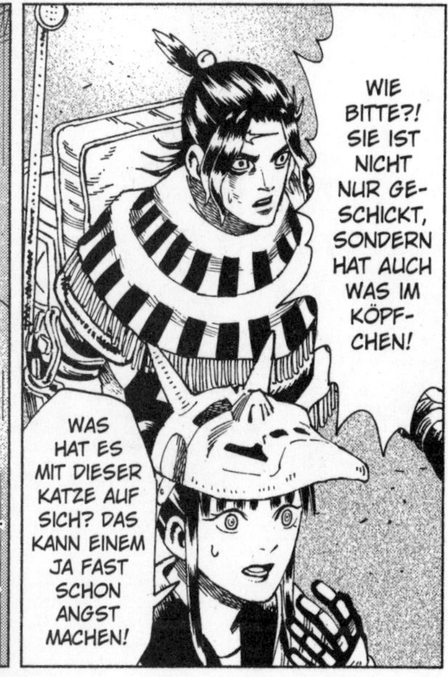
WIE BITTE?! SIE IST NICHT NUR GESCHICKT, SONDERN HAT AUCH WAS IM KÖPFCHEN!
WAS HAT ES MIT DIESER KATZE AUF SICH? DAS KANN EINEM JA FAST SCHON ANGST MACHEN!

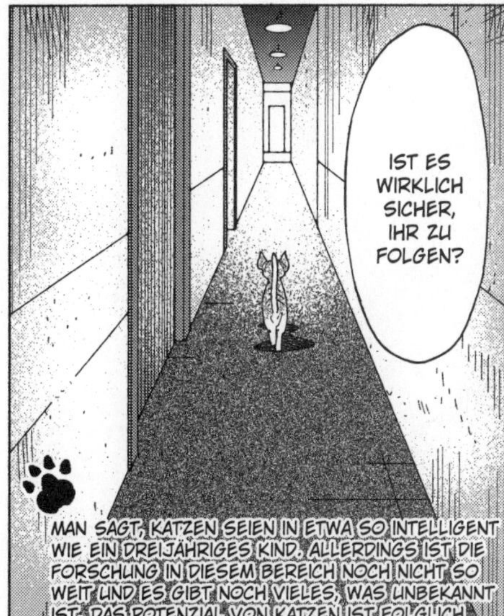
IST ES WIRKLICH SICHER, IHR ZU FOLGEN?
MAN SAGT, KATZEN SEIEN IN ETWA SO INTELLIGENT WIE EIN DREIJÄHRIGES KIND. ALLERDINGS IST DIE FORSCHUNG IN DIESEM BEREICH NOCH NICHT SO WEIT UND ES GIBT NOCH VIELES, WAS UNBEKANNT IST. DAS POTENZIAL VON KATZEN IST FOLGLICH GRENZENLOS.

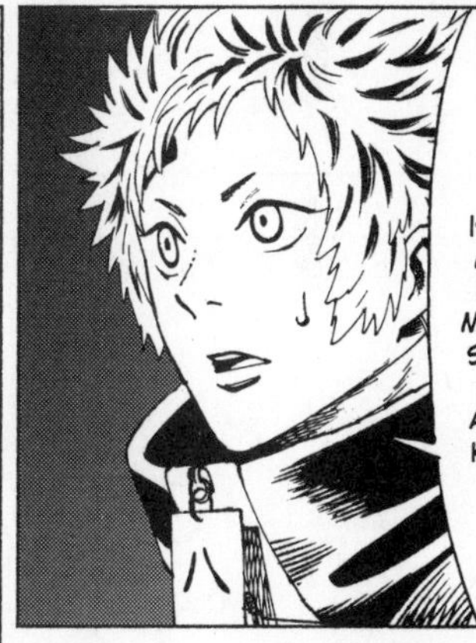
DIESER DURCHGANG IST VOLLKOMMEN KATZENLEER. ES IST MÖGLICH, DASS SIE UNS EINEN WEG ZEIGT, AUF DEM SICH KEINE KATZEN BEFINDEN.

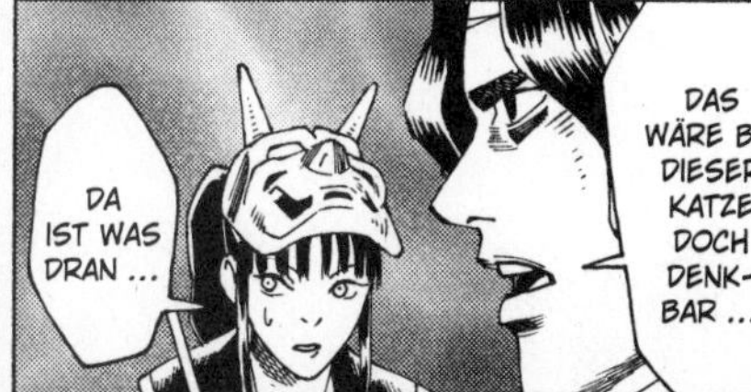
DAS WÄRE BEI DIESER KATZE DOCH DENKBAR …
DA IST WAS DRAN …

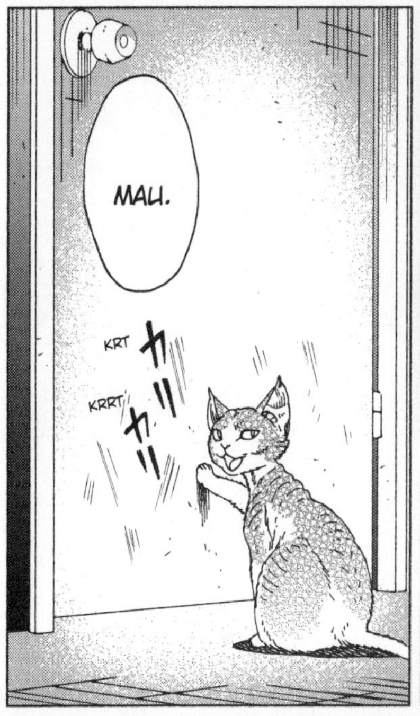
MAU.
KRT
KRRT

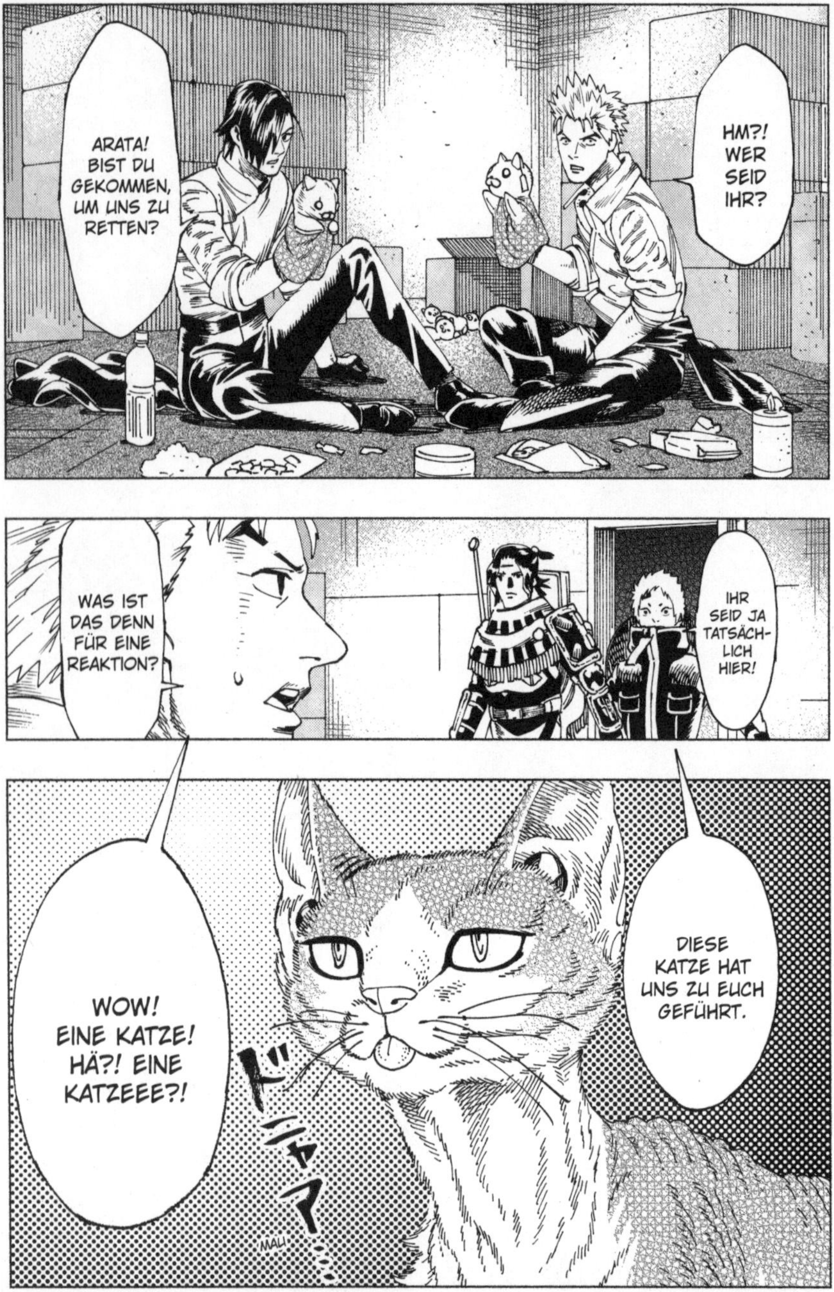

HM?! WER SEID IHR?

ARATA! BIST DU GEKOMMEN, UM UNS ZU RETTEN?

IHR SEID JA TATSÄCH-LICH HIER!

WAS IST DAS DENN FÜR EINE REAKTION?

DIESE KATZE HAT UNS ZU EUCH GEFÜHRT.

WOW! EINE KATZE! HÄ?! EINE KATZEEE?!

MAU

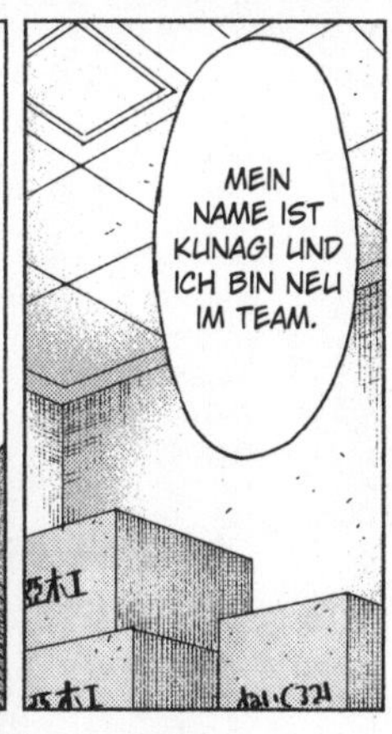
MEIN NAME IST KUNAGI UND ICH BIN NEU IM TEAM.

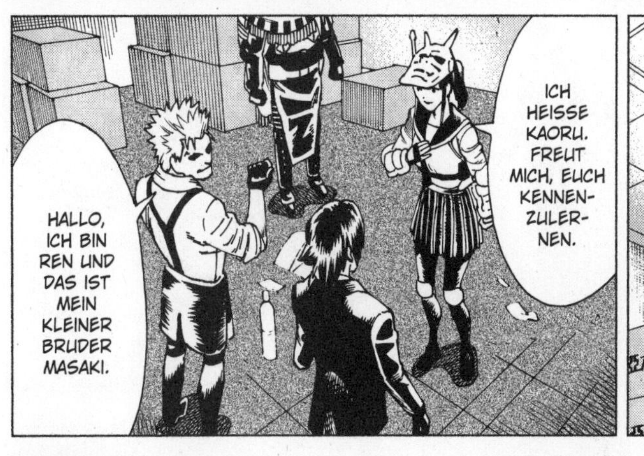
ICH HEISSE KAORU. FREUT MICH, EUCH KENNEN-ZULER-NEN.
HALLO, ICH BIN REN UND DAS IST MEIN KLEINER BRUDER MASAKI.

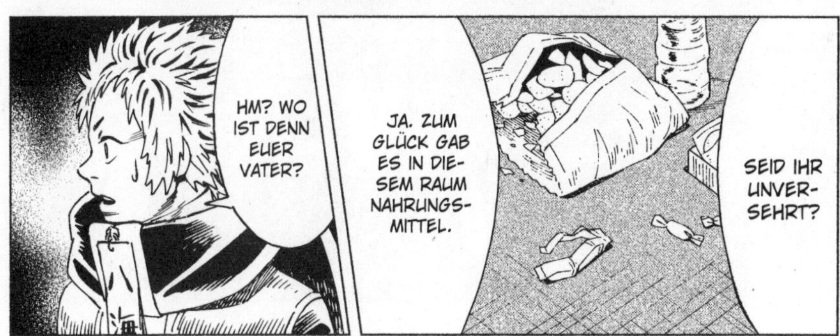
SEID IHR UNVER-SEHRT?
JA. ZUM GLÜCK GAB ES IN DIE-SEM RAUM NAHRUNGS-MITTEL.
HM? WO IST DENN EUER VATER?

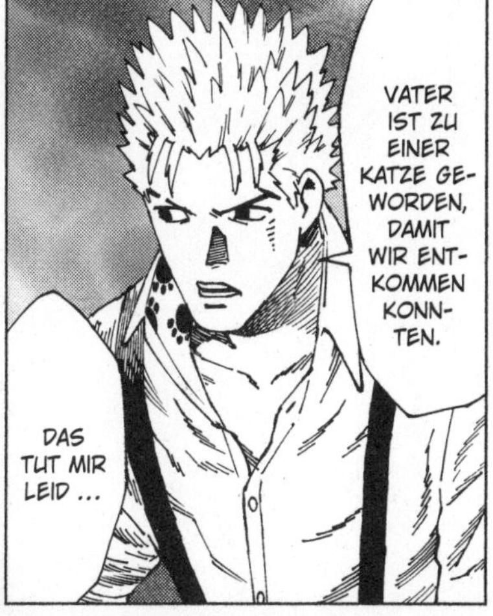
VATER IST ZU EINER KATZE GE-WORDEN, DAMIT WIR ENT-KOMMEN KONN-TEN.
DAS TUT MIR LEID …

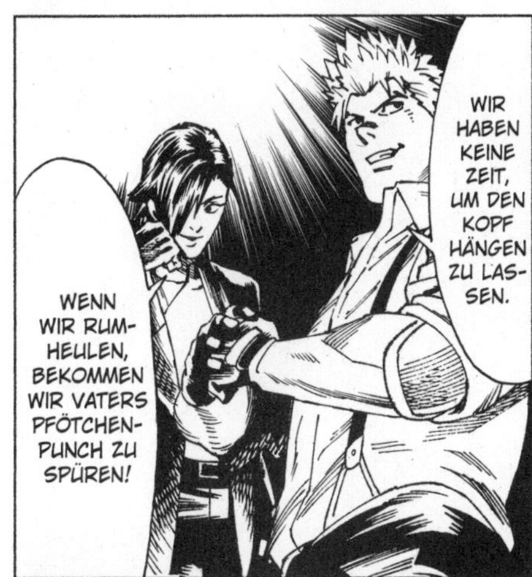
WIR HABEN KEINE ZEIT, UM DEN KOPF HÄNGEN ZU LAS-SEN.
WENN WIR RUM-HEULEN, BEKOMMEN WIR VATERS PFÖTCHEN-PUNCH ZU SPÜREN!

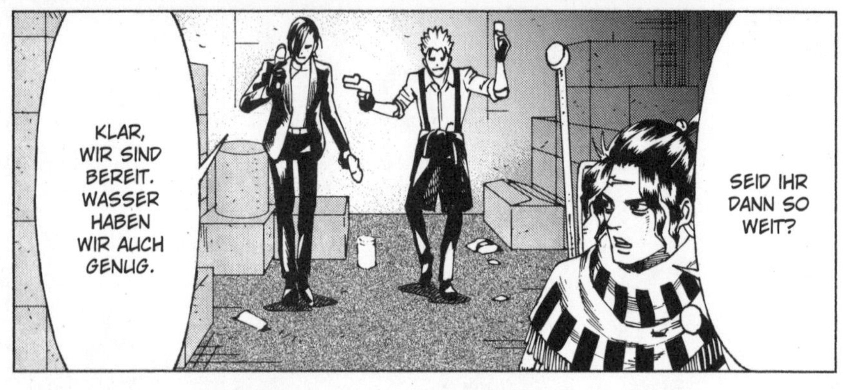

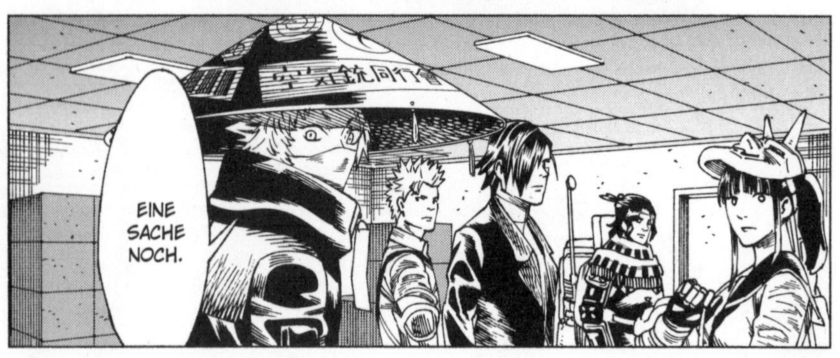

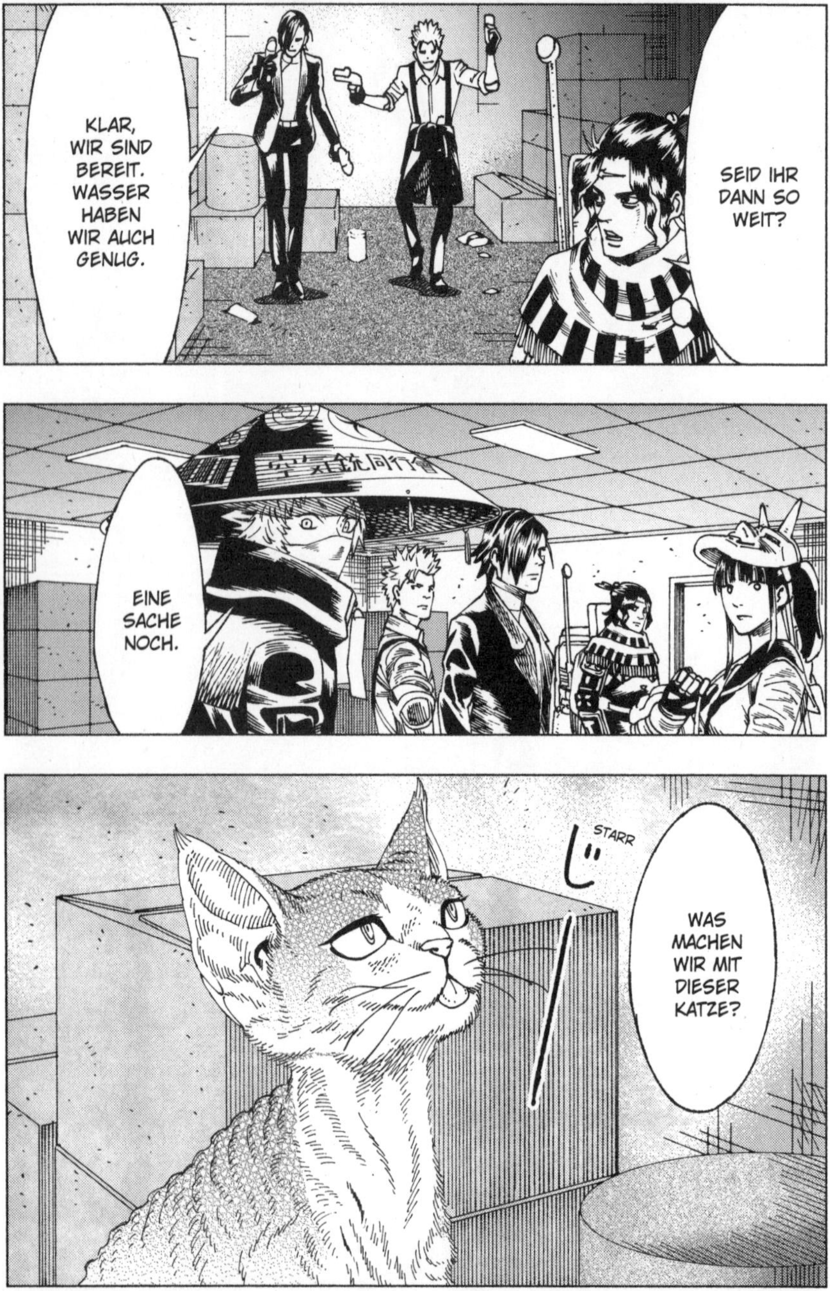

STARR

WAS MACHEN WIR MIT DIESER KATZE?

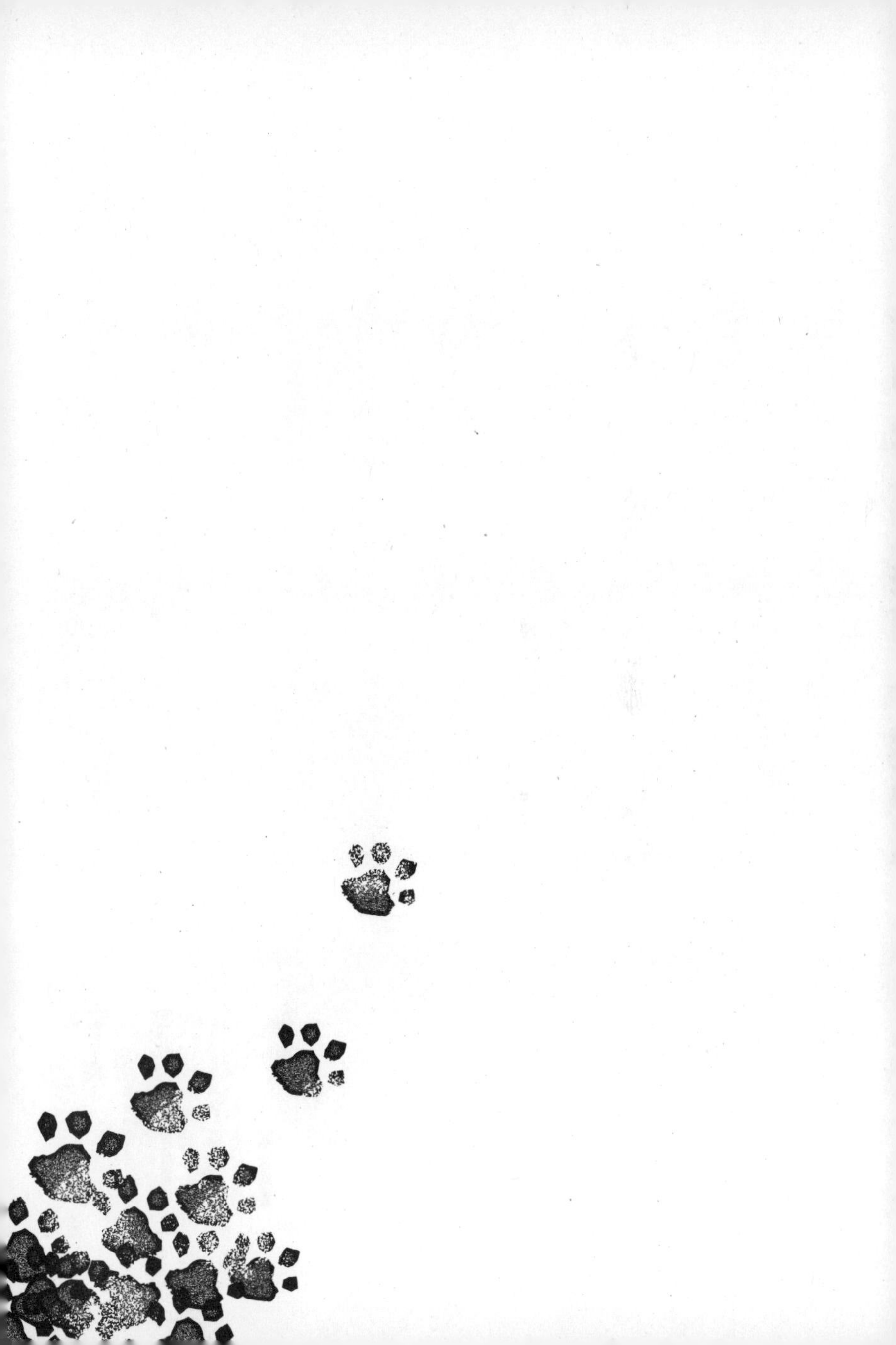

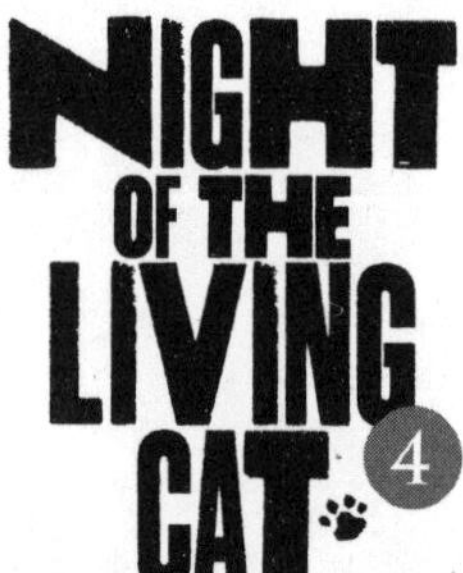
NIGHT
OF THE
LIVING
CAT
4

KAPITEL 10: FELINIZER

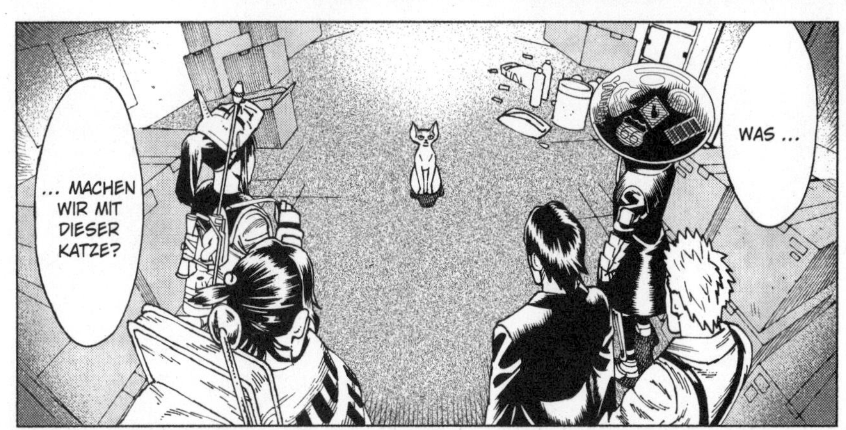

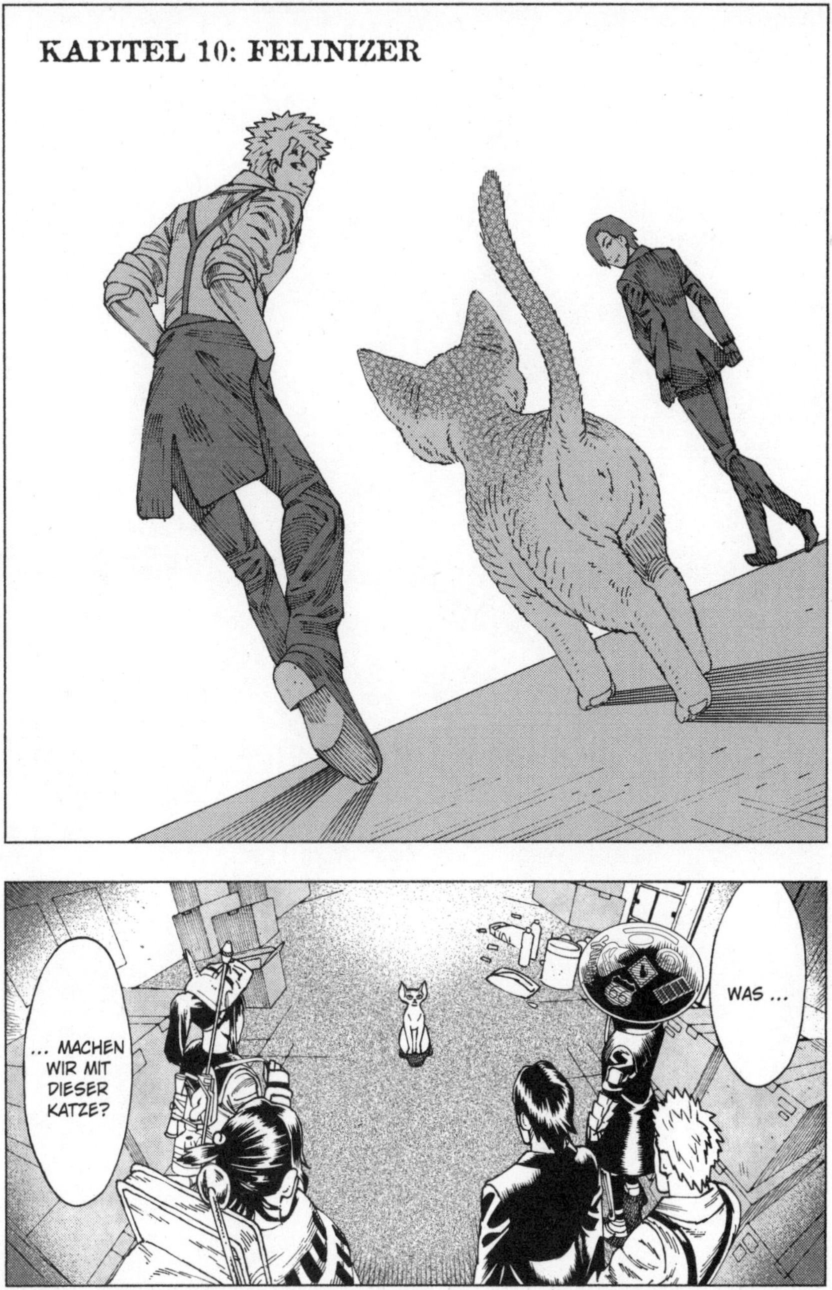

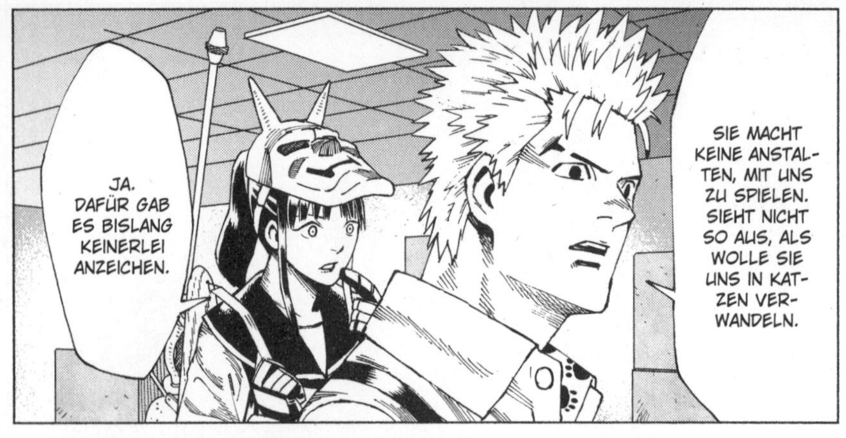

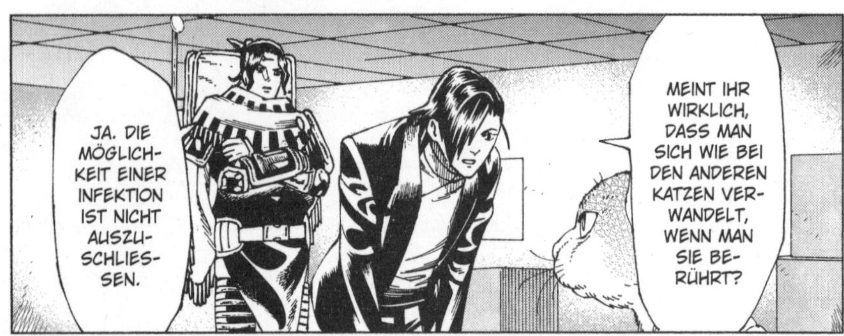

* OH KATER, SO LIEB HAB ICH DICH.

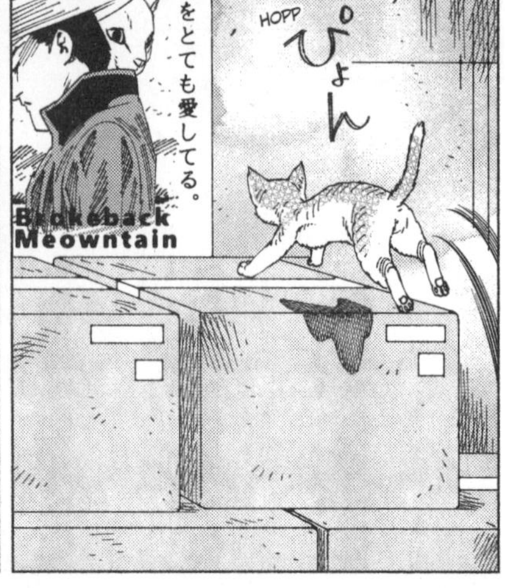

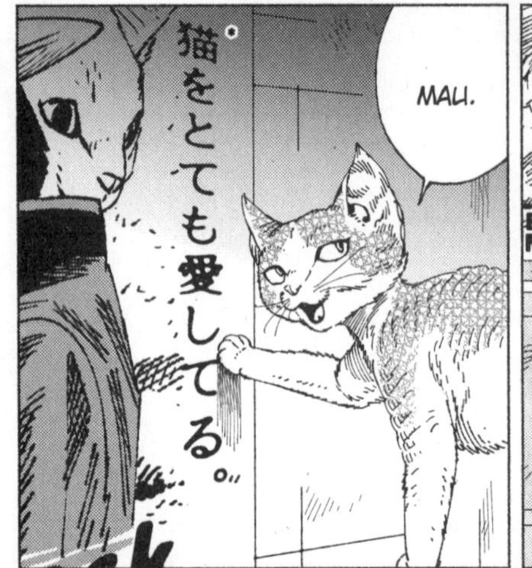

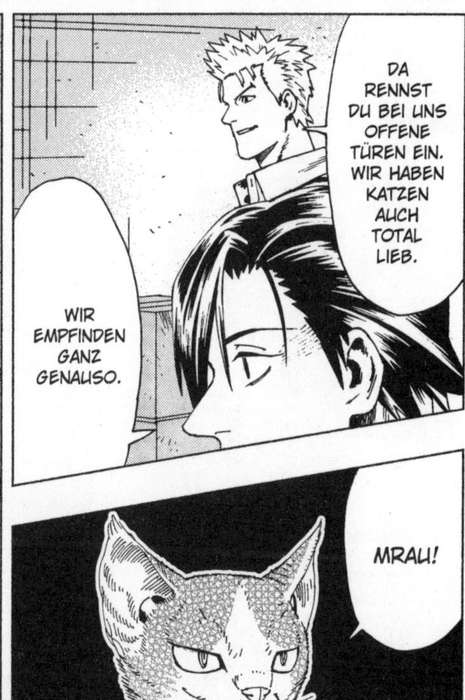

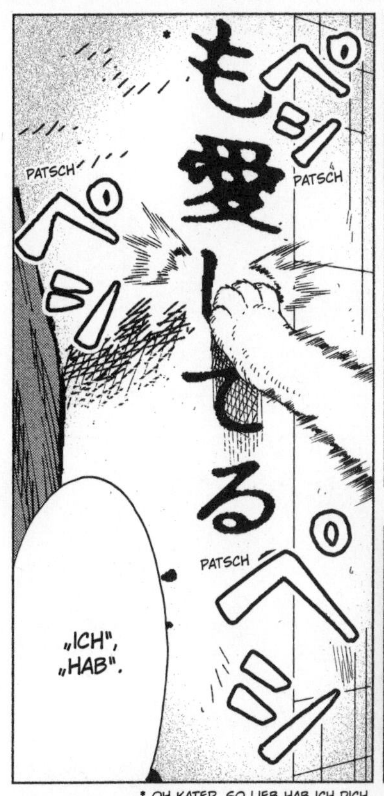

* OH KATER, SO LIEB HAB ICH DICH.

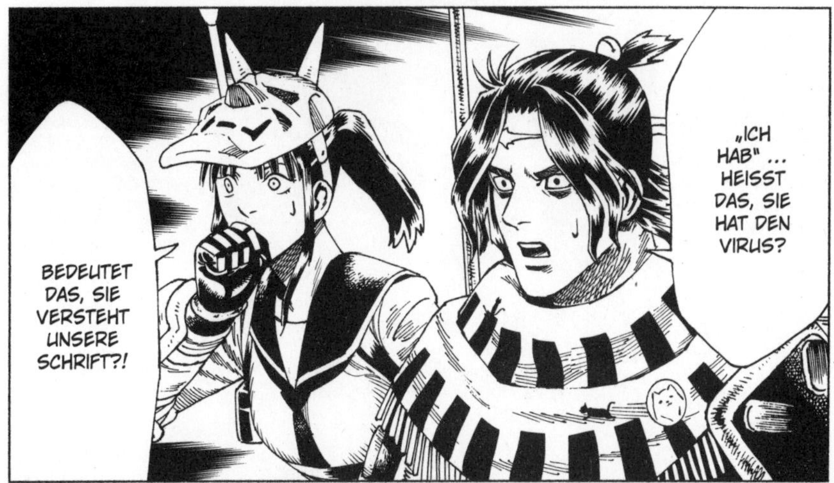

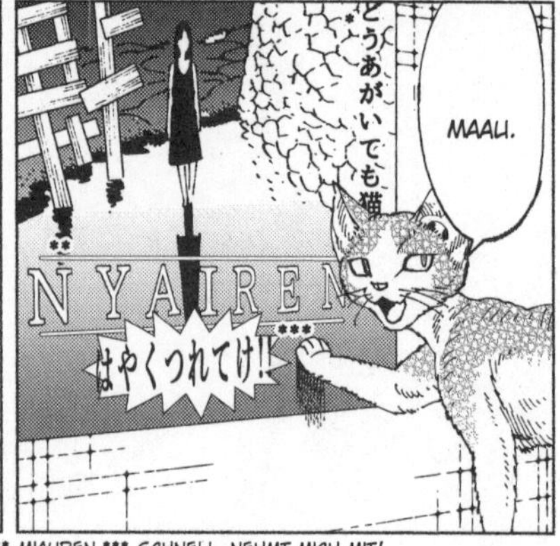

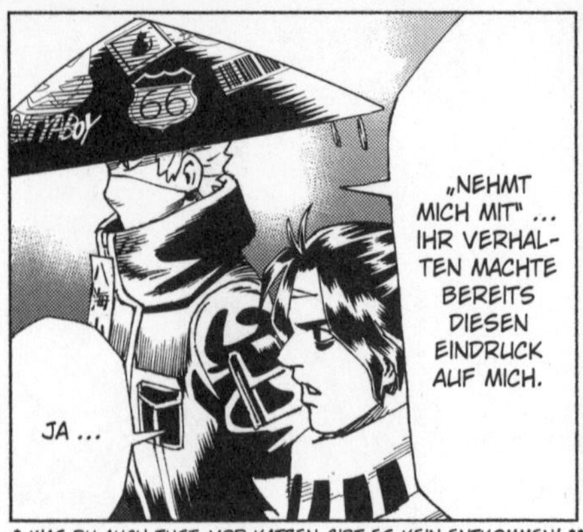

* WAS DU AUCH TUST, VOR KATZEN GIBT ES KEIN ENTKOMMEN! ** MIAUREN *** SCHNELL, NEHMT MICH MIT!
**** WAS DU AUCH TUST, VOR KATZEN GIBT ES KEIN ENTKOMMEN!

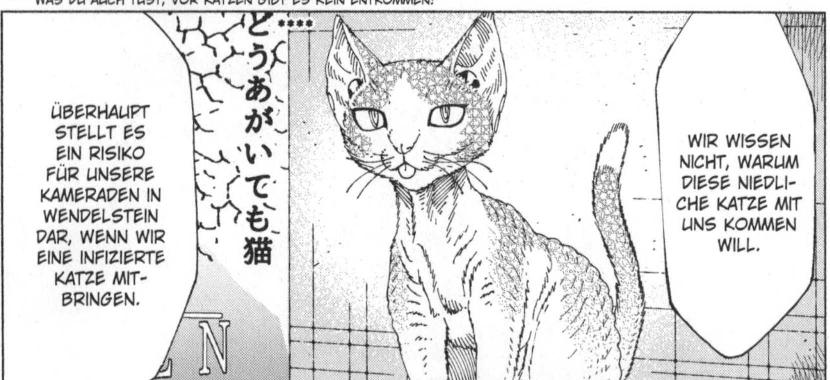

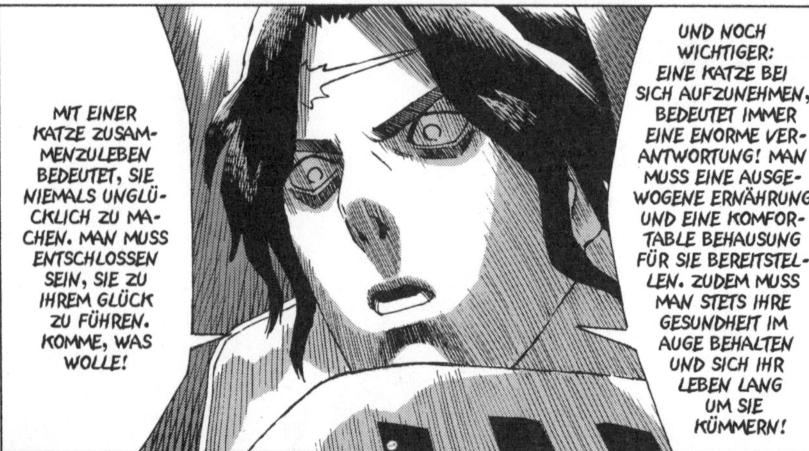

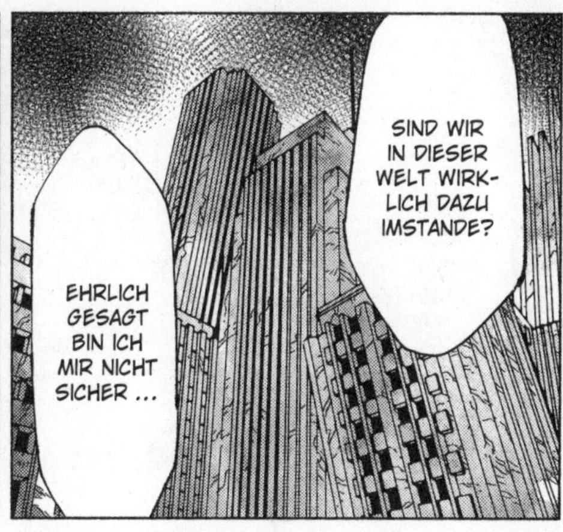
SIND WIR IN DIESER WELT WIRKLICH DAZU IMSTANDE?
EHRLICH GESAGT BIN ICH MIR NICHT SICHER …

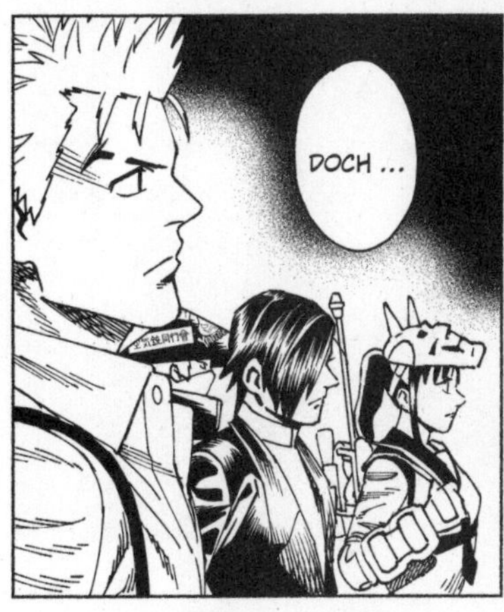
DOCH …

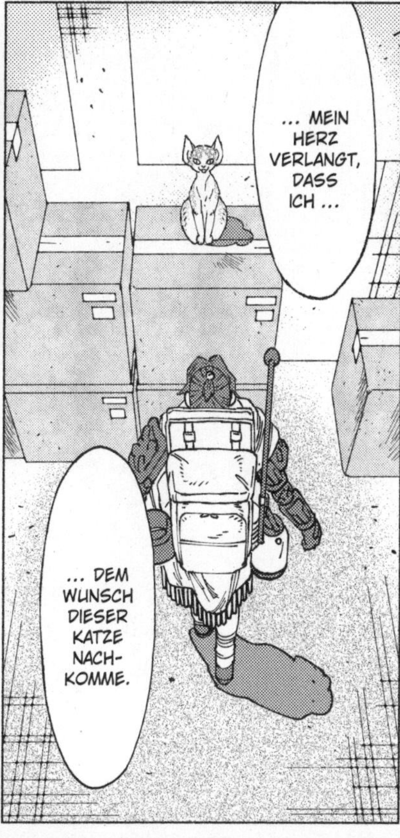
… MEIN HERZ VERLANGT, DASS ICH …
… DEM WUNSCH DIESER KATZE NACHKOMME.

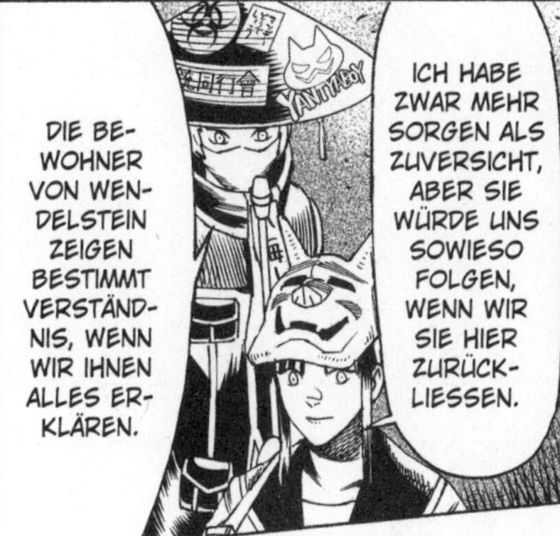
ICH HABE ZWAR MEHR SORGEN ALS ZUVERSICHT, ABER SIE WÜRDE UNS SOWIESO FOLGEN, WENN WIR SIE HIER ZURÜCKLIESSEN.
DIE BEWOHNER VON WENDELSTEIN ZEIGEN BESTIMMT VERSTÄNDNIS, WENN WIR IHNEN ALLES ERKLÄREN.

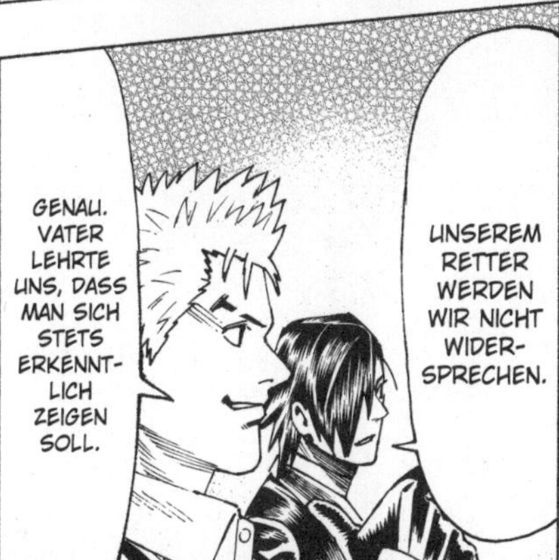
UNSEREM RETTER WERDEN WIR NICHT WIDERSPRECHEN.
GENAU. VATER LEHRTE UNS, DASS MAN SICH STETS ERKENNTLICH ZEIGEN SOLL.

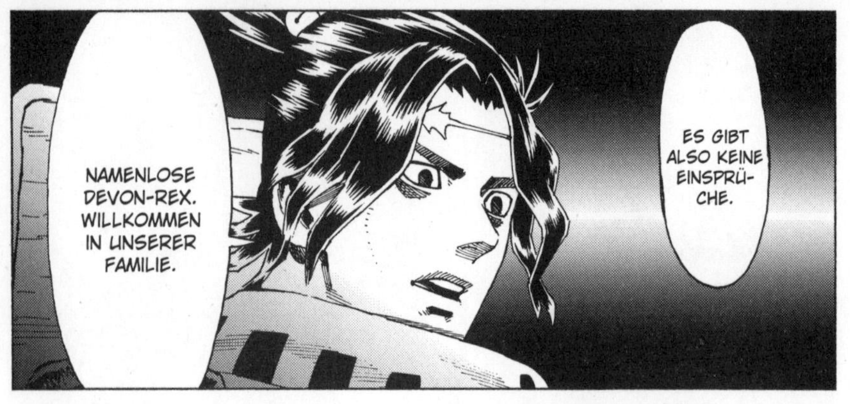
ES GIBT ALSO KEINE EINSPRÜ- CHE.
NAMENLOSE DEVON-REX. WILLKOMMEN IN UNSERER FAMILIE.

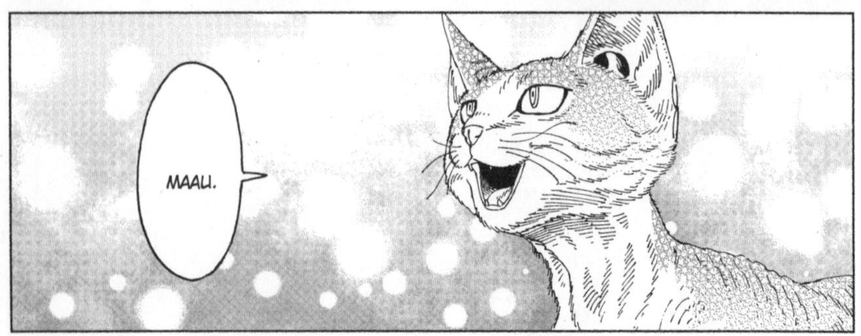
MAAU.

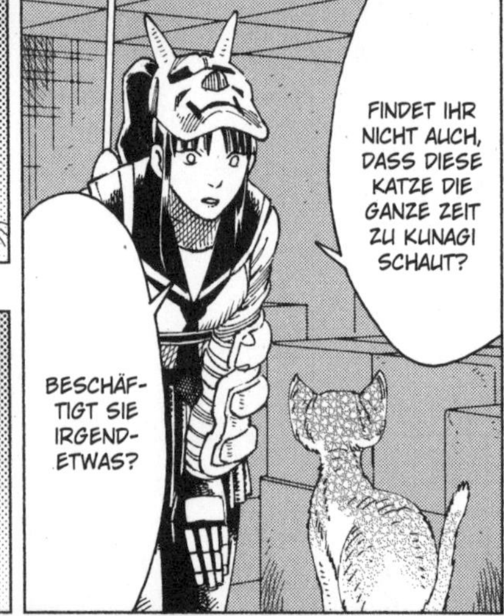
FINDET IHR NICHT AUCH, DASS DIESE KATZE DIE GANZE ZEIT ZU KUNAGI SCHAUT?
BESCHÄF- TIGT SIE IRGEND- ETWAS?

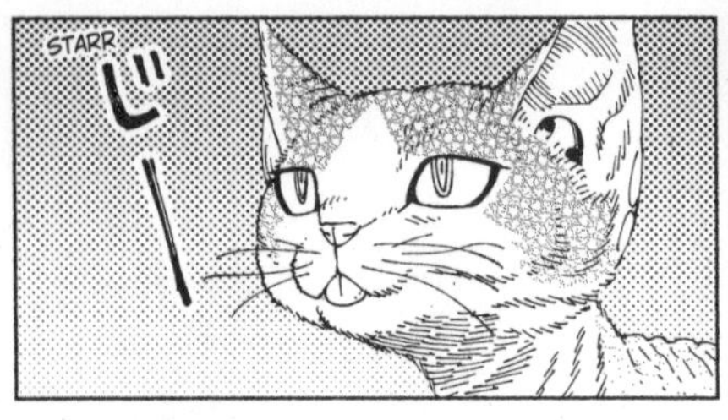
STARR

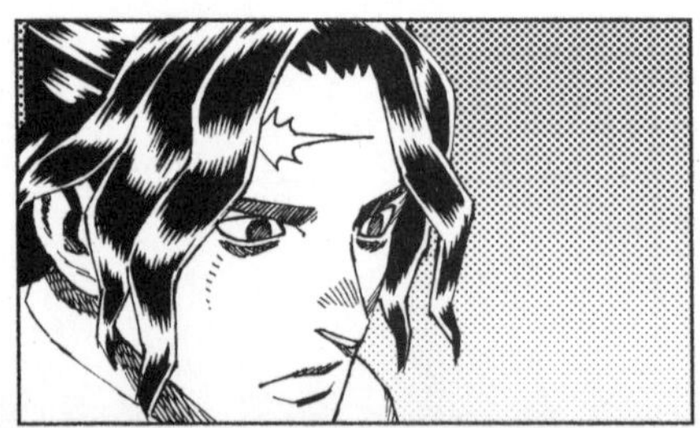

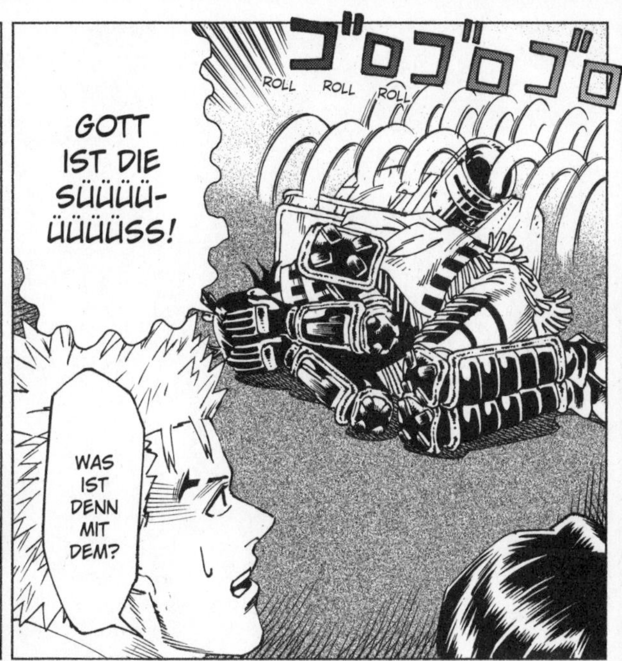
ゴロゴロゴロ
ROLL ROLL ROLL
GOTT IST DIE SÜÜÜÜ-ÜÜÜÜSS!
WAS IST DENN MIT DEM?

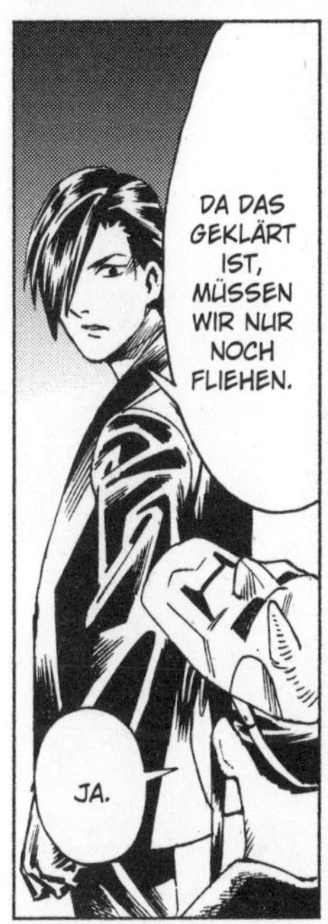
DA DAS GEKLÄRT IST, MÜSSEN WIR NUR NOCH FLIEHEN.
JA.

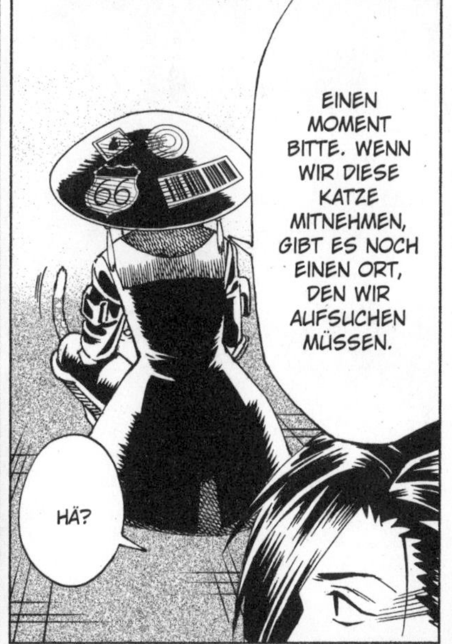
EINEN MOMENT BITTE. WENN WIR DIESE KATZE MITNEHMEN, GIBT ES NOCH EINEN ORT, DEN WIR AUFSUCHEN MÜSSEN.
HÄ?

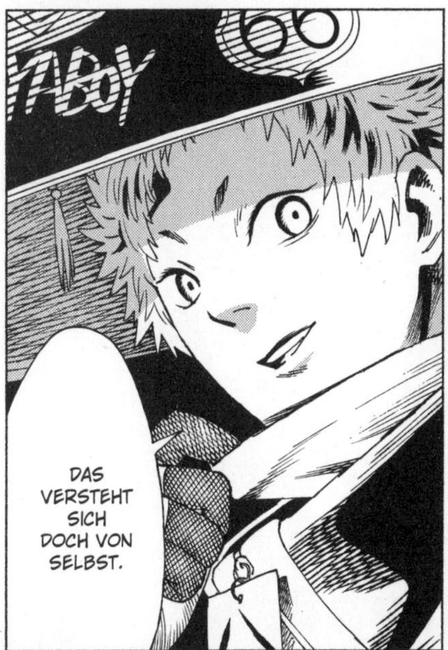
DAS VERSTEHT SICH DOCH VON SELBST.

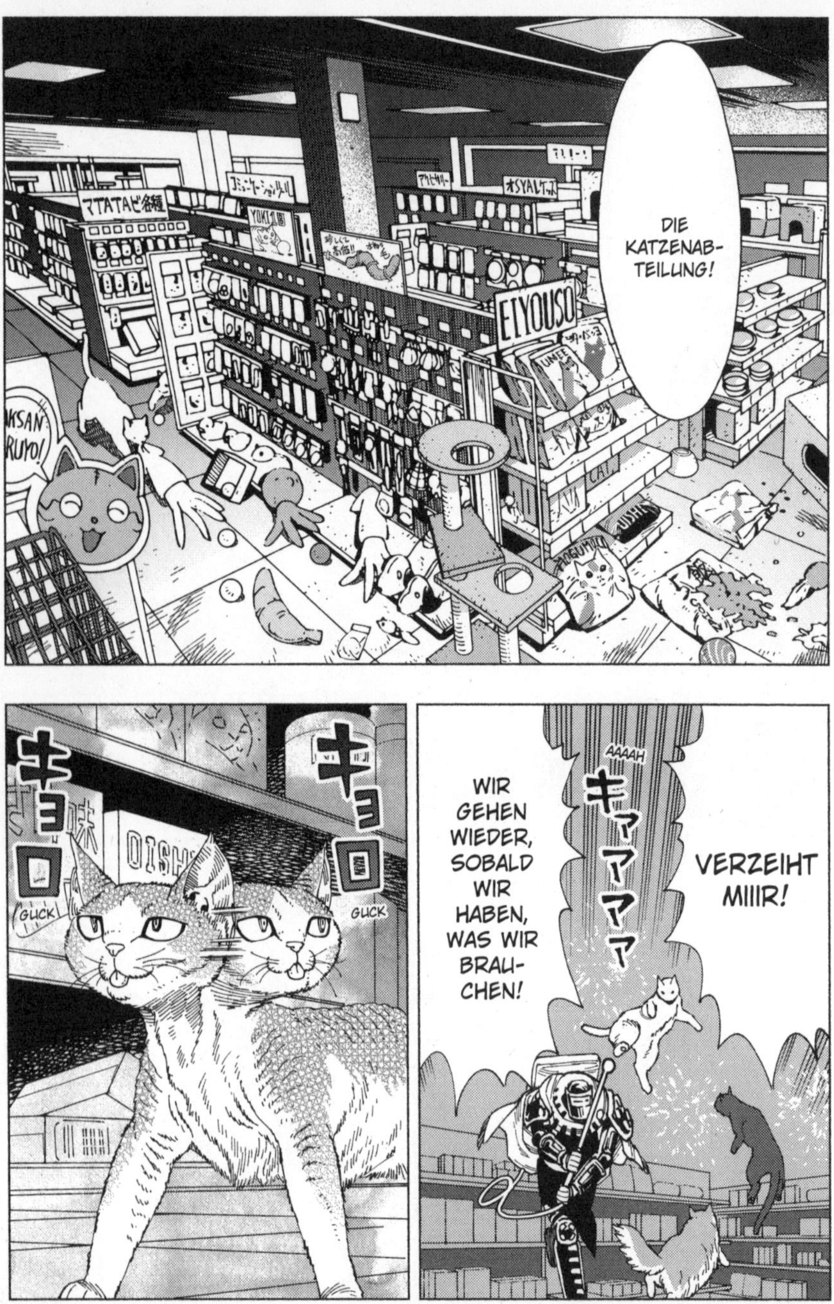

DIE KATZENABTEILUNG!

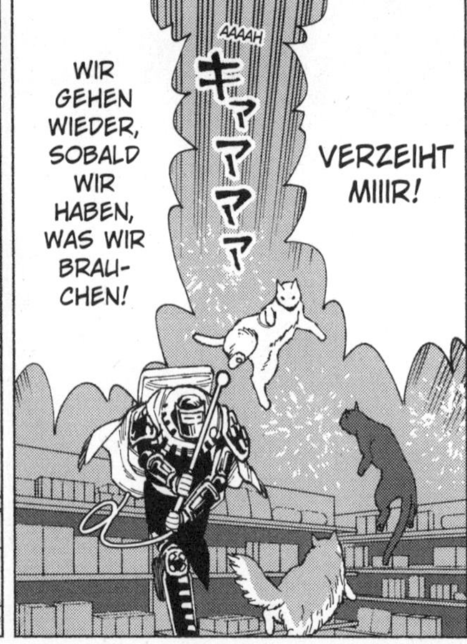

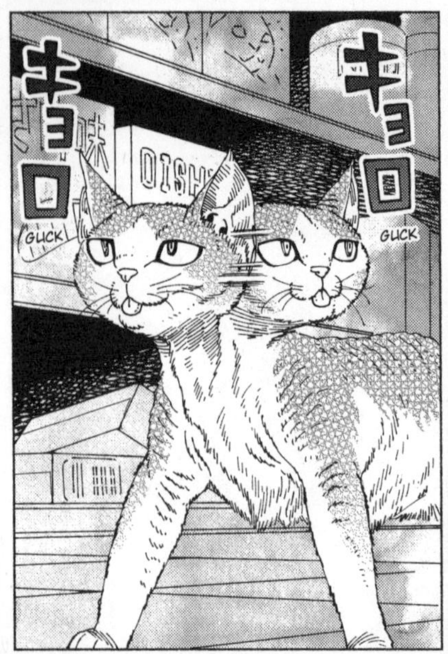

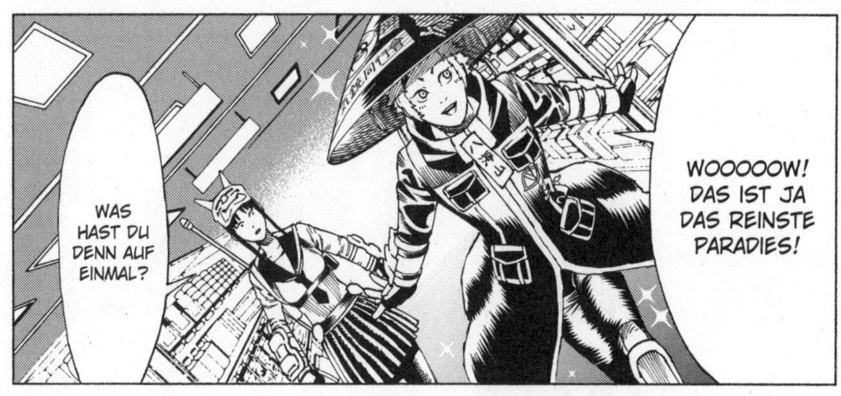
WOOOOOW! DAS IST JA DAS REINSTE PARADIES!
WAS HAST DU DENN AUF EINMAL?

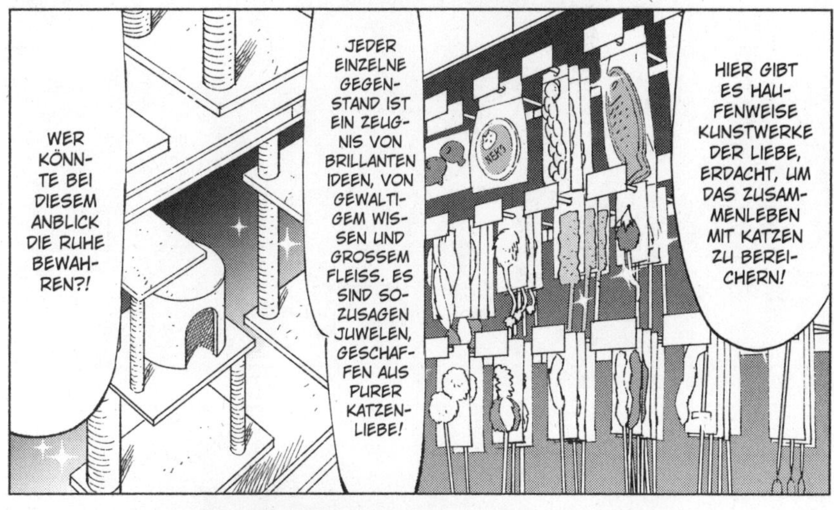
HIER GIBT ES HAUFENWEISE KUNSTWERKE DER LIEBE, ERDACHT, UM DAS ZUSAMMENLEBEN MIT KATZEN ZU BEREICHERN!
JEDER EINZELNE GEGENSTAND IST EIN ZEUGNIS VON BRILLANTEN IDEEN, VON GEWALTIGEM WISSEN UND GROSSEM FLEISS. ES SIND SOZUSAGEN JUWELEN, GESCHAFFEN AUS PURER KATZENLIEBE!
WER KÖNNTE BEI DIESEM ANBLICK DIE RUHE BEWAHREN?!

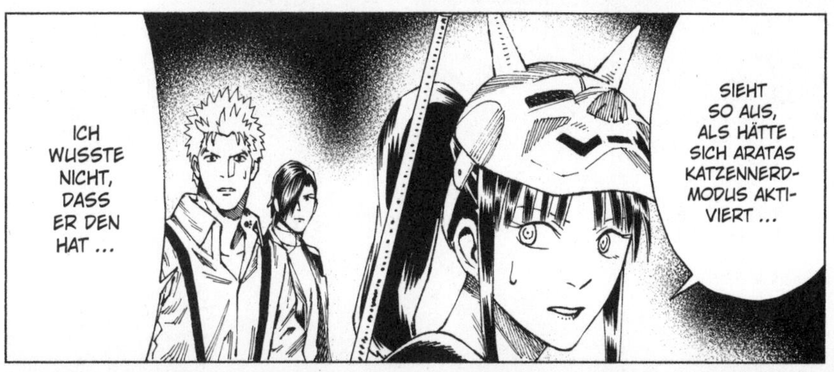
SIEHT SO AUS, ALS HÄTTE SICH ARATAS KATZENNERD-MODUS AKTIVIERT …
ICH WUSSTE NICHT, DASS ER DEN HAT …

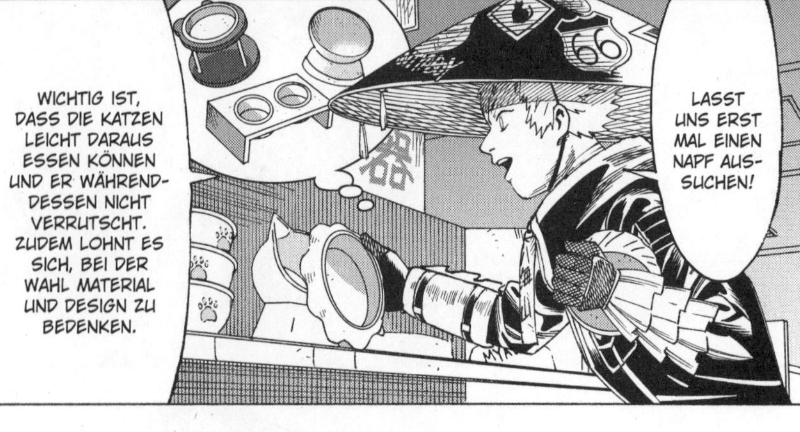

AUS SO EINEM HAT MEINE KATZE GEFRESSEN!

FÜR UNSER CAFÉ HABEN WIR NÄPFE MIT GUTER BEWERTUNG AUS DEM INTERNET BESTELLT.

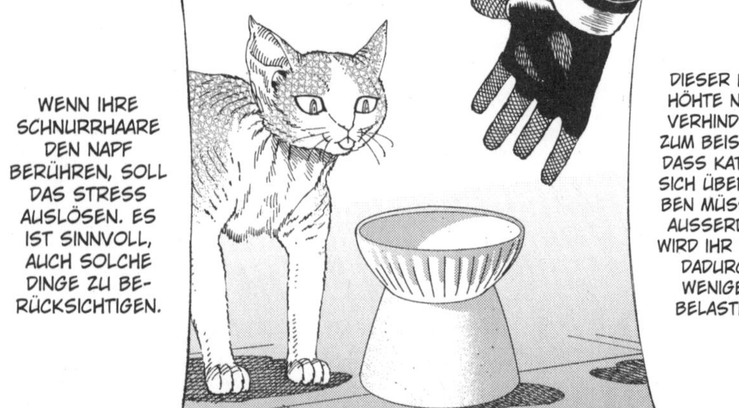

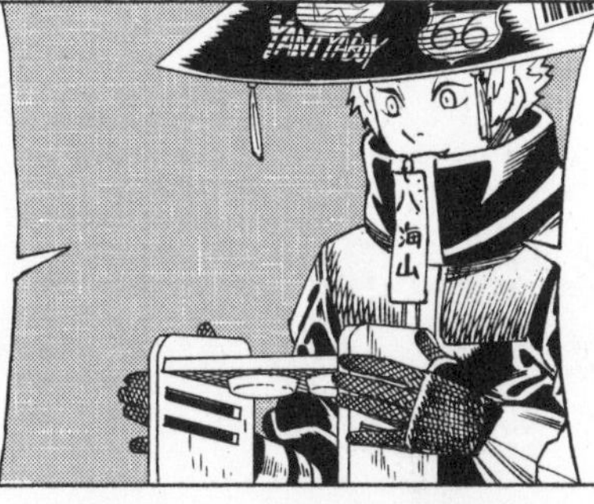
ER ERFÜLLT ALLE EBEN GENANNTEN KRITERIEN. DAS MATERIAL IST ROSTFREI UND LEICHT ZU PFLEGEN. AUSSERDEM MUSS MAN SICH KEINE SORGEN MACHEN, DASS ER KAPUTTGEHEN KÖNNTE. DIE WAREN DIESES HERSTELLERS SIND ZWAR OFT ETWAS TEURER, ABER DIE QUALITÄT STIMMT. EIN GÜNSTIGER NAPF IST ZWAR AUCH TOLL, ABER WENN MAN IHN LANGFRISTIG NUTZEN MÖCHTE, SOLLTE MAN NICHT GEIZIG SEIN. MEIN EIGENES ESSBESTECK IST MIR GELINDE GESAGT SCHNURZPIEPEGAL, ABER FÜR MEINE KATZEN ZAHLE ICH JEDEN PREIS.
AUS DEN GENANNTEN GRÜNDEN BEVORZUGE ICH DIESEN NAPF.

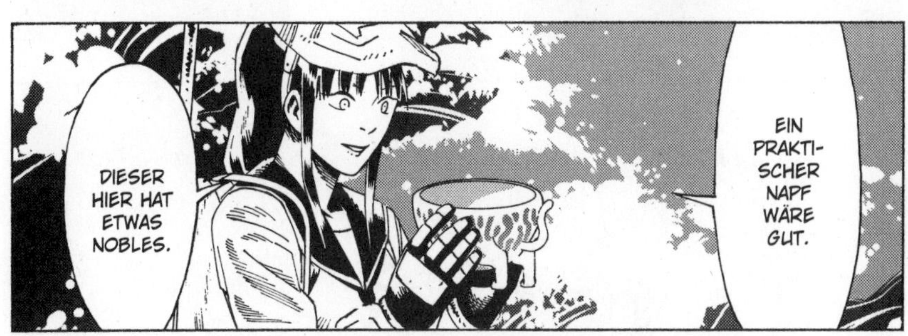
EIN PRAKTI-SCHER NAPF WÄRE GUT.
DIESER HIER HAT ETWAS NOBLES.

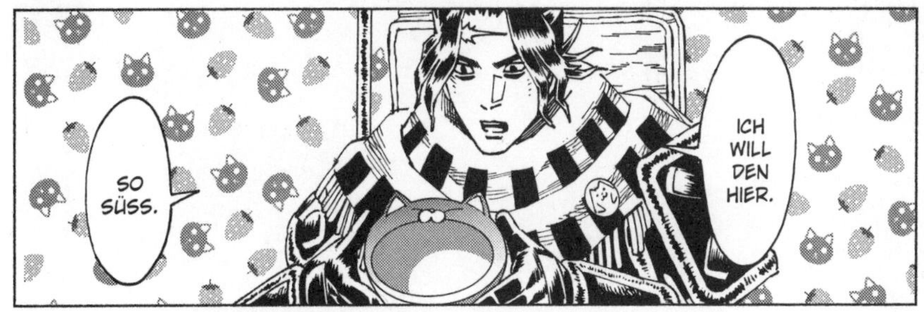
ICH WILL DEN HIER.
SO SÜSS.

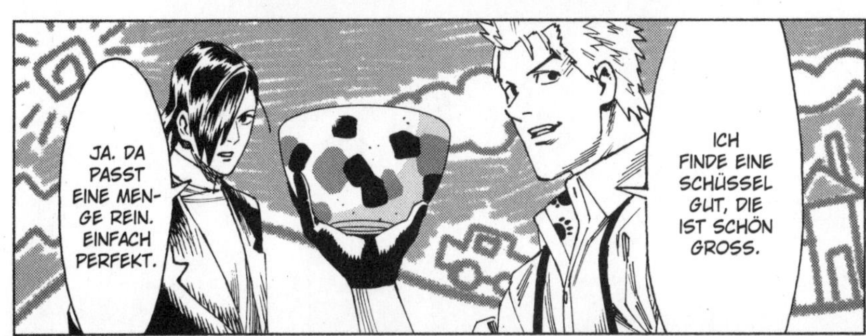
ICH FINDE EINE SCHÜSSEL GUT, DIE IST SCHÖN GROSS.
JA. DA PASST EINE MEN-GE REIN. EINFACH PERFEKT.

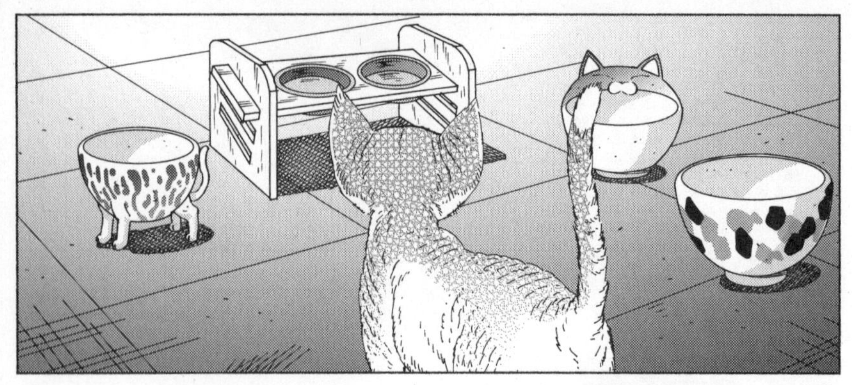

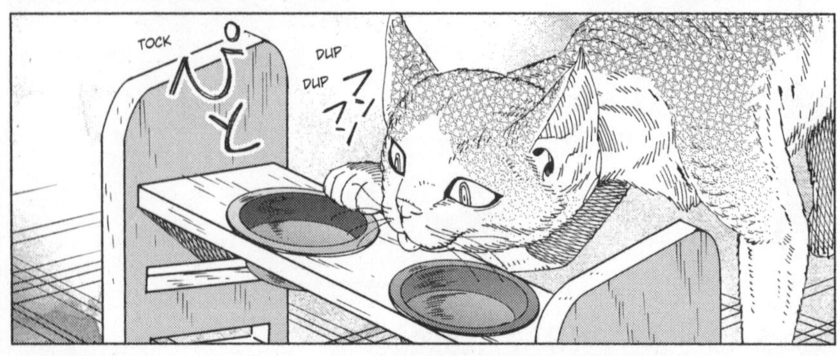

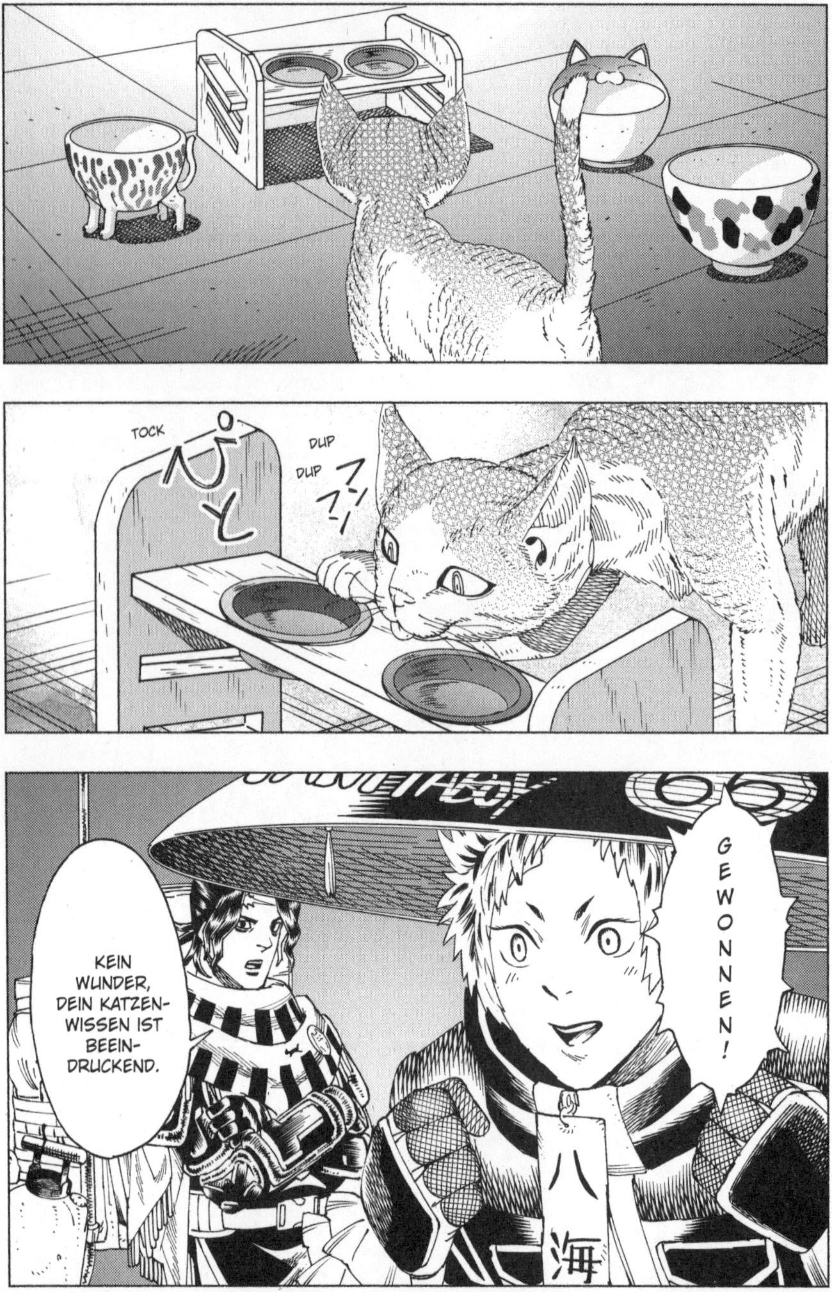

GEWONNEN!

KEIN WUNDER, DEIN KATZEN-WISSEN IST BEEIN-DRUCKEND.

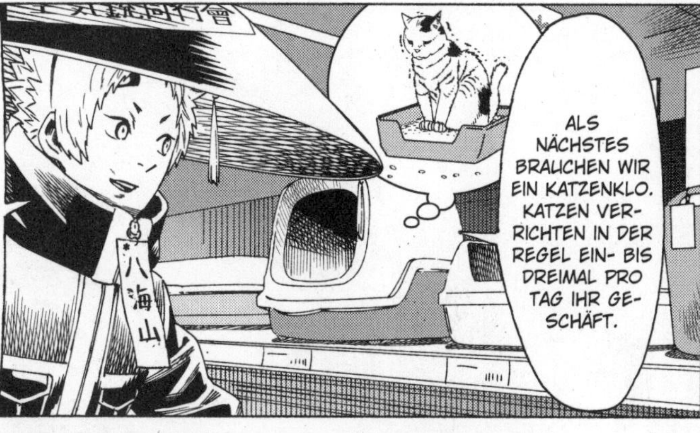
ALS NÄCHSTES BRAUCHEN WIR EIN KATZENKLO. KATZEN VERRICHTEN IN DER REGEL EIN- BIS DREIMAL PRO TAG IHR GESCHÄFT.
WENN MAN SCHON AUF DIE TOILETTE MUSS, DANN SOLL ES WENIGSTENS EINE GUTE SEIN. SO IST'S AUCH BEI UNS MENSCHEN.

* BERG HAKKAI

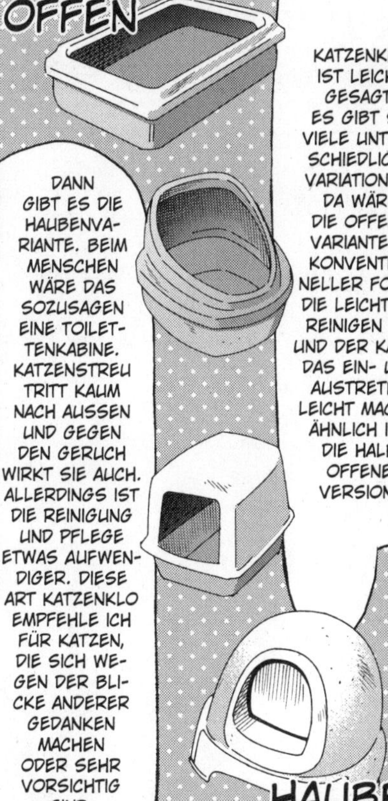
KATZENKLO IST LEICHT GESAGT. ES GIBT SO VIELE UNTERSCHIEDLICHE VARIATIONEN. DA WÄRE DIE OFFENE VARIANTE IN KONVENTIONELLER FORM, DIE LEICHT ZU REINIGEN IST UND DER KATZE DAS EIN- UND AUSTRETEN LEICHT MACHT. ÄHNLICH IST DIE HALB OFFENE VERSION.
OFFEN
DANN GIBT ES DIE HAUBENVARIANTE. BEIM MENSCHEN WÄRE DAS SOZUSAGEN EINE TOILETTENKABINE. KATZENSTREU TRITT KAUM NACH AUSSEN UND GEGEN DEN GERUCH WIRKT SIE AUCH. ALLERDINGS IST DIE REINIGUNG UND PFLEGE ETWAS AUFWENDIGER. DIESE ART KATZENKLO EMPFEHLE ICH FÜR KATZEN, DIE SICH WEGEN DER BLICKE ANDERER GEDANKEN MACHEN ODER SEHR VORSICHTIG SIND.
HAUBE

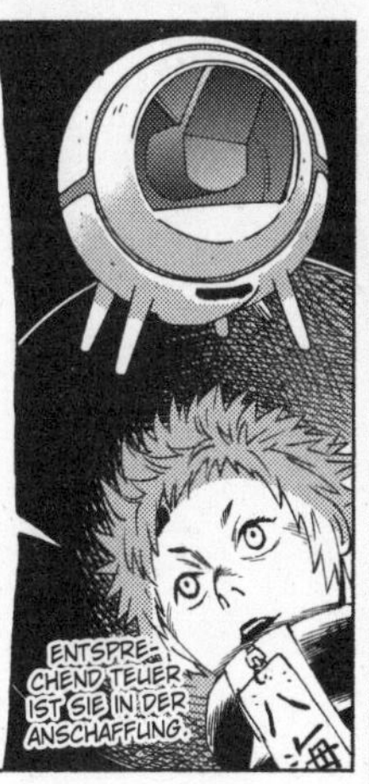
ES GIBT ÜBRIGENS AUCH EINE VOLLAUTOMATISCHE VARIANTE, DIE SICH SELBST REINIGT UND OBENDREIN DEN GERUCH FILTERT. SIE IST IMMER SAUBER. EIN EXZELLENTES STÜCK TECHNIK.
ENTSPRECHEND TEUER IST SIE IN DER ANSCHAFFUNG.

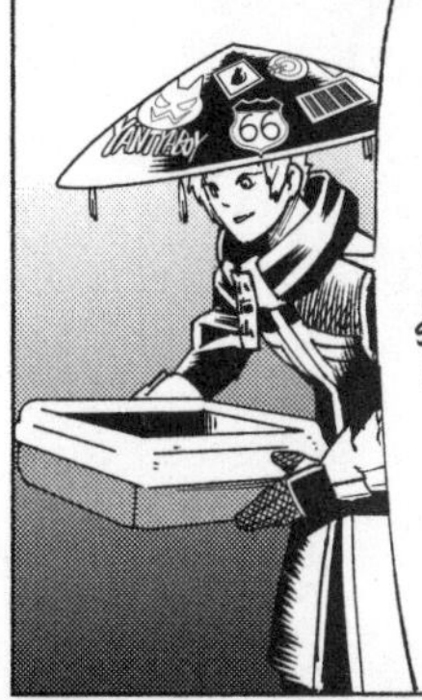
AUSSERDEM MUSS MAN UNBEDINGT DIE RICHTIGE GRÖSSE WÄHLEN. IST SIE ZU ENG, LÖST DAS STRESS BEI DER KATZE AUS UND SIE KÖNNTE WIEDER HINAUSGEHEN. DIESER PUNKT IST SEHR WICHTIG.

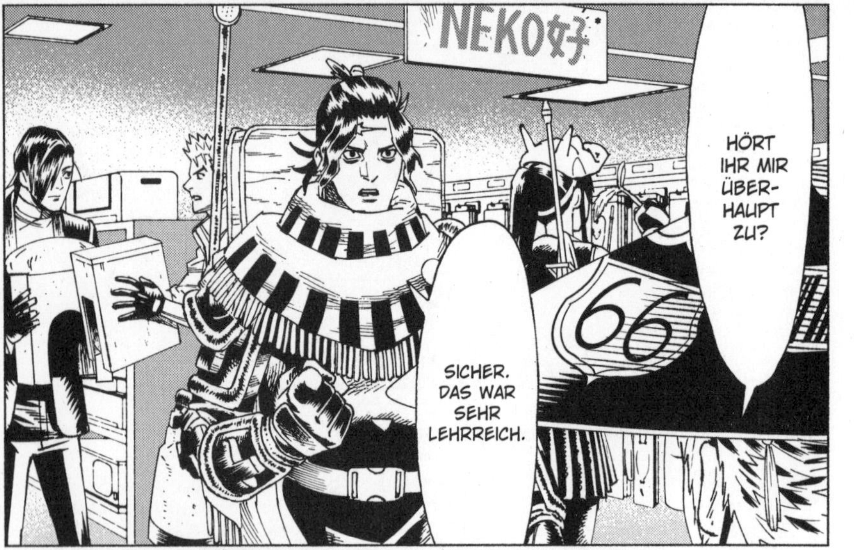

NEKO女子*

HÖRT IHR MIR ÜBERHAUPT ZU?

SICHER. DAS WAR SEHR LEHRREICH.

* KATZENLIEBHABER ** CAT WARRIORS: DIESES BRETTSPIEL KANNST DU MIT KATZEN SPIELEN!!!

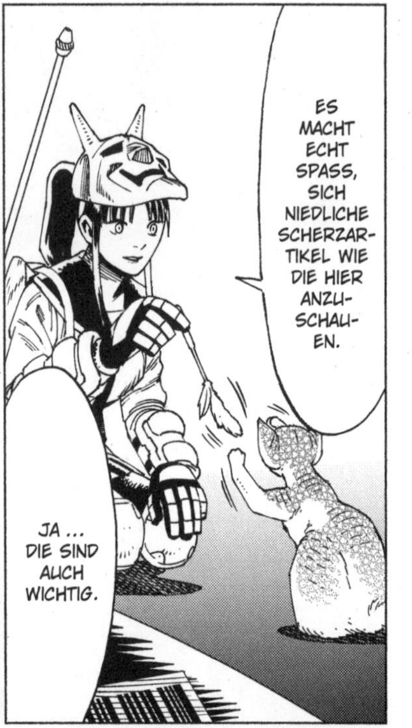

ES MACHT ECHT SPASS, SICH NIEDLICHE SCHERZARTIKEL WIE DIE HIER ANZUSCHAUEN.

JA ... DIE SIND AUCH WICHTIG.

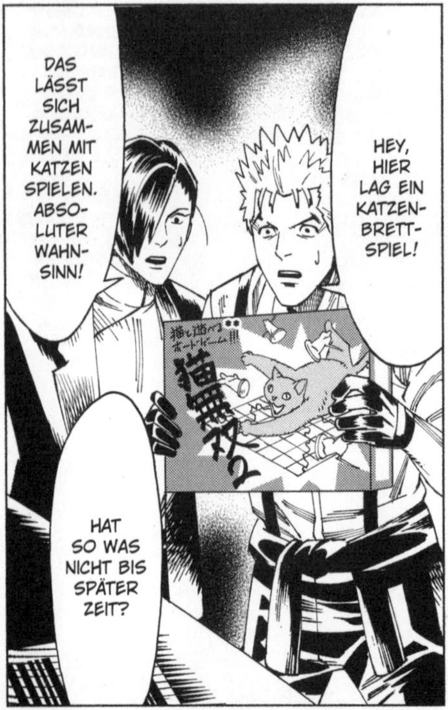

HEY, HIER LAG EIN KATZENBRETTSPIEL!

DAS LÄSST SICH ZUSAMMEN MIT KATZEN SPIELEN. ABSOLUTER WAHNSINN!

HAT SO WAS NICHT BIS SPÄTER ZEIT?

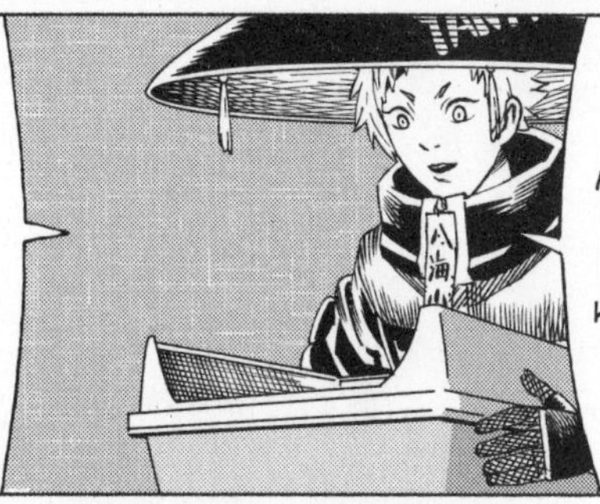
ICH HABE MICH WIEDER GEFANGEN UND SCHLAGE DIESES HALB OFFENE KATZENKLO VOR.
IN DER GEGENWÄRTIGEN LAGE DÜRFTE ES SCHWIERIG WERDEN, AN KATZENSTREU ZU KOMMEN. DAS WIRD UNSER ERSTES PROBLEM. MAN WILL NATÜRLICH IMMER, DASS DIE KATZE GUTE KATZENSTREU BEKOMMT, ABER WIR MÜSSEN UNS ÜBERLEGEN, WAS WIR TUN, WENN SIE IRGENDWANN ALLE IST. UND OB SAND VON SANDPLÄTZEN ALS ERSATZ UNBEDENKLICH IST. DIE TOILETTE MUSS ZUDEM RICHTIG SAUBER GEHALTEN WERDEN, SONST VERBREITEN SICH KEIME UND DAS IST NICHT NUR FÜR KATZEN, SONDERN EBENSO FÜR MENSCHEN NICHT GUT. AUSSERDEM BESTEHT DURCHAUS DIE MÖGLICHKEIT, DASS IN IHREN AUSSCHEIDUNGEN DER AUSLÖSER FÜR DIE INFEKTION STECKT. DIE REINIGUNGSUTENSILIEN SOLLTEN AUCH GUT …

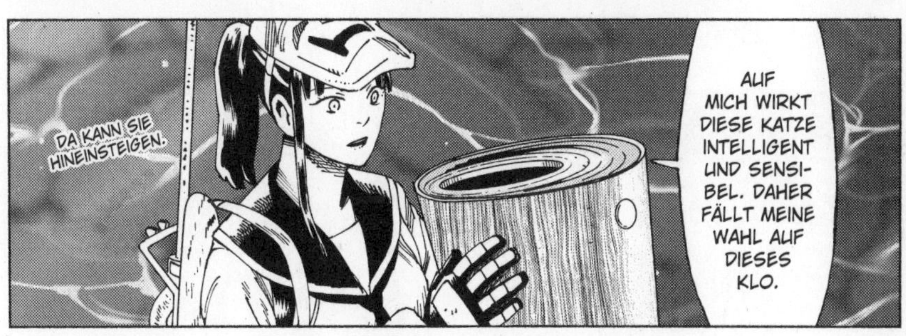
AUF MICH WIRKT DIESE KATZE INTELLIGENT UND SENSIBEL. DAHER FÄLLT MEINE WAHL AUF DIESES KLO.
DA KANN SIE HINEINSTEIGEN.

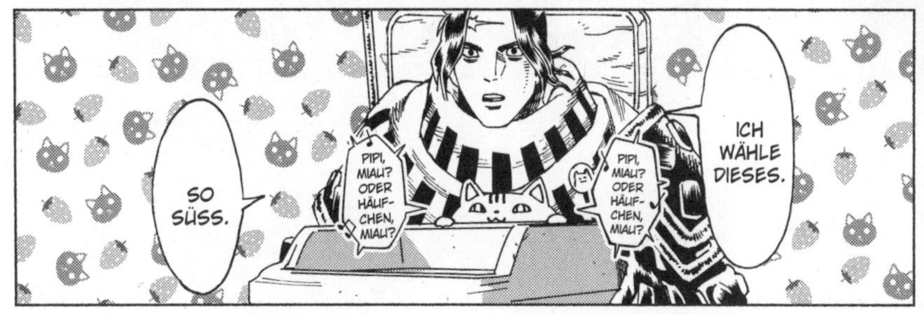
ICH WÄHLE DIESES.
PIPI, MIAU? ODER HÄUFCHEN, MIAU?
PIPI, MIAU? ODER HÄUFCHEN, MIAU?
SO SÜSS.

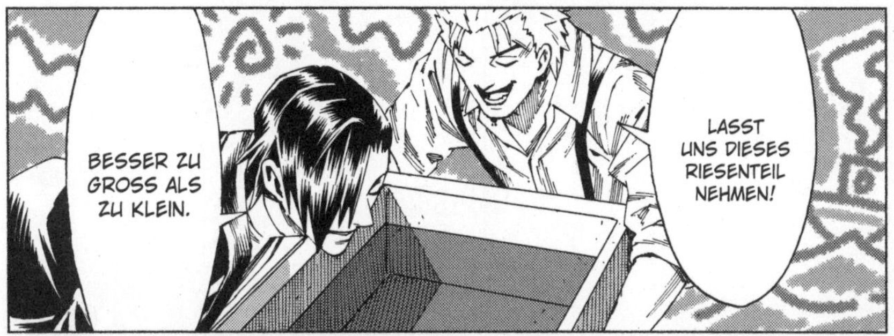
LASST UNS DIESES RIESENTEIL NEHMEN!
BESSER ZU GROSS ALS ZU KLEIN.

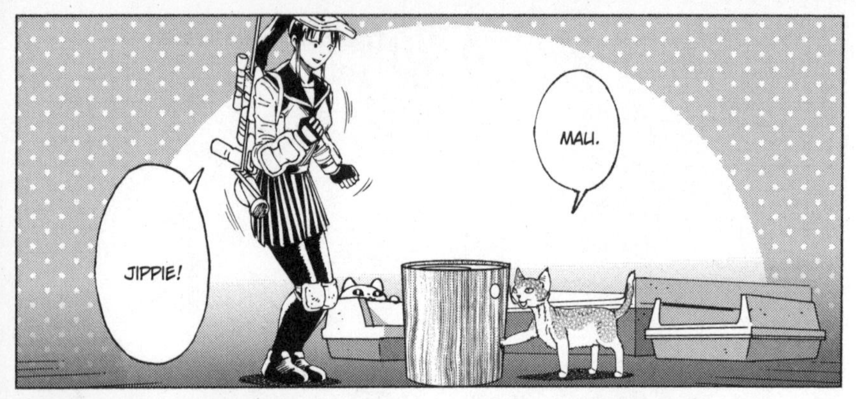
MAU.
JIPPIE!

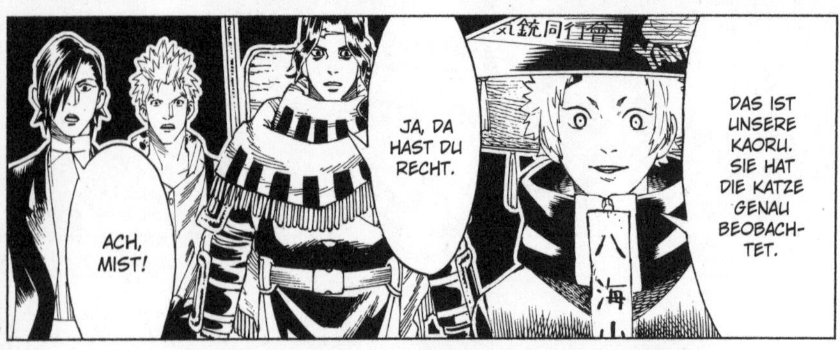
DAS IST UNSERE KAORU. SIE HAT DIE KATZE GENAU BEOBACH-TET.
JA, DA HAST DU RECHT.
ACH, MIST!

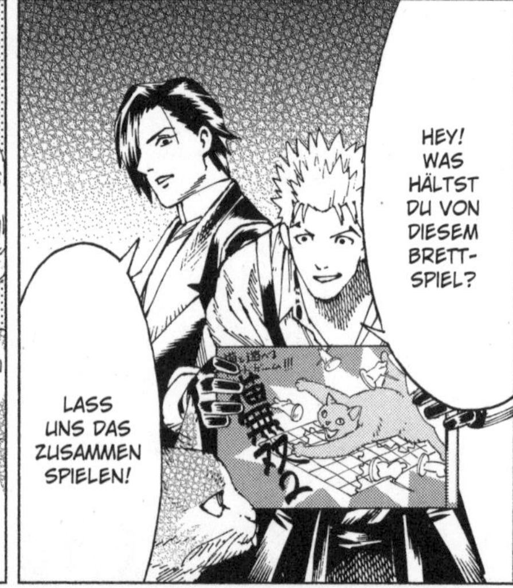
HEY! WAS HÄLTST DU VON DIESEM BRETT-SPIEL?
LASS UNS DAS ZUSAMMEN SPIELEN!

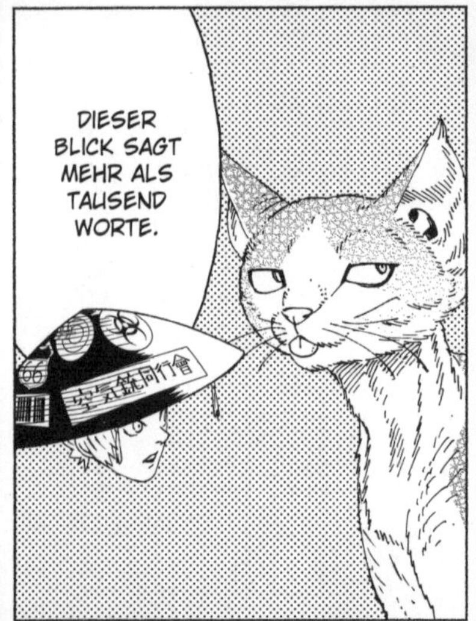
DIESER BLICK SAGT MEHR ALS TAUSEND WORTE.

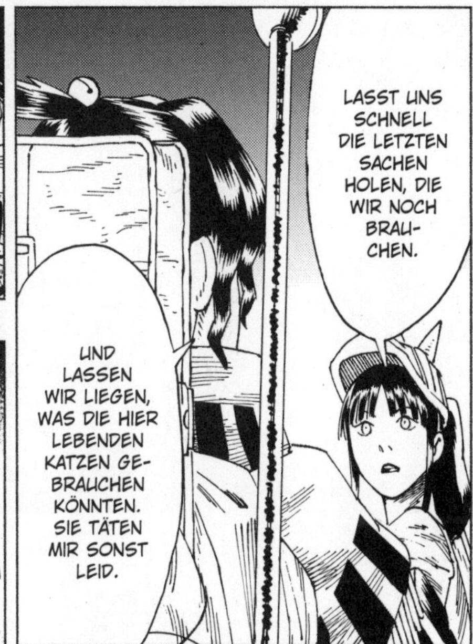
LASST UNS SCHNELL DIE LETZTEN SACHEN HOLEN, DIE WIR NOCH BRAU-CHEN.
UND LASSEN WIR LIEGEN, WAS DIE HIER LEBENDEN KATZEN GE-BRAUCHEN KÖNNTEN. SIE TÄTEN MIR SONST LEID.
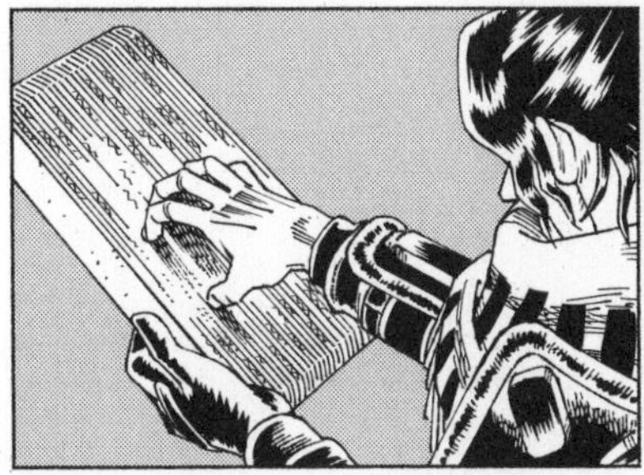
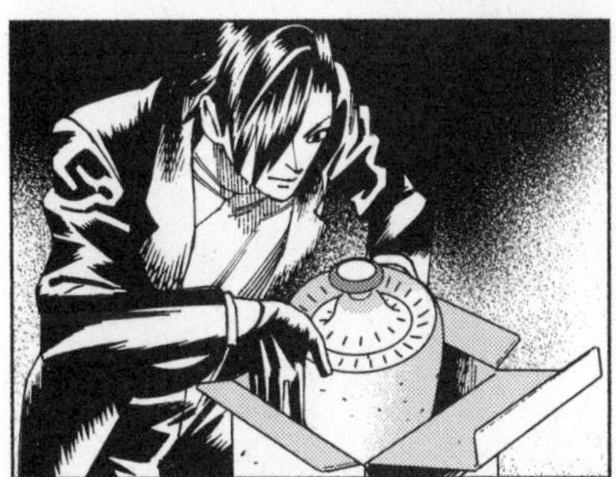
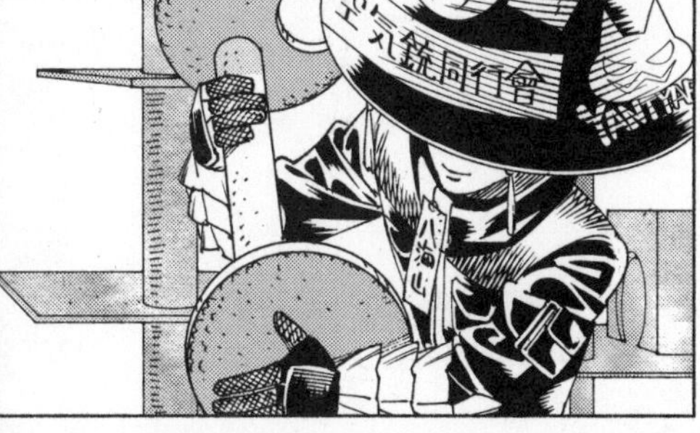
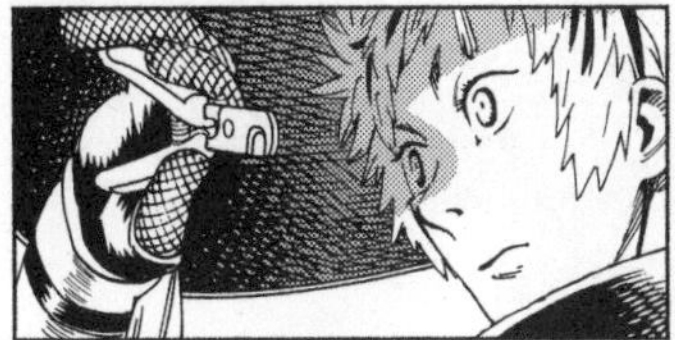
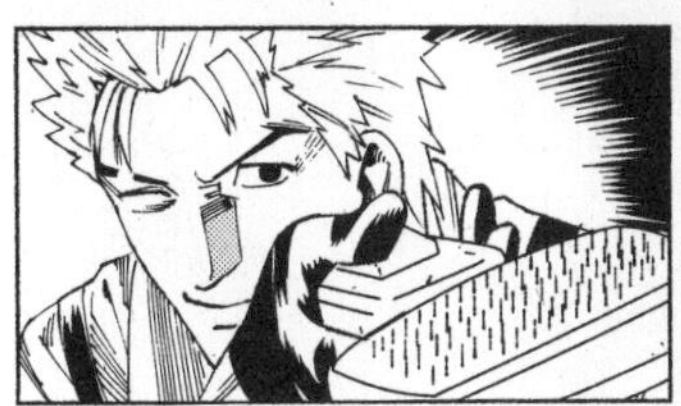
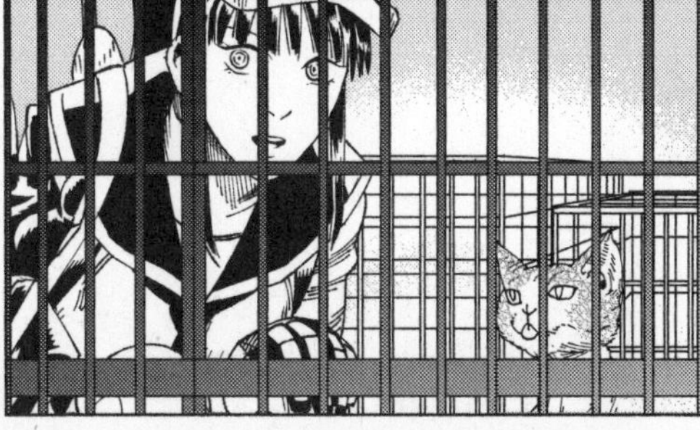
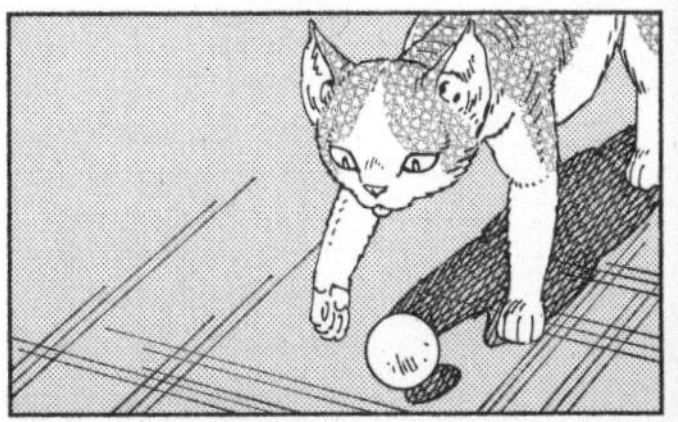

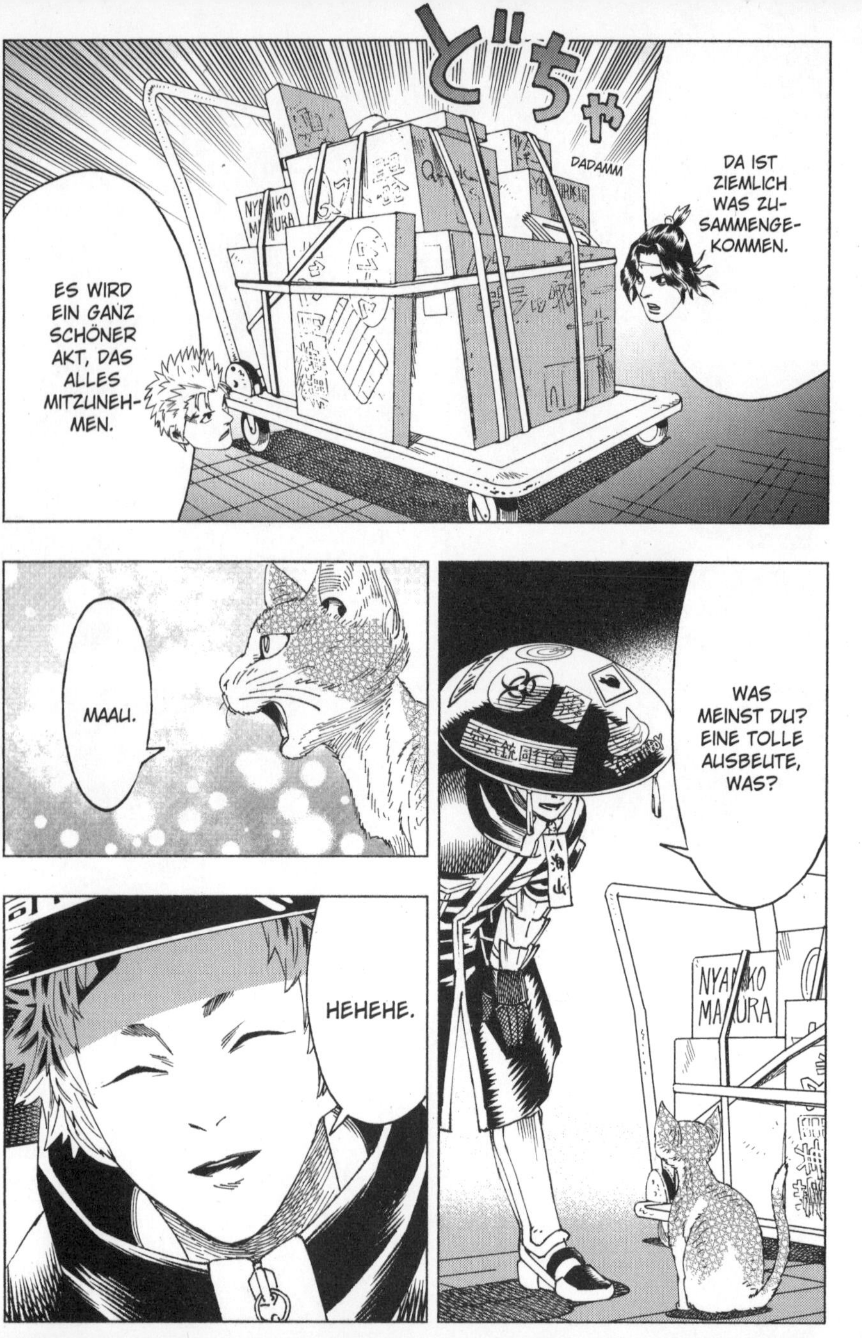

どちゃ

DADAMM

DA IST ZIEMLICH WAS ZUSAMMENGEKOMMEN.

ES WIRD EIN GANZ SCHÖNER AKT, DAS ALLES MITZUNEHMEN.

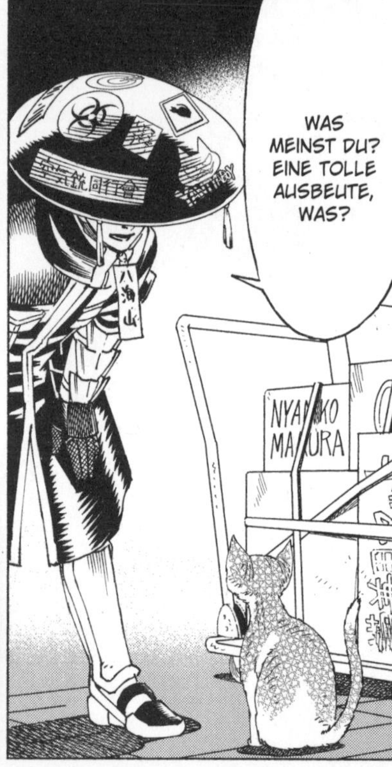

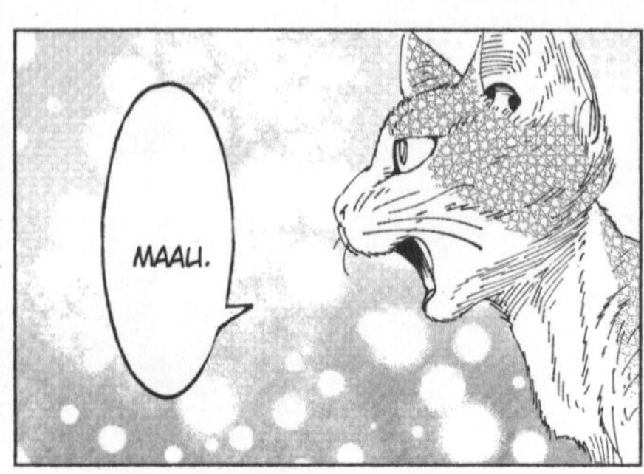

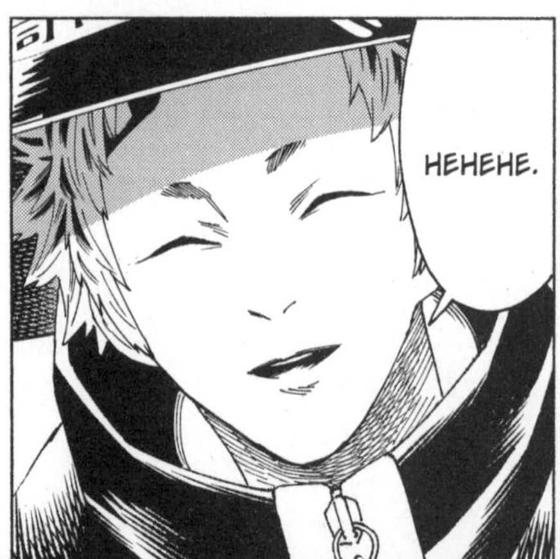

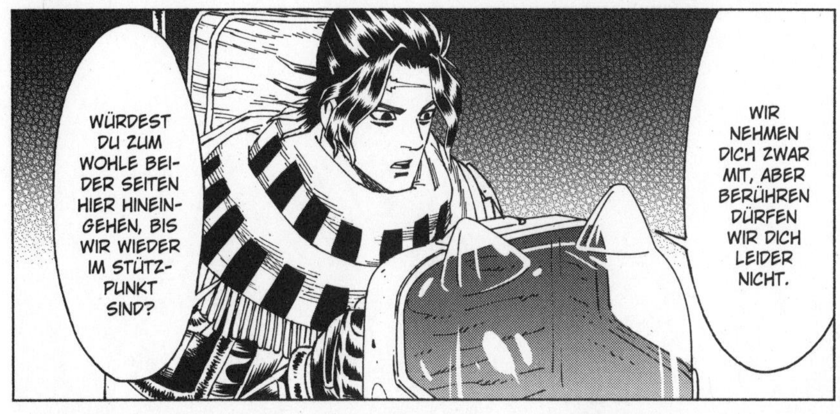
WIR NEHMEN DICH ZWAR MIT, ABER BERÜHREN DÜRFEN WIR DICH LEIDER NICHT.
WÜRDEST DU ZUM WOHLE BEIDER SEITEN HIER HINEINGEHEN, BIS WIR WIEDER IM STÜTZPUNKT SIND?
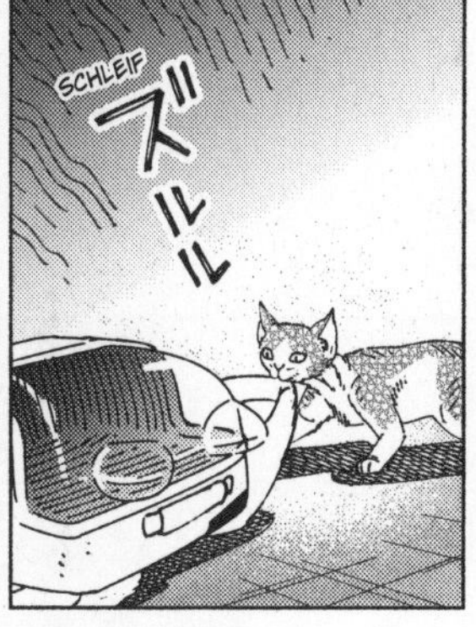
SCHLEIF
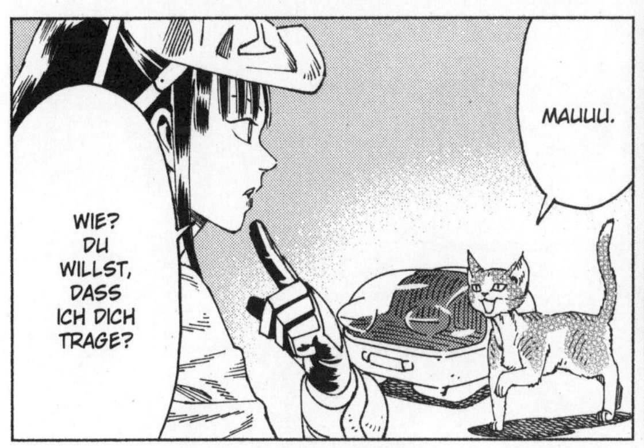
MAUUU.
WIE? DU WILLST, DASS ICH DICH TRAGE?
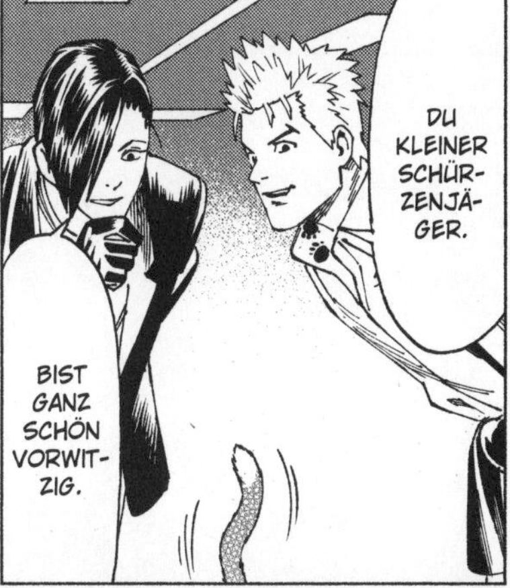
DU KLEINER SCHÜRZENJÄGER.
BIST GANZ SCHÖN VORWITZIG.
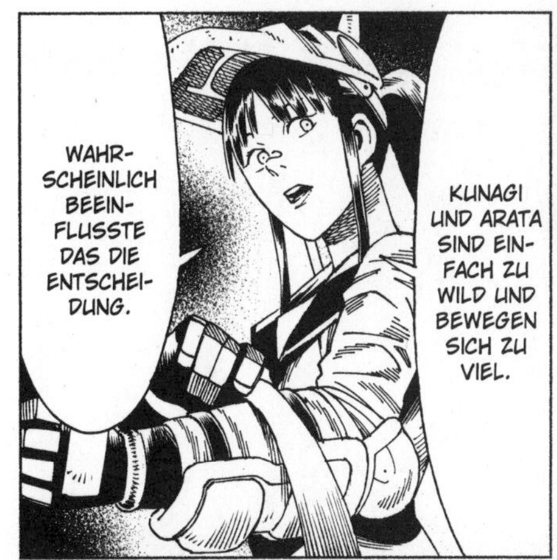
KUNAGI UND ARATA SIND EINFACH ZU WILD UND BEWEGEN SICH ZU VIEL.
WAHRSCHEINLICH BEEINFLUSSTE DAS DIE ENTSCHEIDUNG.

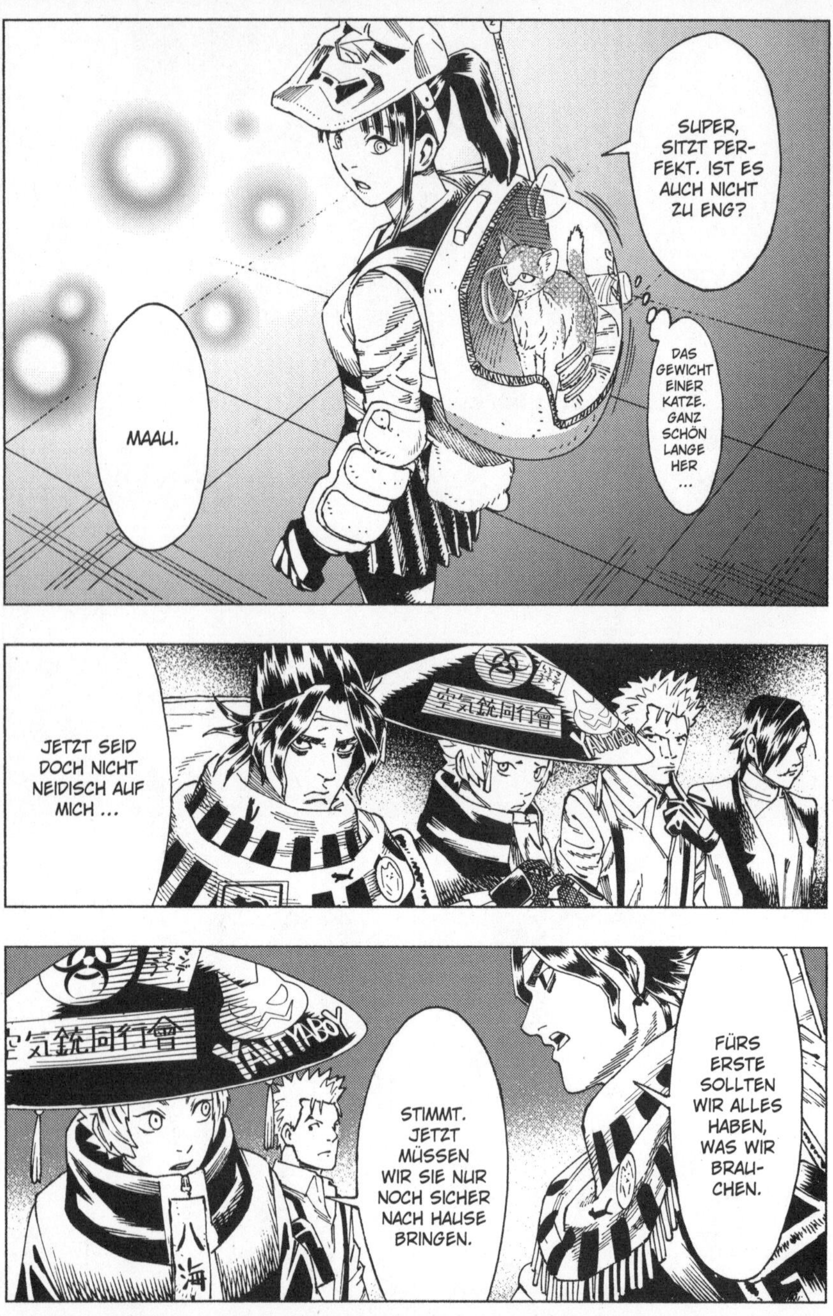

SUPER, SITZT PERFEKT. IST ES AUCH NICHT ZU ENG?

DAS GEWICHT EINER KATZE. GANZ SCHÖN LANGE HER …

MAAU.

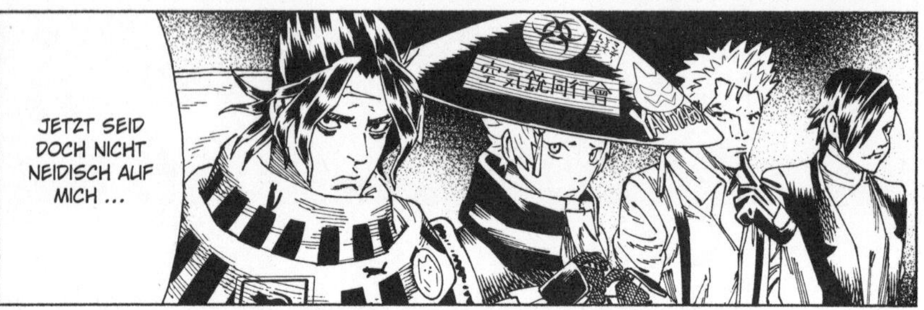

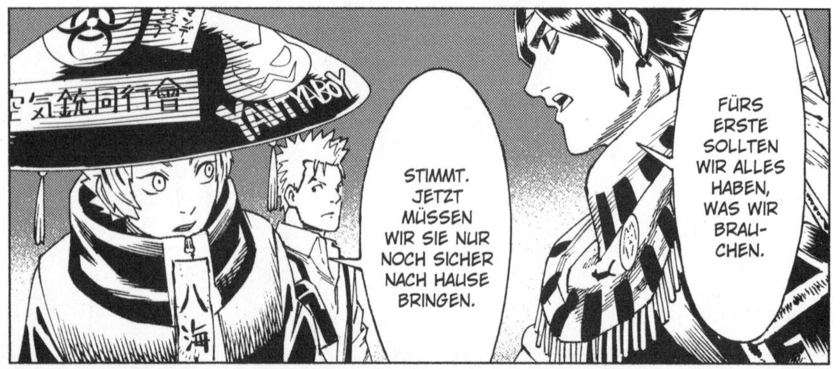

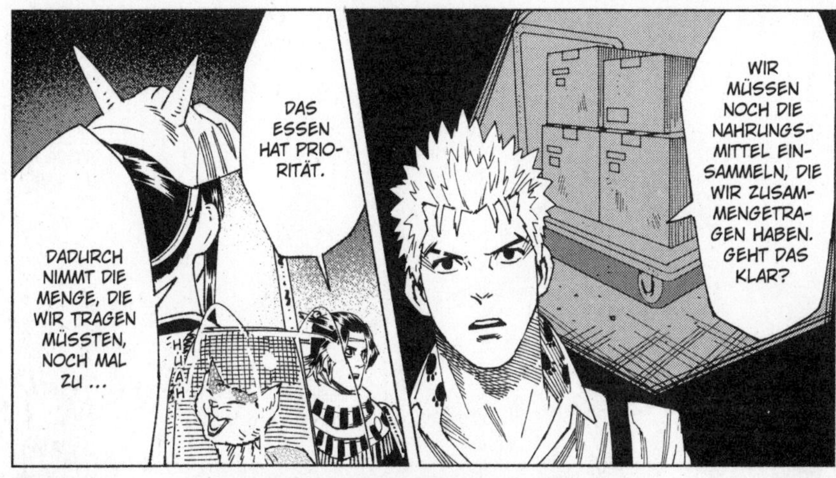
WIR MÜSSEN NOCH DIE NAHRUNGSMITTEL EINSAMMELN, DIE WIR ZUSAMMENGETRAGEN HABEN. GEHT DAS KLAR?
DAS ESSEN HAT PRIORITÄT.
DADURCH NIMMT DIE MENGE, DIE WIR TRAGEN MÜSSTEN, NOCH MAL ZU …
HÜAH

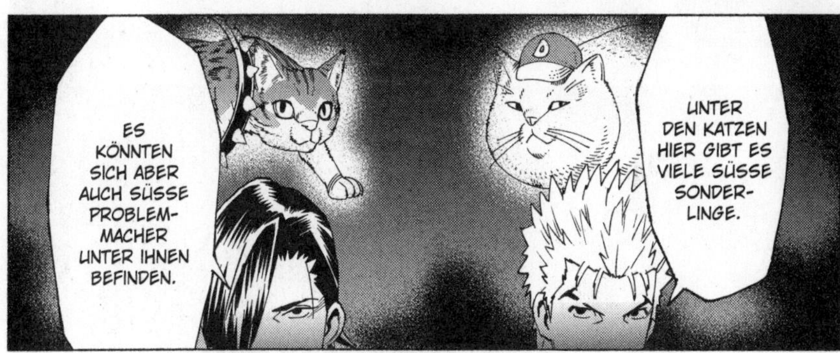
UNTER DEN KATZEN HIER GIBT ES VIELE SÜSSE SONDERLINGE.
ES KÖNNTEN SICH ABER AUCH SÜSSE PROBLEMMACHER UNTER IHNEN BEFINDEN.

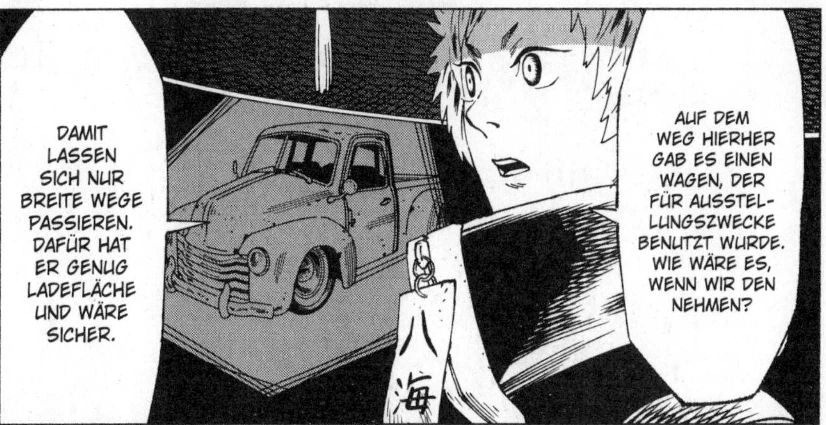
AUF DEM WEG HIERHER GAB ES EINEN WAGEN, DER FÜR AUSSTELLUNGSZWECKE BENUTZT WURDE. WIE WÄRE ES, WENN WIR DEN NEHMEN?
DAMIT LASSEN SICH NUR BREITE WEGE PASSIEREN. DAFÜR HAT ER GENUG LADEFLÄCHE UND WÄRE SICHER.
八
海

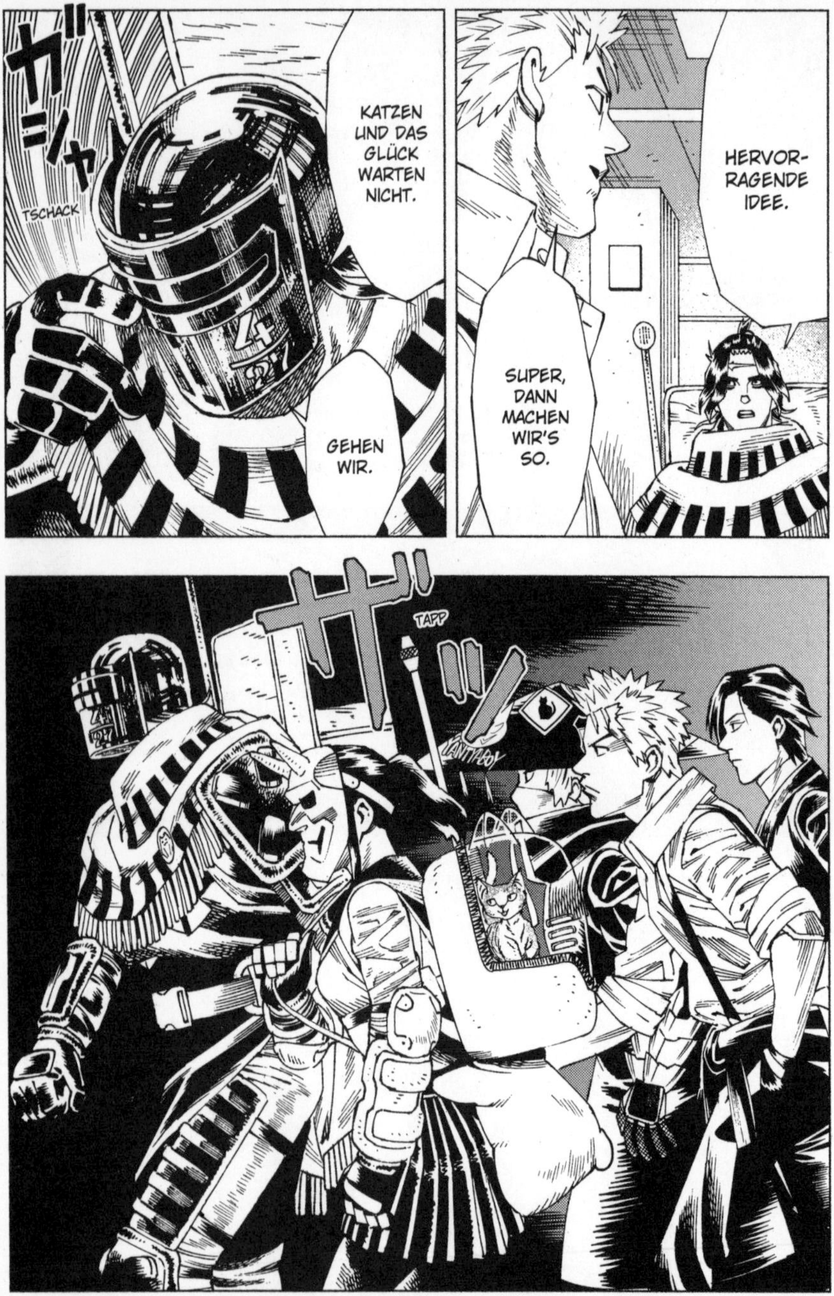

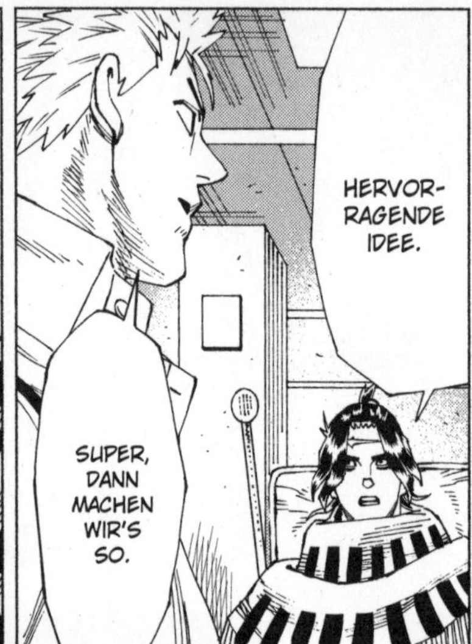
HERVOR-RAGENDE IDEE.
SUPER, DANN MACHEN WIR'S SO.

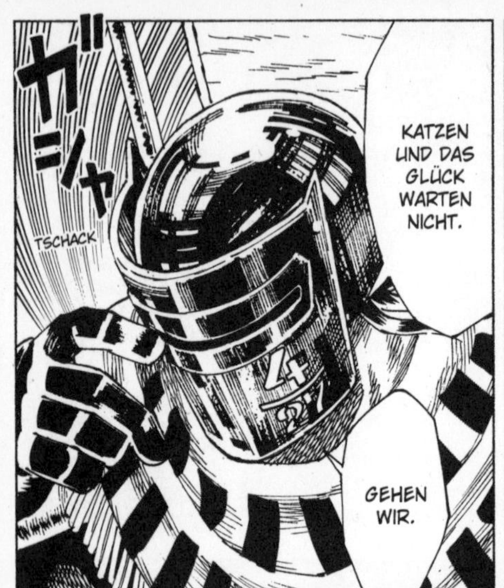
KATZEN UND DAS GLÜCK WARTEN NICHT.
TSCHACK
GEHEN WIR.

TAPP

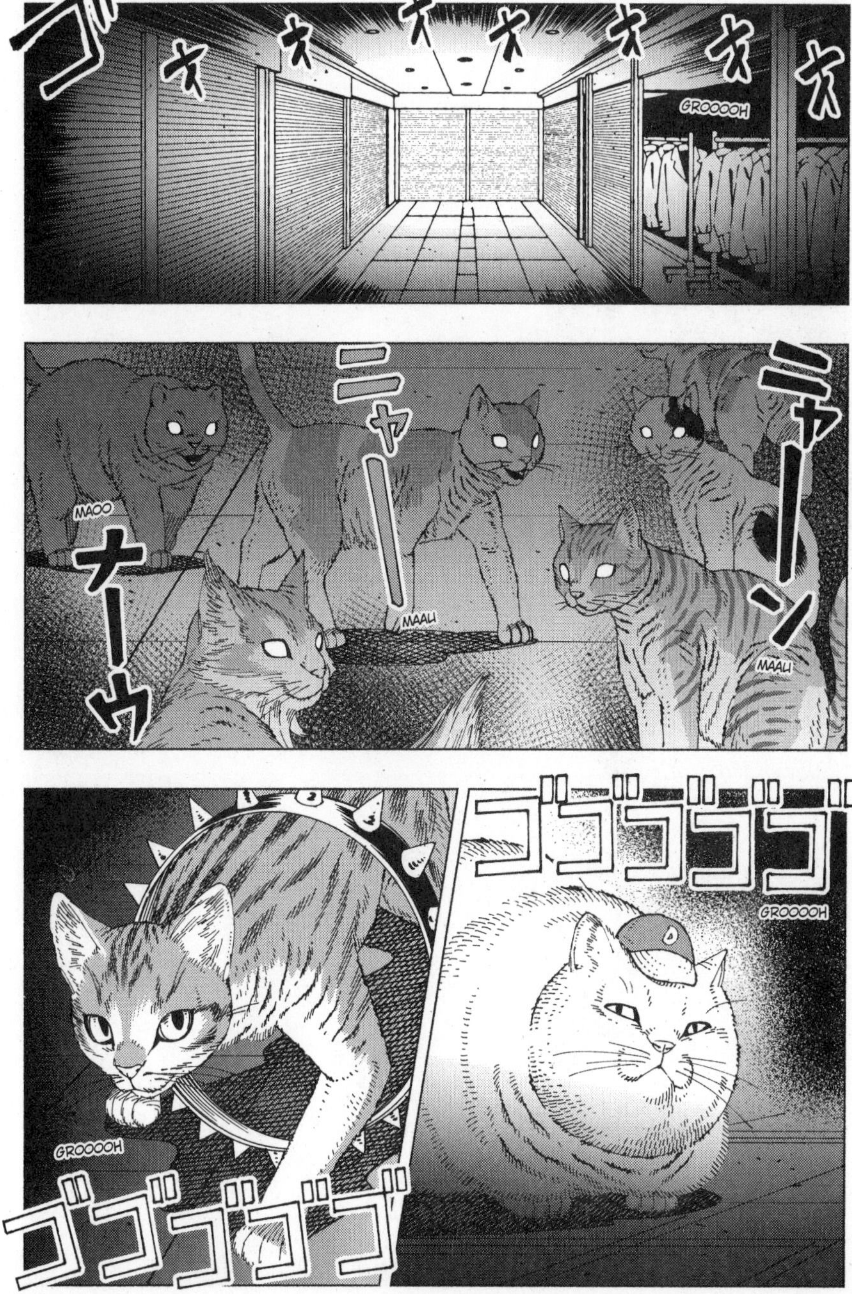

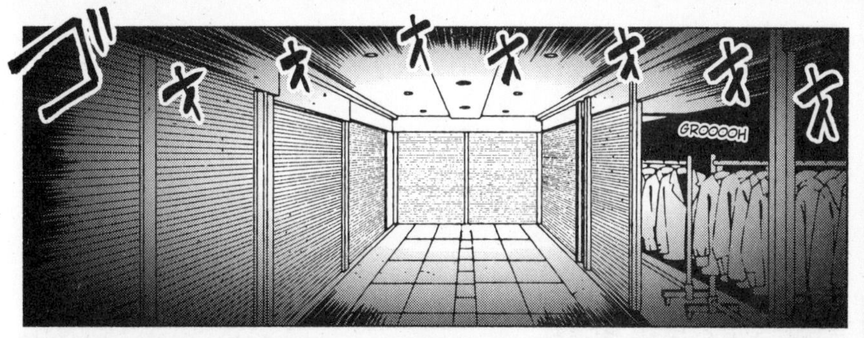

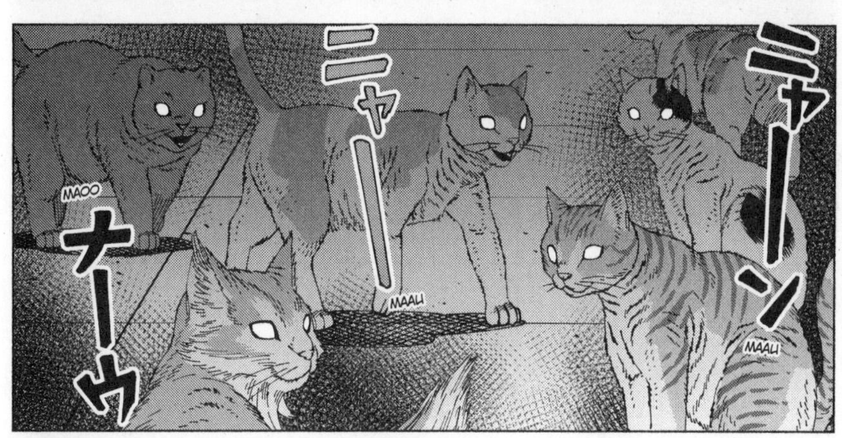

ゴゴゴゴゴ
GROOOOH
GROOOOH
ゴゴゴゴゴ

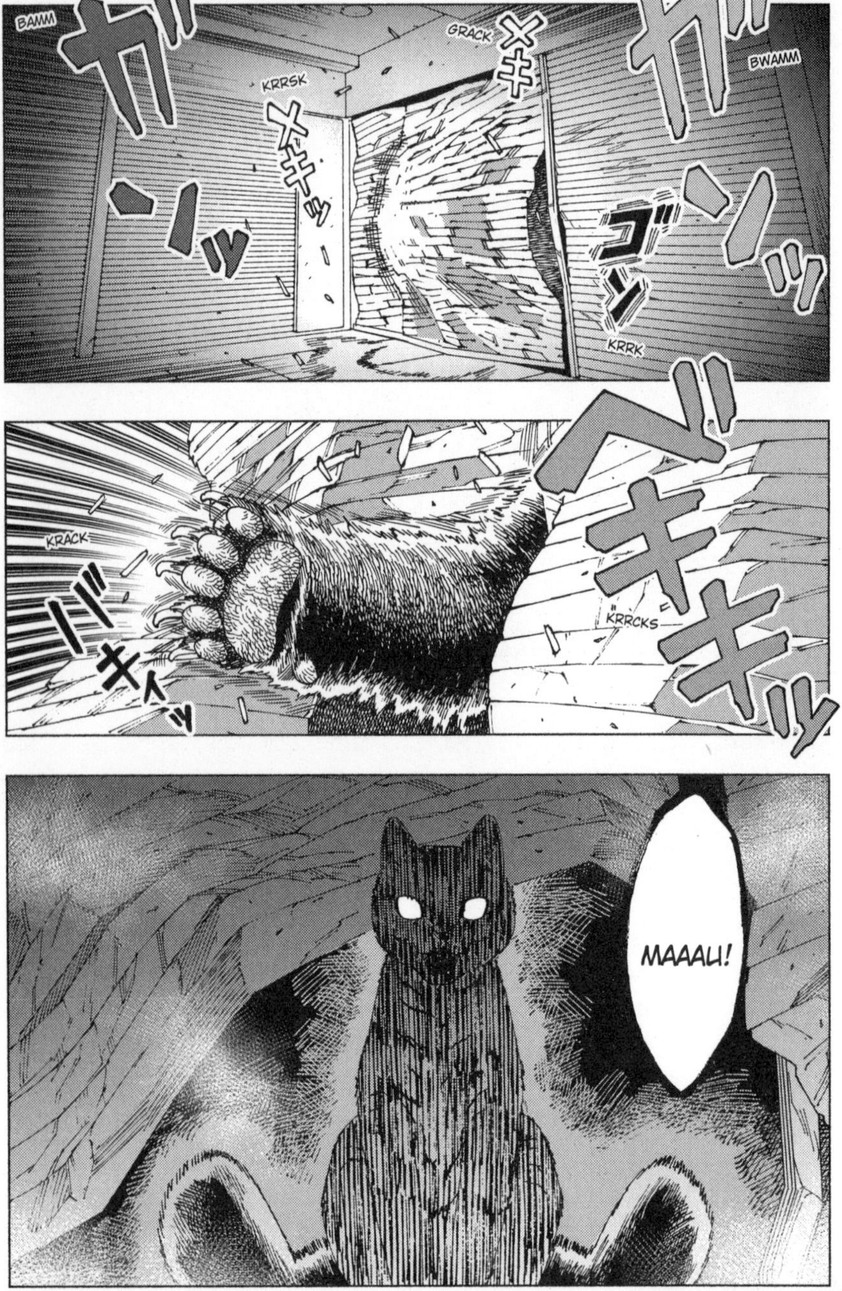

BWAMM

GRACK

KRRSK

BAMM

KRRK

KRRCKS

KRACK

MAAAU!

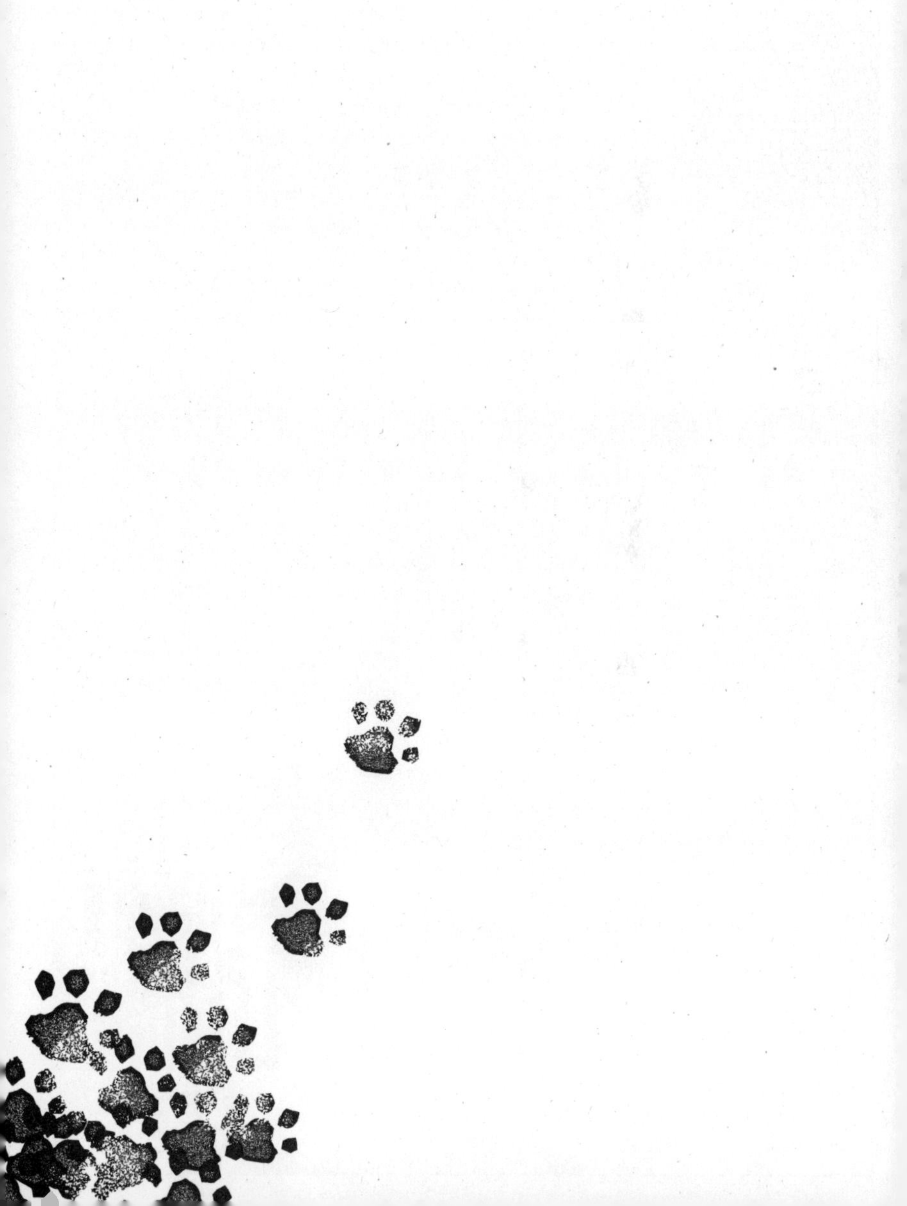

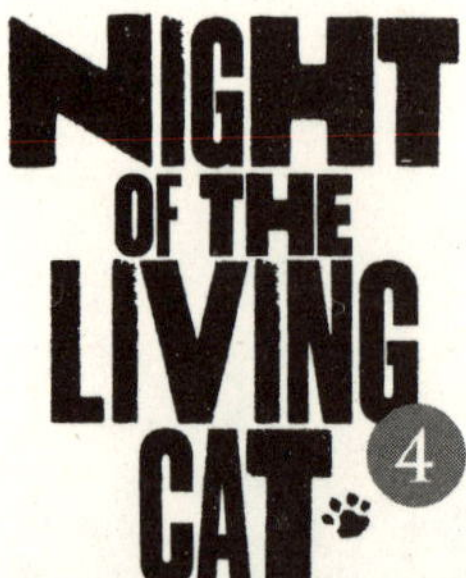
NIGHT
OF THE
LIVING
CAT
4

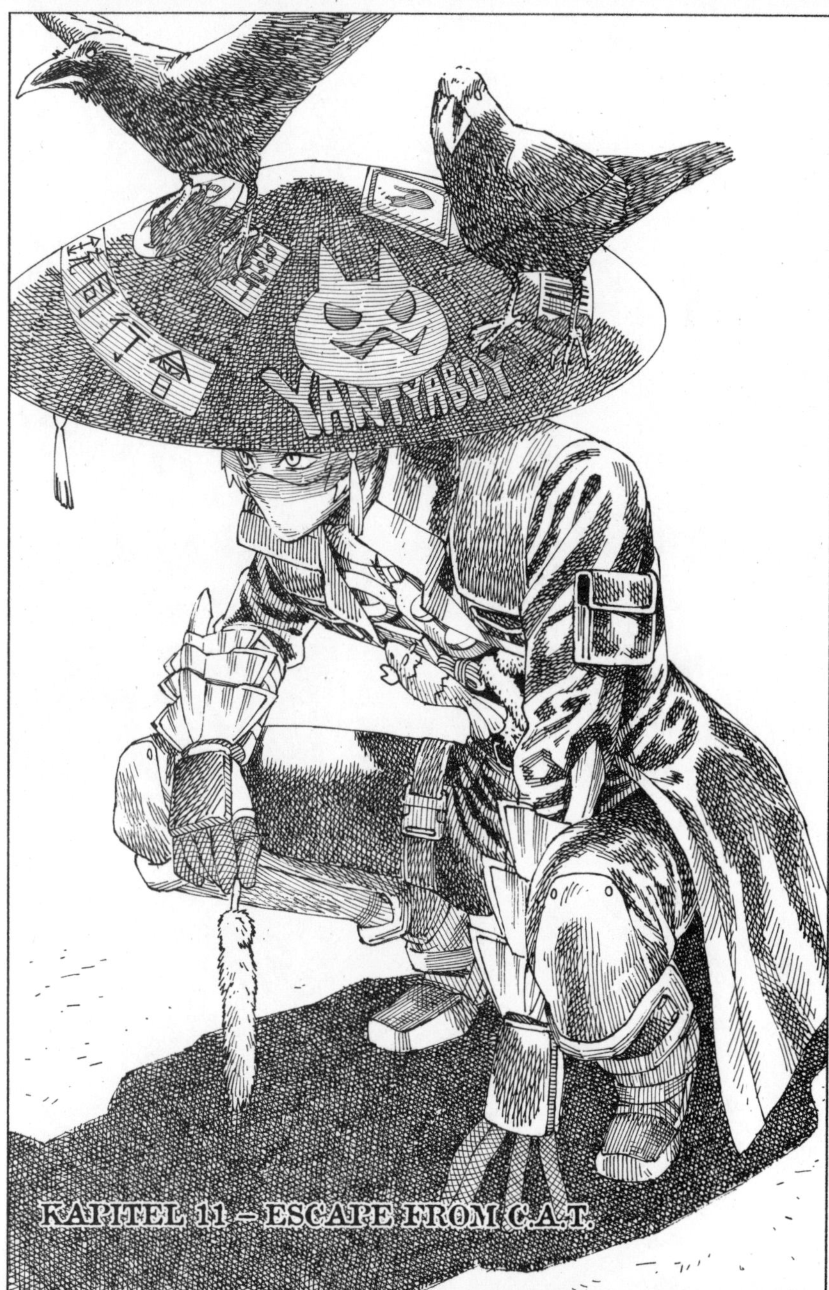

KAPITEL 11 – ESCAPE FROM C.A.T.

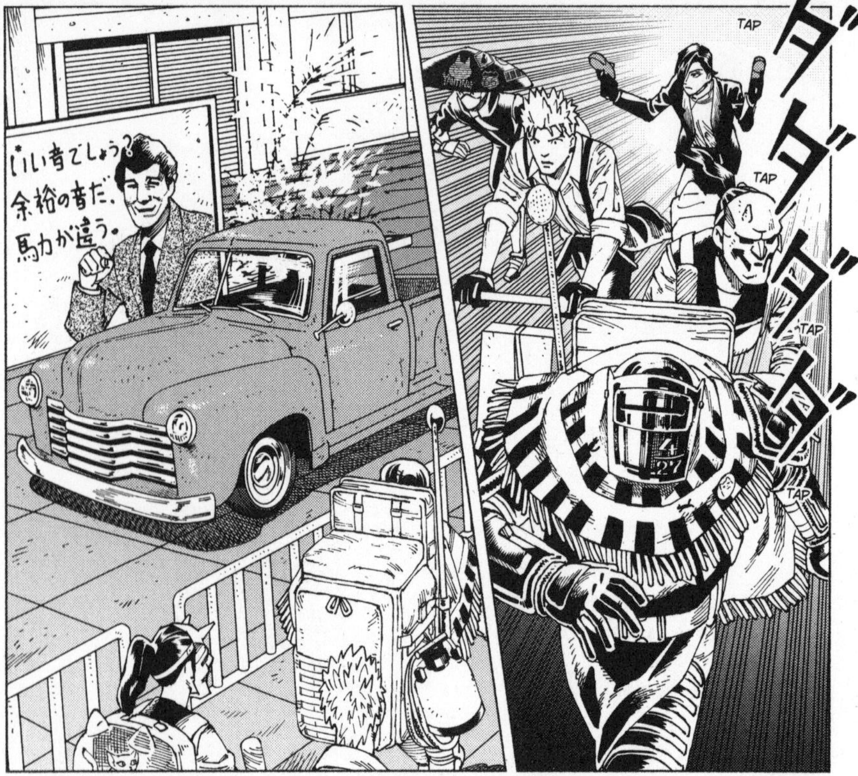

*いい音でしょう?
余裕の音だ。
馬力が違う。

ダダダダ

TAP

TAP

TAP

TAP

* KLINGT TOLL, WAS? DAS IST DER MÜHELOSE KLANG VON VIELEN PS.

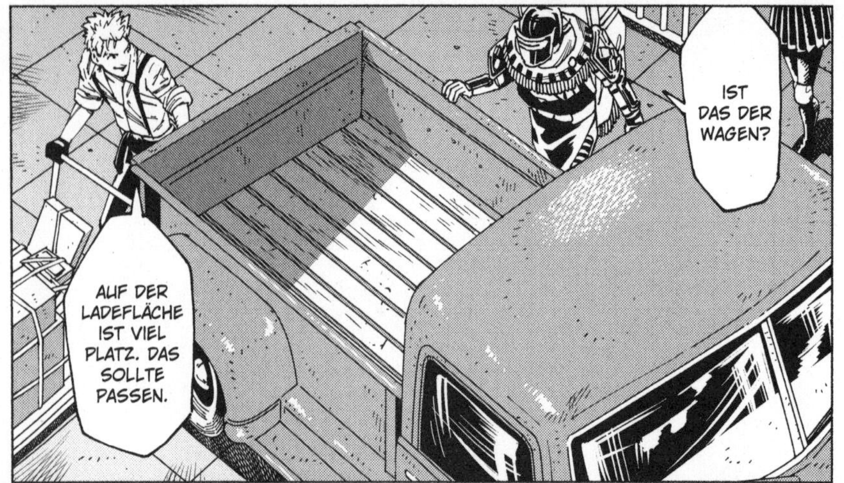

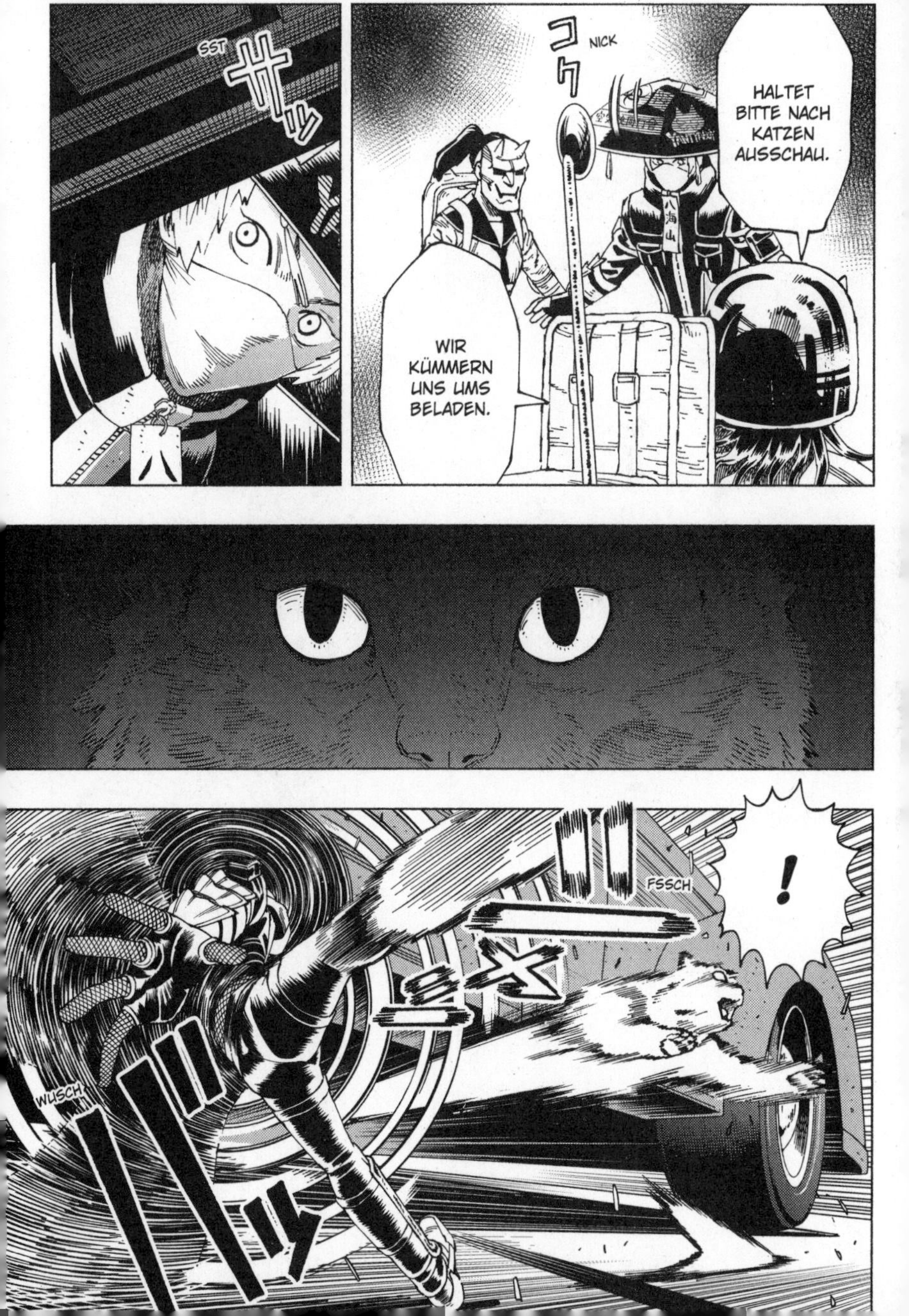

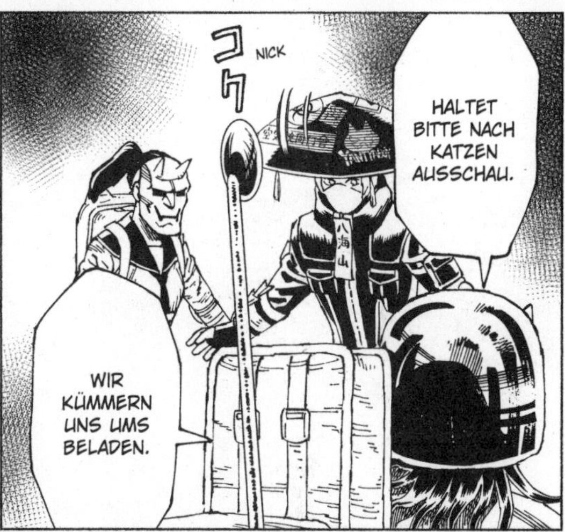
HALTET BITTE NACH KATZEN AUSSCHAU.
コク
NICK
WIR KÜMMERN UNS UMS BELADEN.

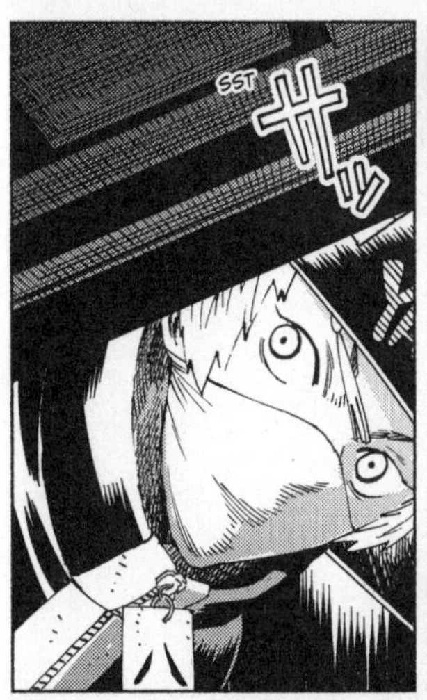
SST

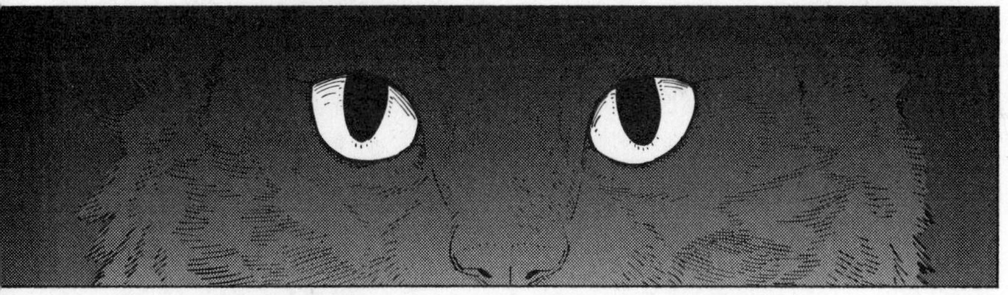

!
FSSCH
WUSCH

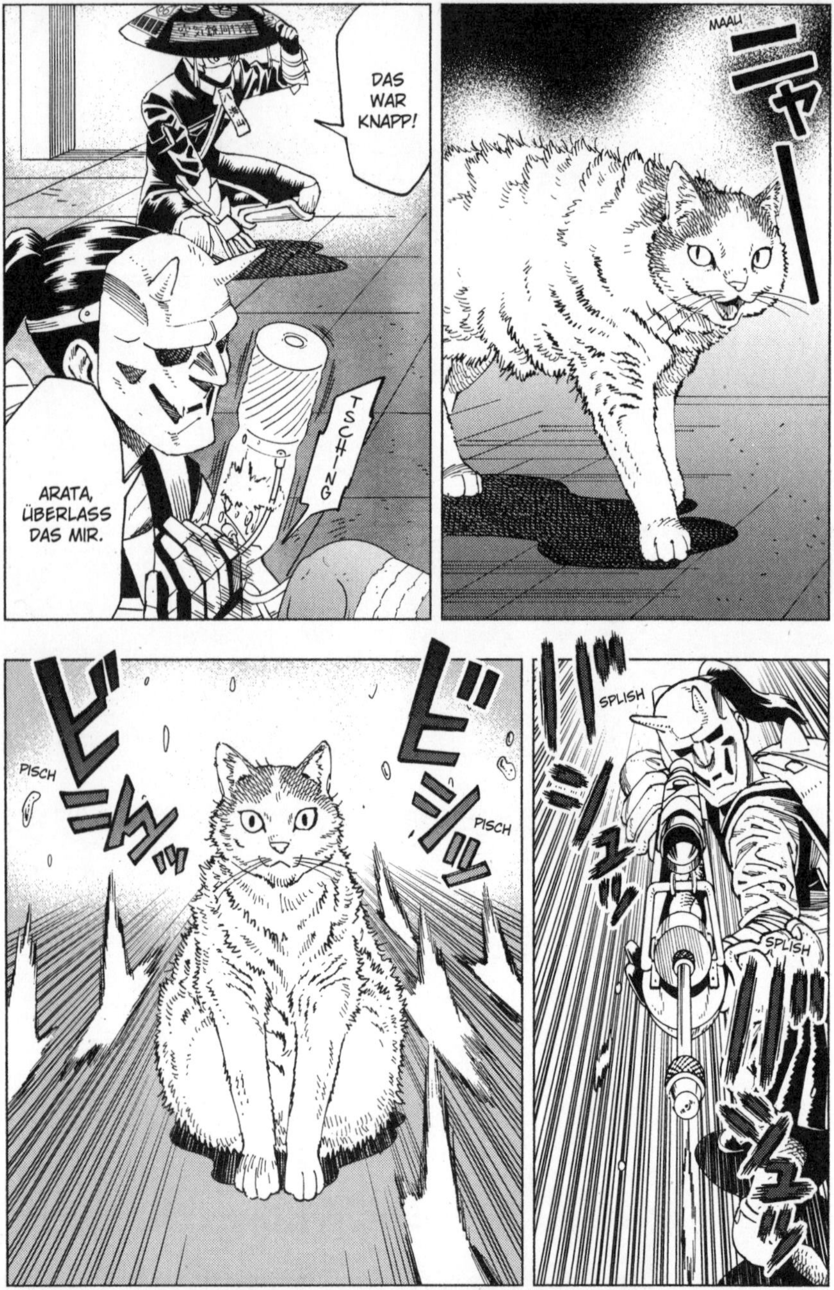

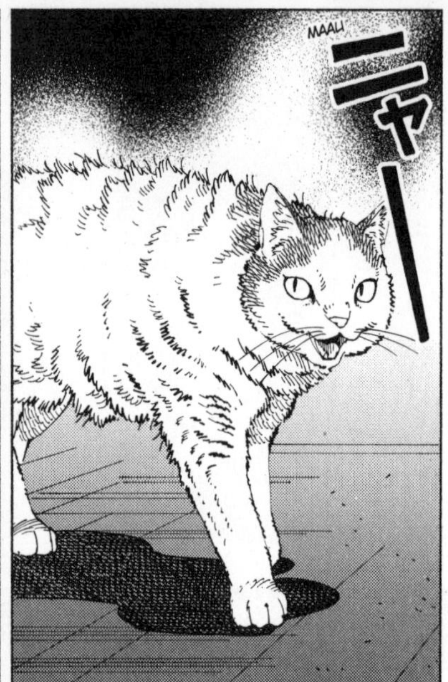

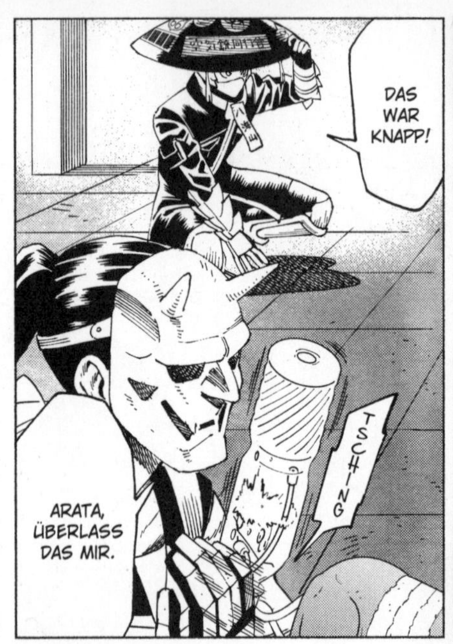

SPLISH
SPLISH

PISCH
PISCH

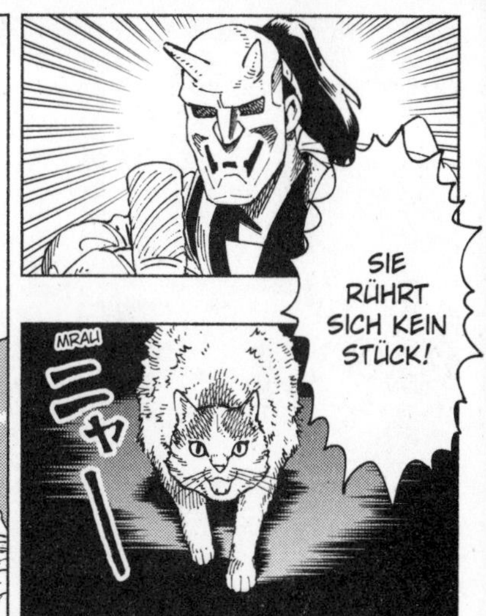
SIE RÜHRT SICH KEIN STÜCK!
MRAU
ニャー

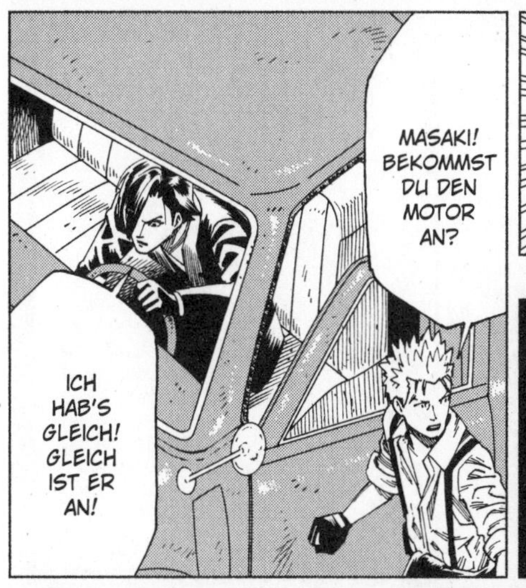
MASAKI! BEKOMMST DU DEN MOTOR AN?
ICH HAB'S GLEICH! GLEICH IST ER AN!

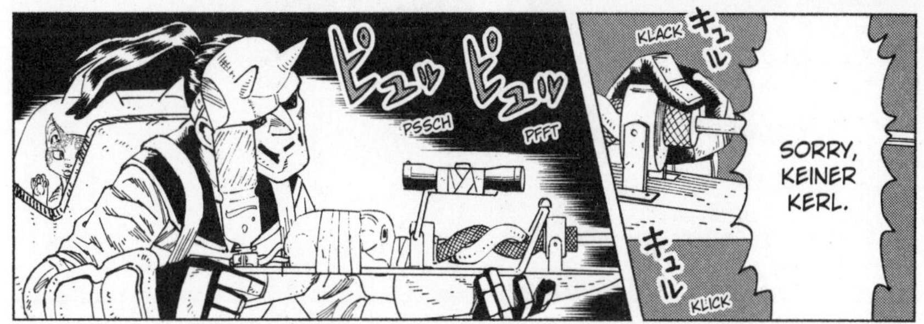
KLACK
キュル
SORRY, KEINER KERL.
キュル
KLICK
ピュッ
PSSCH
ピュッ
PFFT

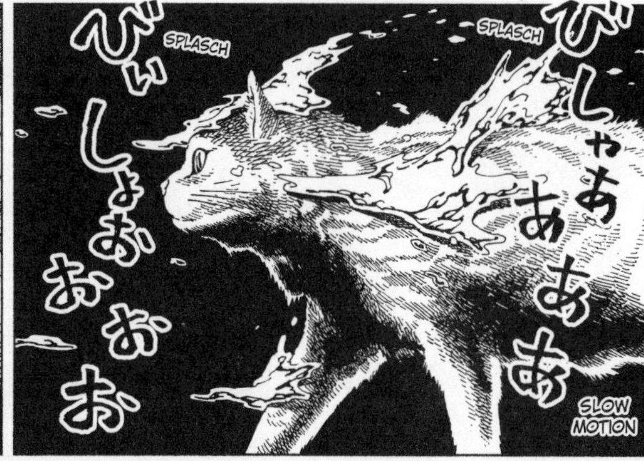
びしゃあああ
SPLASCH
びしょおおお
SPLASCH
SLOW MOTION

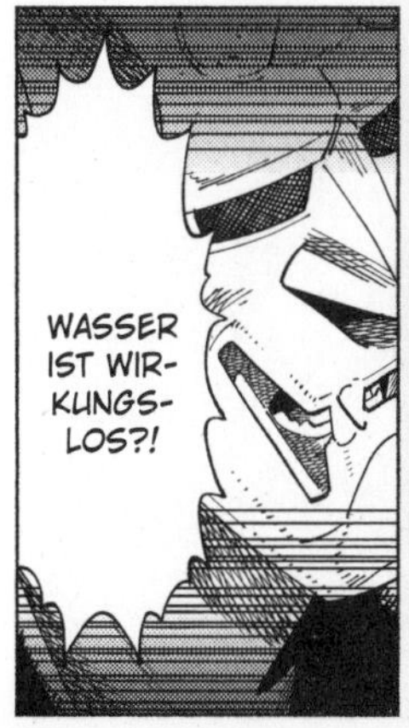
WASSER IST WIR-KUNGS-LOS?!

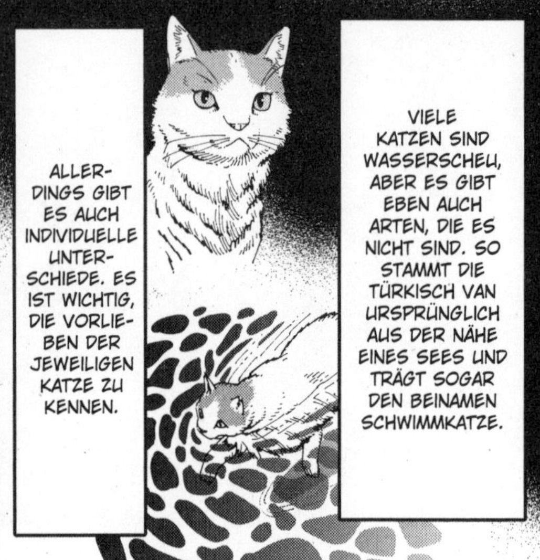
VIELE KATZEN SIND WASSERSCHEU, ABER ES GIBT EBEN AUCH ARTEN, DIE ES NICHT SIND. SO STAMMT DIE TÜRKISCH VAN URSPRÜNGLICH AUS DER NÄHE EINES SEES UND TRÄGT SOGAR DEN BEINAMEN SCHWIMMKATZE.
ALLERDINGS GIBT ES AUCH INDIVIDUELLE UNTERSCHIEDE. ES IST WICHTIG, DIE VORLIEBEN DER JEWEILIGEN KATZE ZU KENNEN.

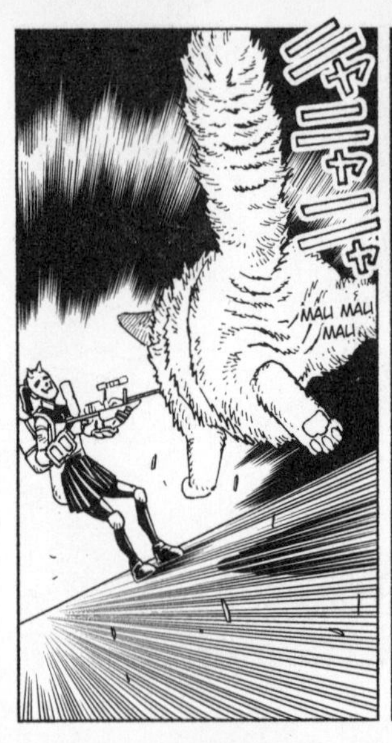
MAU MAU MAU

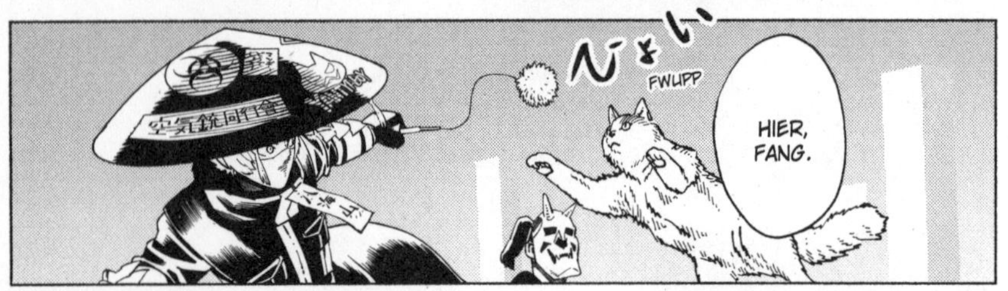
HIER, FANG.
FWUPP

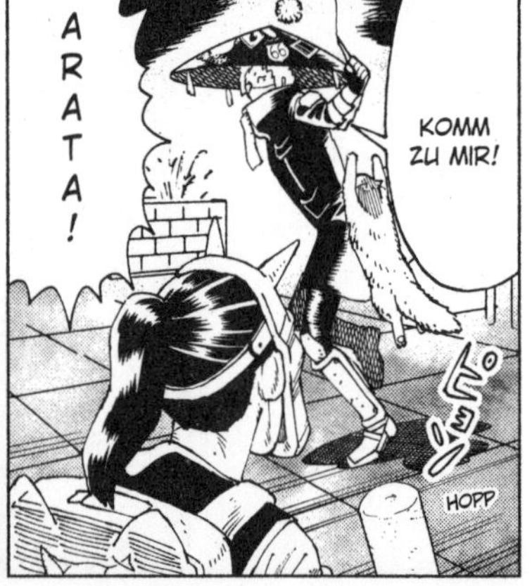
KOMM ZU MIR!
ARATA!
HOPP

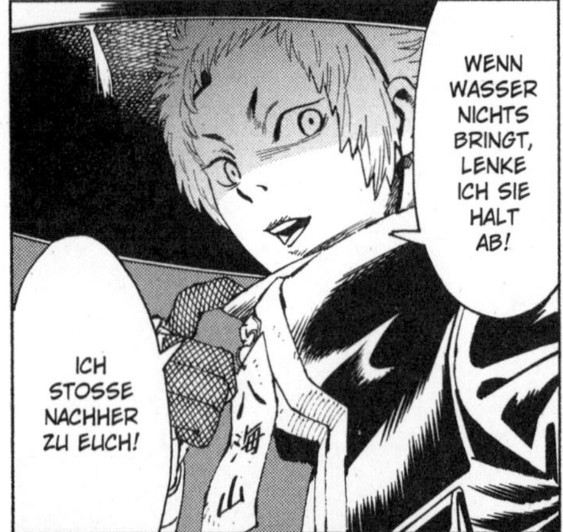
WENN WASSER NICHTS BRINGT, LENKE ICH SIE HALT AB!
ICH STOSSE NACHHER ZU EUCH!

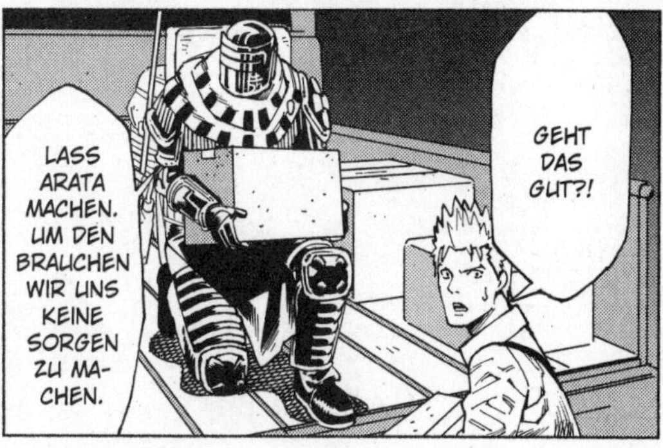
GEHT DAS GUT?!
LASS ARATA MACHEN. UM DEN BRAUCHEN WIR UNS KEINE SORGEN ZU MACHEN.

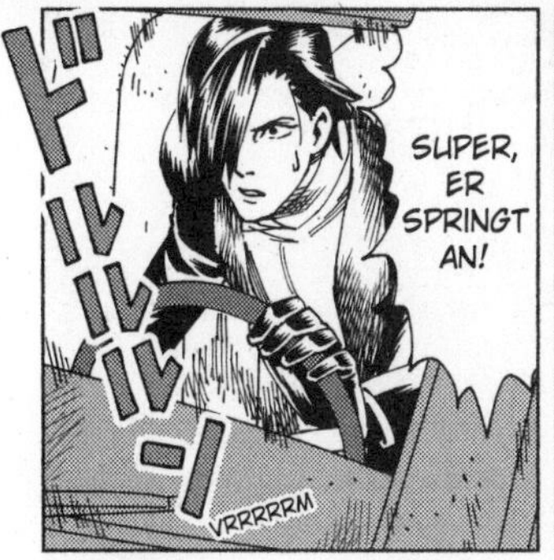
ドルルルー
SUPER, ER SPRINGT AN!
VRRRRRM

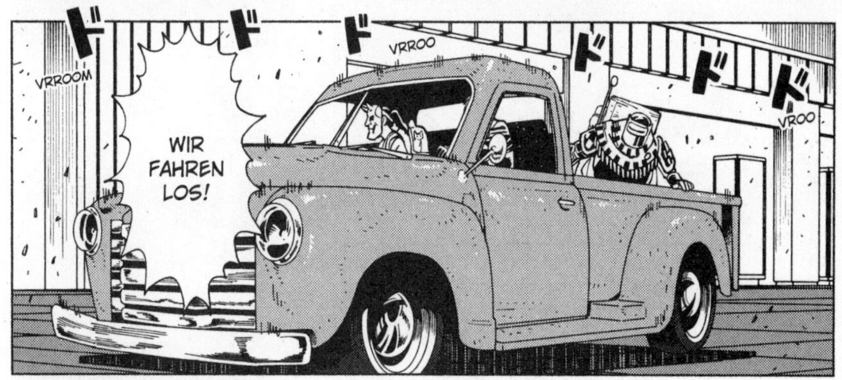
ドドド
VROO
ド
VRROO
ドド
WIR FAHREN LOS!
VRROOM

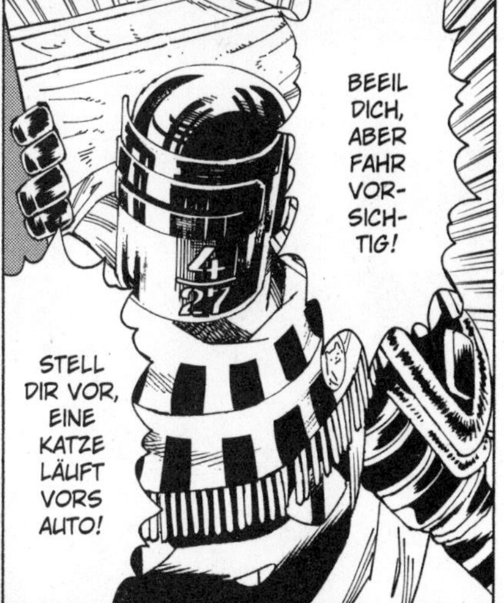
BEEIL DICH, ABER FAHR VORSICHTIG!
STELL DIR VOR, EINE KATZE LÄUFT VORS AUTO!

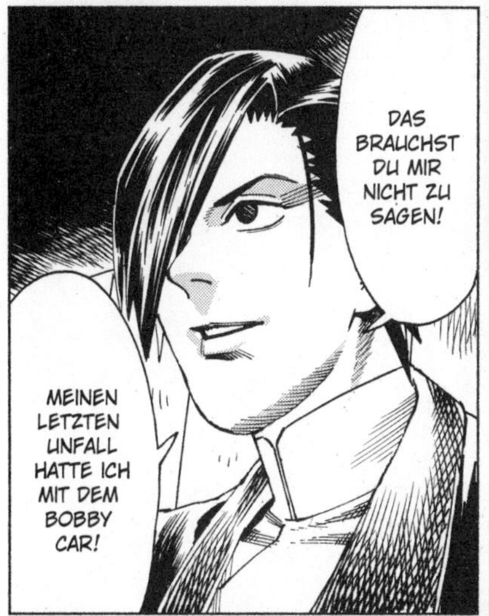
DAS BRAUCHST DU MIR NICHT ZU SAGEN!
MEINEN LETZTEN UNFALL HATTE ICH MIT DEM BOBBY CAR!

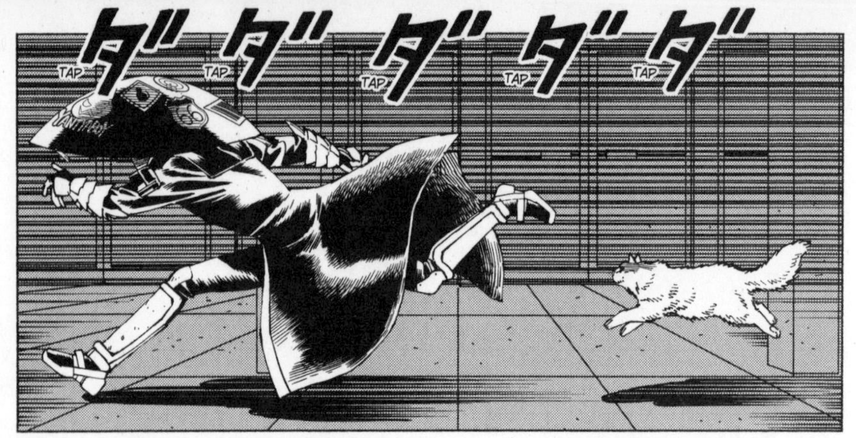
TAP
TAP
TAP
TAP
TAP

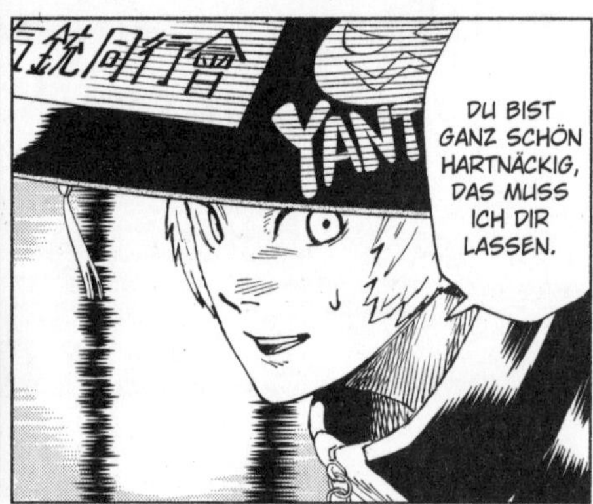
DU BIST GANZ SCHÖN HARTNÄCKIG, DAS MUSS ICH DIR LASSEN.

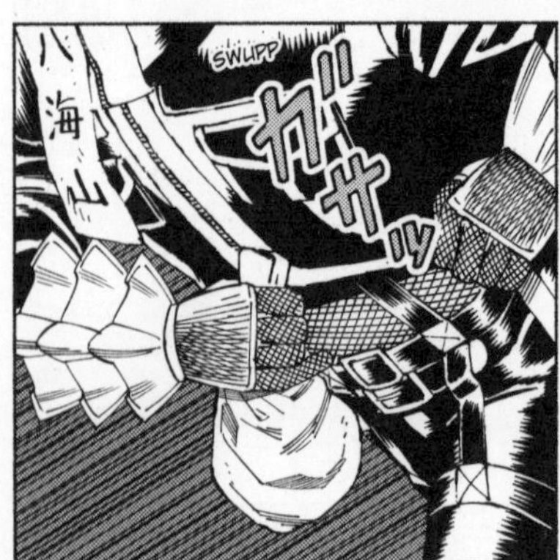
SWUPP

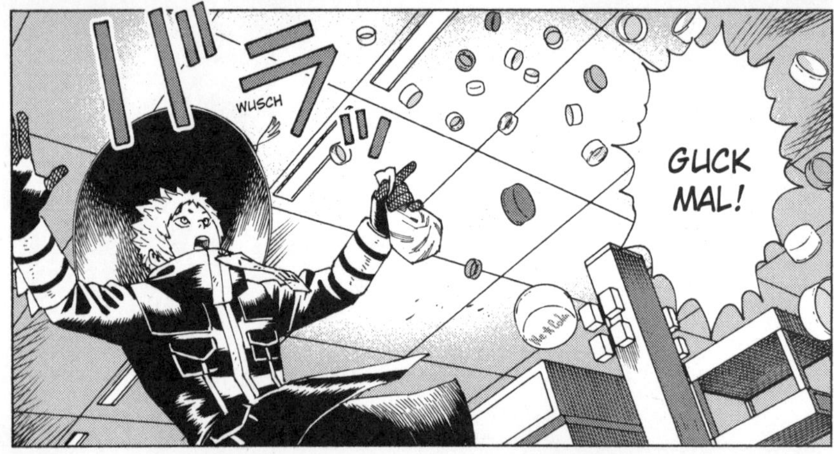
GUCK MAL!
WUSCH

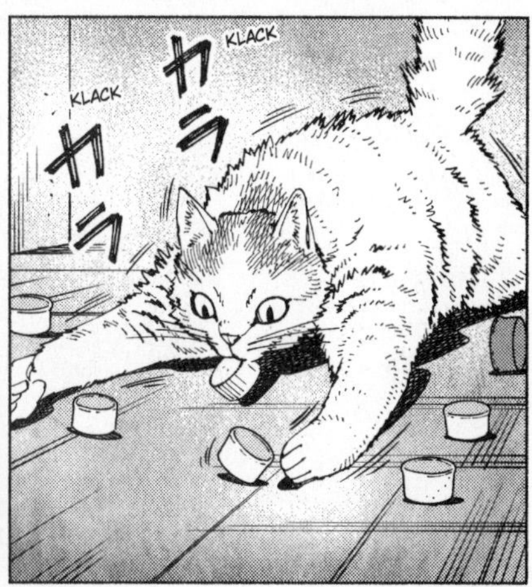
KLACK
KLACK

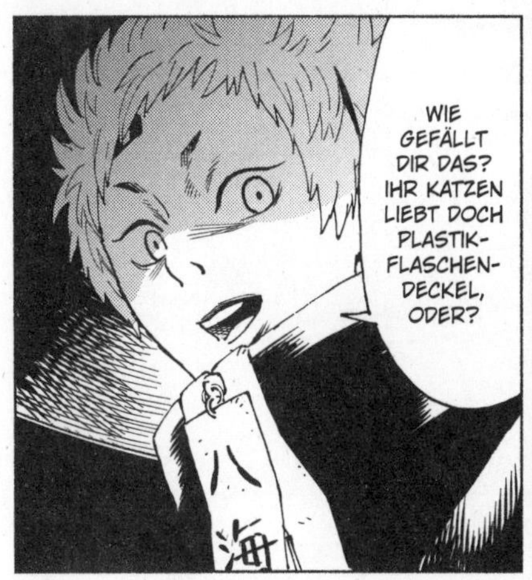
WIE GEFÄLLT DIR DAS? IHR KATZEN LIEBT DOCH PLASTIK-FLASCHEN-DECKEL, ODER?

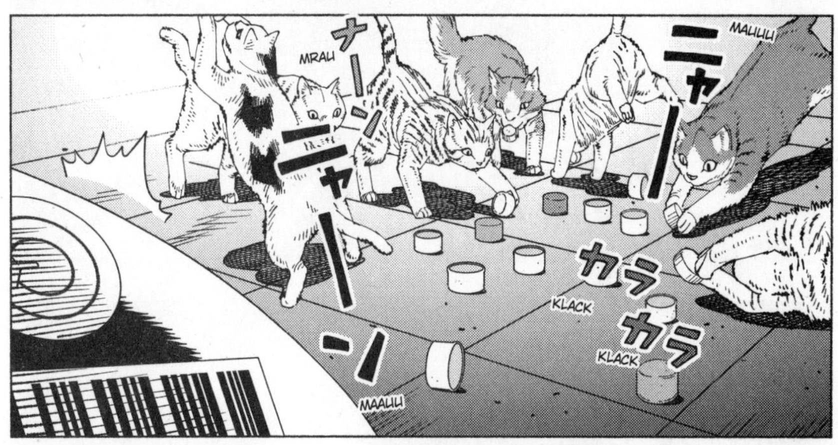
MAUUU
MRAU
KLACK
KLACK
MAUUU

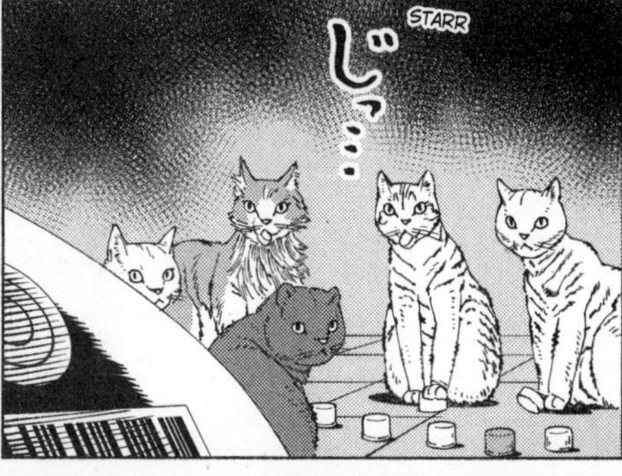
STARR

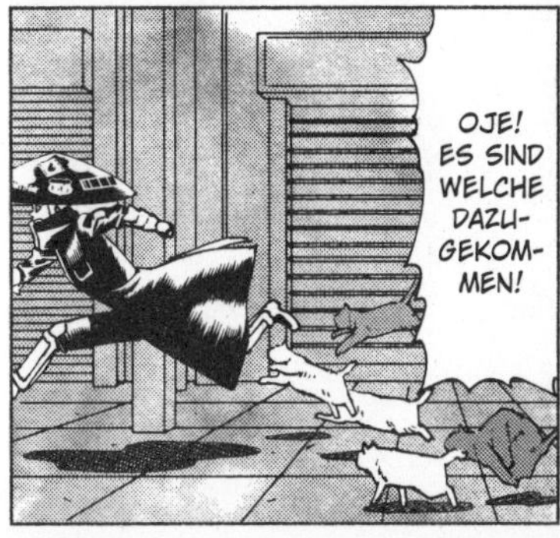
OJE! ES SIND WELCHE DAZU-GEKOM-MEN!

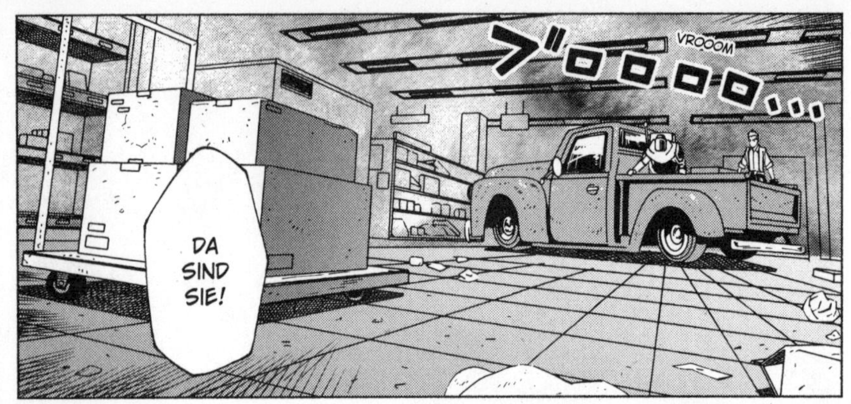
VROOOM
DA SIND SIE!

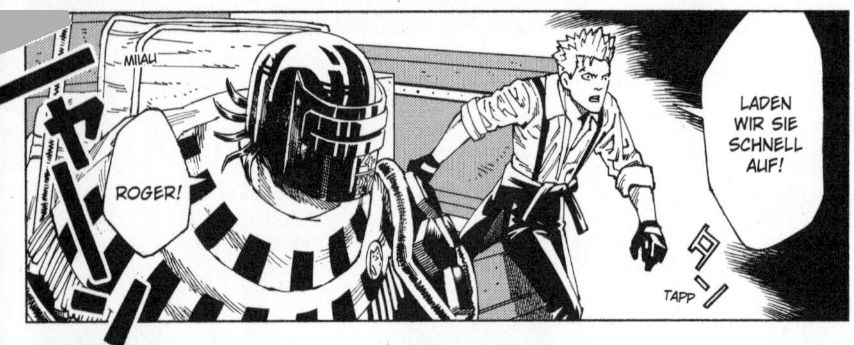
LADEN WIR SIE SCHNELL AUF!
TAPP
ROGER!
MIIAU

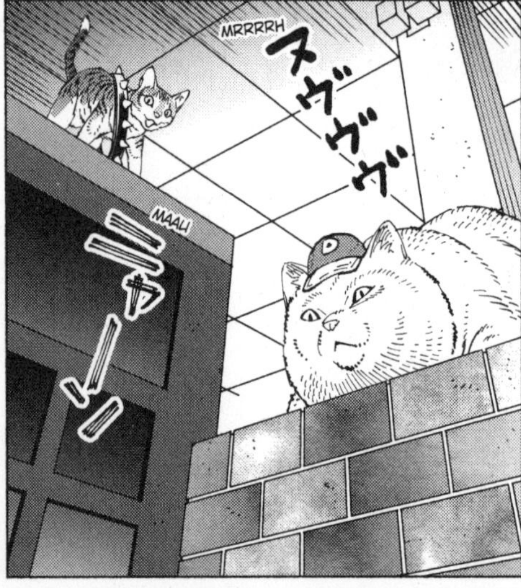
MRRRRH
MAAU

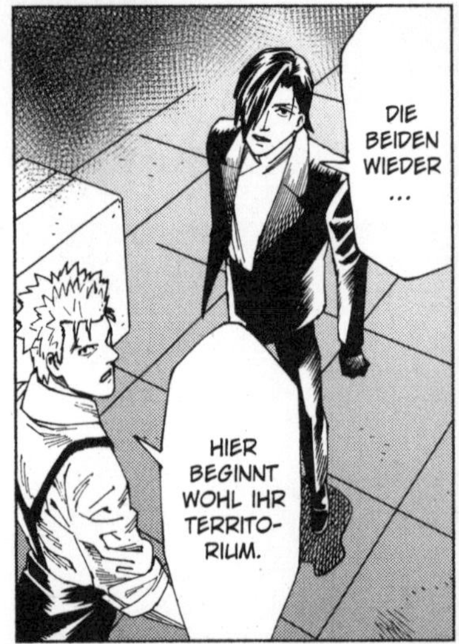
DIE BEIDEN WIEDER …
HIER BEGINNT WOHL IHR TERRITO-RIUM.

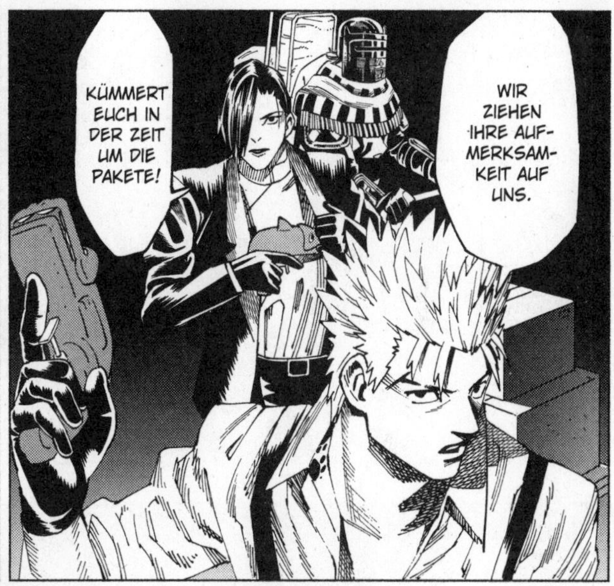
WIR ZIEHEN IHRE AUFMERKSAMKEIT AUF UNS.
KÜMMERT EUCH IN DER ZEIT UM DIE PAKETE!

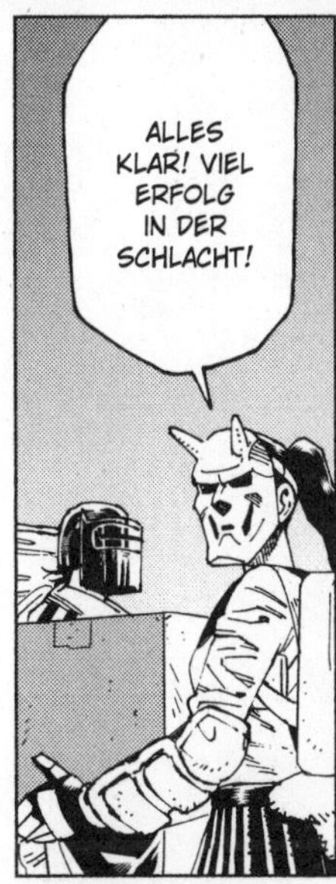
ALLES KLAR! VIEL ERFOLG IN DER SCHLACHT!

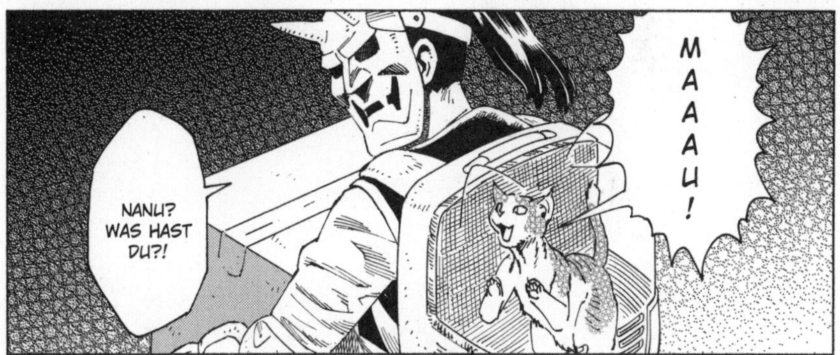
MAAAAU!
NANU? WAS HAST DU?!

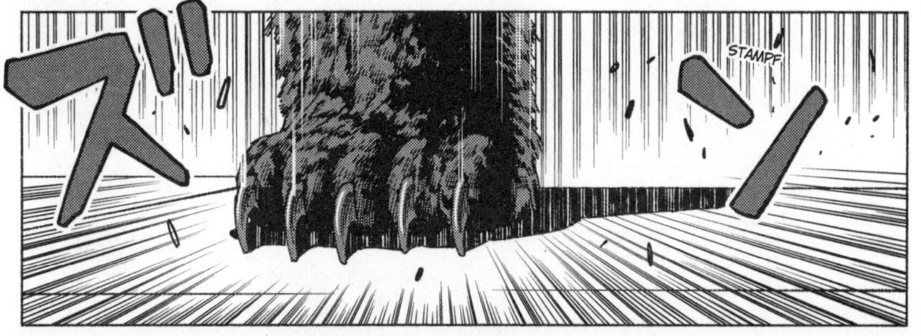
ズン
STAMPF

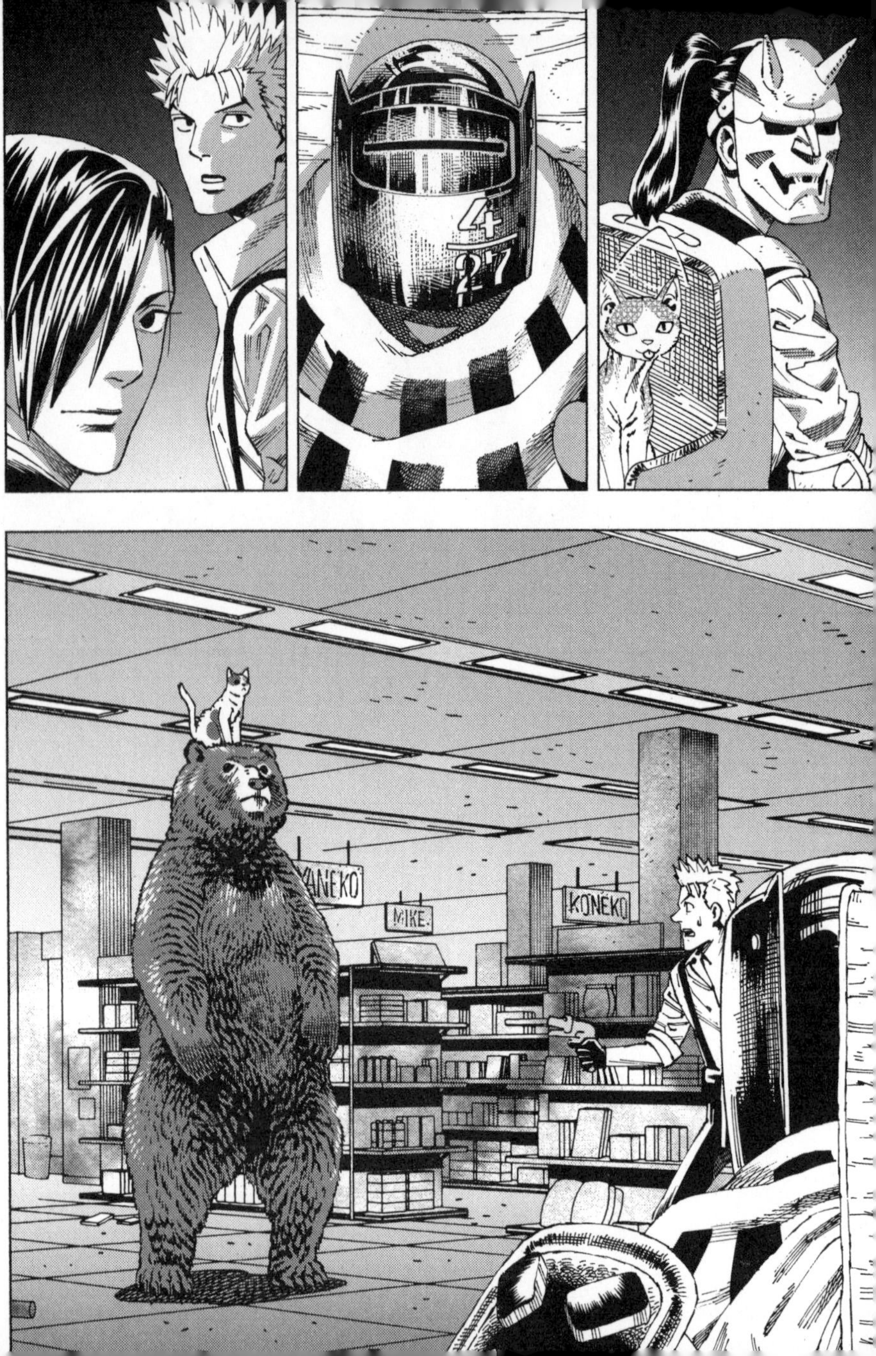

MIKE
KONEKO

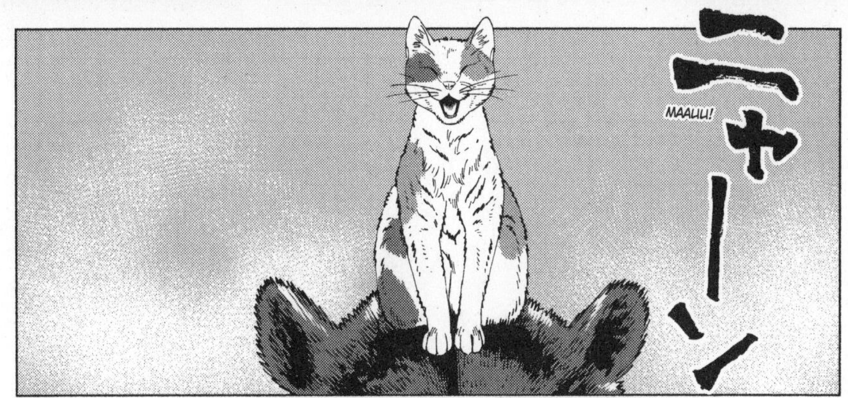
ニャーン
MAAUU!

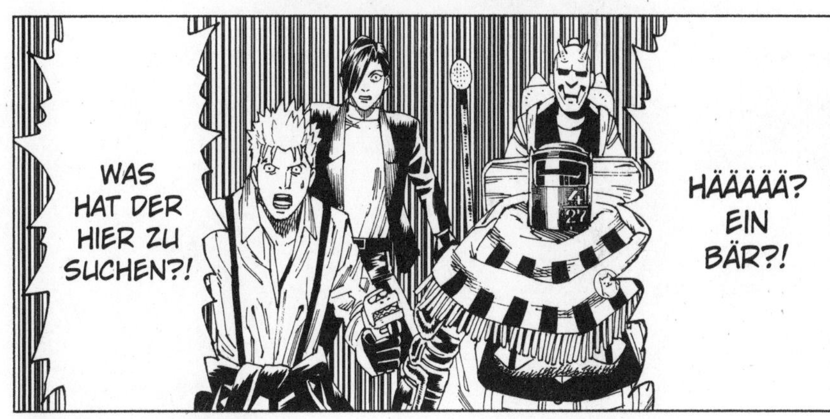
HÄÄÄÄÄ? EIN BÄR?!
WAS HAT DER HIER ZU SUCHEN?!

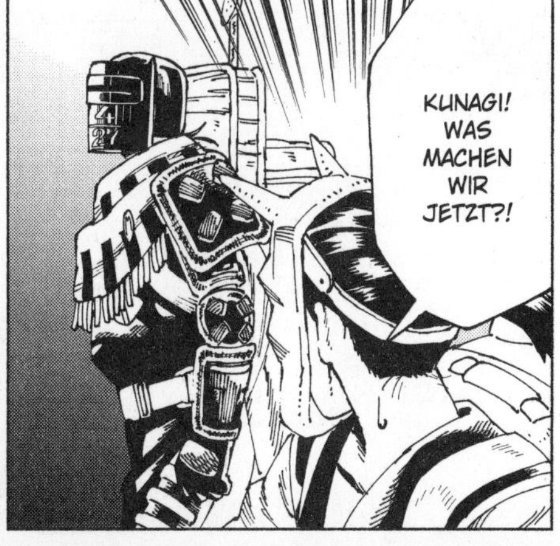
KUNAGI! WAS MACHEN WIR JETZT?!

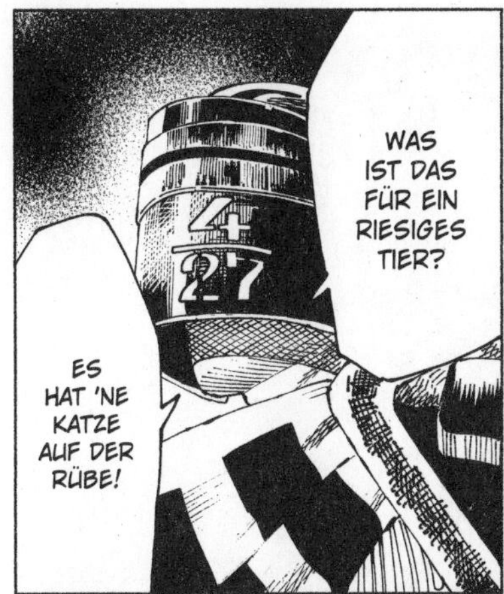
WAS IST DAS FÜR EIN RIESIGES TIER?
ES HAT 'NE KATZE AUF DER RÜBE!

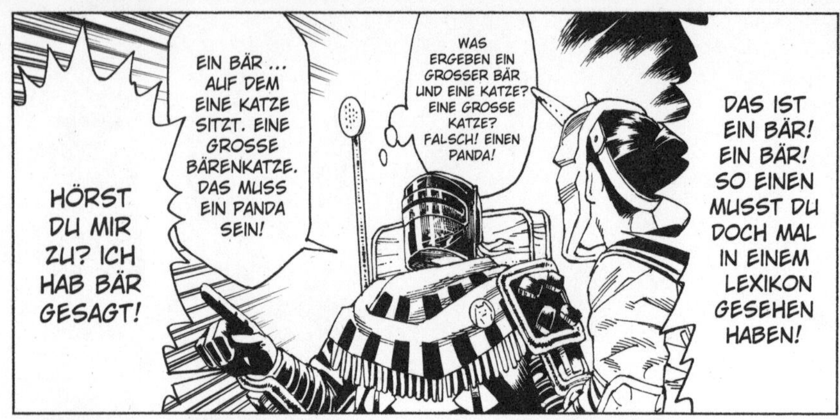
DAS IST EIN BÄR! EIN BÄR! SO EINEN MUSST DU DOCH MAL IN EINEM LEXIKON GESEHEN HABEN!
WAS ERGEBEN EIN GROSSER BÄR UND EINE KATZE? EINE GROSSE KATZE? FALSCH! EINEN PANDA!
EIN BÄR ... AUF DEM EINE KATZE SITZT. EINE GROSSE BÄRENKATZE. DAS MUSS EIN PANDA SEIN!
HÖRST DU MIR ZU? ICH HAB BÄR GESAGT!

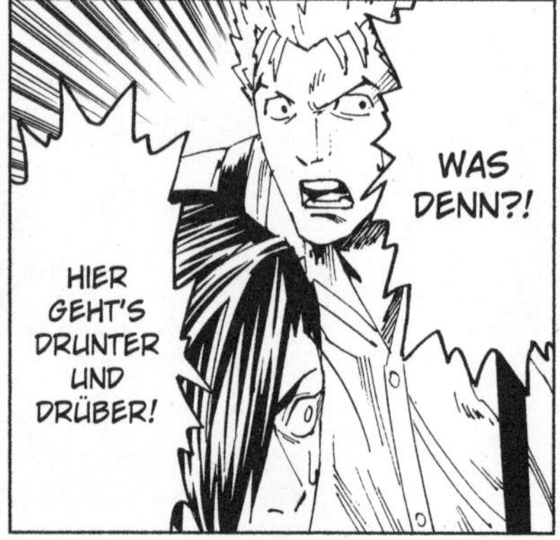
WAS DENN?!
HIER GEHT'S DRUNTER UND DRÜBER!

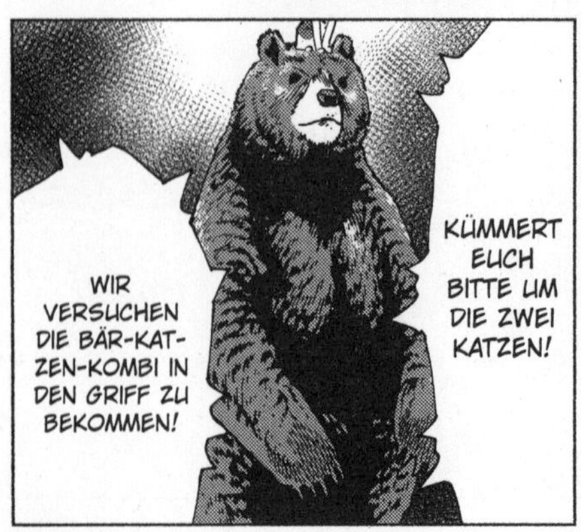
KÜMMERT EUCH BITTE UM DIE ZWEI KATZEN!
WIR VERSUCHEN DIE BÄR-KATZEN-KOMBI IN DEN GRIFF ZU BEKOMMEN!

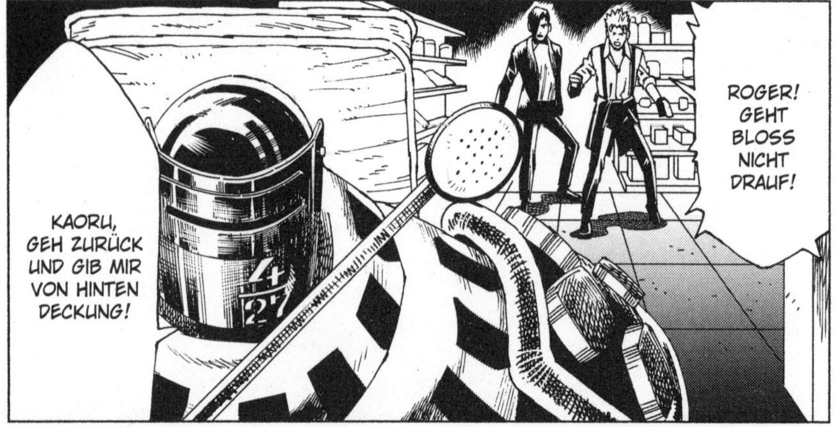
ROGER! GEHT BLOSS NICHT DRAUF!
KAORU, GEH ZURÜCK UND GIB MIR VON HINTEN DECKUNG!

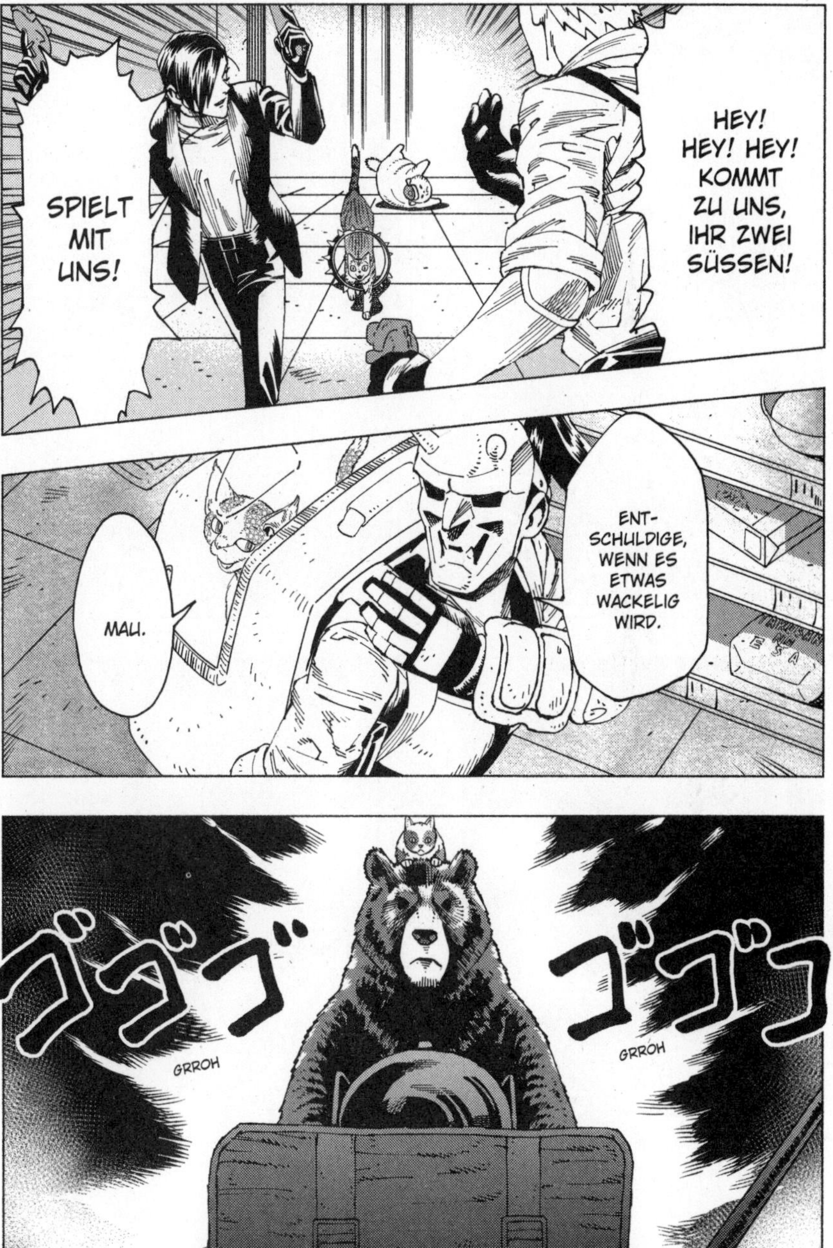

HEY! HEY! HEY! KOMMT ZU UNS, IHR ZWEI SÜSSEN!

SPIELT MIT UNS!

ENT-SCHULDIGE, WENN ES ETWAS WACKELIG WIRD.

MAU.

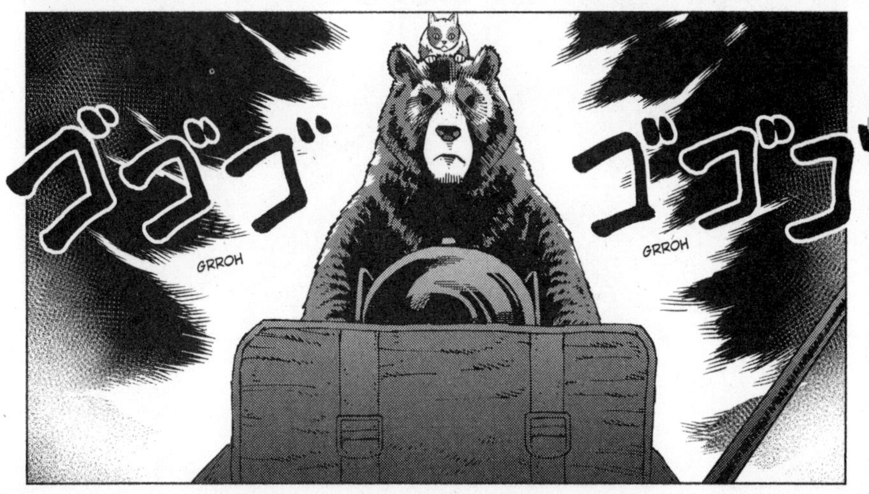

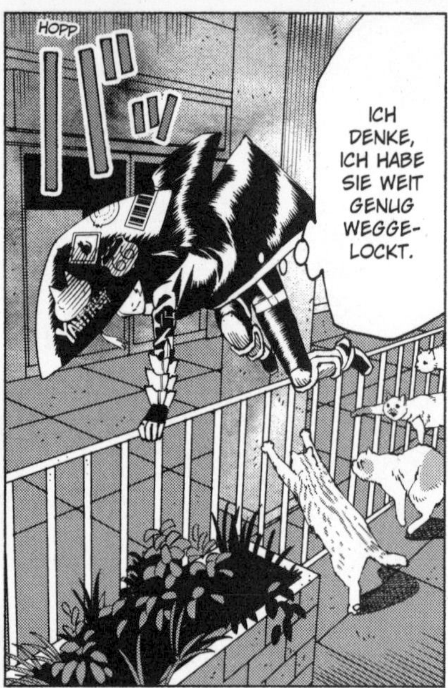
HOPP
バッ
ICH DENKE, ICH HABE SIE WEIT GENUG WEGGE-LOCKT.

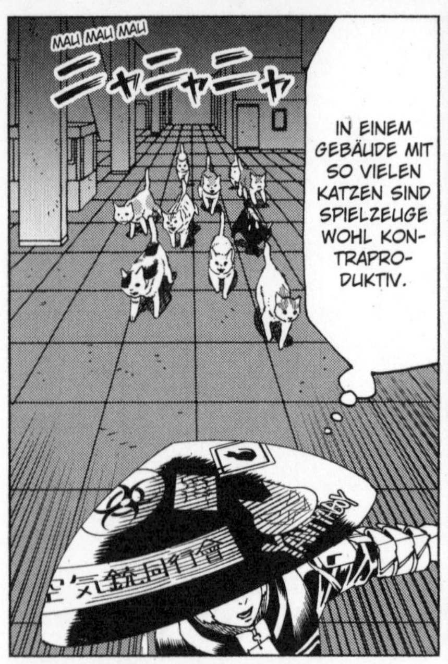
MAU MAU MAU
ニャーニャーニャ
IN EINEM GEBÄUDE MIT SO VIELEN KATZEN SIND SPIELZEUGE WOHL KON-TRAPRO-DUKTIV.

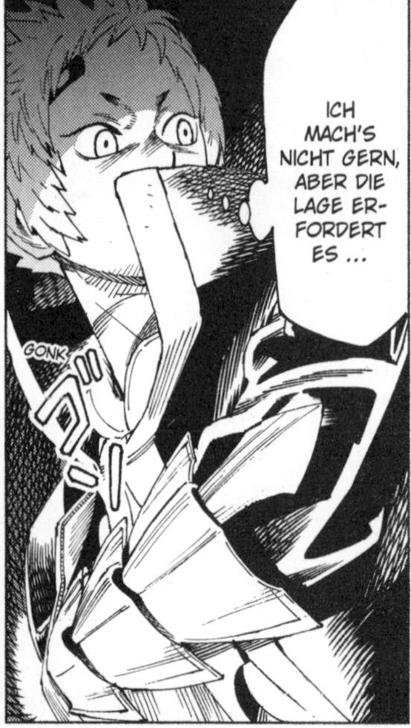
ICH MACH'S NICHT GERN, ABER DIE LAGE ER-FORDERT ES …
GONK

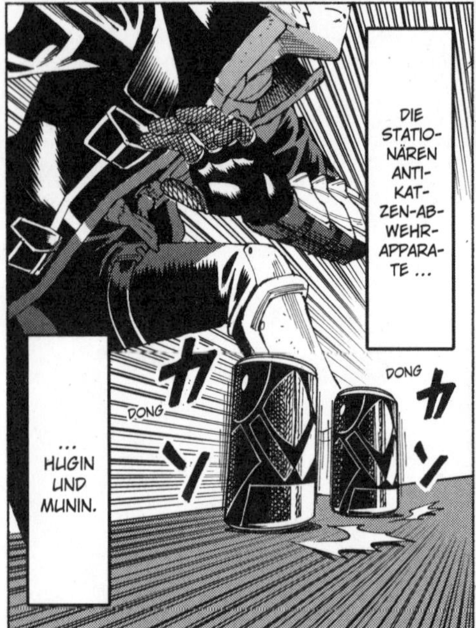
DIE STATIO-NÄREN ANTI-KAT-ZEN-AB-WEHR-APPARA-TE …
DONG
カン
DONG
カン
… HUGIN UND MUNIN.

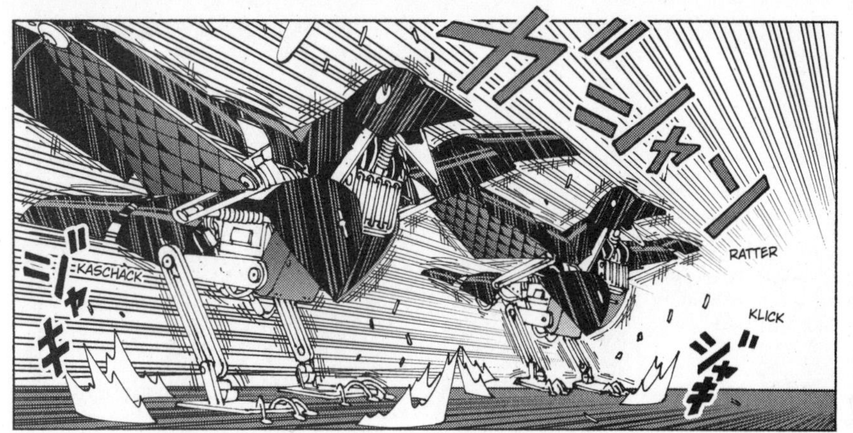

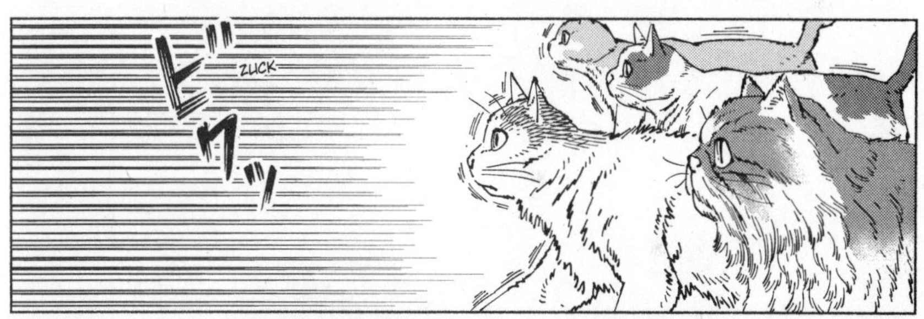

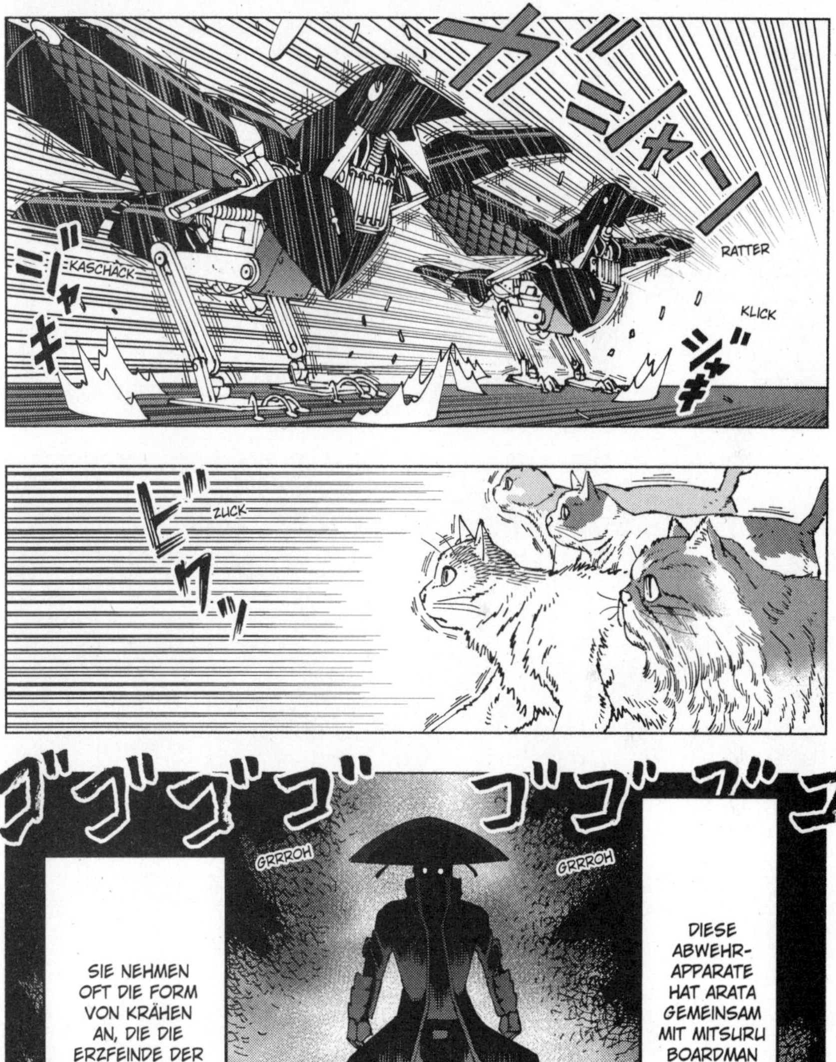

GRRROH

GRRROH

DIESE ABWEHR-APPARATE HAT ARATA GEMEINSAM MIT MITSURU BOARDMAN ENTWICKELT.

SIE NEHMEN OFT DIE FORM VON KRÄHEN AN, DIE DIE ERZFEINDE DER KATZEN SIND (KATZEN UND KRÄHEN STREITEN SICH OFT UM REVIER UND FUTTERPLÄTZE).

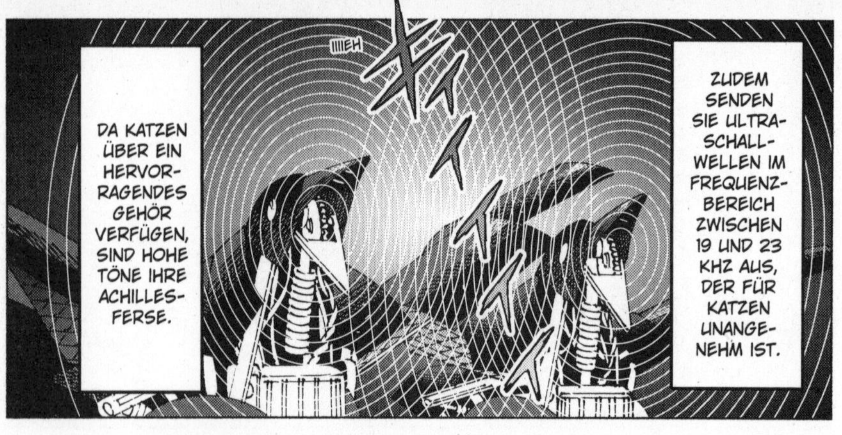
DA KATZEN ÜBER EIN HERVORRAGENDES GEHÖR VERFÜGEN, SIND HOHE TÖNE IHRE ACHILLESFERSE.
IIIIEH
ZUDEM SENDEN SIE ULTRASCHALLWELLEN IM FREQUENZBEREICH ZWISCHEN 19 UND 23 KHZ AUS, DER FÜR KATZEN UNANGENEHM IST.

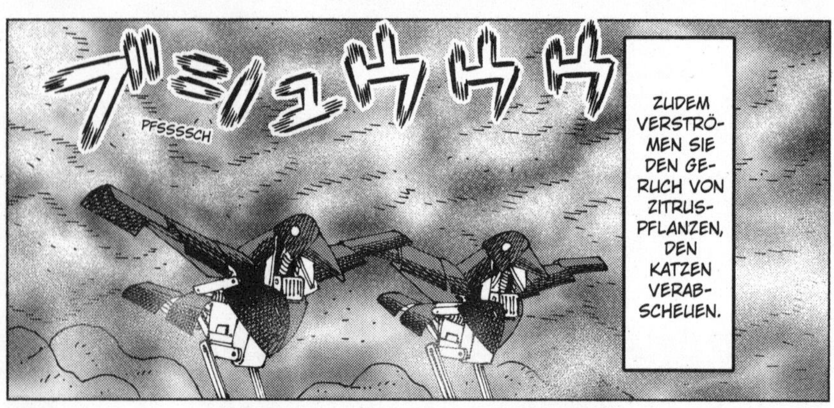
PFSSSSCH
ZUDEM VERSTRÖMEN SIE DEN GERUCH VON ZITRUSPFLANZEN, DEN KATZEN VERABSCHEUEN.

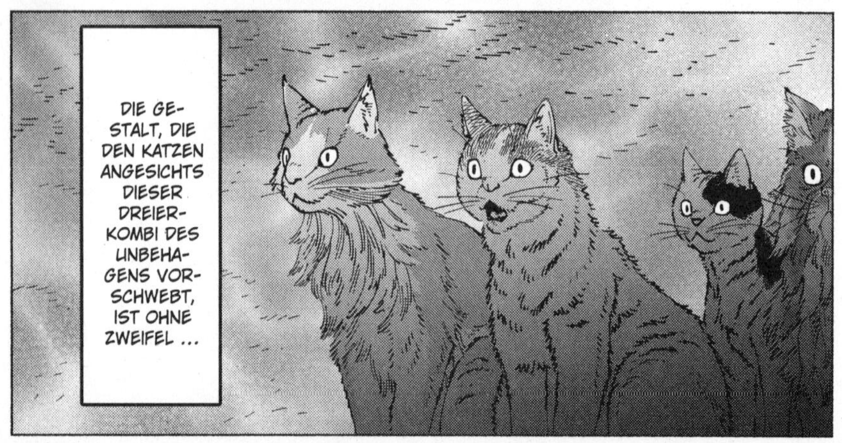
DIE GESTALT, DIE DEN KATZEN ANGESICHTS DIESER DREIERKOMBI DES UNBEHAGENS VORSCHWEBT, IST OHNE ZWEIFEL ...

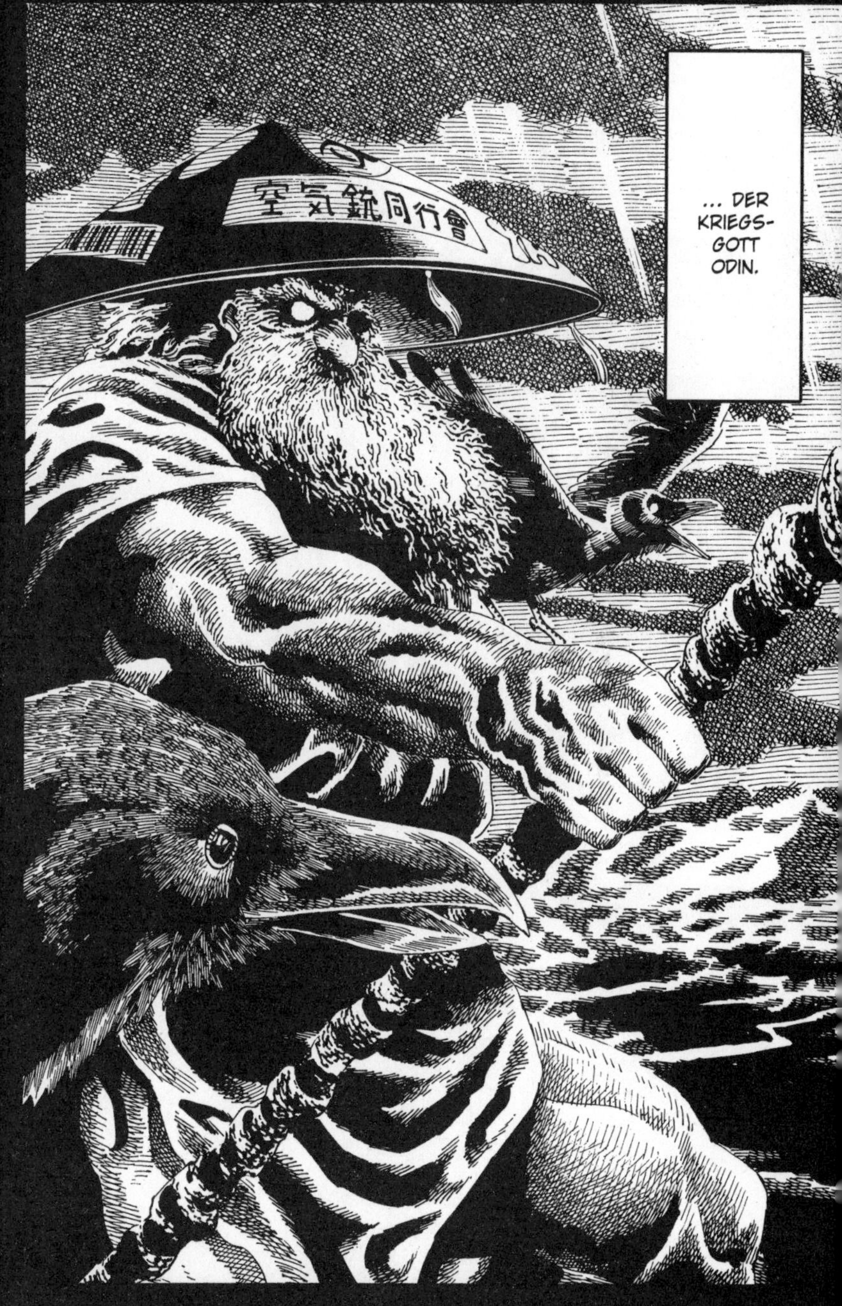
... DER KRIEGS-GOTT ODIN.
空気銃同行會

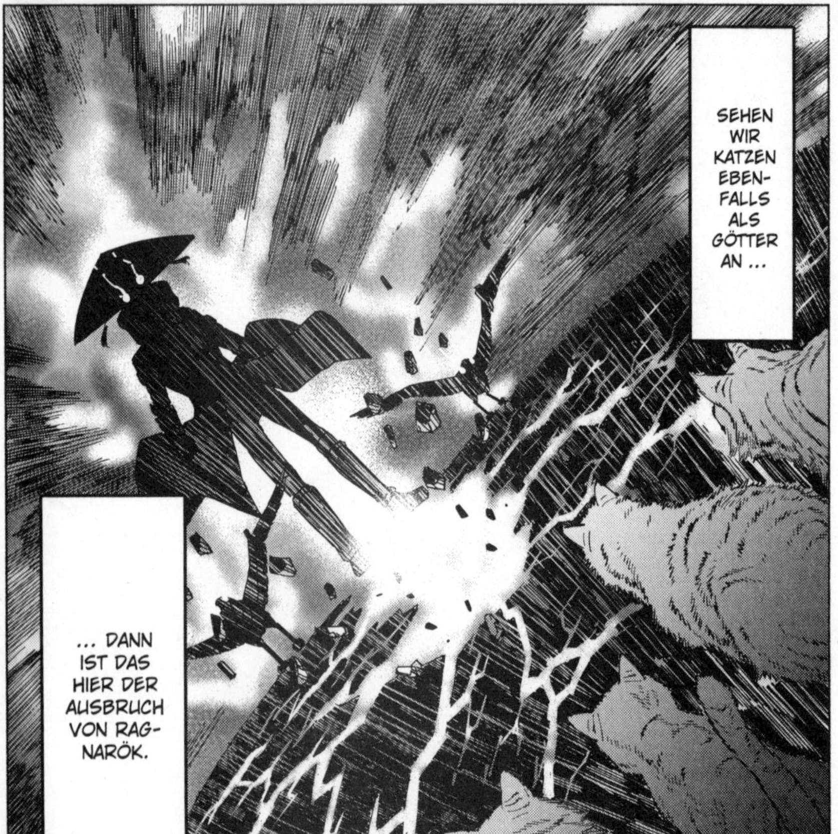

SEHEN WIR KATZEN EBENFALLS ALS GÖTTER AN …

… DANN IST DAS HIER DER AUSBRUCH VON RAGNARÖK.

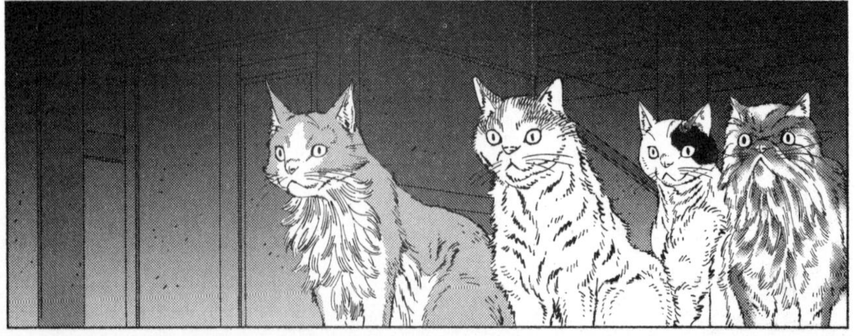

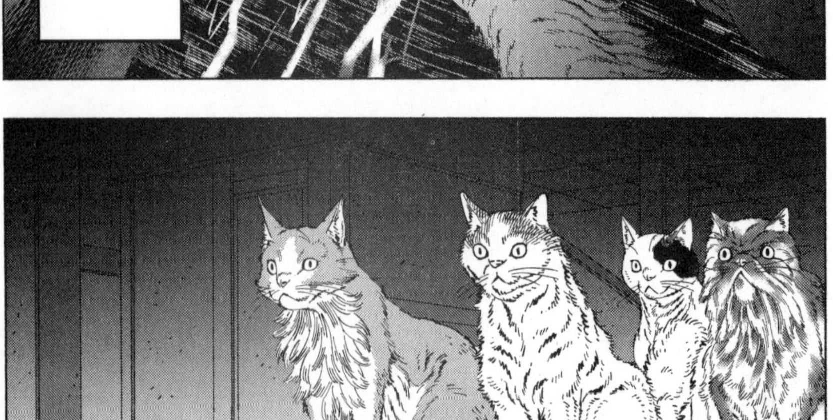

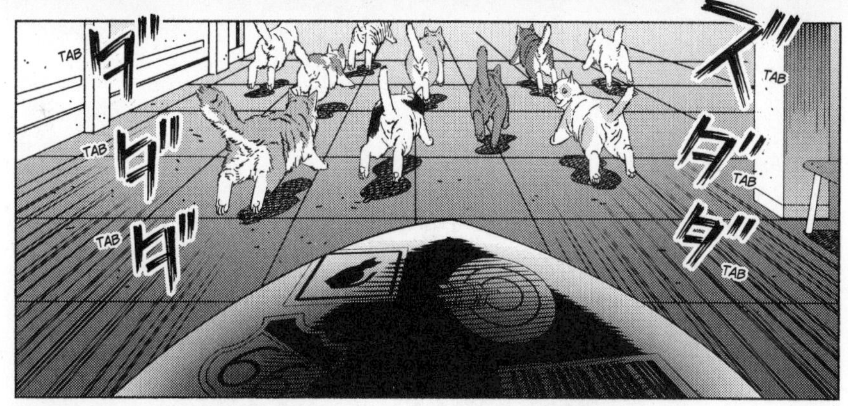

TAB
TAB
TAB
TAB
TAB
TAB

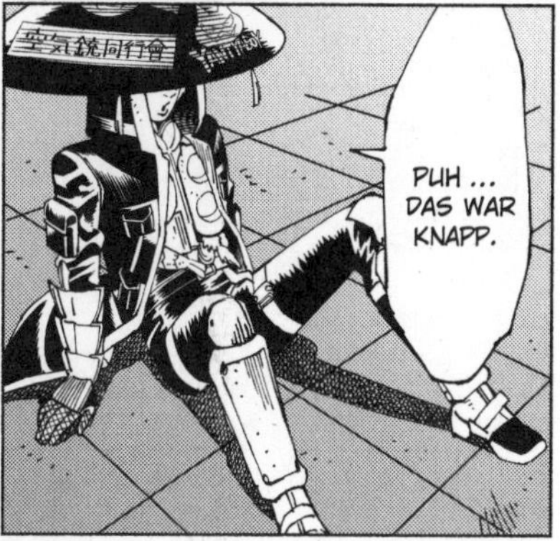

PUH …
DAS WAR
KNAPP.

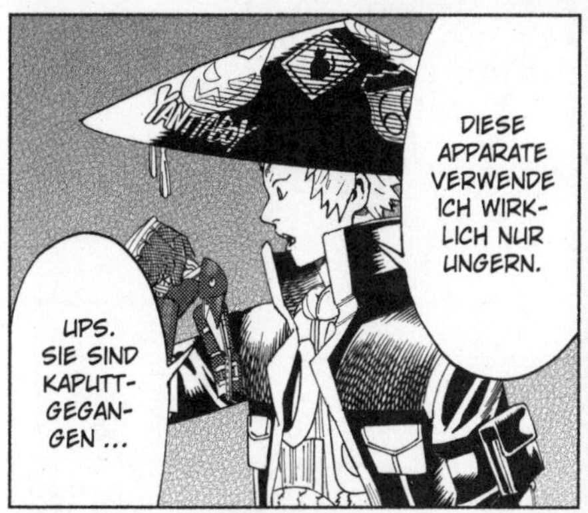

DIESE
APPARATE
VERWENDE
ICH WIRK-
LICH NUR
UNGERN.
UPS.
SIE SIND
KAPUTT-
GEGAN-
GEN …

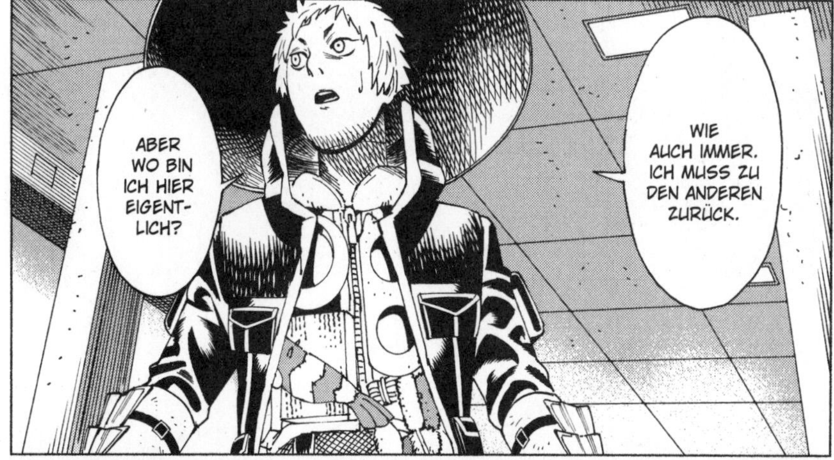

WIE
AUCH IMMER.
ICH MUSS ZU
DEN ANDEREN
ZURÜCK.
ABER
WO BIN
ICH HIER
EIGENT-
LICH?

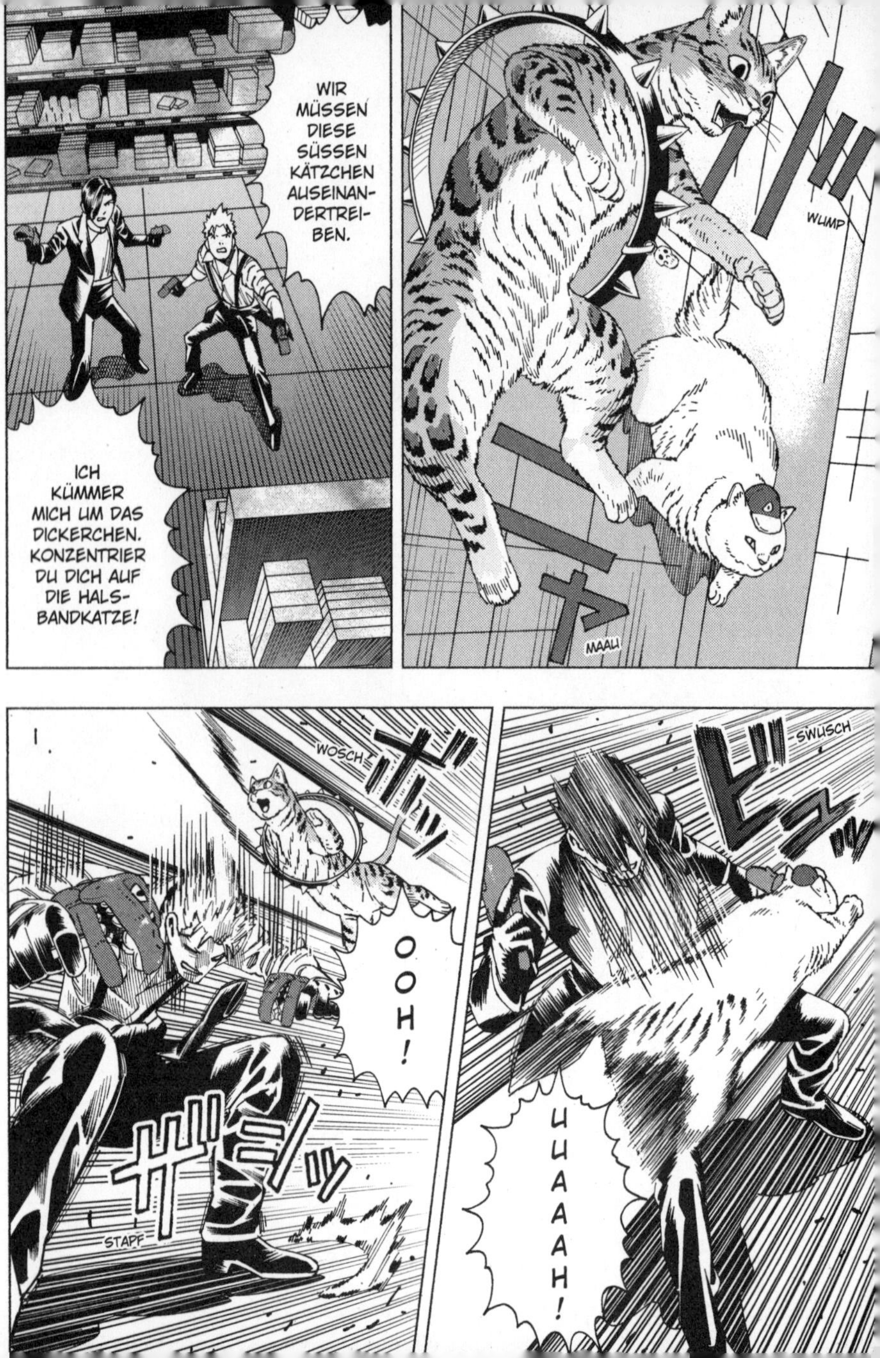

WUMP
MAAU
WIR MÜSSEN DIESE SÜSSEN KÄTZCHEN AUSEINANDERTREIBEN.
ICH KÜMMER MICH UM DAS DICKERCHEN. KONZENTRIER DU DICH AUF DIE HALSBANDKATZE!
SWUSCH
UUAAAAH!
WOSCH
OOH!
STAPF

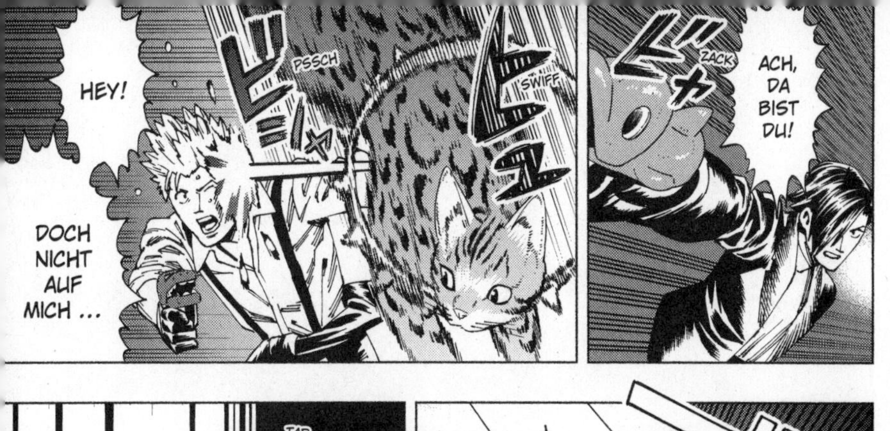
ZACK
ACH, DA BIST DU!
PSSCH
SWIFF
HEY!
DOCH NICHT AUF MICH …

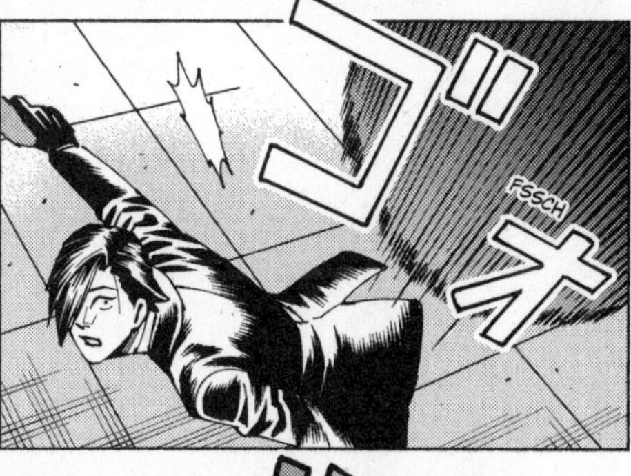
FSSCH

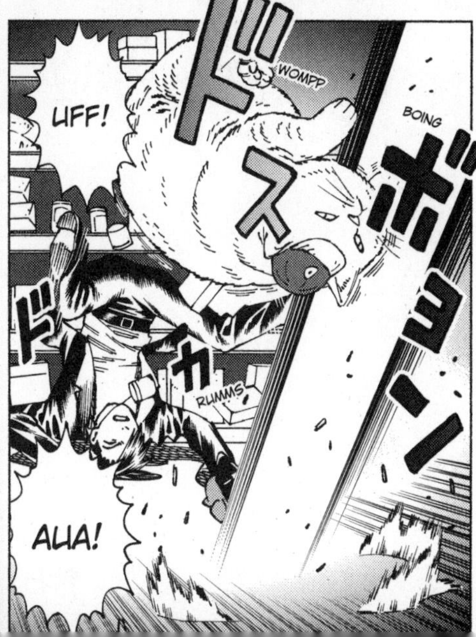
WOMPP
BOING
UFF!
RUMMS
AUA!

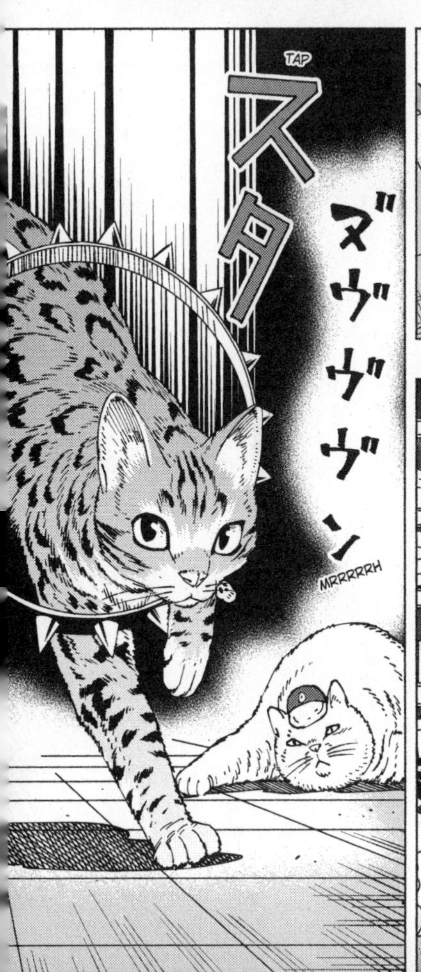
TAP
MRRRRRH

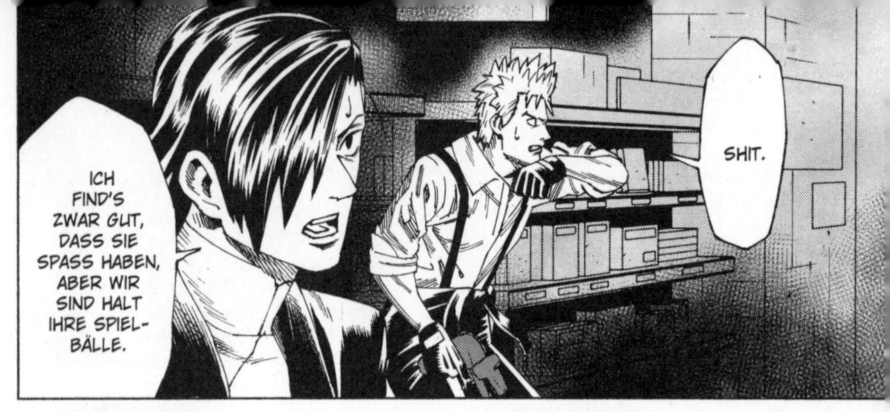
SHIT.
ICH FIND'S ZWAR GUT, DASS SIE SPASS HABEN, ABER WIR SIND HALT IHRE SPIEL-BÄLLE.

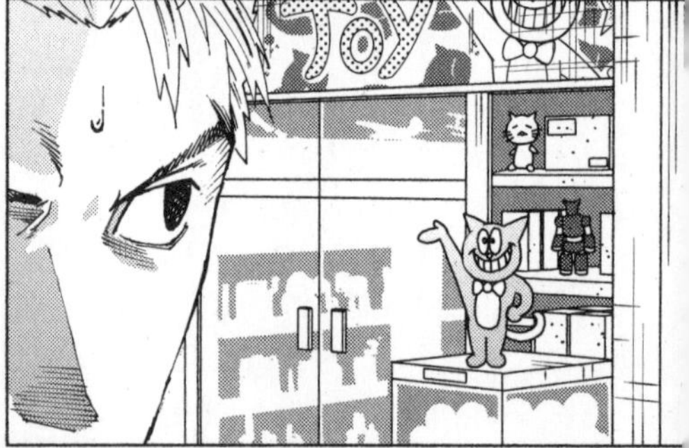

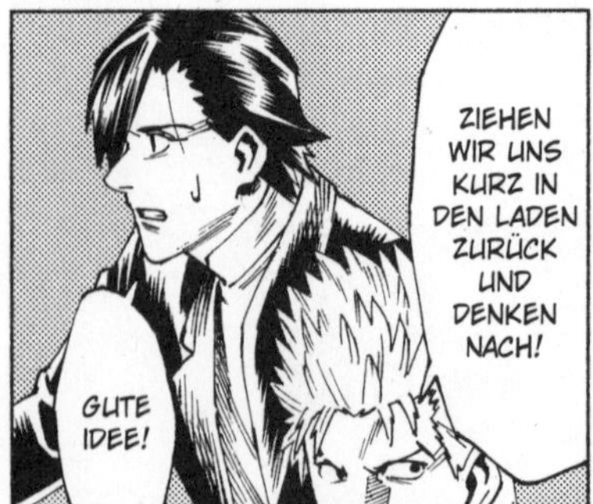
ZIEHEN WIR UNS KURZ IN DEN LADEN ZURÜCK UND DENKEN NACH!
GUTE IDEE!

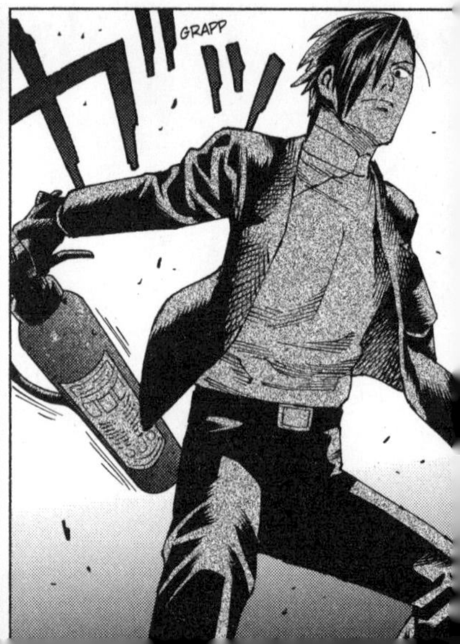
ガッ
GRAPP

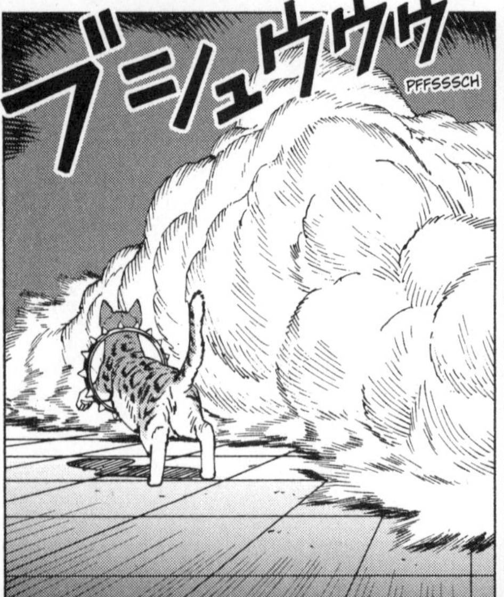
ブシュウウウ
PFFSSSCH

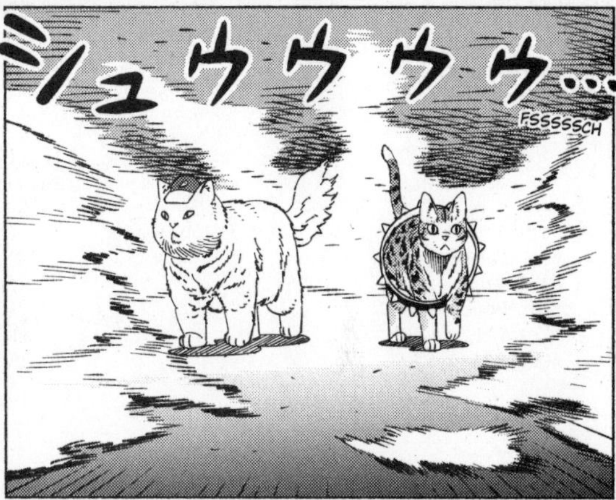
シュウウウウ…
FSSSSSCH

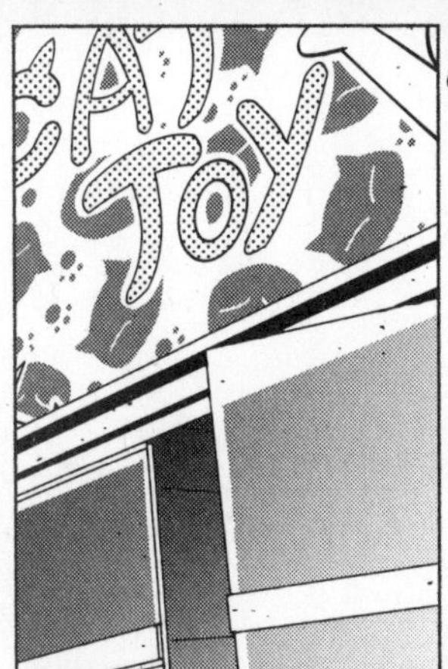
TOY

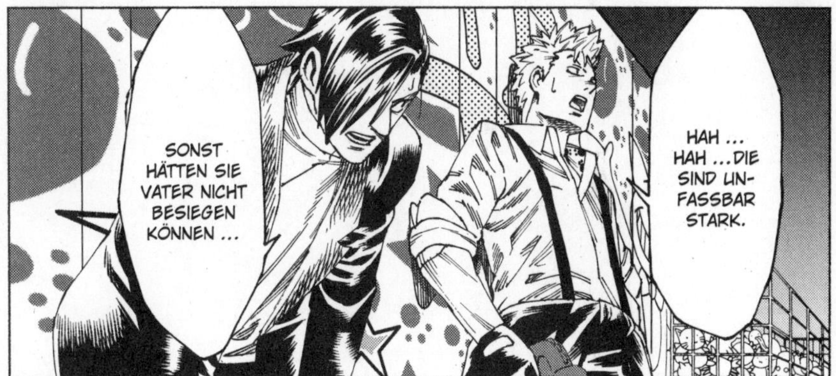
HAH … HAH … DIE SIND UN-FASSBAR STARK.
SONST HÄTTEN SIE VATER NICHT BESIEGEN KÖNNEN …

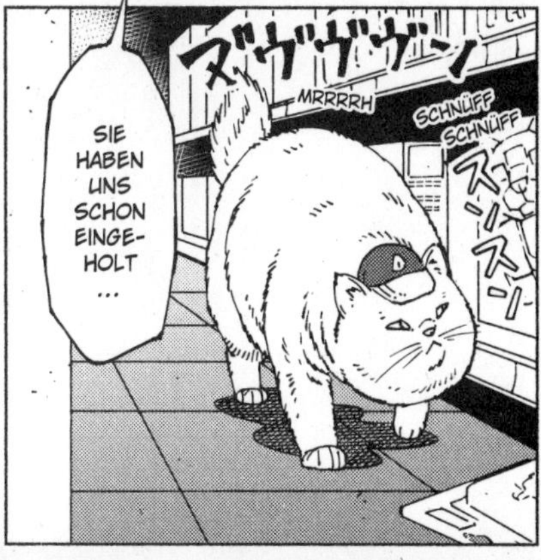
MRRRRH
SCHNÜFF SCHNÜFF
SIE HABEN UNS SCHON EINGE-HOLT …

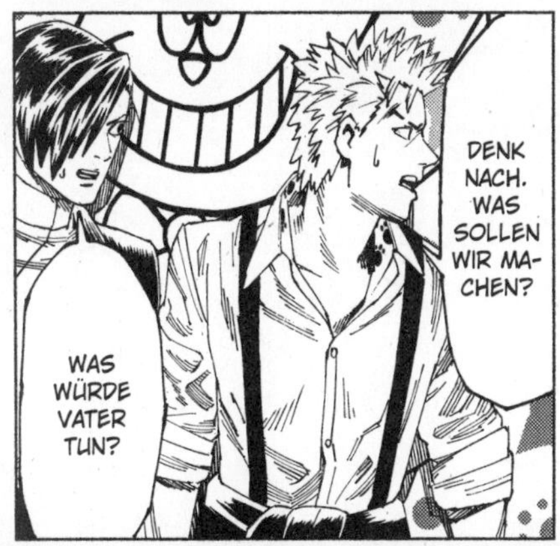
DENK NACH. WAS SOLLEN WIR MA-CHEN?
WAS WÜRDE VATER TUN?

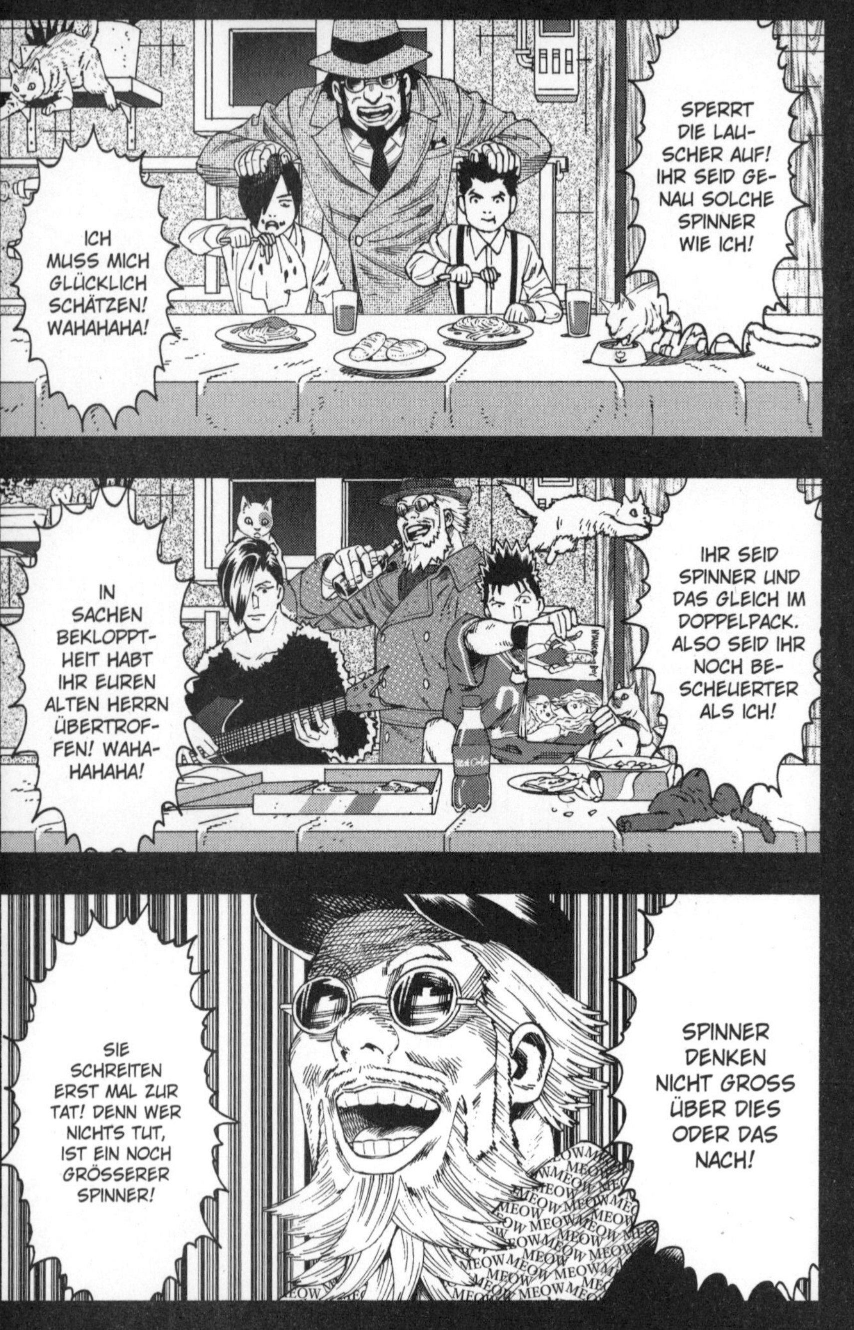
SPERRT DIE LAUSCHER AUF! IHR SEID GENAU SOLCHE SPINNER WIE ICH!
ICH MUSS MICH GLÜCKLICH SCHÄTZEN! WAHAHAHA!
IHR SEID SPINNER UND DAS GLEICH IM DOPPELPACK. ALSO SEID IHR NOCH BESCHEUERTER ALS ICH!
IN SACHEN BEKLOPPTHEIT HABT IHR EUREN ALTEN HERRN ÜBERTROFFEN! WAHAHAHAHA!
SPINNER DENKEN NICHT GROSS ÜBER DIES ODER DAS NACH!
SIE SCHREITEN ERST MAL ZUR TAT! DENN WER NICHTS TUT, IST EIN NOCH GRÖSSERER SPINNER!

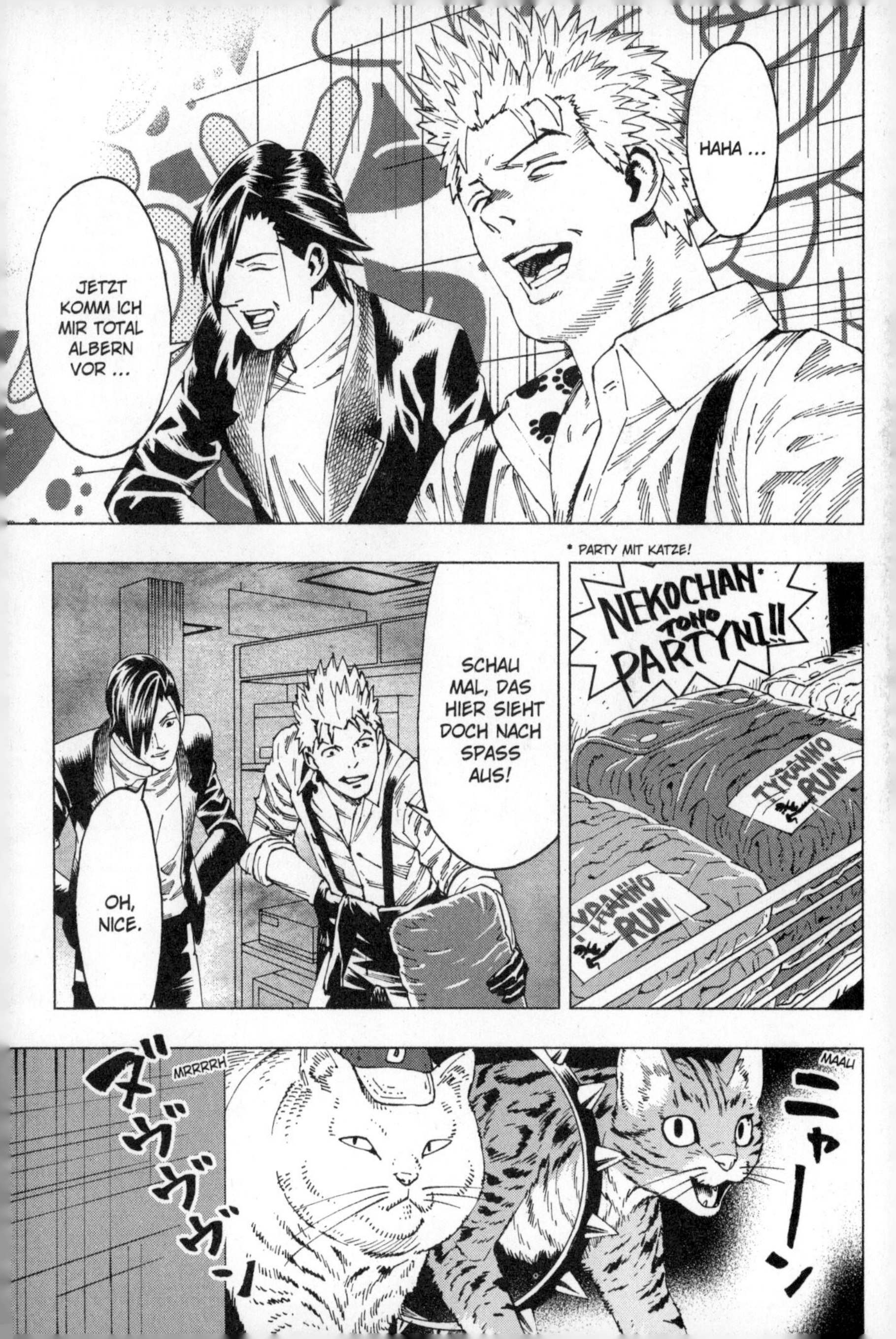

HAHA ...

JETZT KOMM ICH MIR TOTAL ALBERN VOR ...

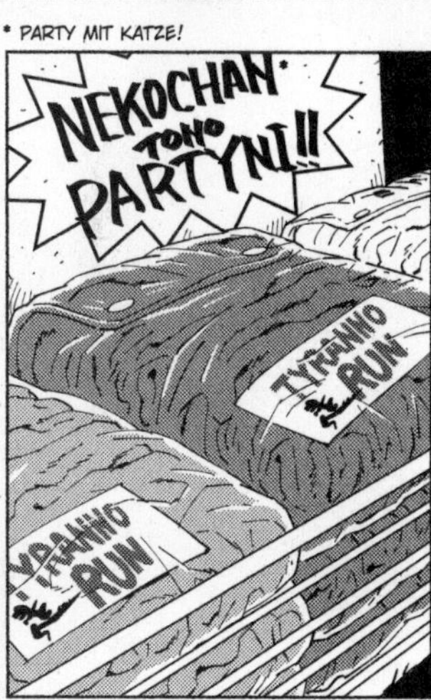

* PARTY MIT KATZE!

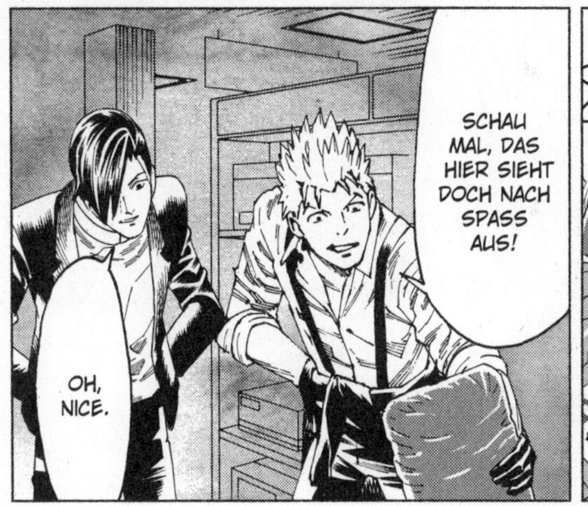

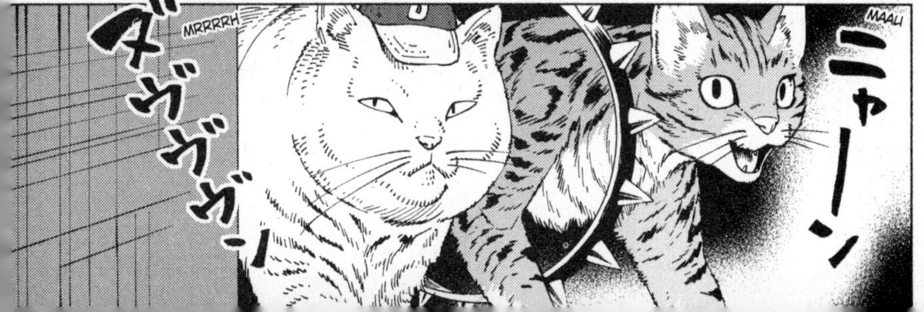

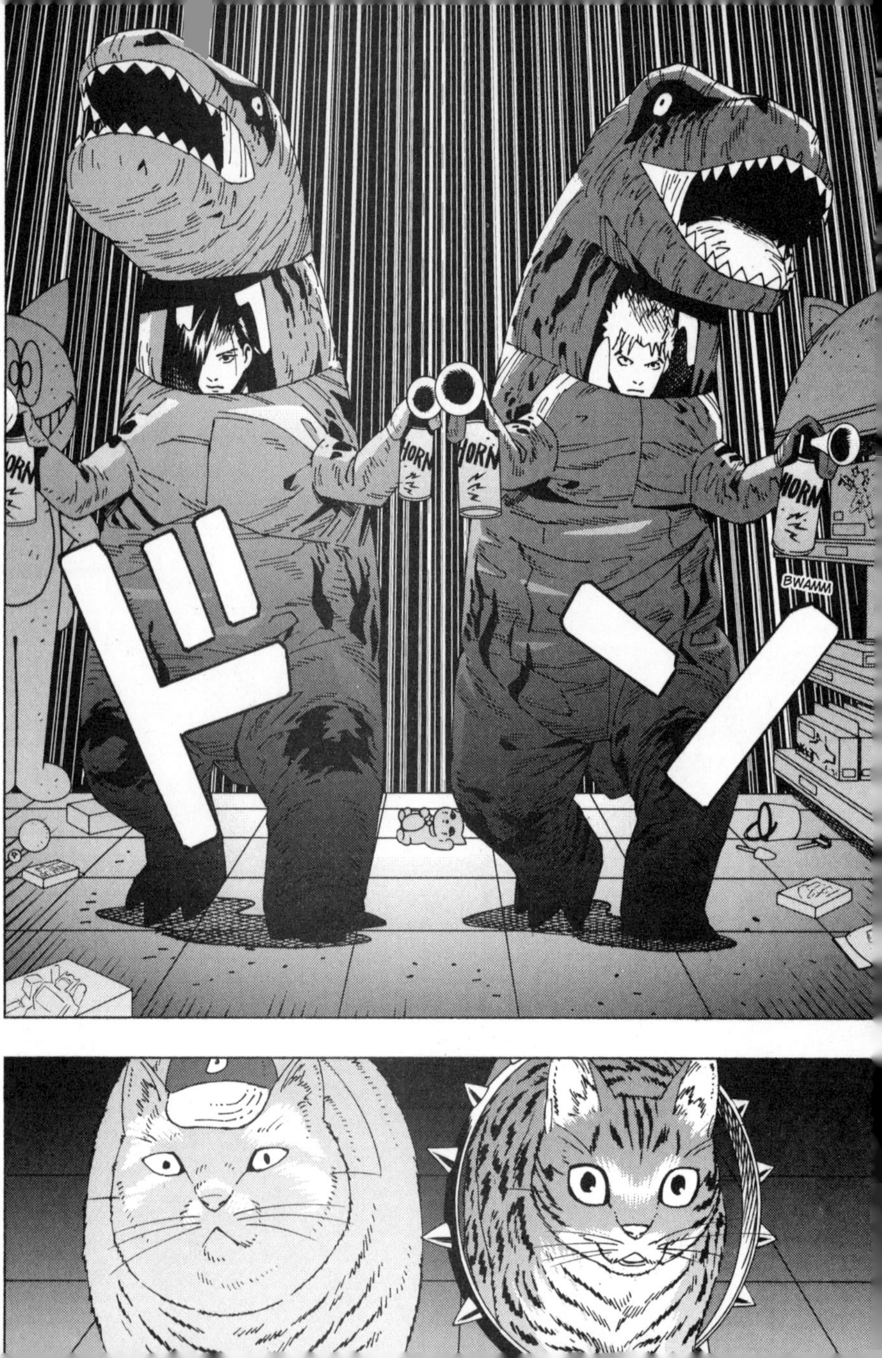

HORN
HORN
HORN
HORN
BWAMM
ドーン

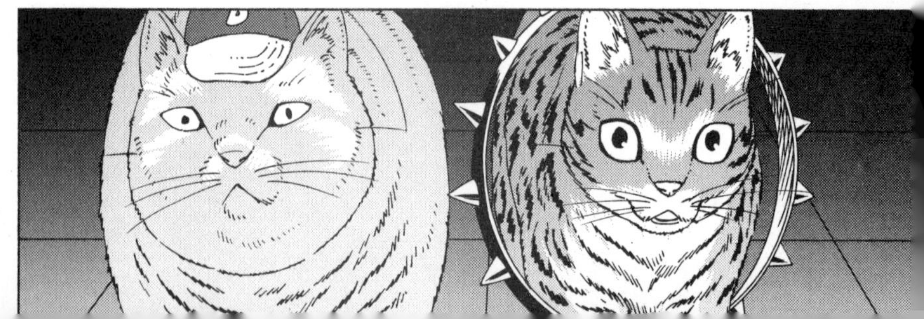

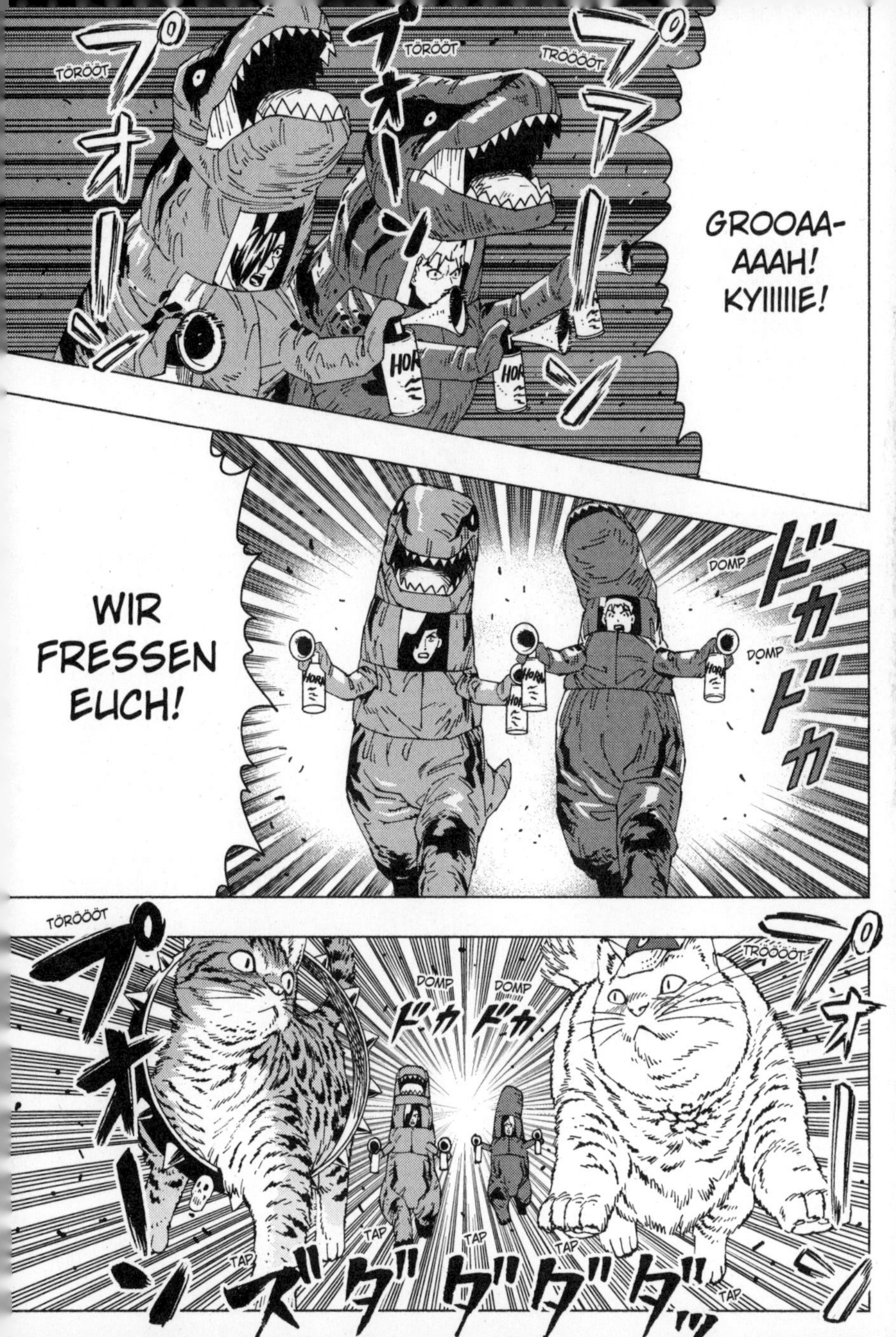
TRÖÖÖÖT
TÖRÖÖT
TÖRÖÖT
GROOAA-
AAAH!
KYIIIIIE!
DOMP
DOMP
WIR
FRESSEN
EUCH!
TRÖÖÖÖT
TÖRÖÖÖT
DOMP
DOMP
TAP
TAP
TAP
TAP
TAP

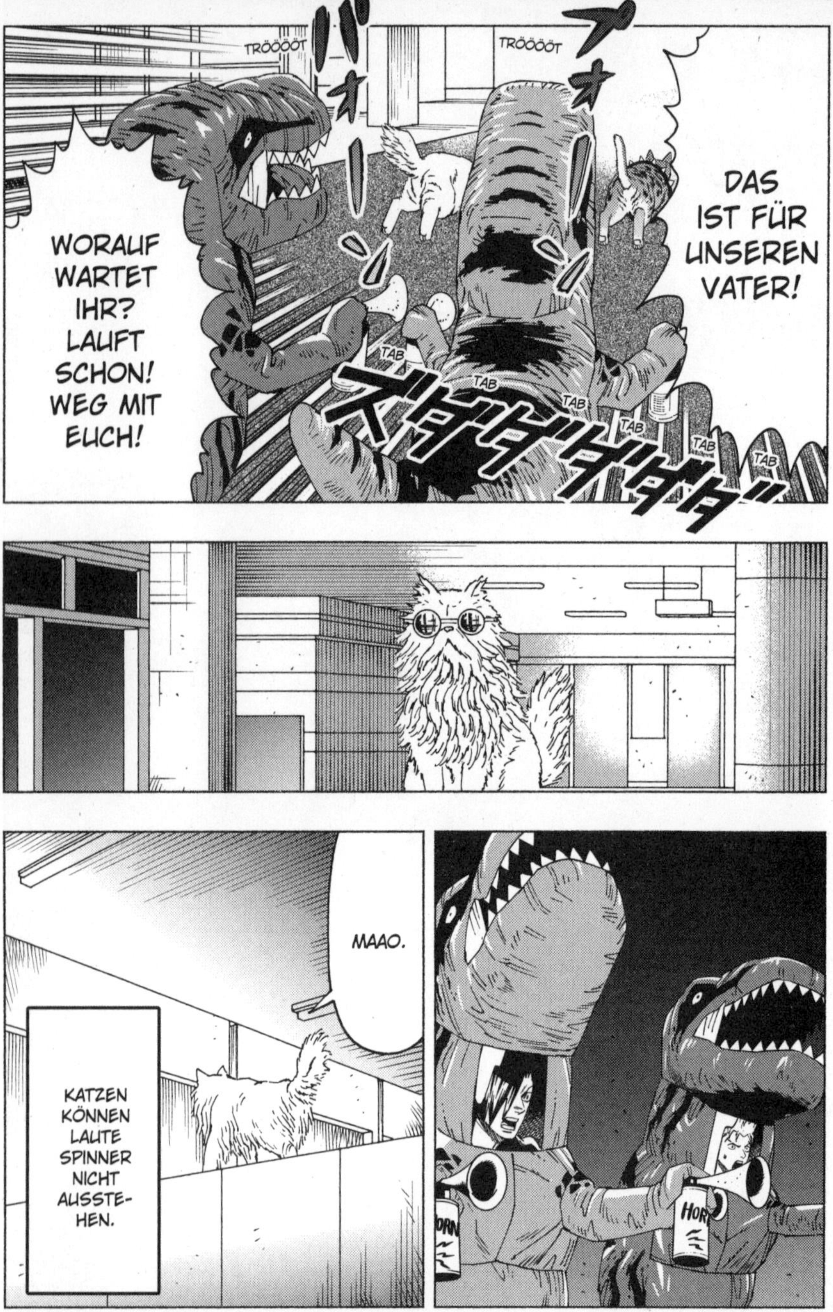

DAS IST FÜR UNSEREN VATER!

TRÖÖÖÖT

TRÖÖÖÖT

WORAUF WARTET IHR? LAUFT SCHON! WEG MIT EUCH!

TAB TAB TAB TAB TAB TAB

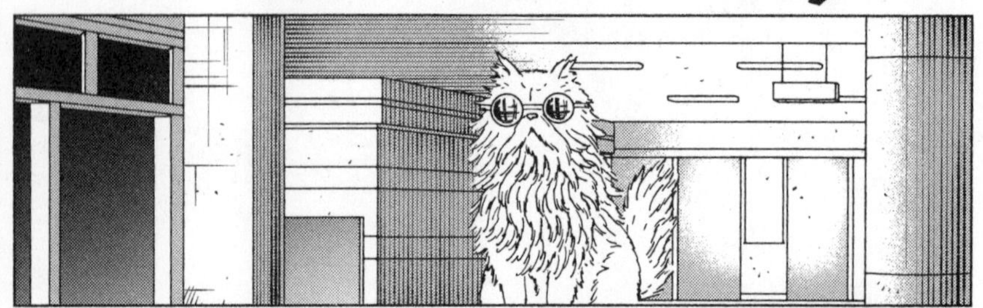

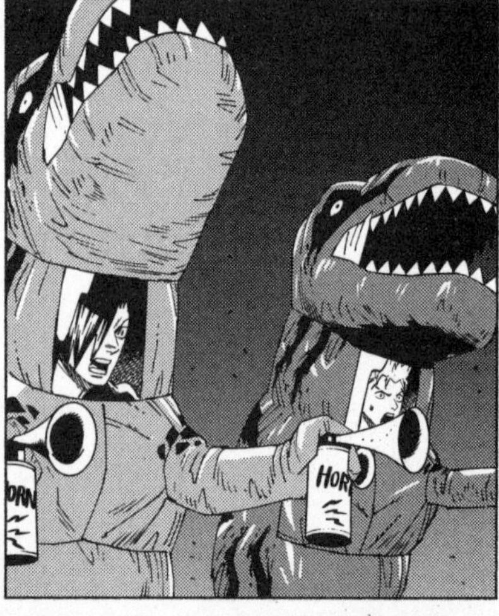

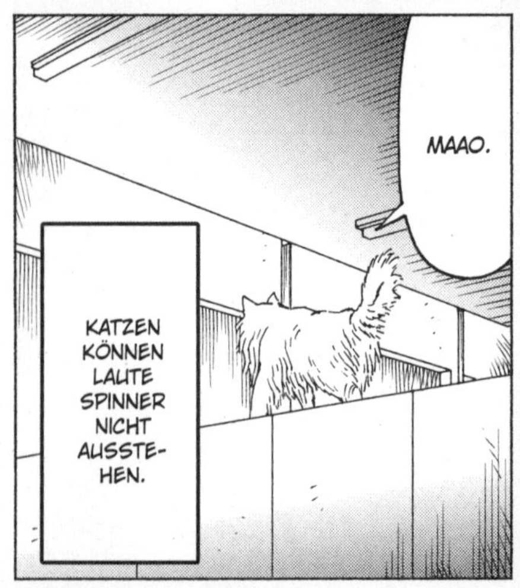

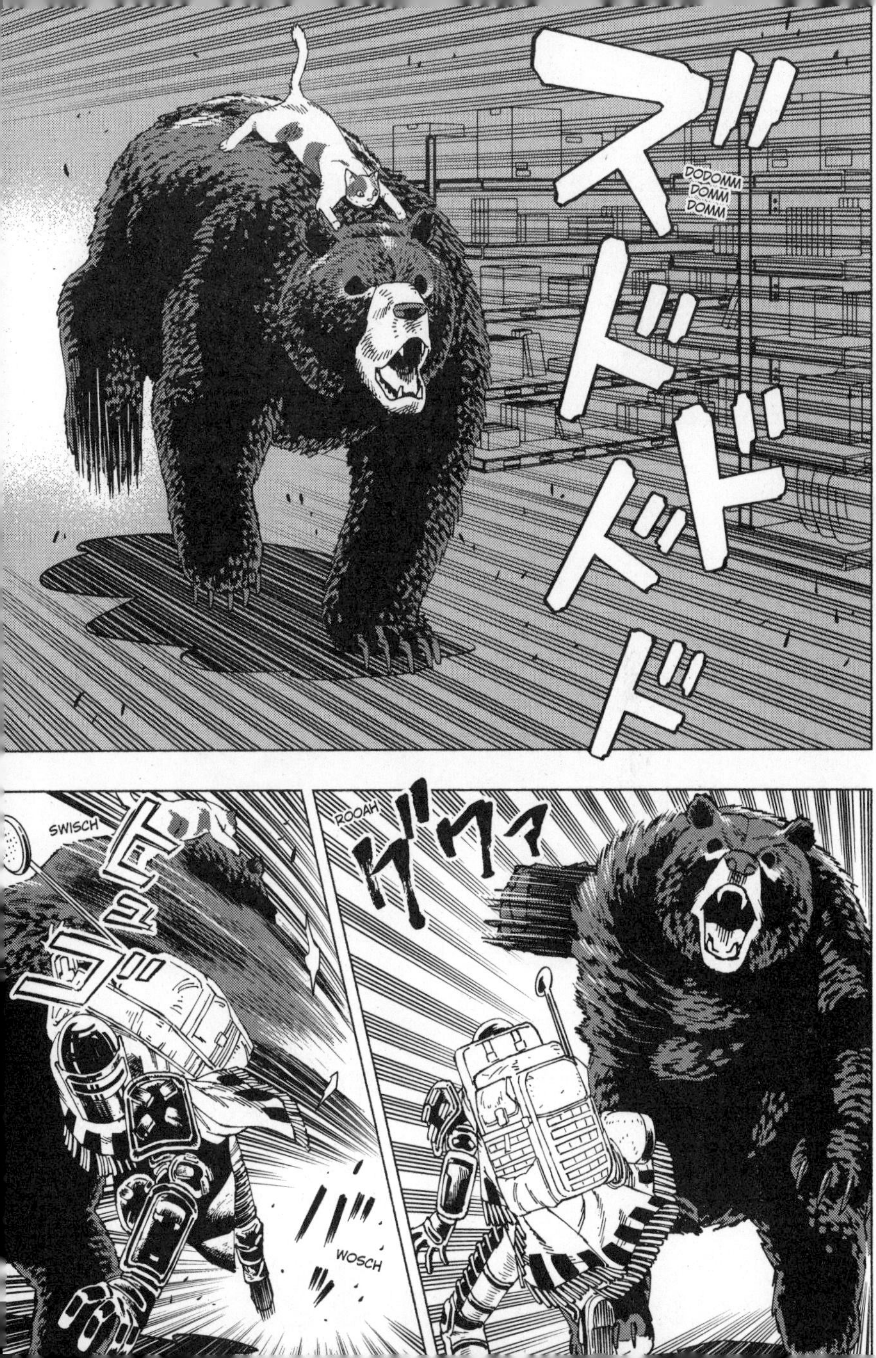

ズドドドド
DODOMM
DOMM
DOMM
ROOAH
WOSCH
SWISCH

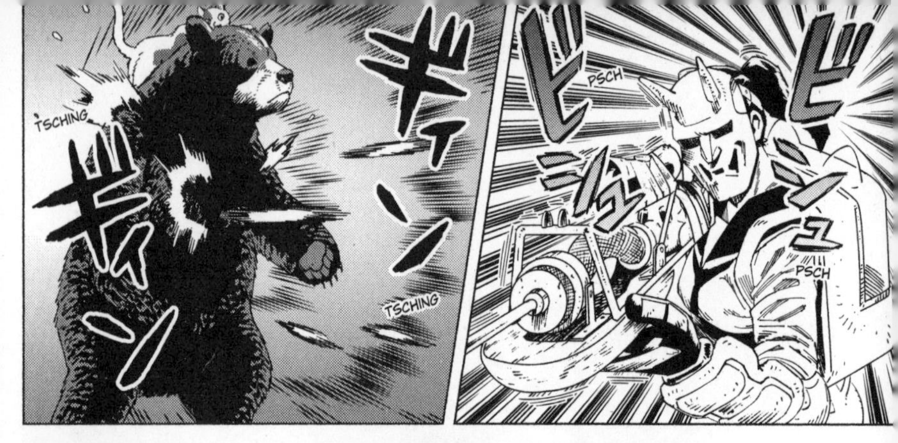

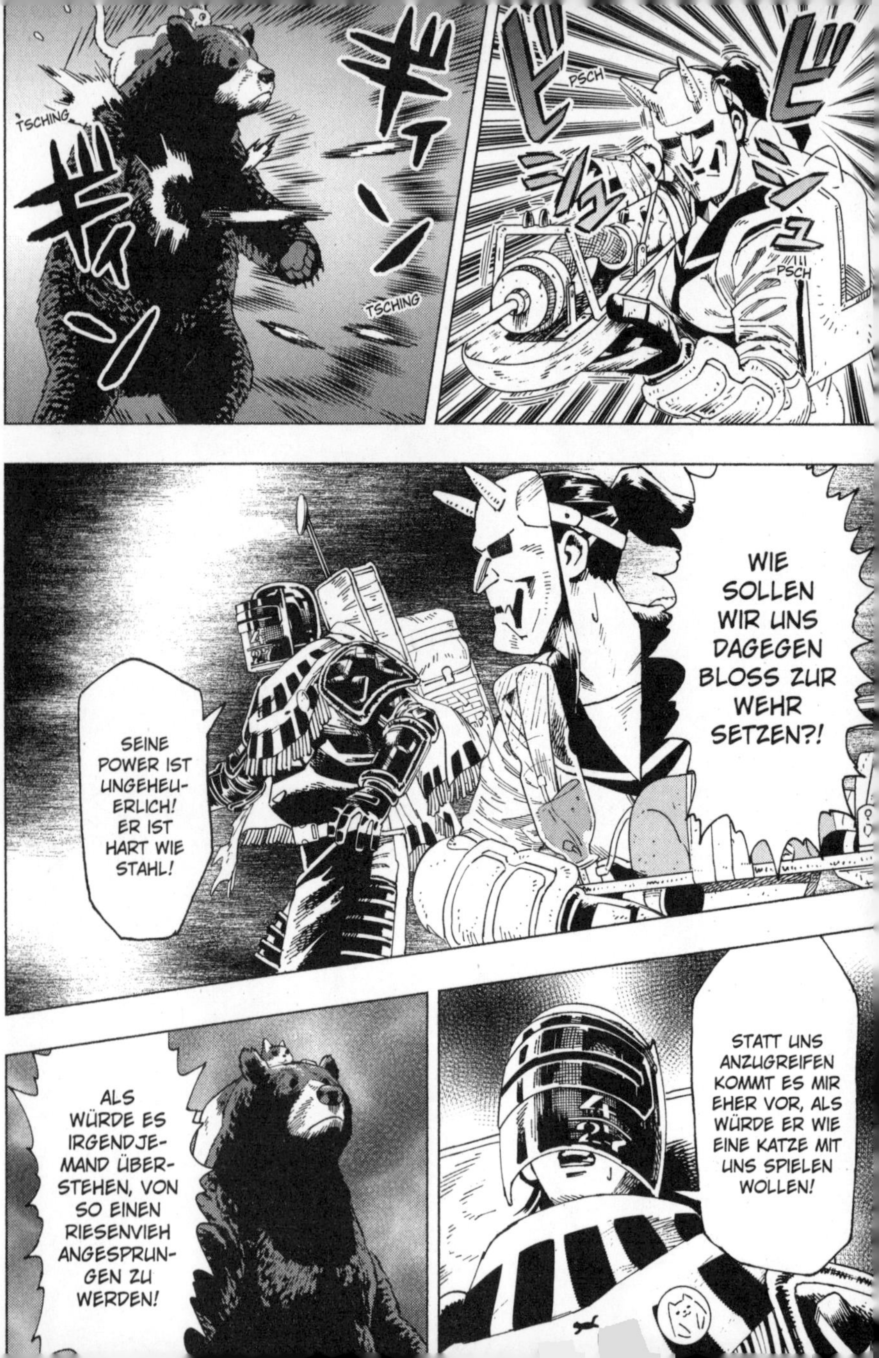

WIE SOLLEN WIR UNS DAGEGEN BLOSS ZUR WEHR SETZEN?!

SEINE POWER IST UNGEHEUERLICH! ER IST HART WIE STAHL!

STATT UNS ANZUGREIFEN KOMMT ES MIR EHER VOR, ALS WÜRDE ER WIE EINE KATZE MIT UNS SPIELEN WOLLEN!

ALS WÜRDE ES IRGENDJEMAND ÜBERSTEHEN, VON SO EINEN RIESENVIEH ANGESPRUNGEN ZU WERDEN!

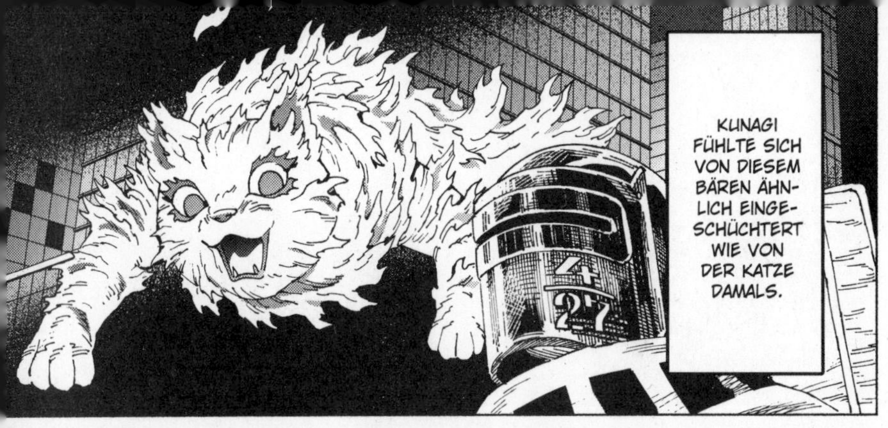

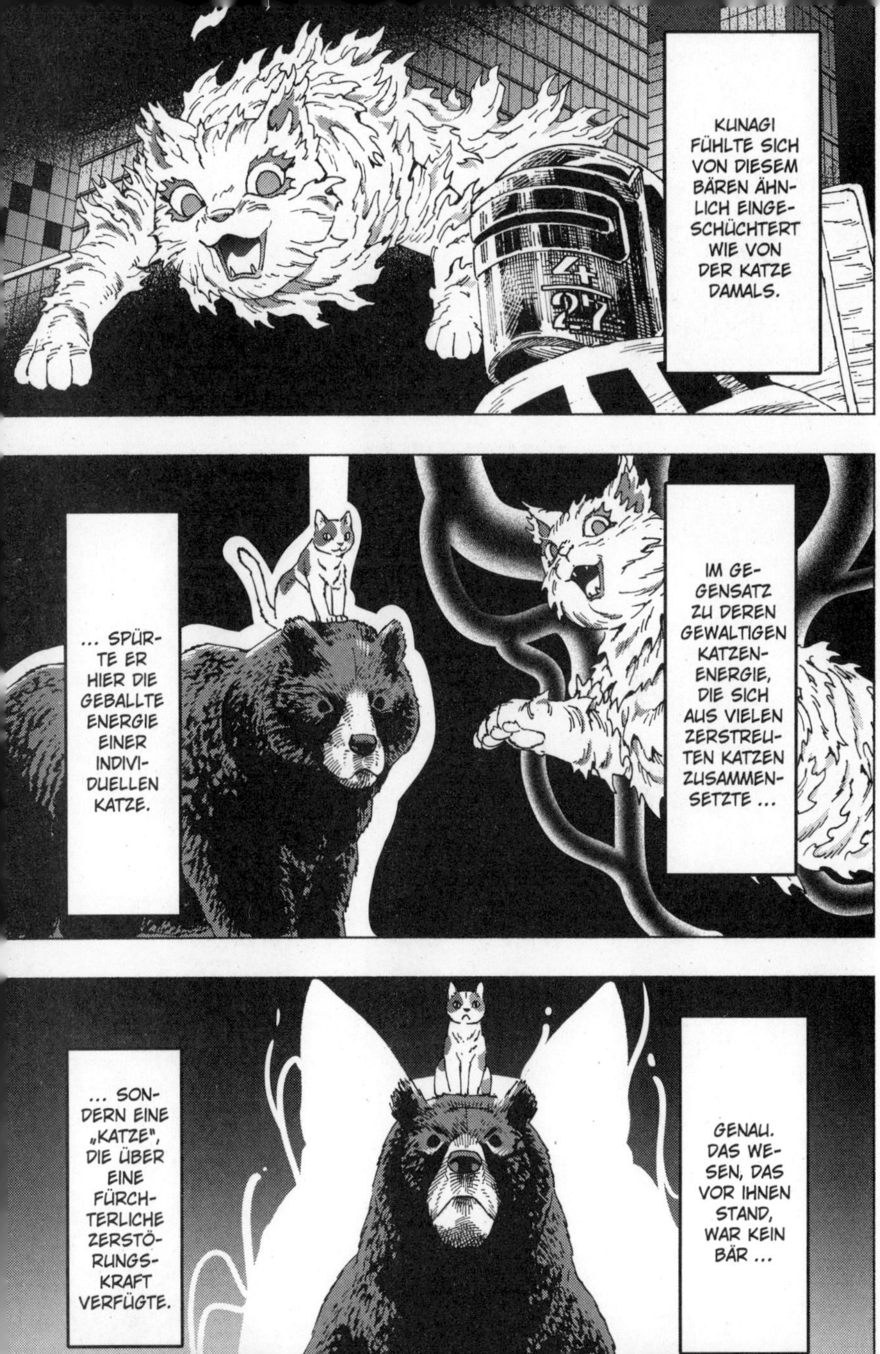

IM GEGENSATZ ZU DEREN GEWALTIGEN KATZENENERGIE, DIE SICH AUS VIELEN ZERSTREUTEN KATZEN ZUSAMMENSETZTE …

… SPÜRTE ER HIER DIE GEBALLTE ENERGIE EINER INDIVIDUELLEN KATZE.

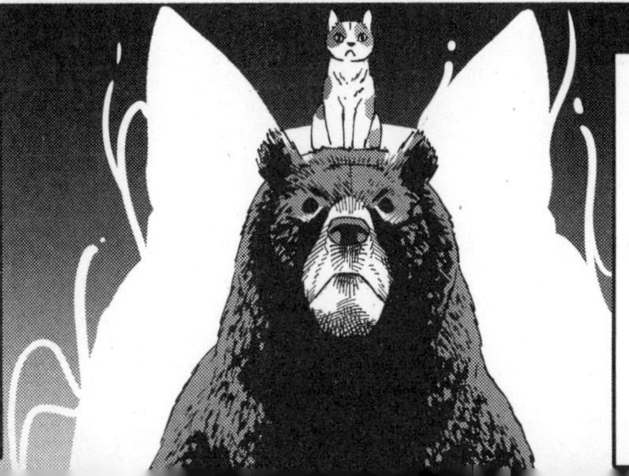

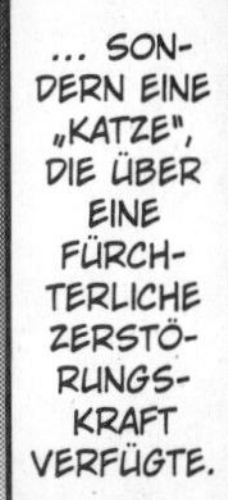

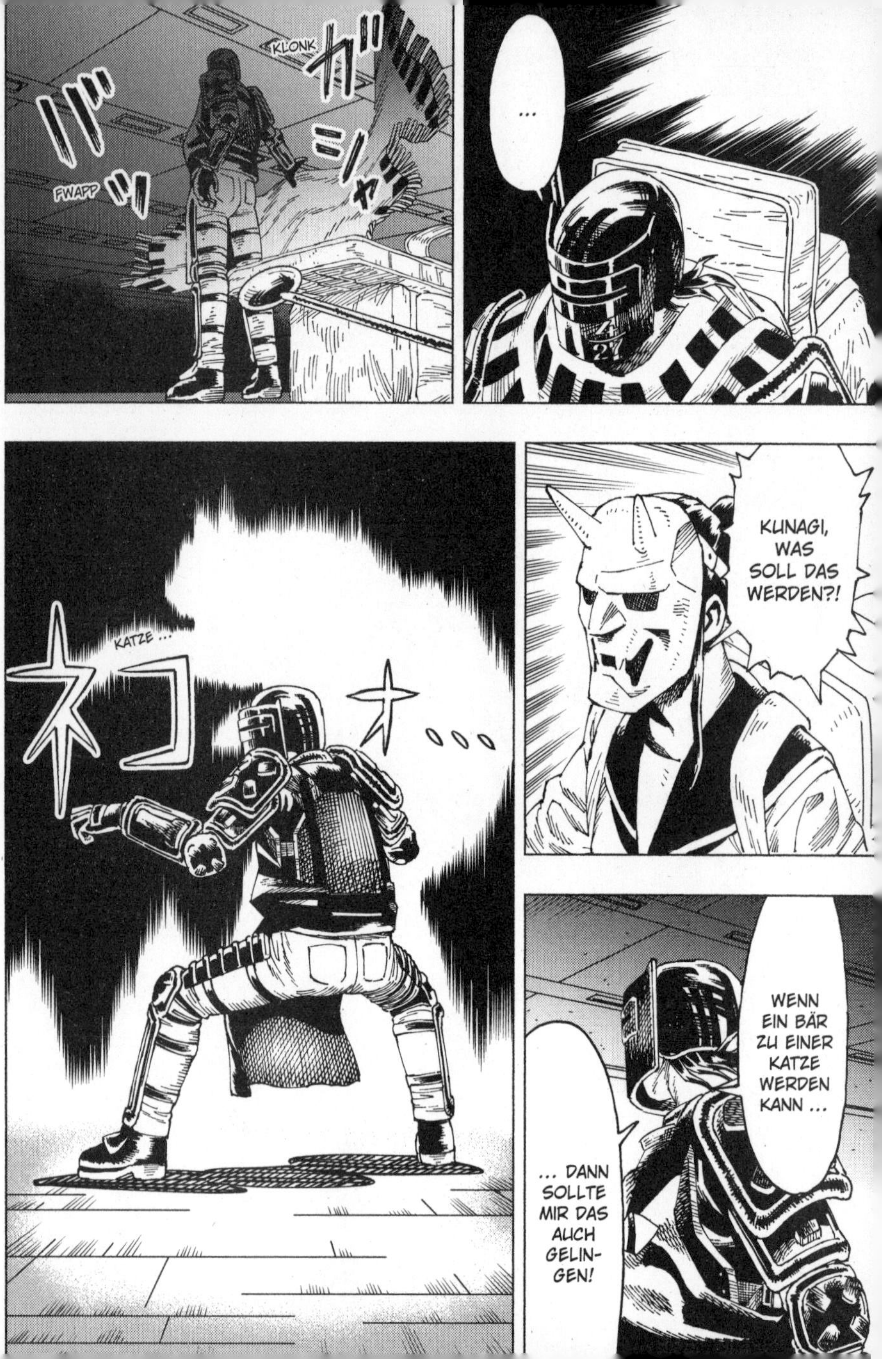

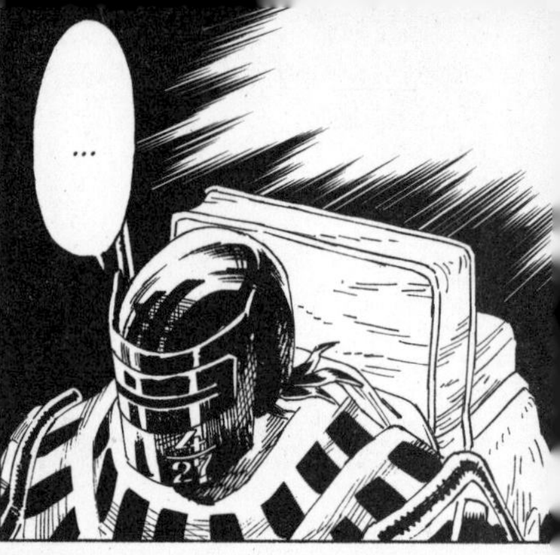
...

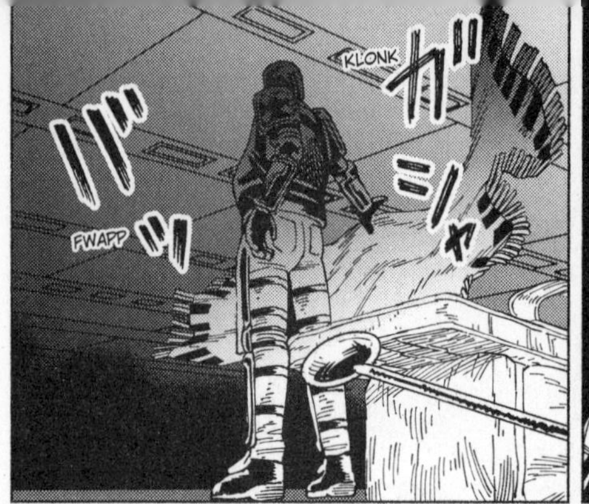
KLONK
FWAPP

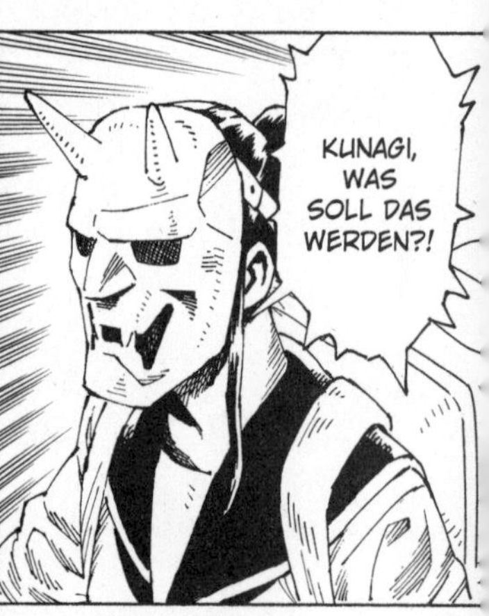
KUNAGI, WAS SOLL DAS WERDEN?!

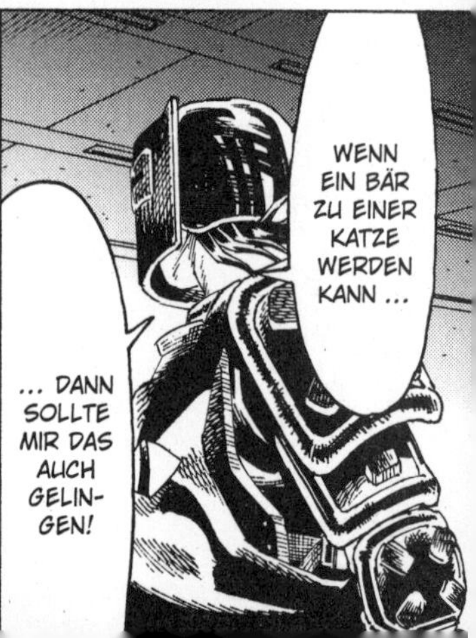
WENN EIN BÄR ZU EINER KATZE WERDEN KANN ...
... DANN SOLLTE MIR DAS AUCH GELIN-GEN!

KATZE ...

ネコォ…

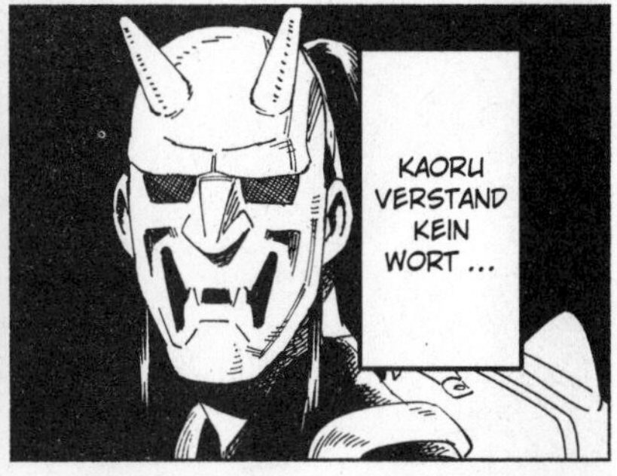
KAORU VERSTAND KEIN WORT ...

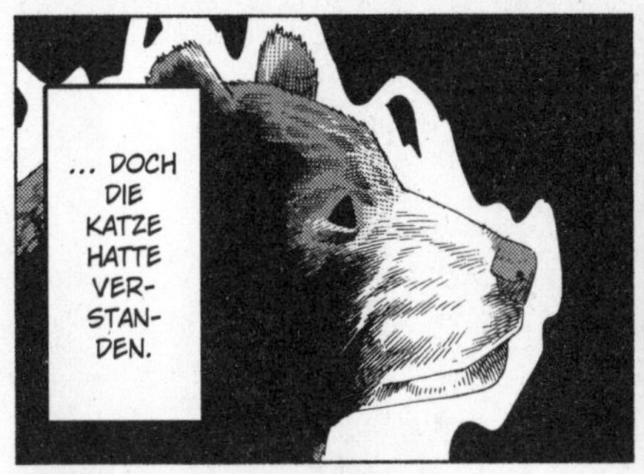
... DOCH DIE KATZE HATTE VER-STAN-DEN.

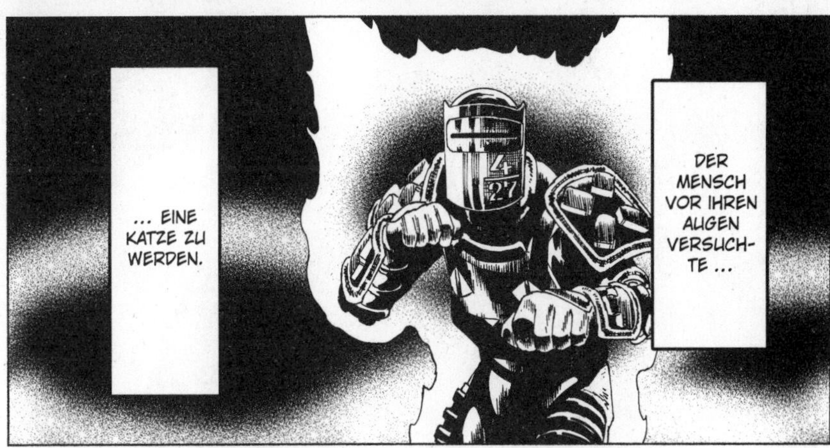
DER MENSCH VOR IHREN AUGEN VERSUCH-TE ...
... EINE KATZE ZU WERDEN.

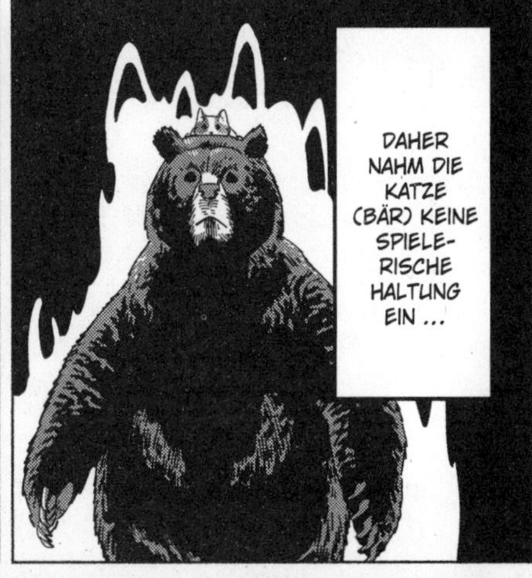
DAHER NAHM DIE KATZE (BÄR) KEINE SPIELE-RISCHE HALTUNG EIN ...

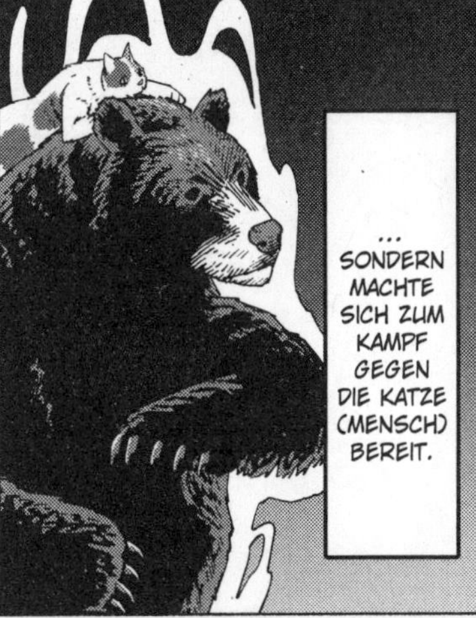
... SONDERN MACHTE SICH ZUM KAMPF GEGEN DIE KATZE (MENSCH) BEREIT.

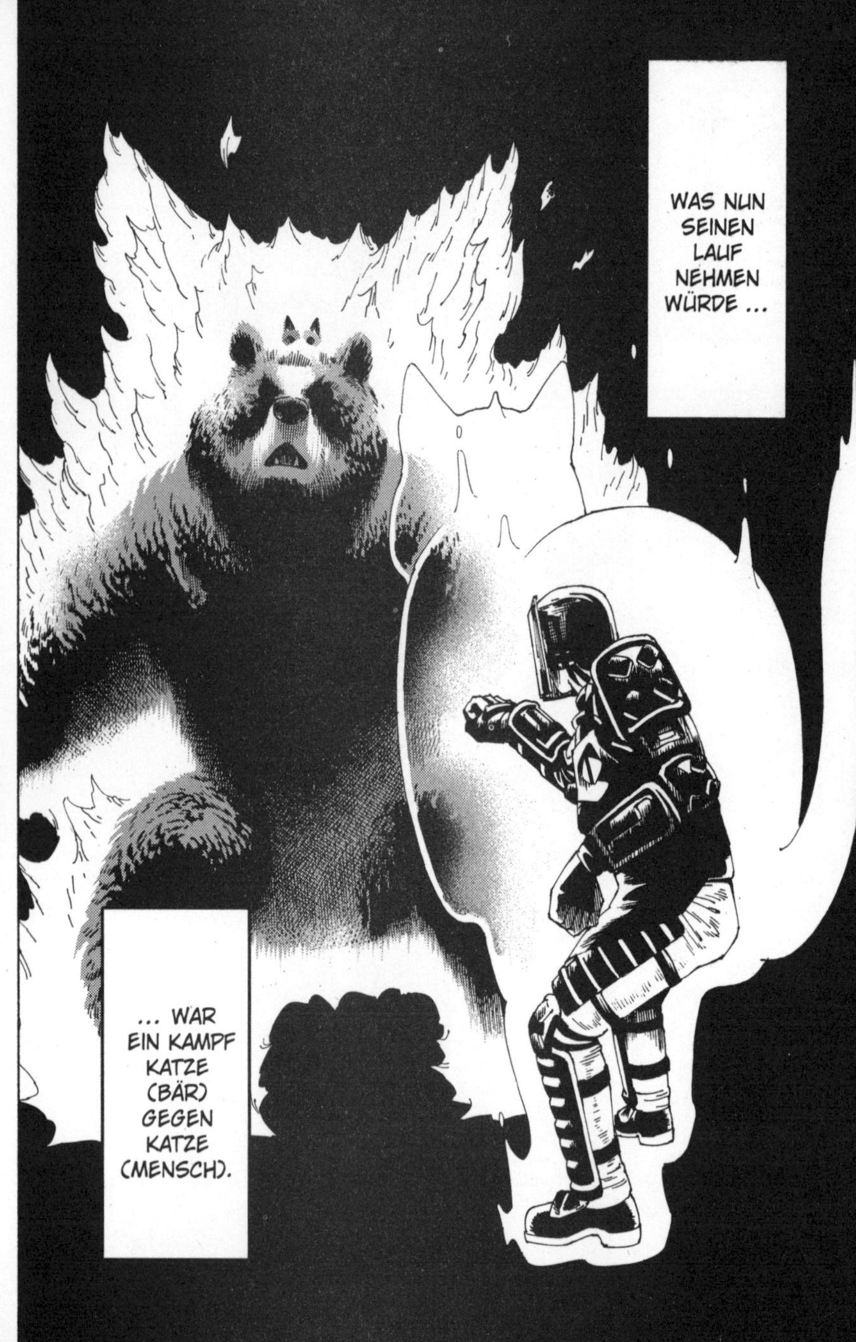
WAS NUN
SEINEN
LAUF
NEHMEN
WÜRDE ...
... WAR
EIN KAMPF
KATZE
(BÄR)
GEGEN
KATZE
(MENSCH).

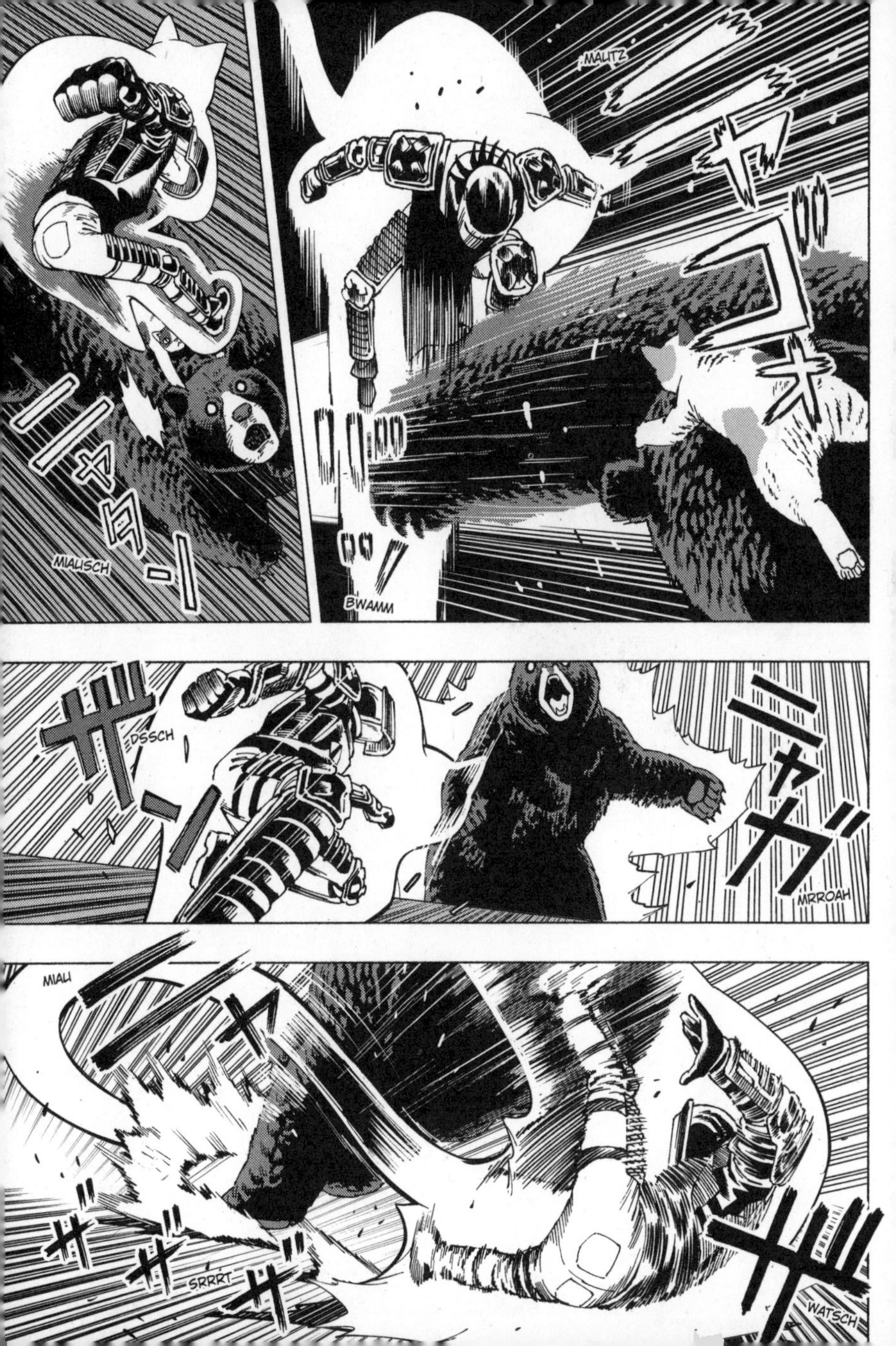

MAUTZ
BWAMM
MIAUSCH

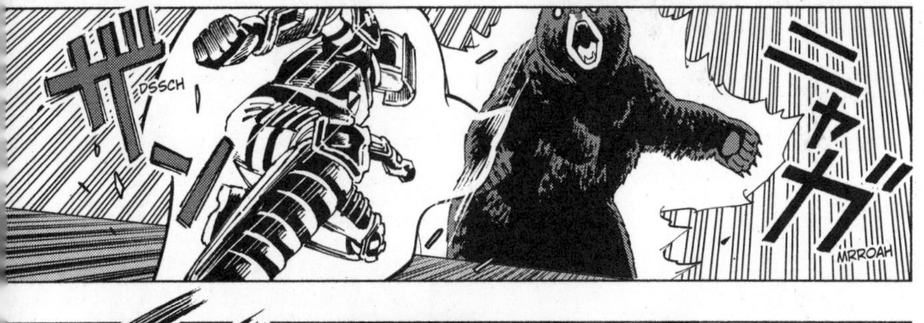

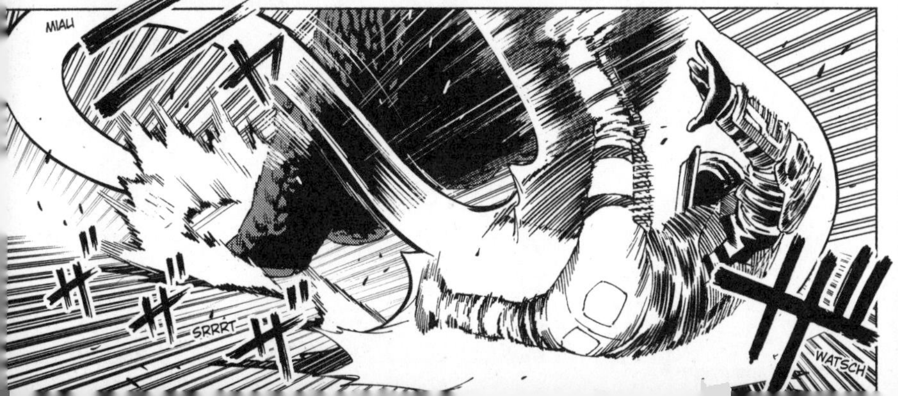

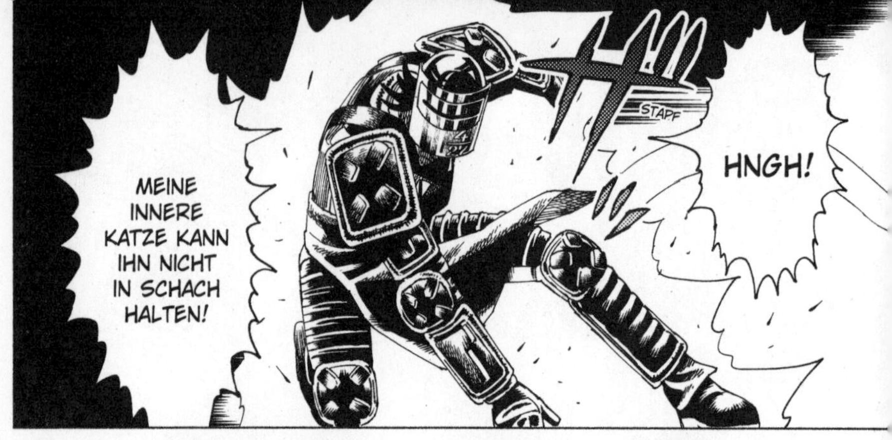
STAPF
HNGH!
MEINE INNERE KATZE KANN IHN NICHT IN SCHACH HALTEN!

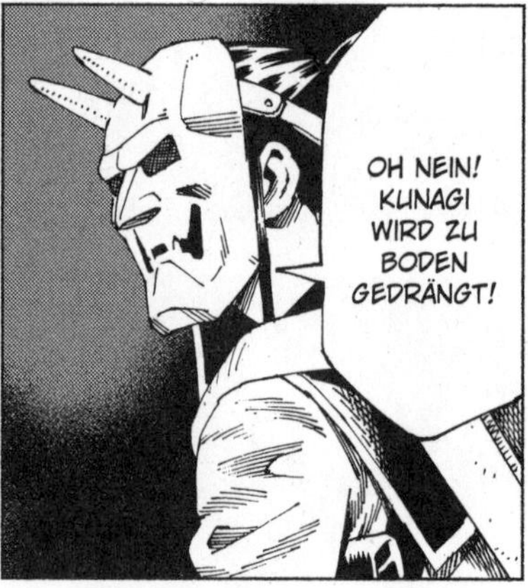
OH NEIN! KUNAGI WIRD ZU BODEN GEDRÄNGT!

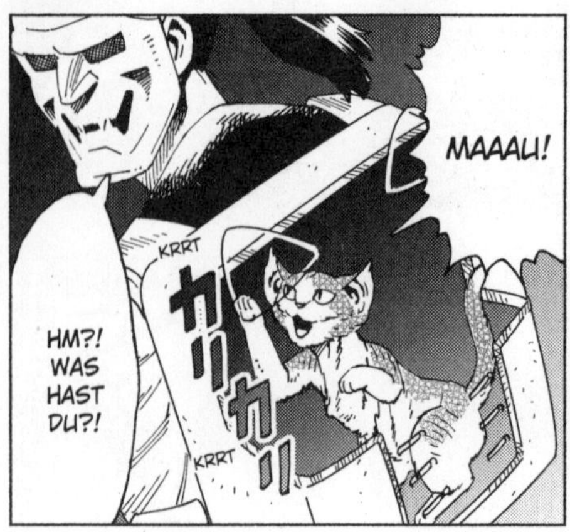
MAAAU!
KRRT
KRRT
HM?! WAS HAST DU?!

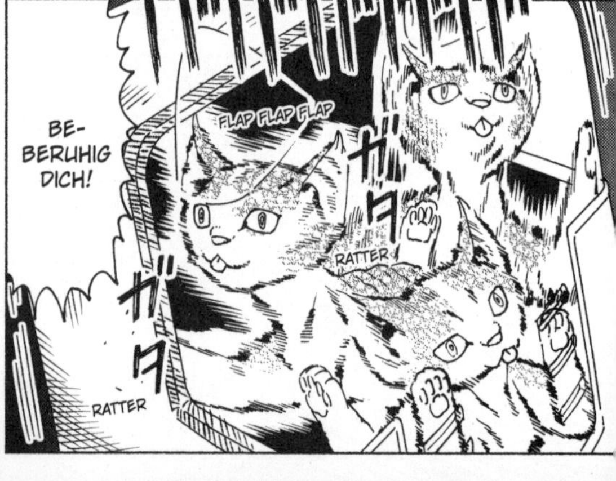
BE- BERUHIG DICH!
FLAP FLAP FLAP
RATTER
RATTER

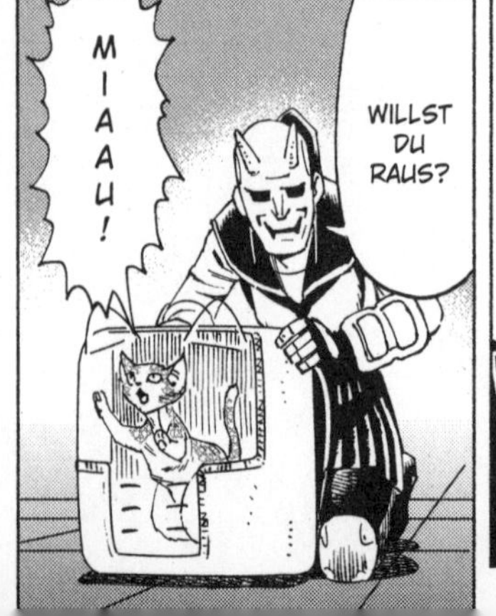
WILLST DU RAUS?
MIAAAU!

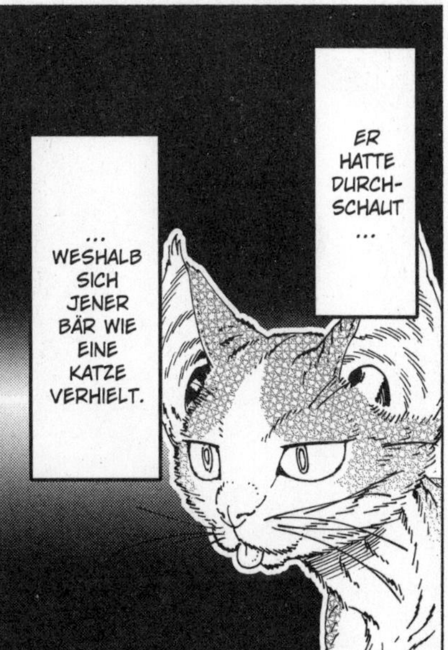
ER HATTE DURCHSCHAUT …
… WESHALB SICH JENER BÄR WIE EINE KATZE VERHIELT.

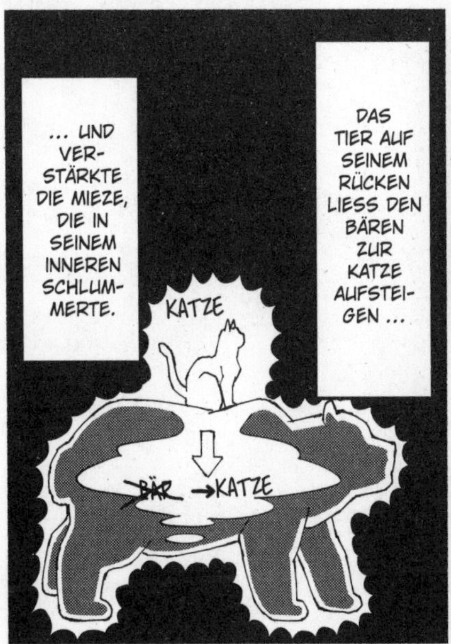
DAS TIER AUF SEINEM RÜCKEN LIESS DEN BÄREN ZUR KATZE AUFSTEIGEN …
… UND VERSTÄRKTE DIE MIEZE, DIE IN SEINEM INNEREN SCHLUMMERTE.
KATZE
BÄR →KATZE

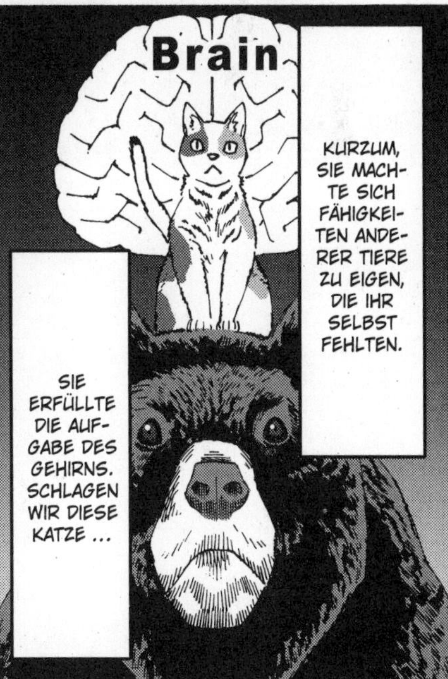
Brain
KURZUM, SIE MACHTE SICH FÄHIGKEITEN ANDERER TIERE ZU EIGEN, DIE IHR SELBST FEHLTEN.
SIE ERFÜLLTE DIE AUFGABE DES GEHIRNS. SCHLAGEN WIR DIESE KATZE …

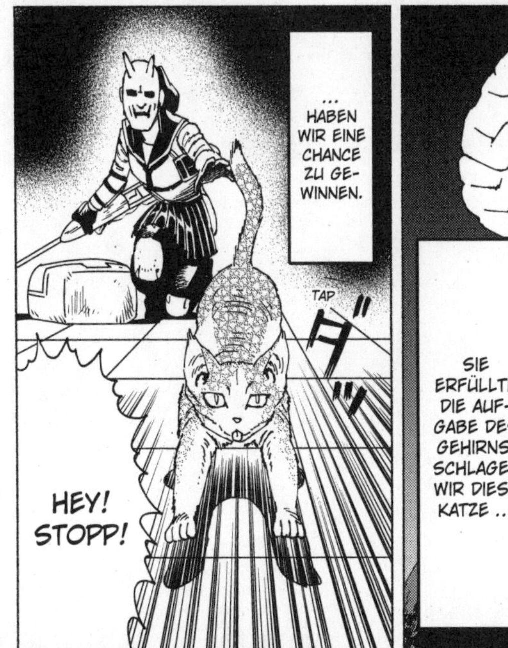
… HABEN WIR EINE CHANCE ZU GEWINNEN.
TAP
HEY! STOPP!

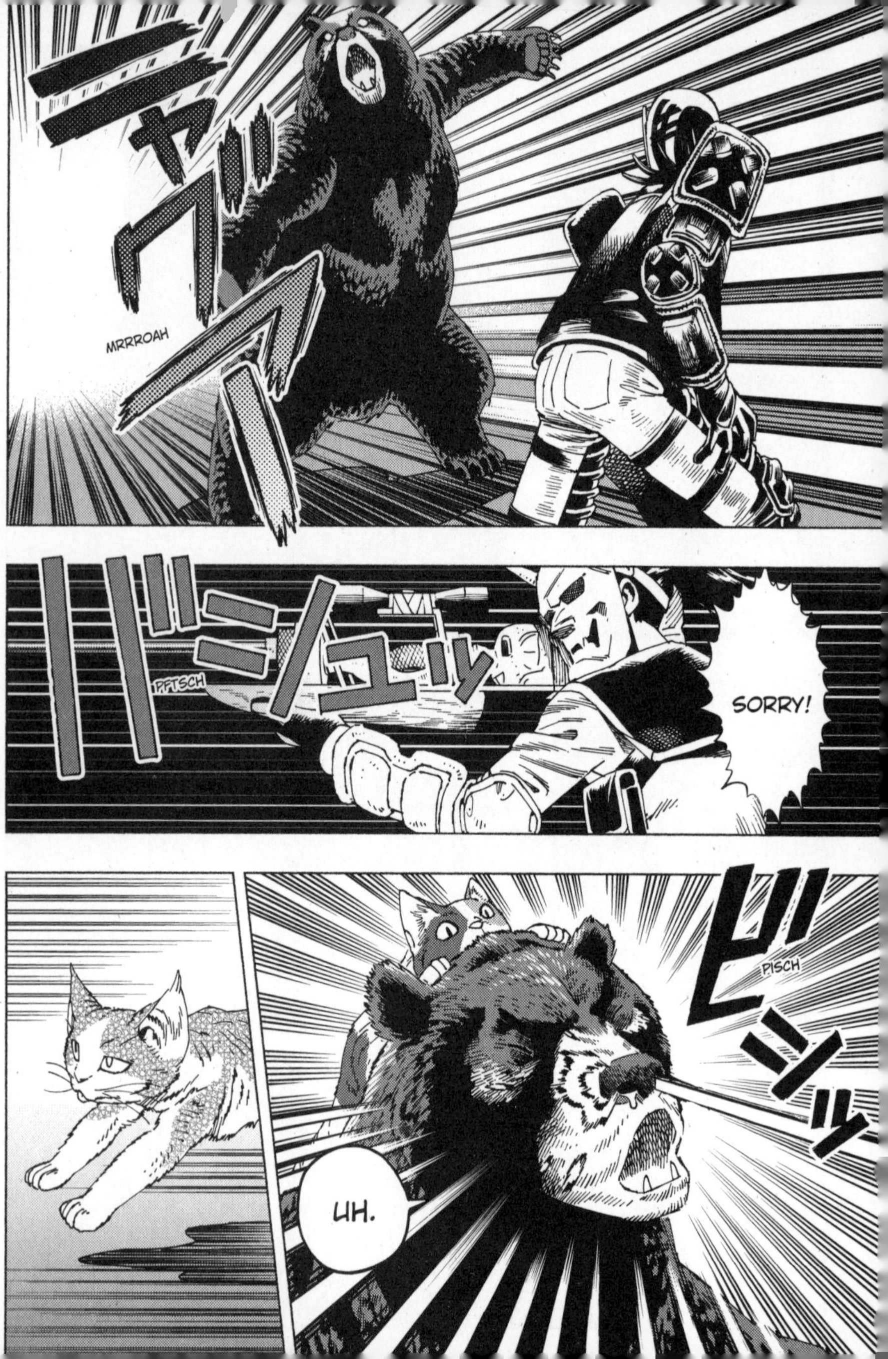

MRRROAH

PFTSCH

SORRY!

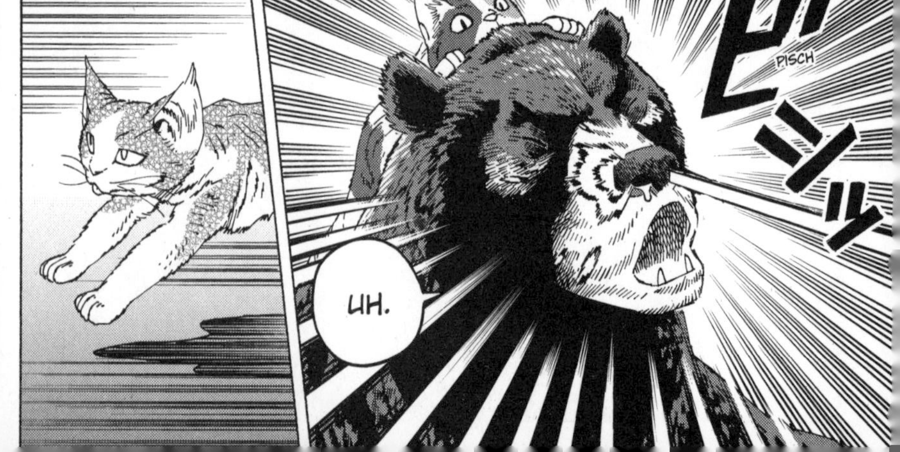

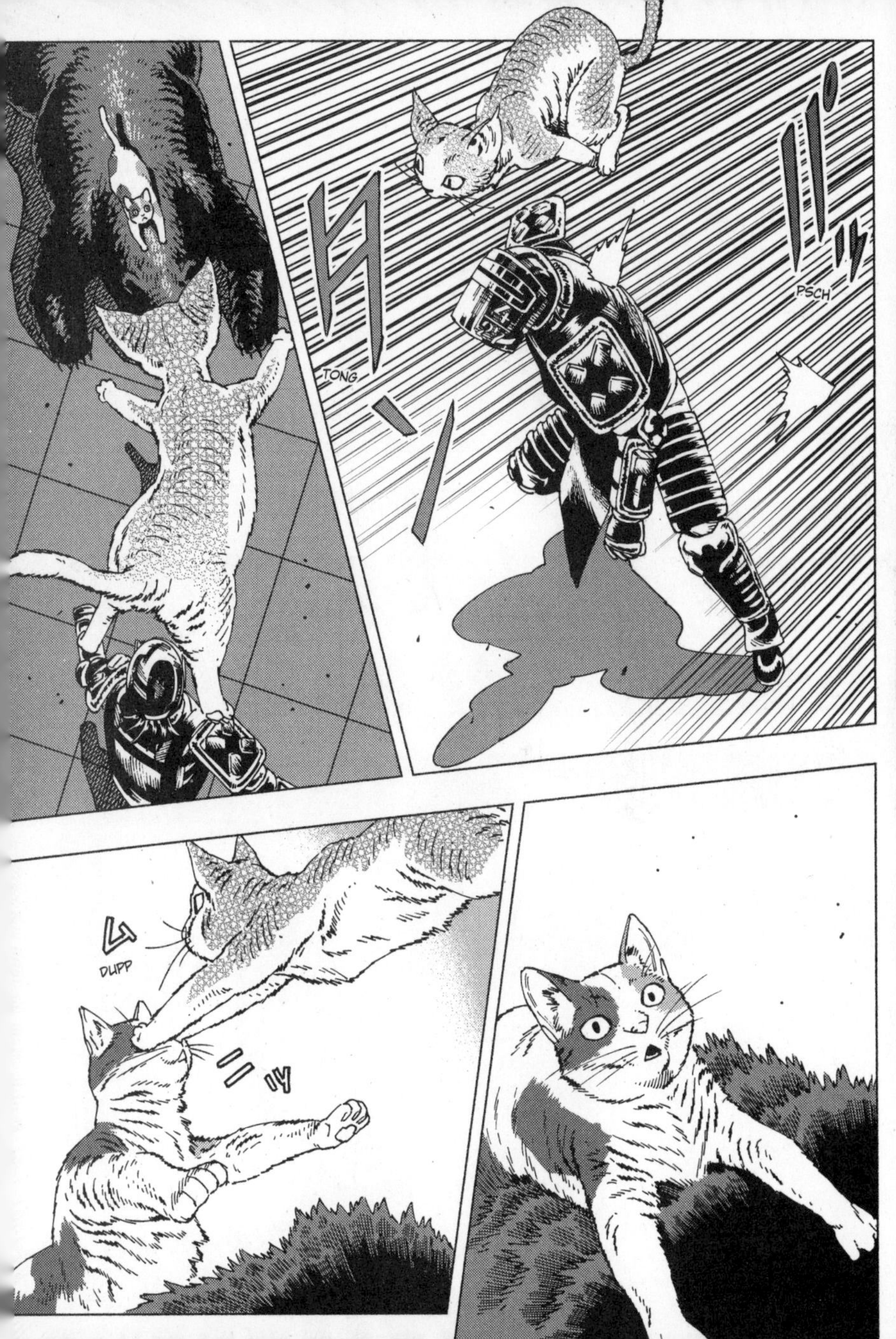
PSCH
TONG
DUPP

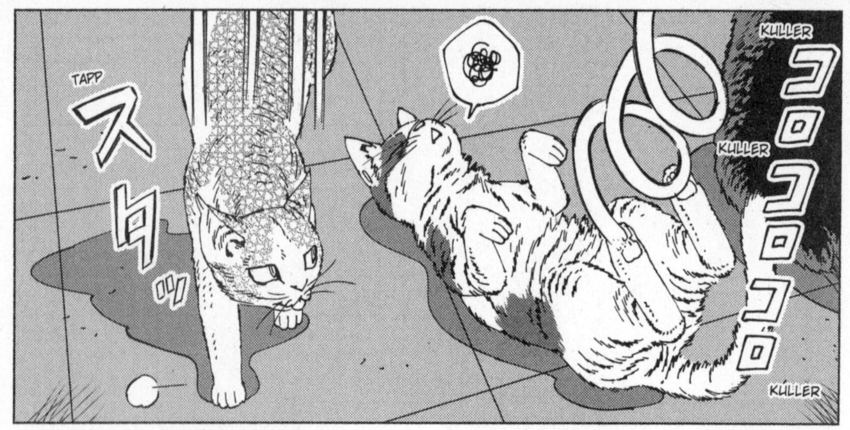

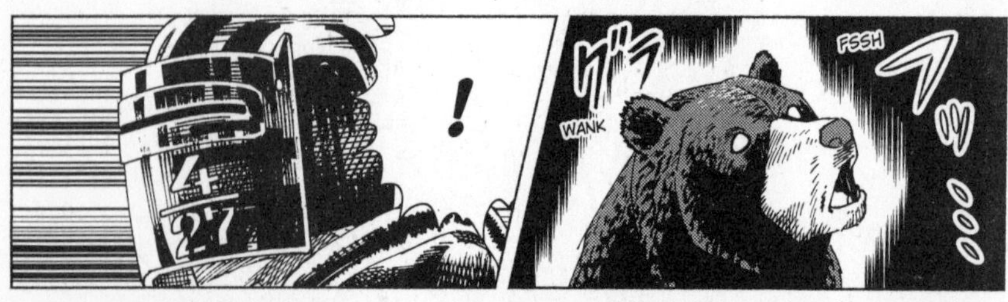

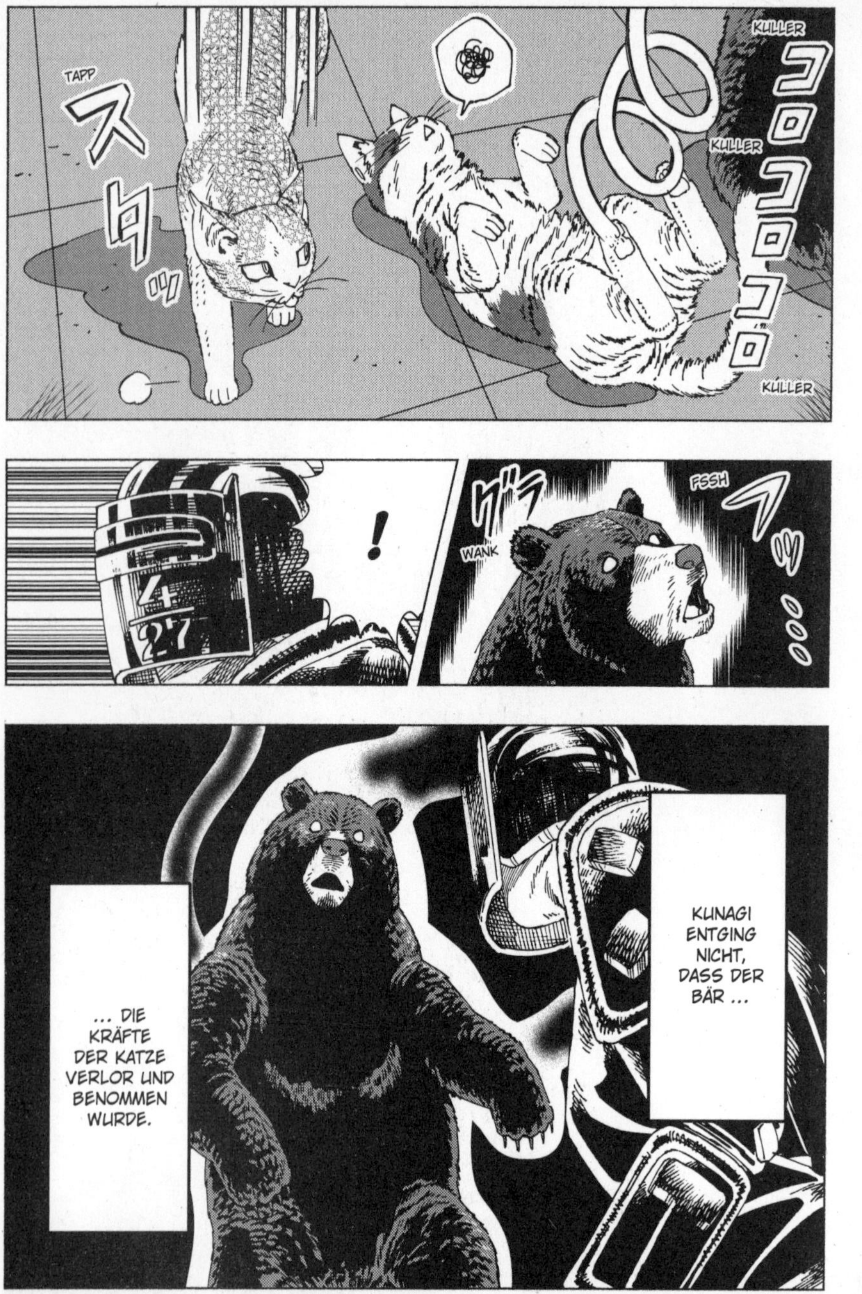

KUNAGI ENTGING NICHT, DASS DER BÄR …

… DIE KRÄFTE DER KATZE VERLOR UND BENOMMEN WURDE.

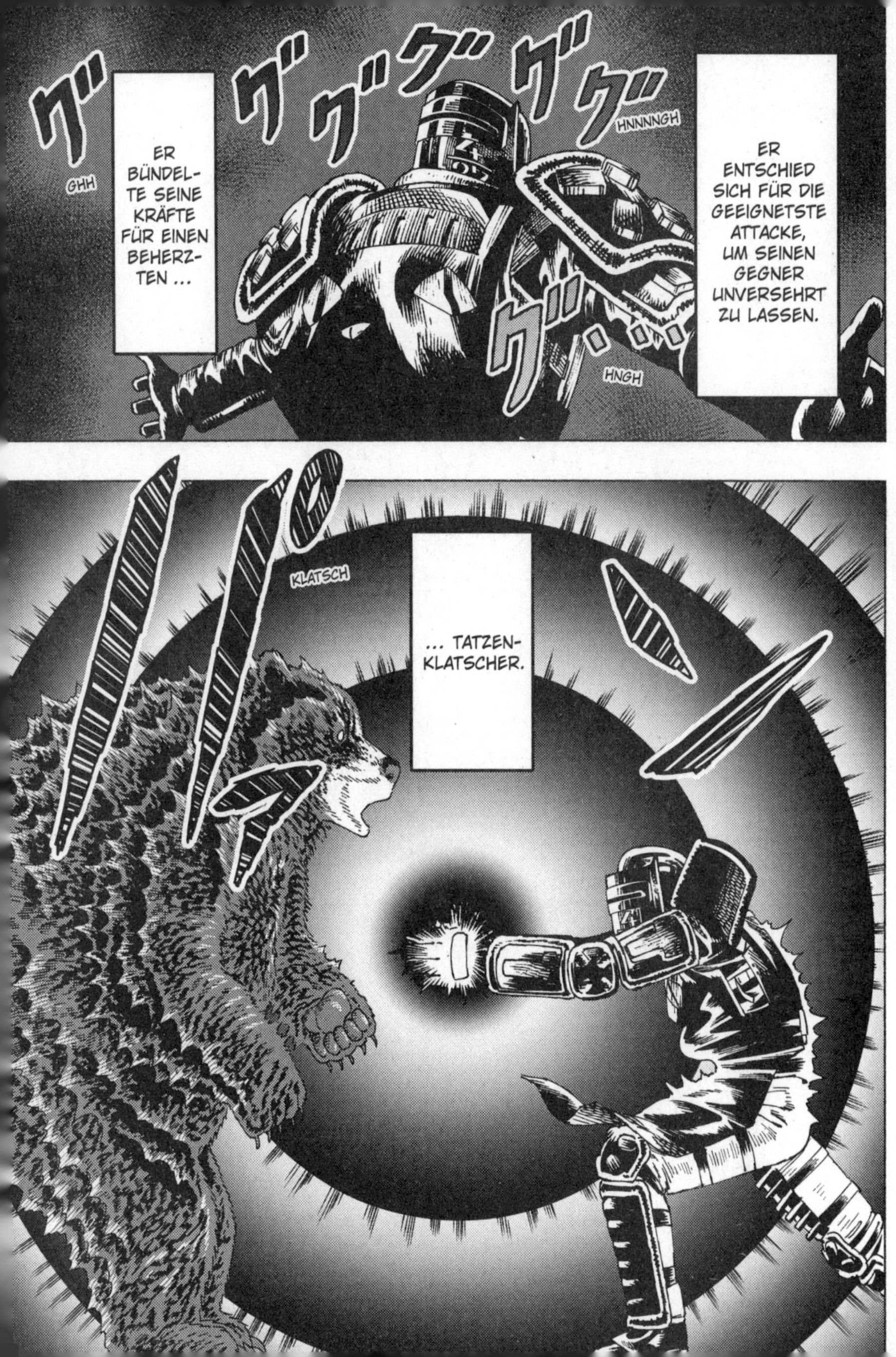

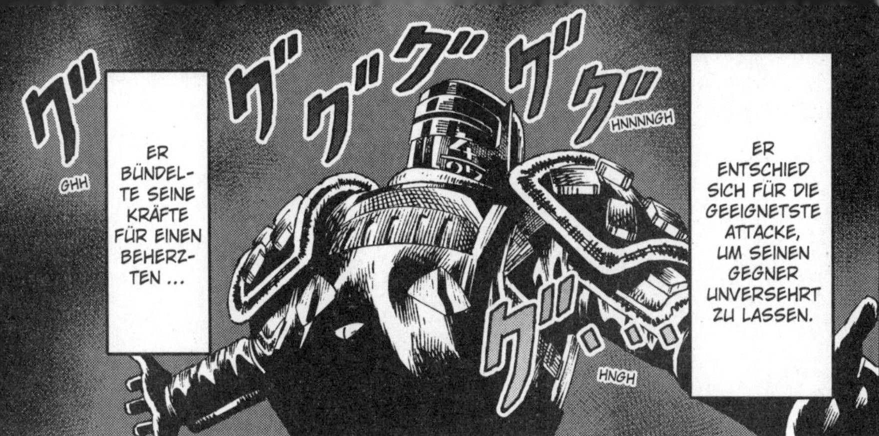

KLATSCH

... TATZENKLATSCHER.

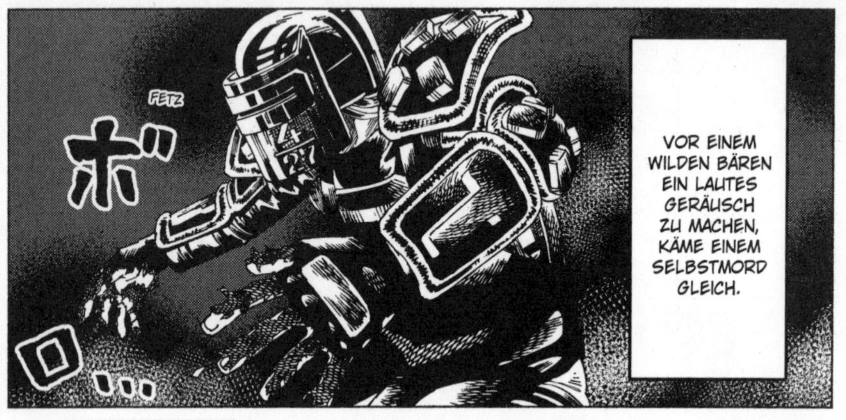

DOCH FÜR DEN BÄREN, DESSEN PSYCHE NACH DER TRENNUNG VON DER KATZE INSTABIL GEWORDEN WAR, WAR KUNAGIS KOLOSSALER TATZEN-KLATSCHER ...

グラ...

WANK

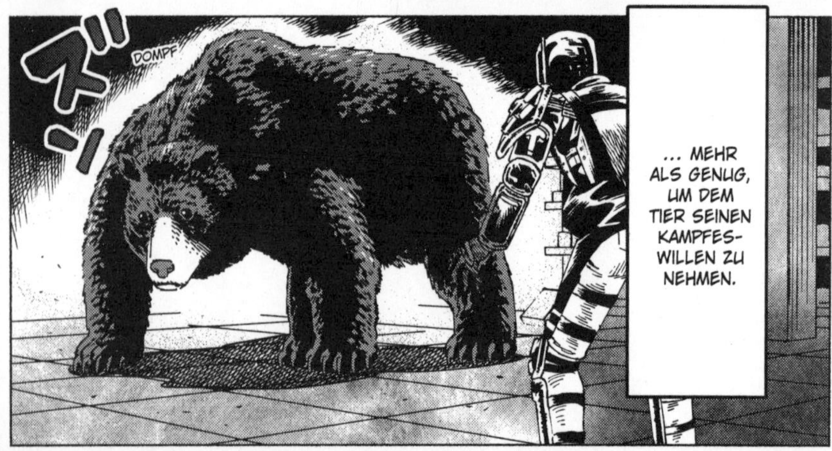

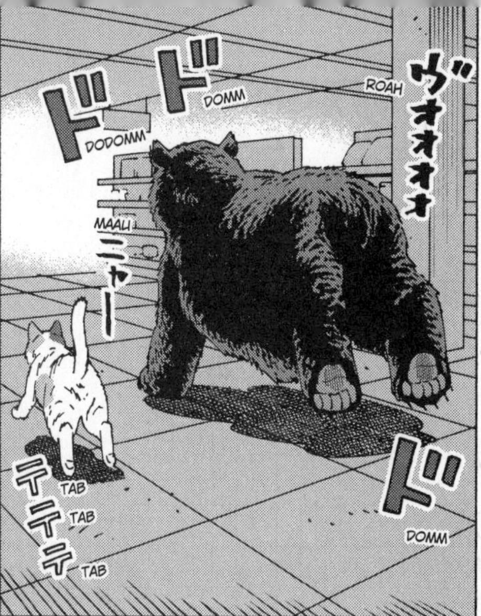
ヴォオオオオ
ROAH
ドドド
DOMM
DODOMM
ニャー
MAAU
テテテ
TAB
TAB
TAB
ド
DOMM

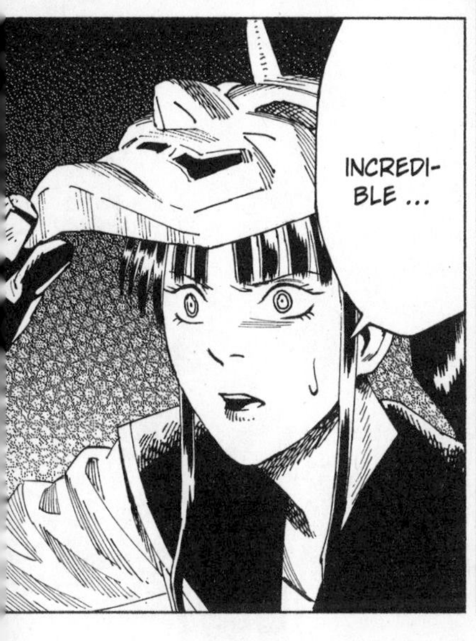
INCREDIBLE …

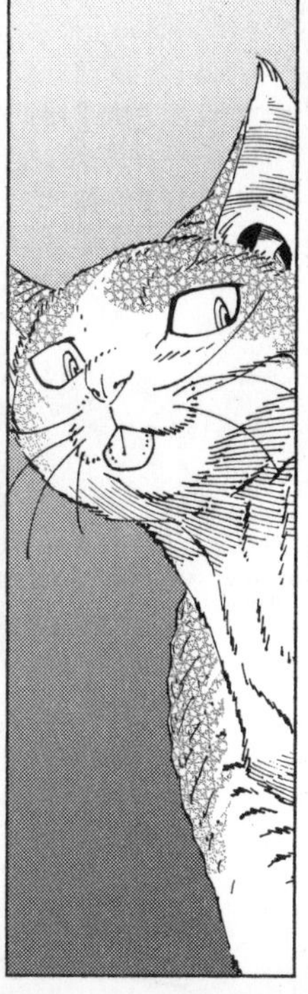

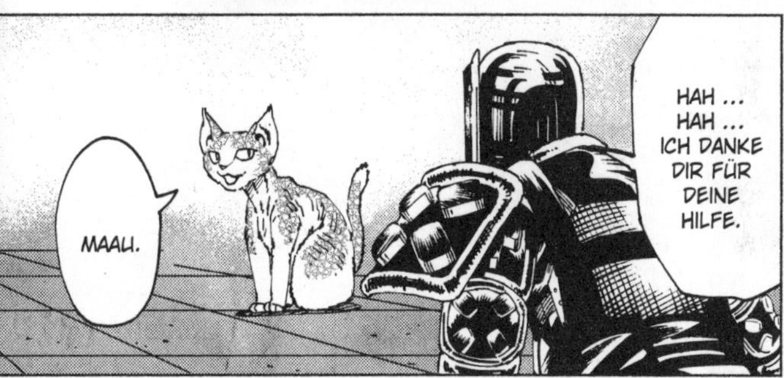
HAH … HAH … ICH DANKE DIR FÜR DEINE HILFE.
MAAU.

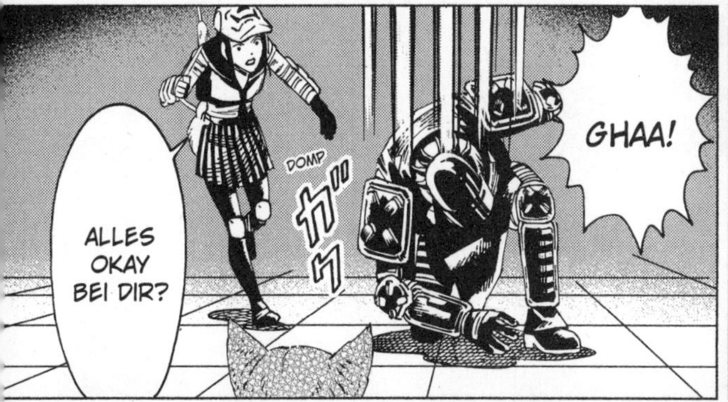
GHAA!
ガッ
DOMP
ALLES OKAY BEI DIR?

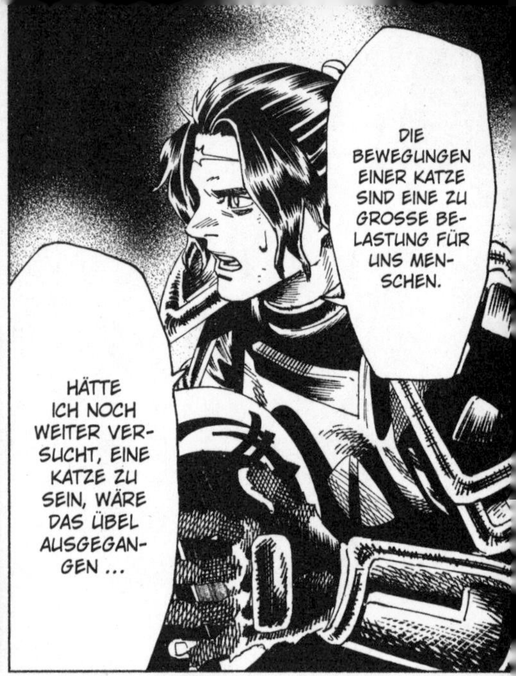
DIE BEWEGUNGEN EINER KATZE SIND EINE ZU GROSSE BELASTUNG FÜR UNS MENSCHEN.
HÄTTE ICH NOCH WEITER VERSUCHT, EINE KATZE ZU SEIN, WÄRE DAS ÜBEL AUSGEGANGEN ...

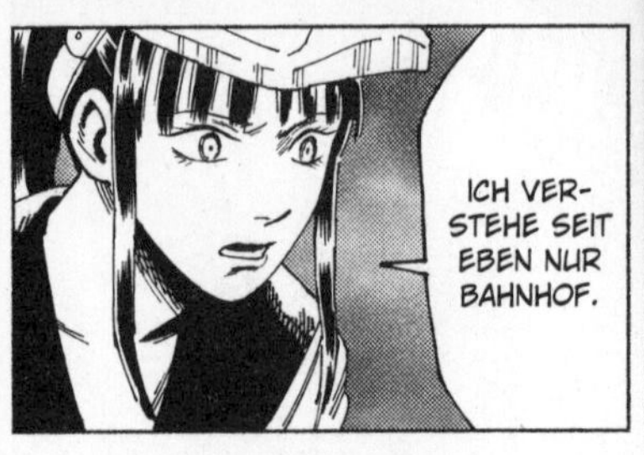
ICH VERSTEHE SEIT EBEN NUR BAHNHOF.

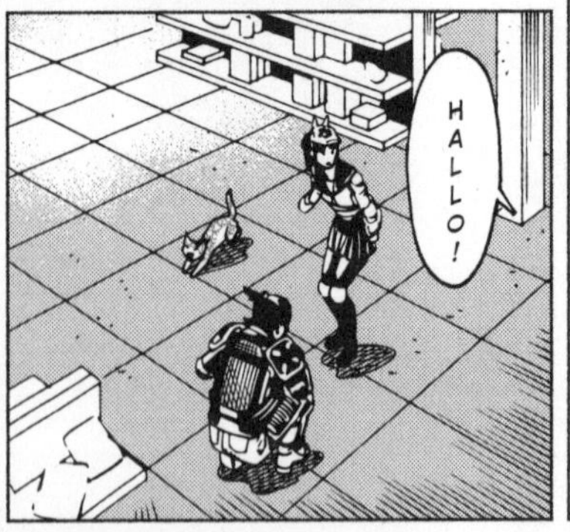
HALLO!

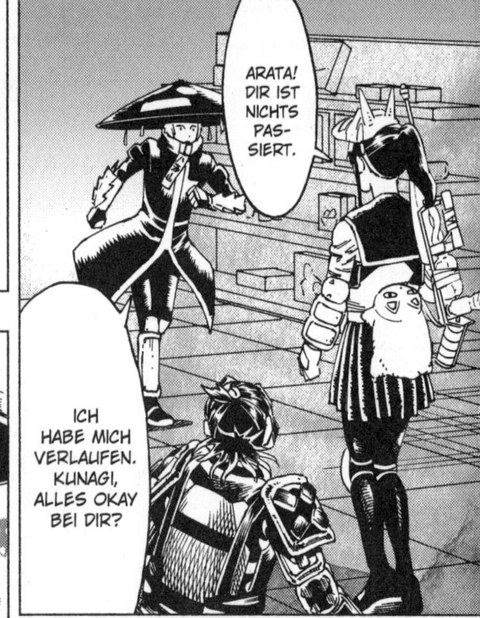
ARATA! DIR IST NICHTS PASSIERT.
ICH HABE MICH VERLAUFEN. KUNAGI, ALLES OKAY BEI DIR?

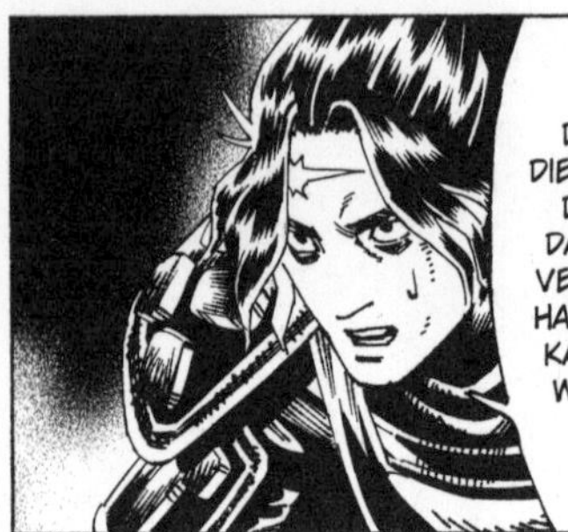
DAS IST DIE STRAFE DAFÜR, DASS ICH VERSUCHT HABE, EINE KATZE ZU WERDEN ...

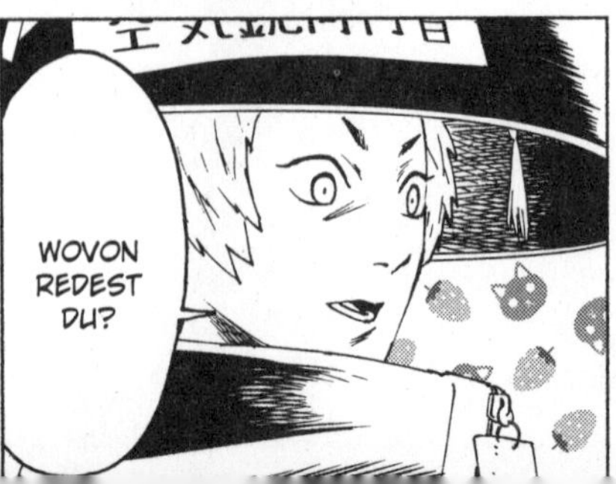
WOVON REDEST DU?

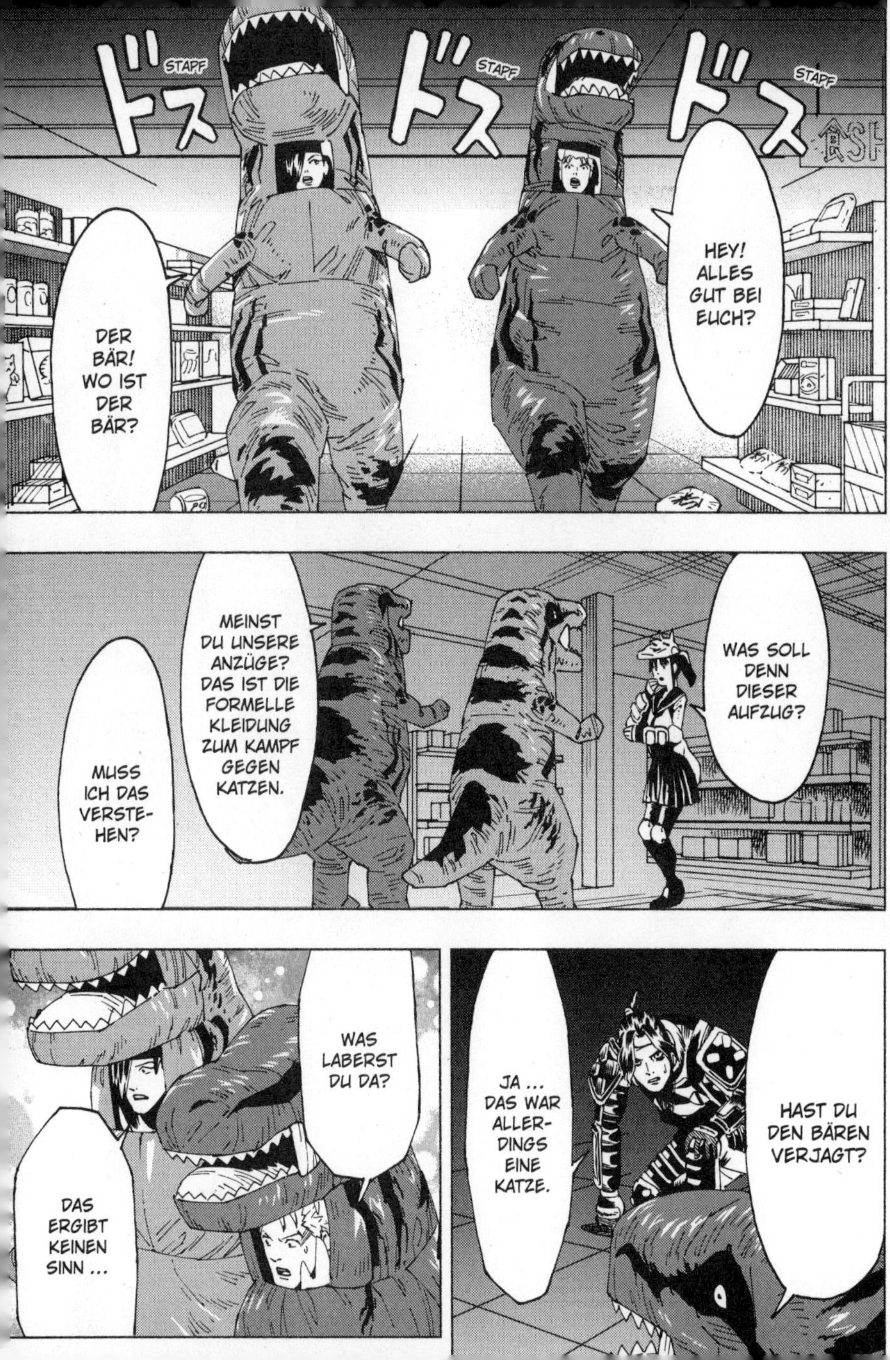

ドス STAPF
ドス STAPF
ドス STAPF

HEY! ALLES GUT BEI EUCH?

DER BÄR! WO IST DER BÄR?

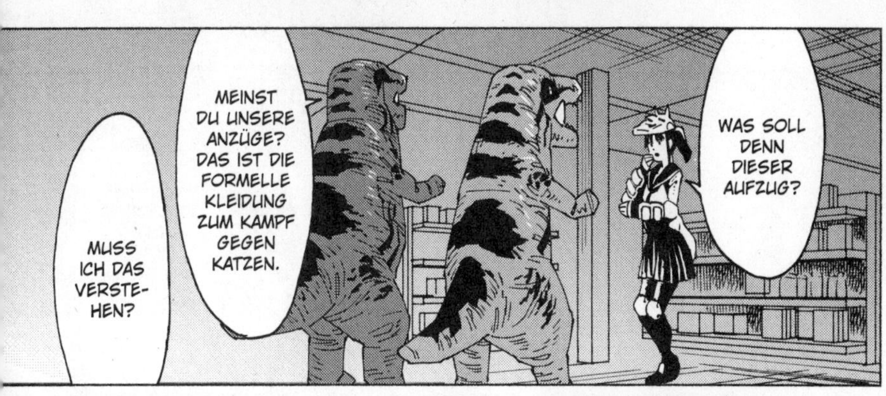

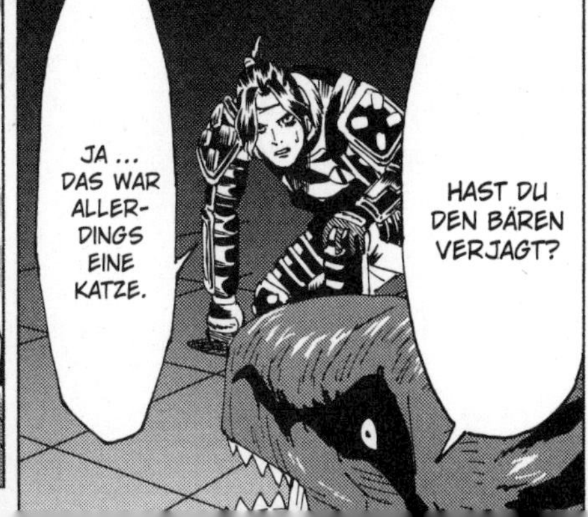

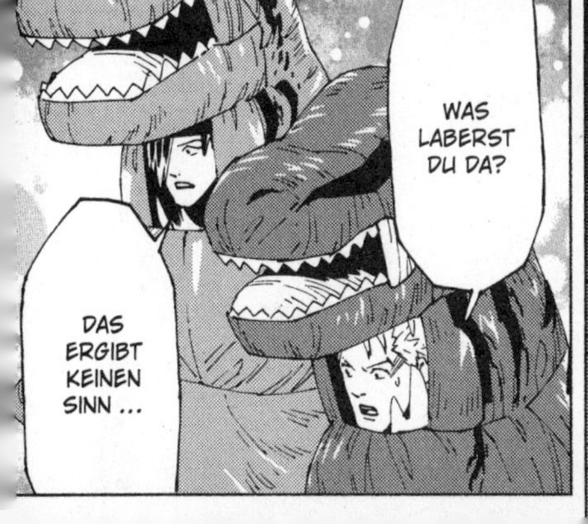

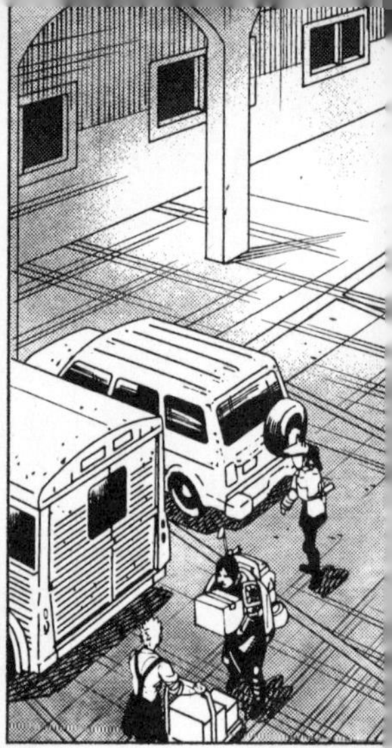

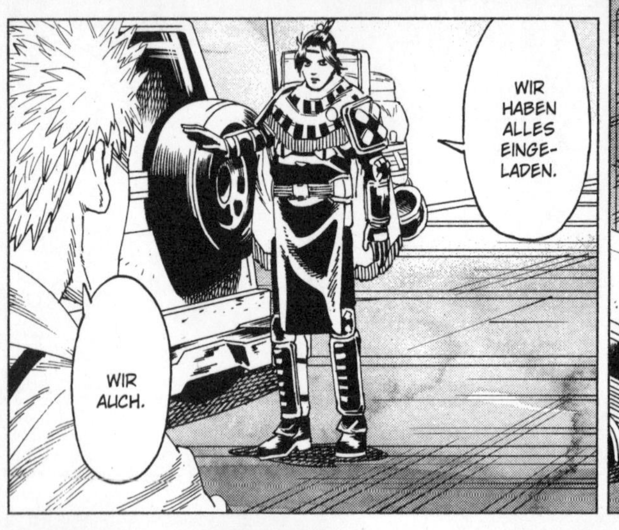
WIR HABEN ALLES EINGE-LADEN.
WIR AUCH.

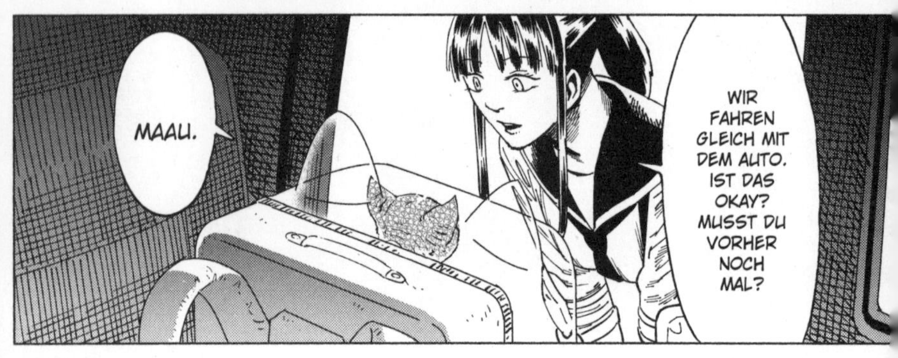
WIR FAHREN GLEICH MIT DEM AUTO. IST DAS OKAY? MUSST DU VORHER NOCH MAL?
MAAU.

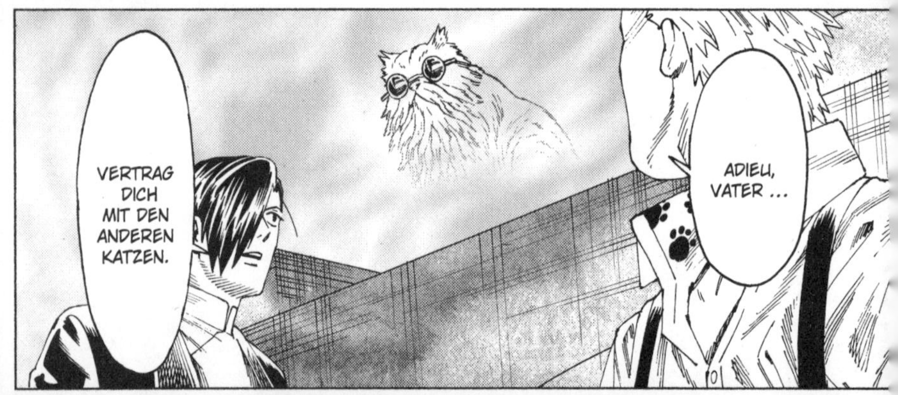
ADIEU, VATER ...
VERTRAG DICH MIT DEN ANDEREN KATZEN.

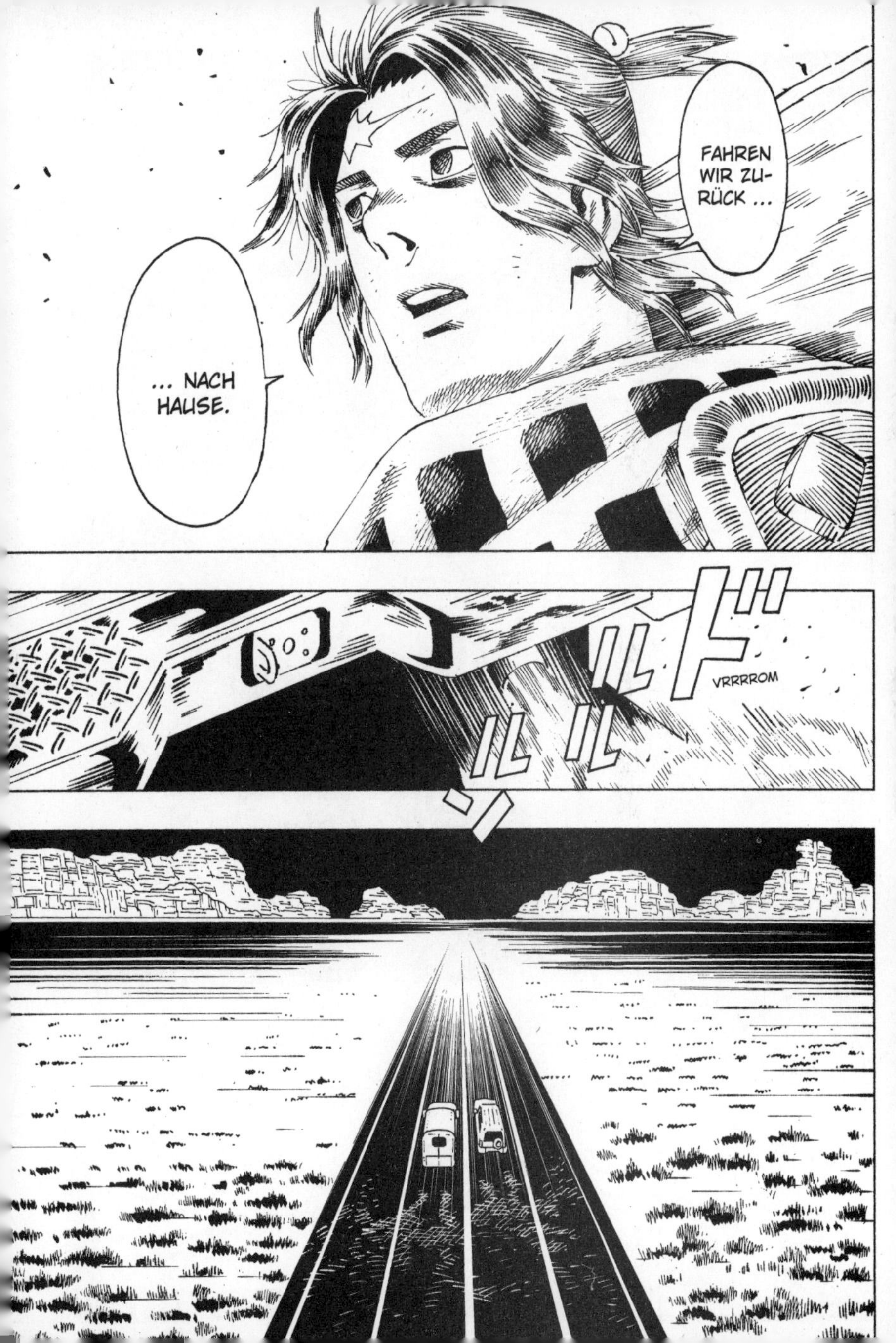
FAHREN WIR ZU-RÜCK ...
... NACH HAUSE.
VRRRROM

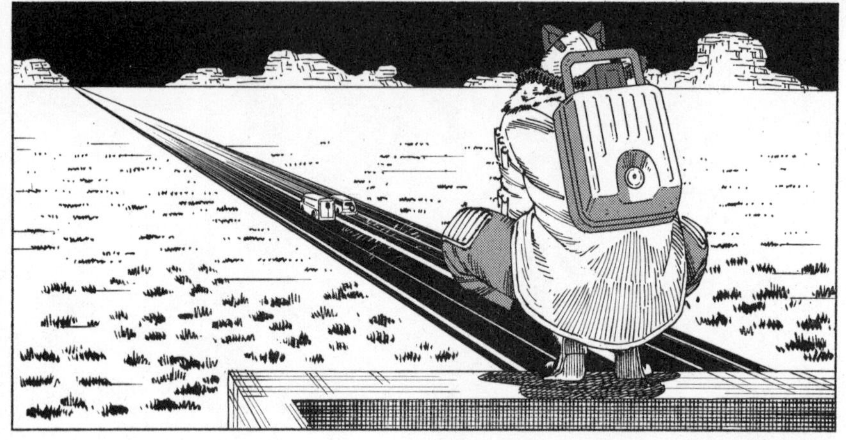

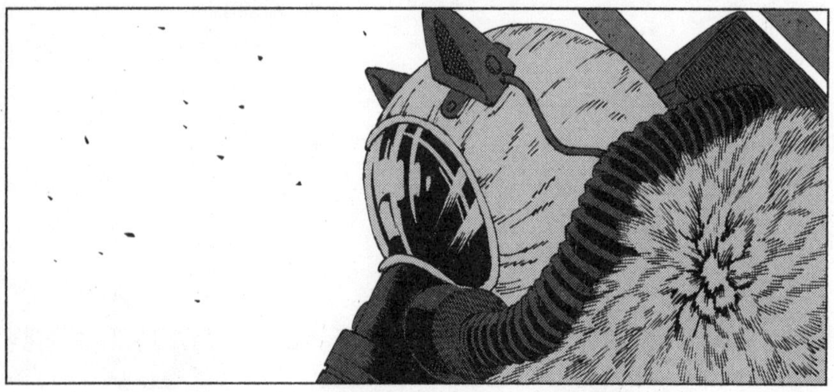

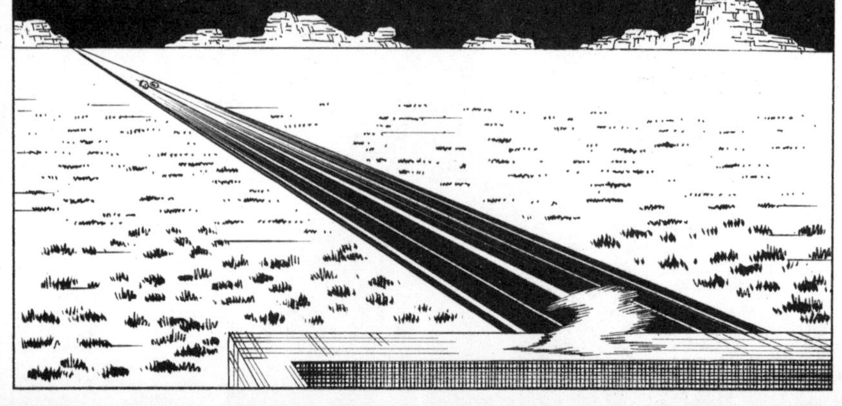

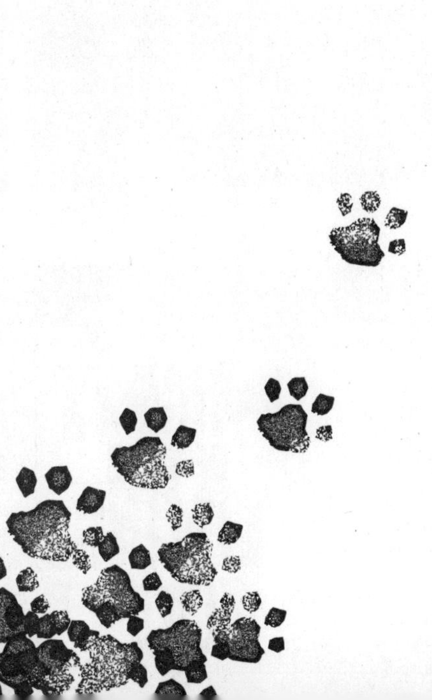

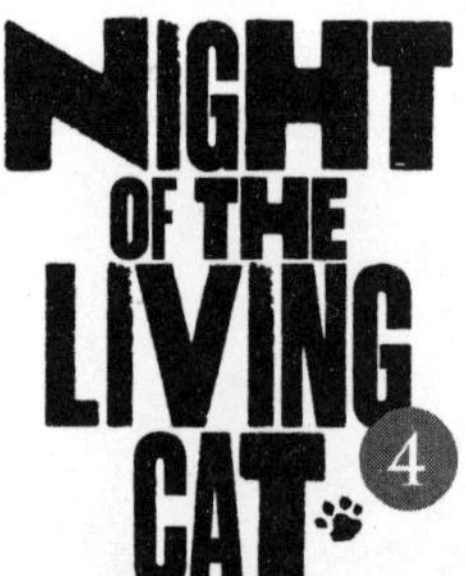
NIGHT
OF THE
LIVING
CAT
4

KAPITEL 12: ARMIAUGEDDON

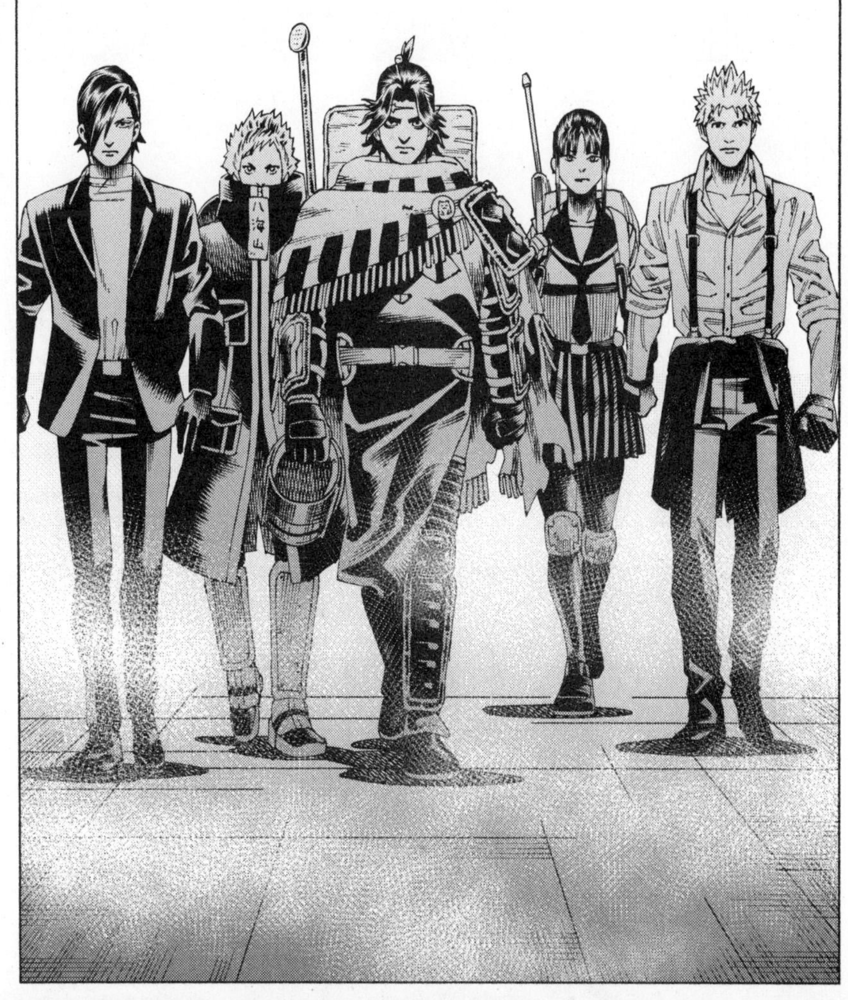

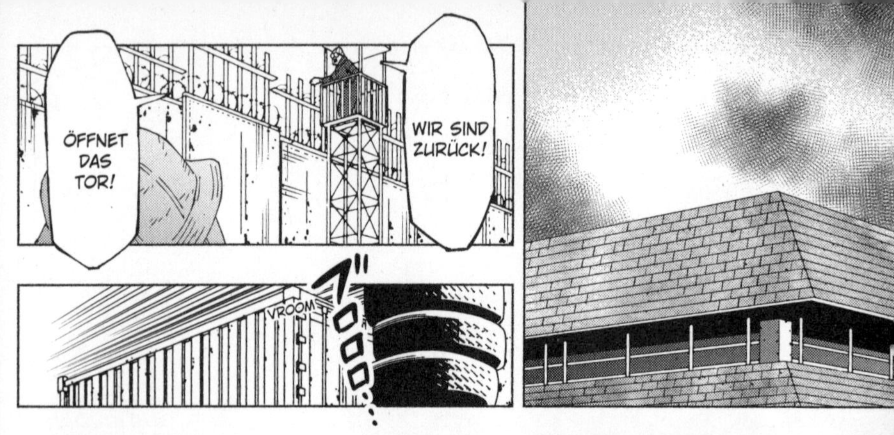
WIR SIND ZURÜCK!
ÖFFNET DAS TOR!
VROOM
VOOOO...
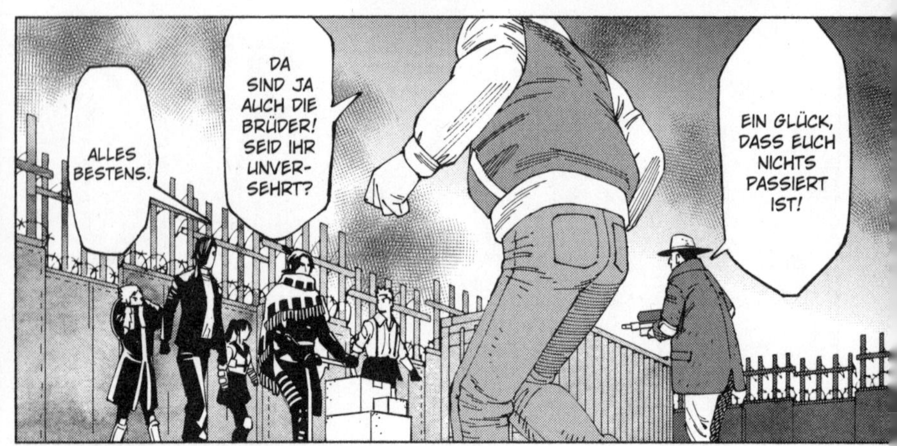
EIN GLÜCK, DASS EUCH NICHTS PASSIERT IST!
DA SIND JA AUCH DIE BRÜDER! SEID IHR UNVER-SEHRT?
ALLES BESTENS.
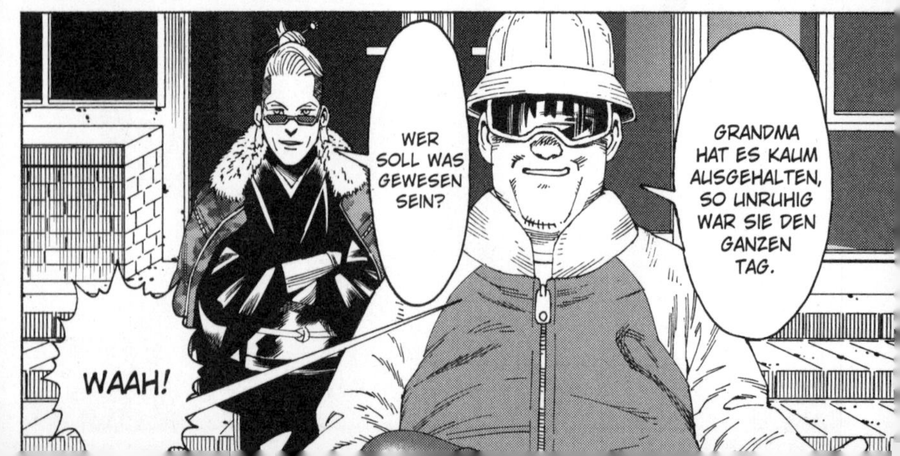
GRANDMA HAT ES KAUM AUSGEHALTEN, SO UNRUHIG WAR SIE DEN GANZEN TAG.
WER SOLL WAS GEWESEN SEIN?
WAAH!

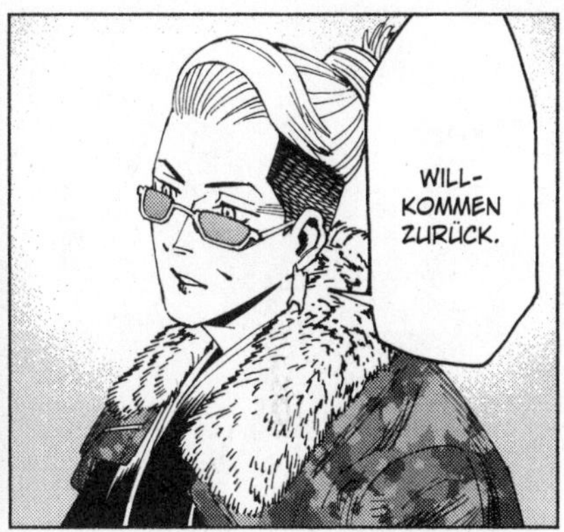
WILL-
KOMMEN
ZURÜCK.

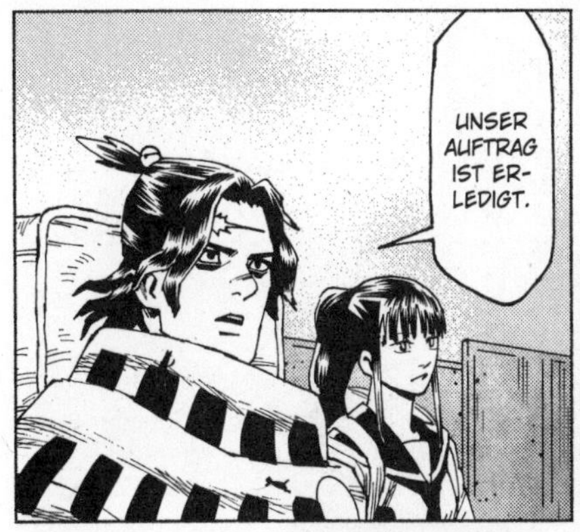
UNSER
AUFTRAG
IST ER-
LEDIGT.

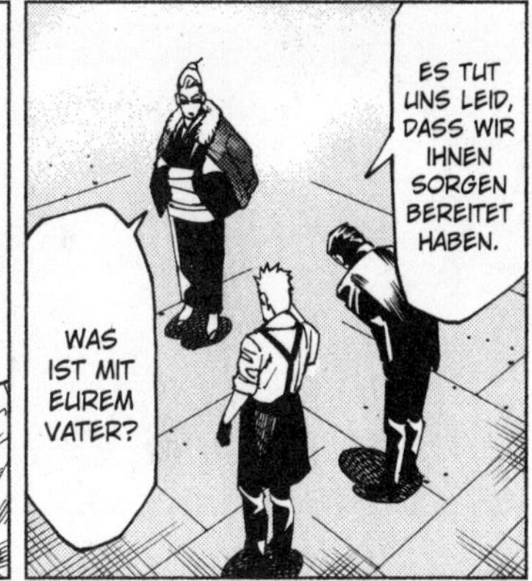
ES TUT
UNS LEID,
DASS WIR
IHNEN
SORGEN
BEREITET
HABEN.
WAS
IST MIT
EUREM
VATER?

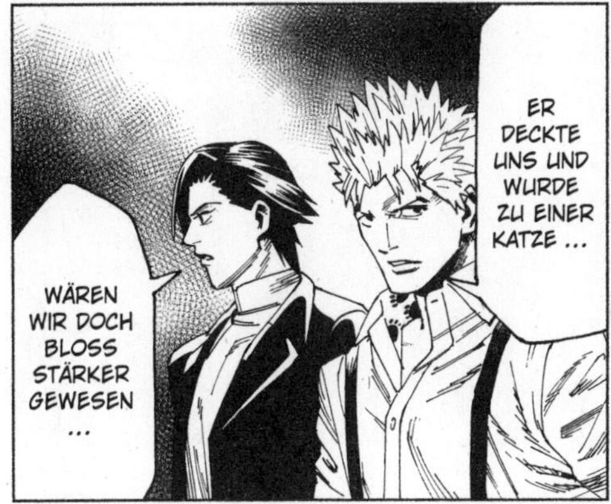
ER
DECKTE
UNS UND
WURDE
ZU EINER
KATZE ...
WÄREN
WIR DOCH
BLOSS
STÄRKER
GEWESEN
...

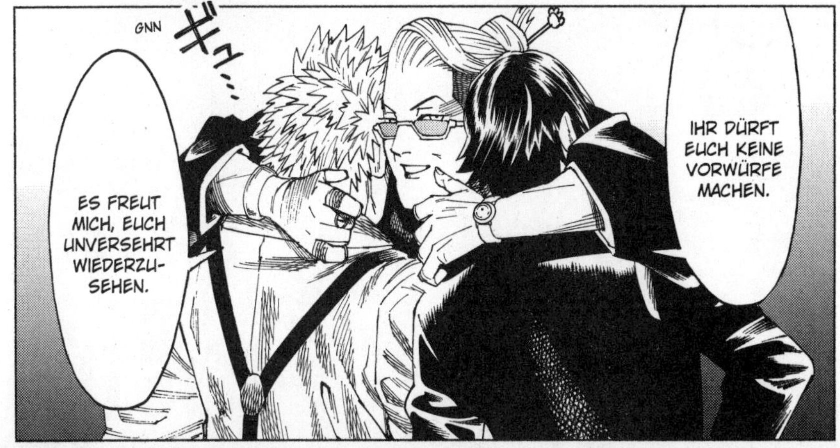
IHR DÜRFT
EUCH KEINE
VORWÜRFE
MACHEN.
GNN
ES FREUT
MICH, EUCH
UNVERSEHRT
WIEDERZU-
SEHEN.

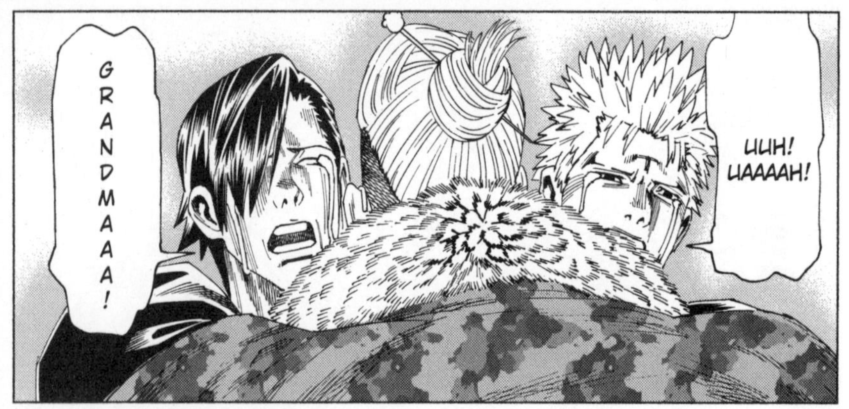
UUH! UAAAAH!
GRANDMAAAA!

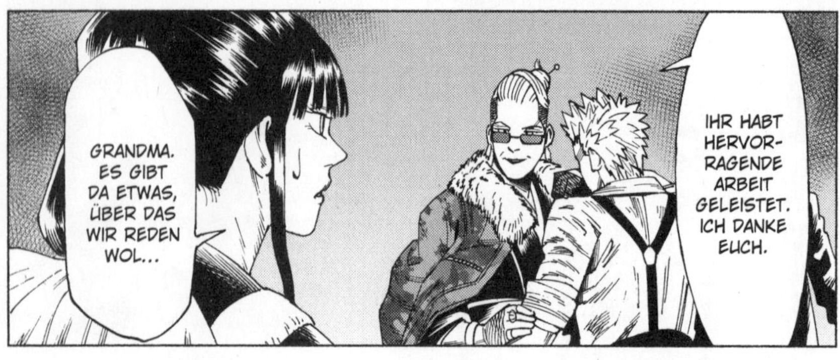
IHR HABT HERVOR-RAGENDE ARBEIT GELEISTET. ICH DANKE EUCH.
GRANDMA. ES GIBT DA ETWAS, ÜBER DAS WIR REDEN WOL...

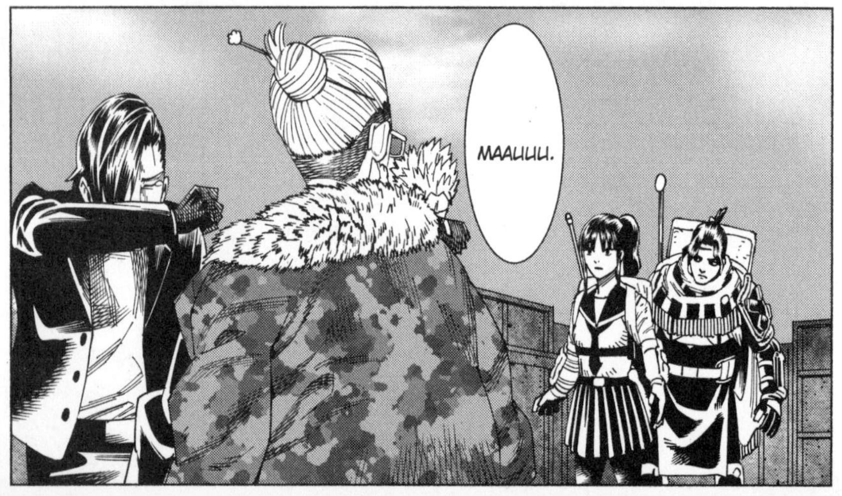
MAAUUU.

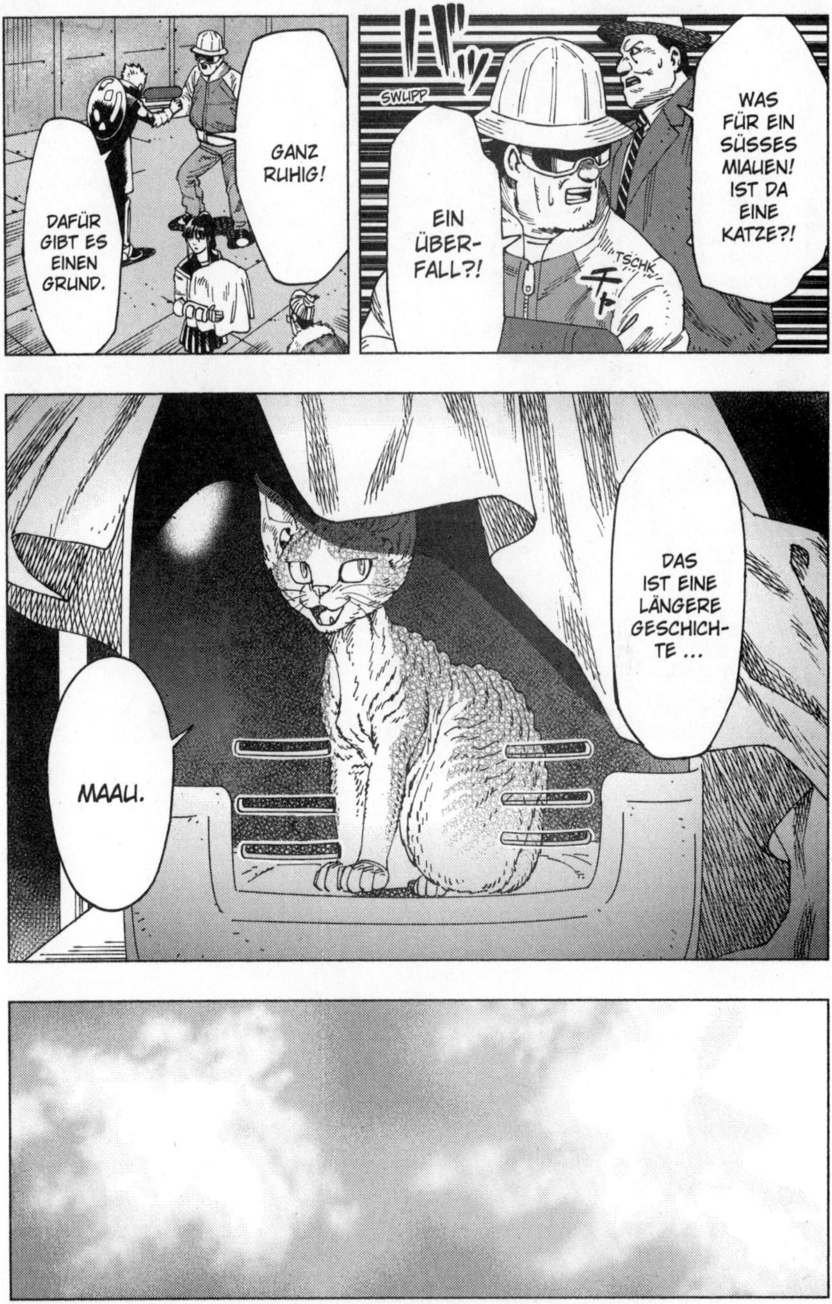

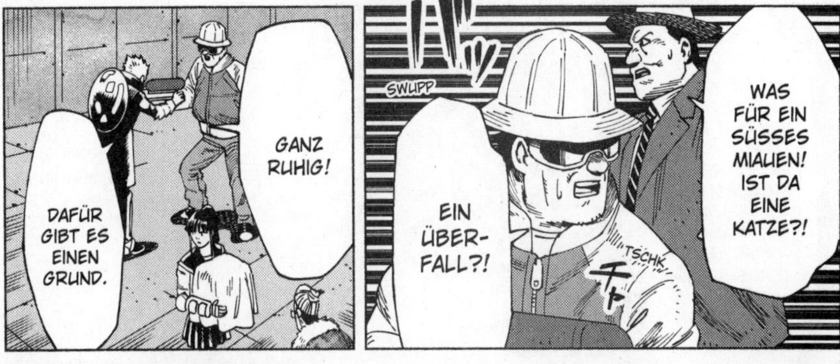

DAS IST EINE LÄNGERE GESCHICH-TE ...

MAAU.

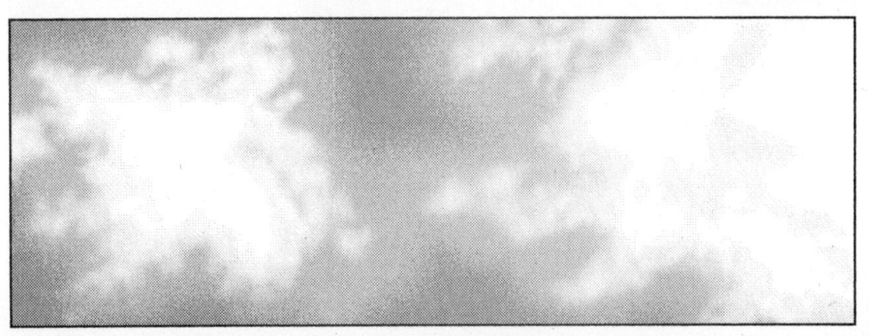

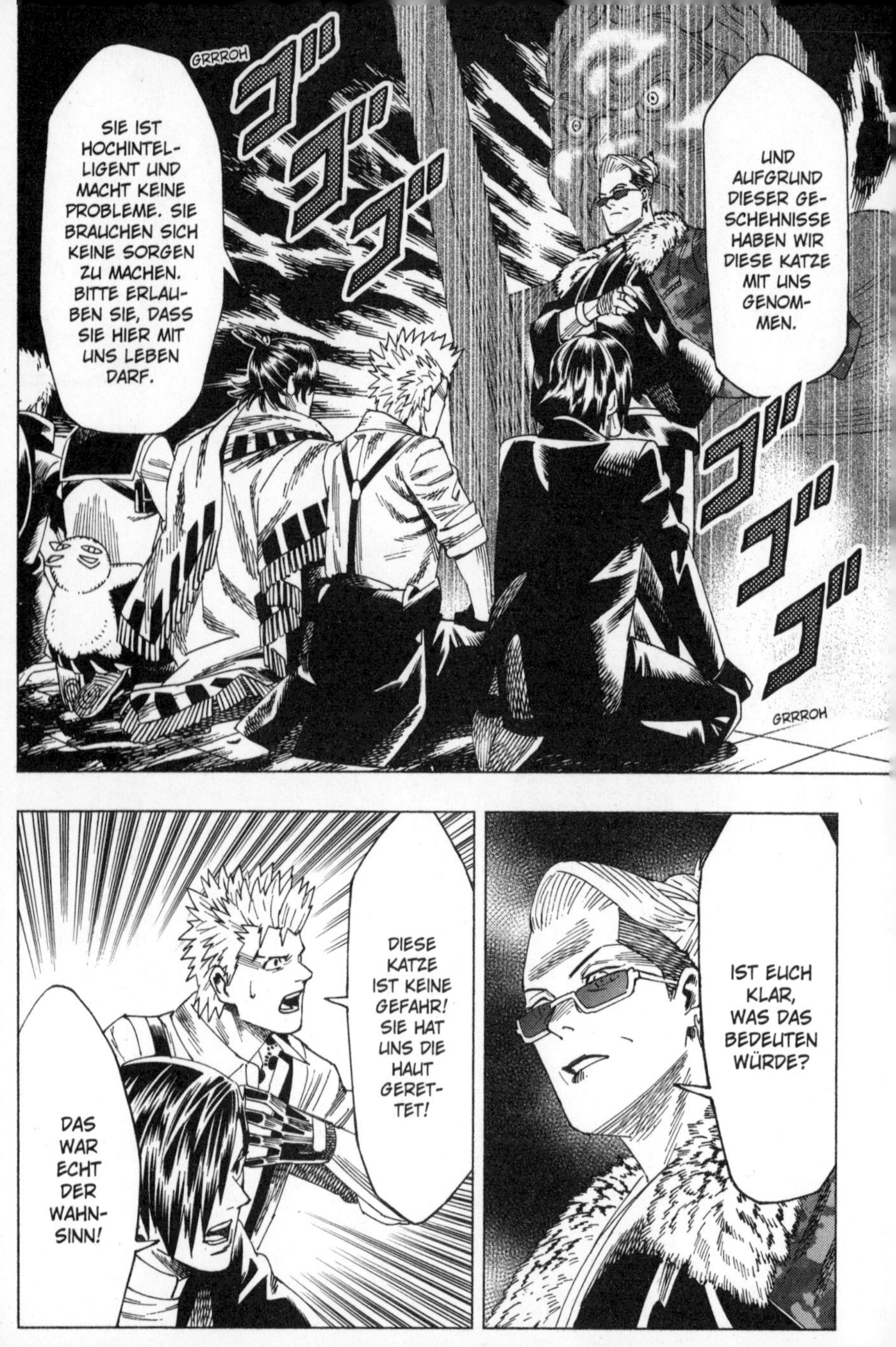

GRRROH

UND AUFGRUND DIESER GESCHEHNISSE HABEN WIR DIESE KATZE MIT UNS GENOMMEN.

SIE IST HOCHINTELLIGENT UND MACHT KEINE PROBLEME. SIE BRAUCHEN SICH KEINE SORGEN ZU MACHEN. BITTE ERLAUBEN SIE, DASS SIE HIER MIT UNS LEBEN DARF.

GRRROH

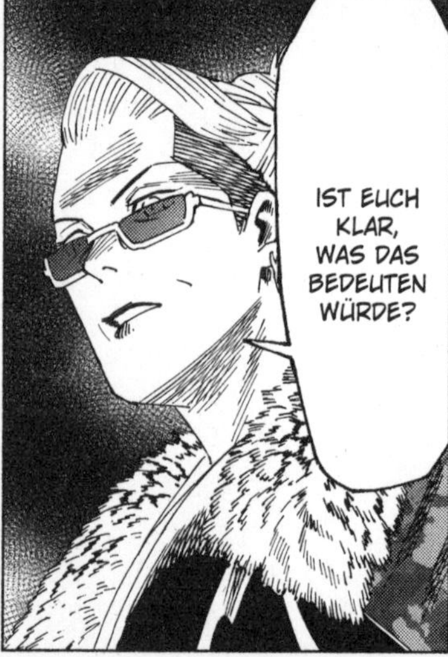

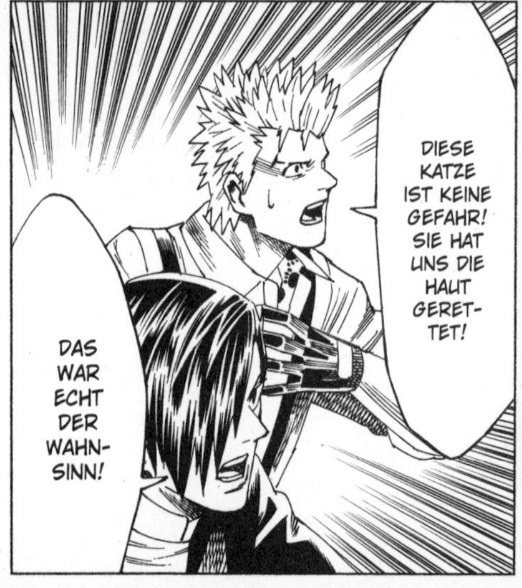

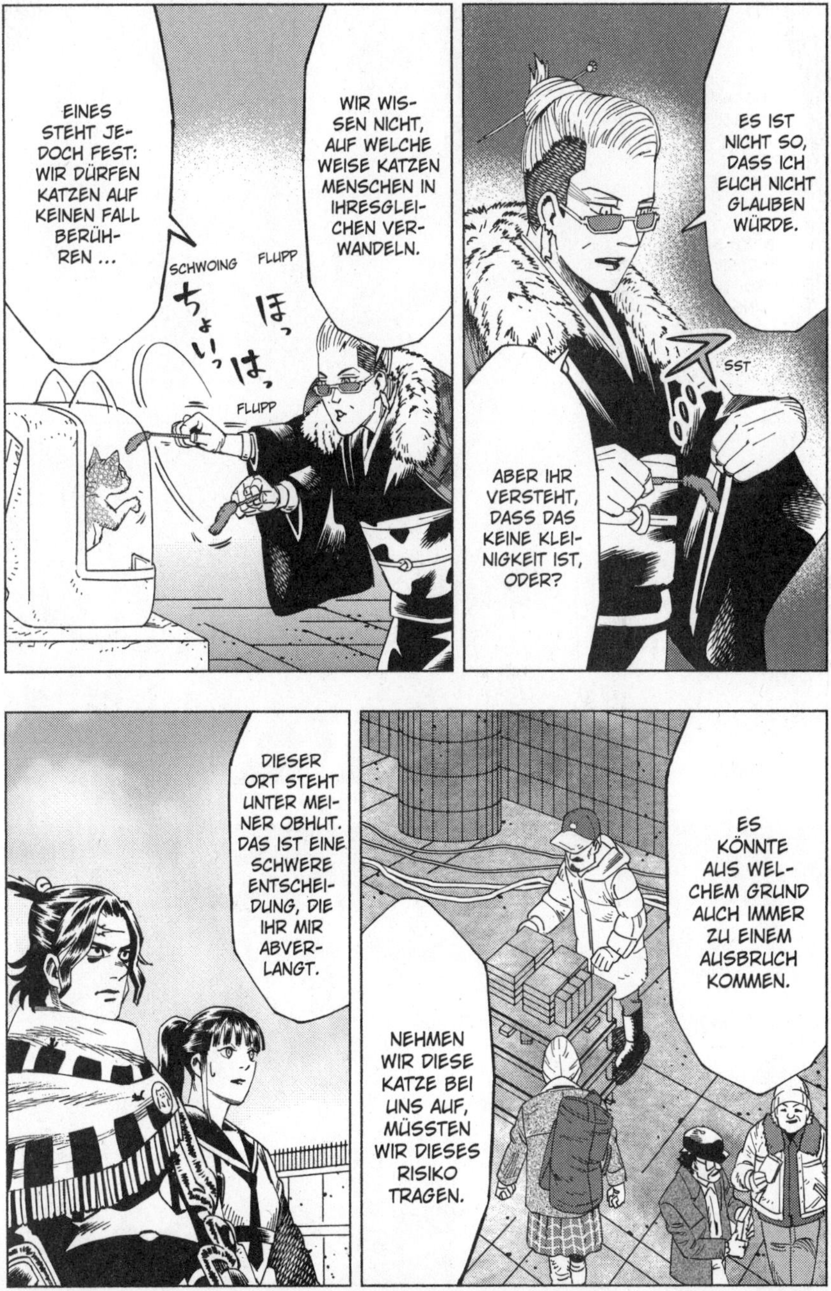

ES IST NICHT SO, DASS ICH EUCH NICHT GLAUBEN WÜRDE.

SST

ABER IHR VERSTEHT, DASS DAS KEINE KLEINIGKEIT IST, ODER?

WIR WISSEN NICHT, AUF WELCHE WEISE KATZEN MENSCHEN IN IHRESGLEICHEN VERWANDELN.

EINES STEHT JEDOCH FEST: WIR DÜRFEN KATZEN AUF KEINEN FALL BERÜHREN …

SCHWOING FLUPP

ちょいっ ほっ はっ

FLUPP

ES KÖNNTE AUS WELCHEM GRUND AUCH IMMER ZU EINEM AUSBRUCH KOMMEN.

NEHMEN WIR DIESE KATZE BEI UNS AUF, MÜSSTEN WIR DIESES RISIKO TRAGEN.

DIESER ORT STEHT UNTER MEINER OBHUT. DAS IST EINE SCHWERE ENTSCHEIDUNG, DIE IHR MIR ABVERLANGT.

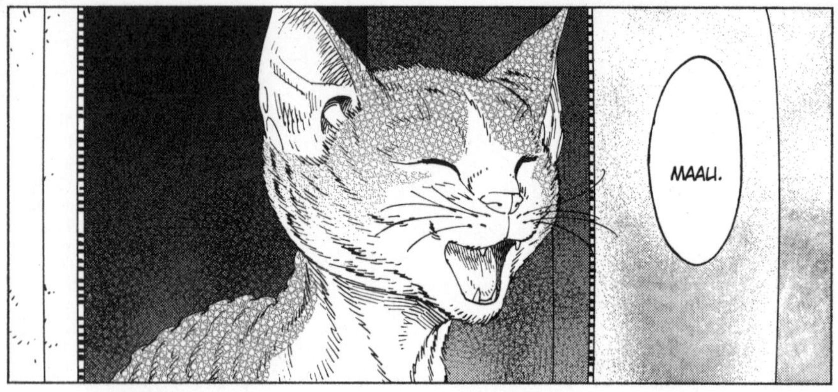
MAAU.

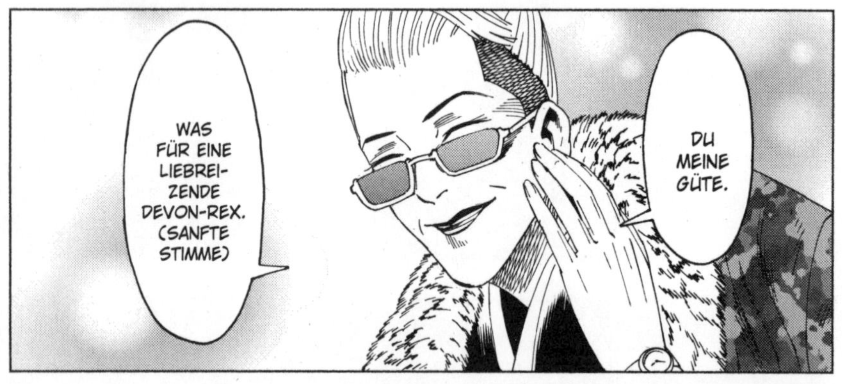
DU MEINE GÜTE.
WAS FÜR EINE LIEBREI-ZENDE DEVON-REX. (SANFTE STIMME)

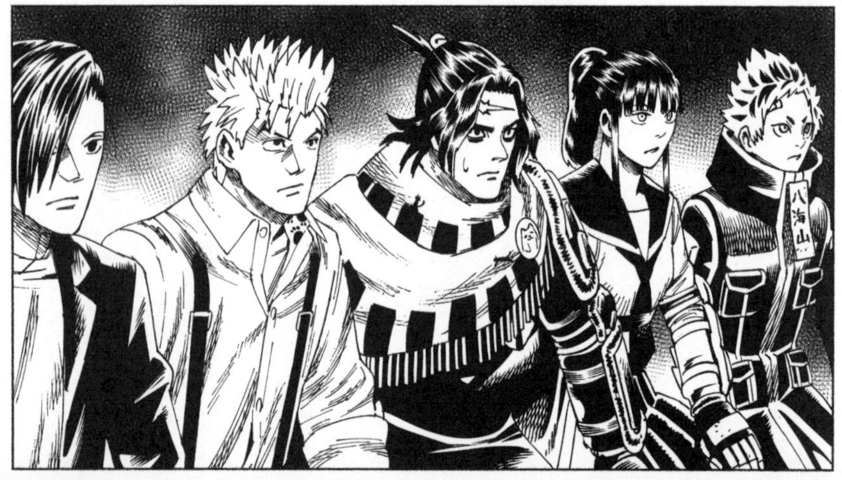
八海山

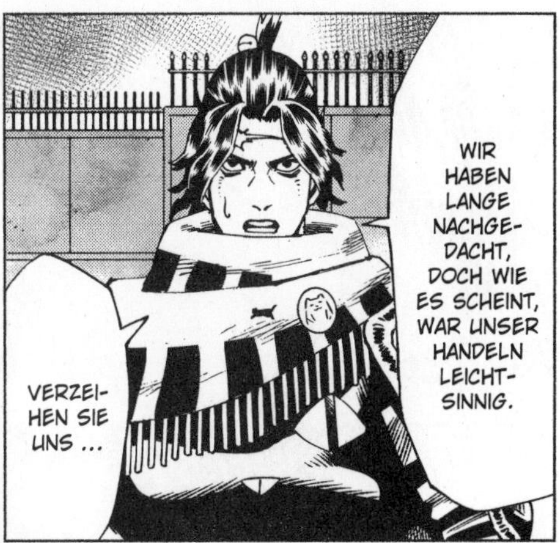
WIR HABEN LANGE NACHGE-DACHT, DOCH WIE ES SCHEINT, WAR UNSER HANDELN LEICHT-SINNIG.
VERZEI-HEN SIE UNS …

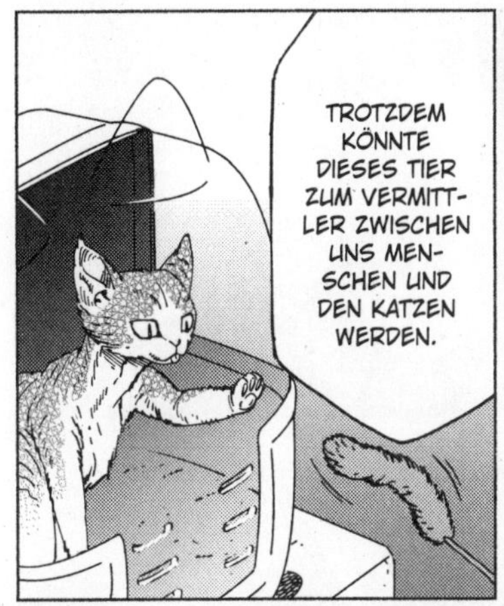
TROTZDEM KÖNNTE DIESES TIER ZUM VERMITT-LER ZWISCHEN UNS MEN-SCHEN UND DEN KATZEN WERDEN.

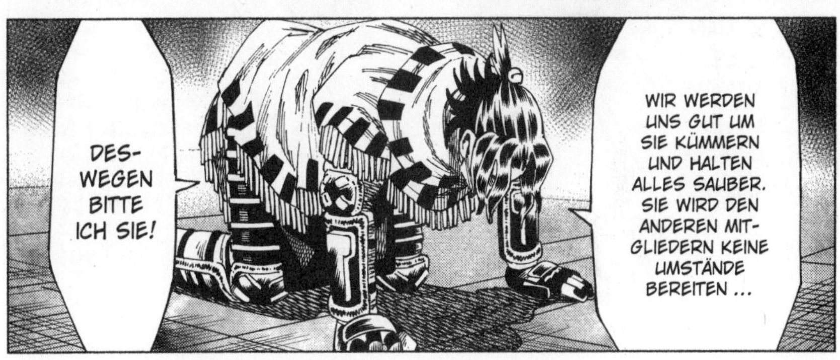
WIR WERDEN UNS GUT UM SIE KÜMMERN UND HALTEN ALLES SAUBER. SIE WIRD DEN ANDEREN MIT-GLIEDERN KEINE UMSTÄNDE BEREITEN …
DES-WEGEN BITTE ICH SIE!

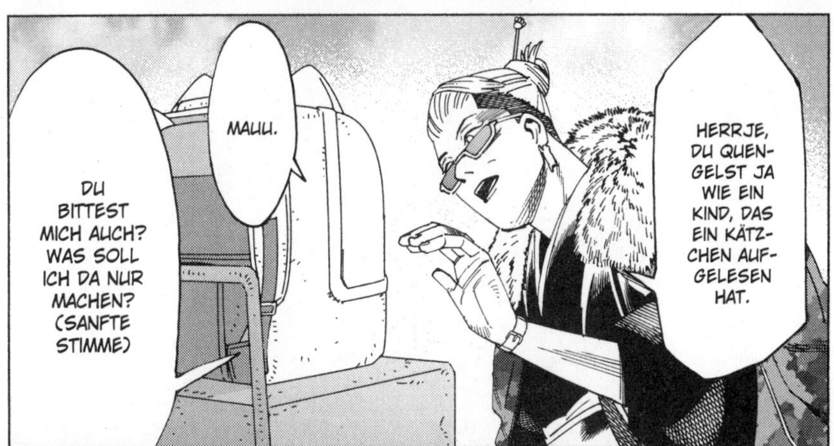
HERRJE, DU QUEN-GELST JA WIE EIN KIND, DAS EIN KÄTZ-CHEN AUF-GELESEN HAT.
MAUU.
DU BITTEST MICH AUCH? WAS SOLL ICH DA NUR MACHEN? (SANFTE STIMME)

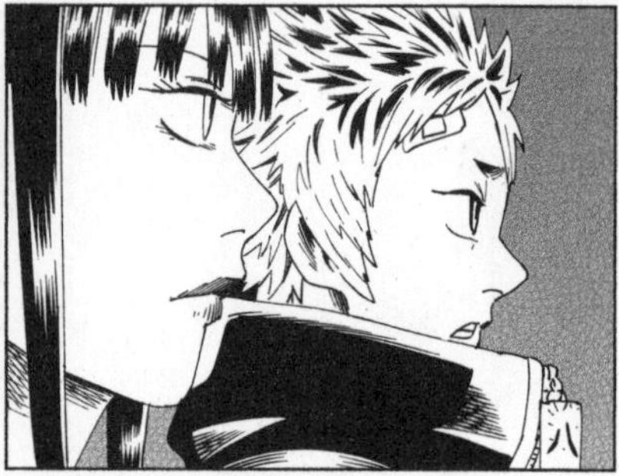

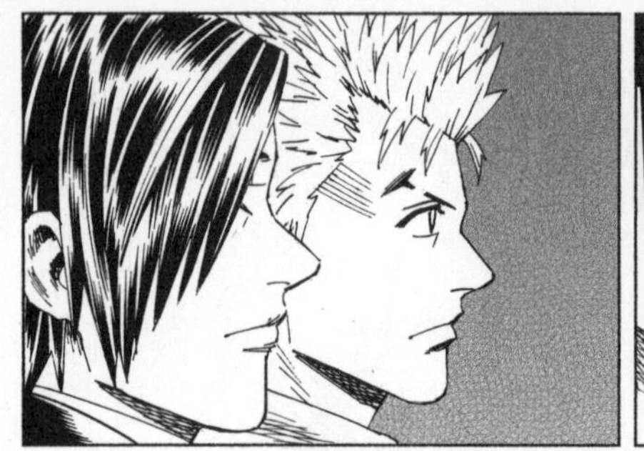

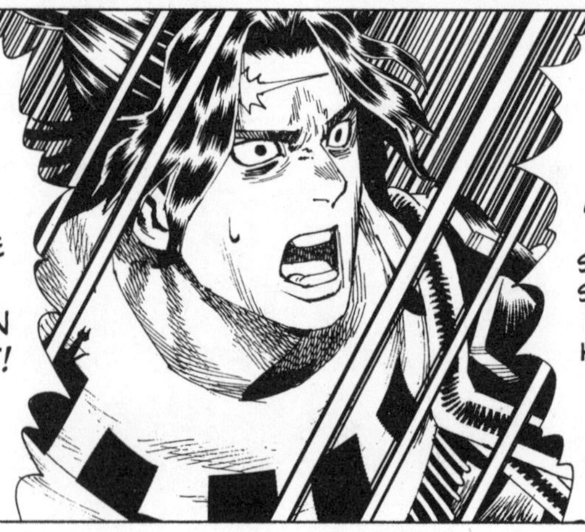
WIR HABEN DIE SACHEN MITGEBRACHT, DIE WIR FÜR SIE BRAUCHEN! SOLLTE ETWAS FEHLEN, GE-HEN WIR NOCH EINMAL LOS UND HO-LEN ES!

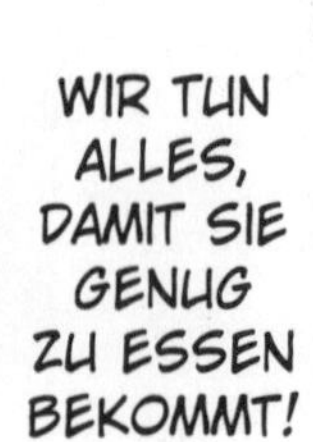
WIR TUN ALLES, DAMIT SIE GENUG ZU ESSEN BEKOMMT!

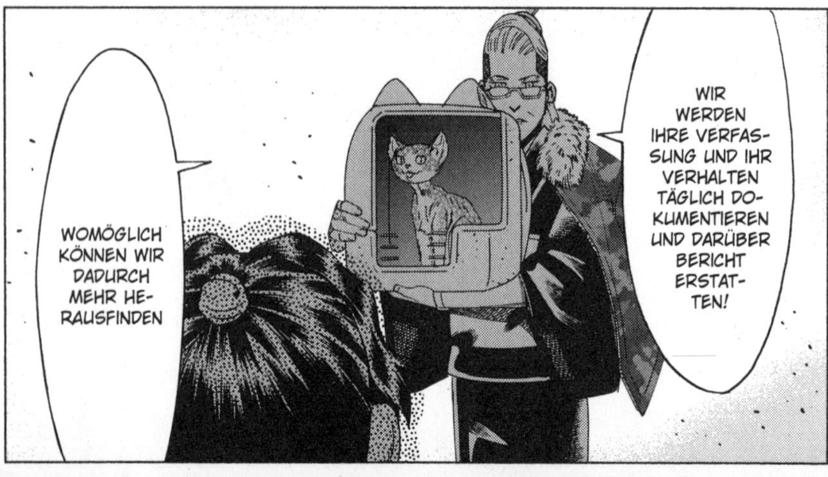
WIR WERDEN IHRE VERFAS-SUNG UND IHR VERHALTEN TÄGLICH DO-KUMENTIEREN UND DARÜBER BERICHT ERSTAT-TEN!
WOMÖGLICH KÖNNEN WIR DADURCH MEHR HE-RAUSFINDEN

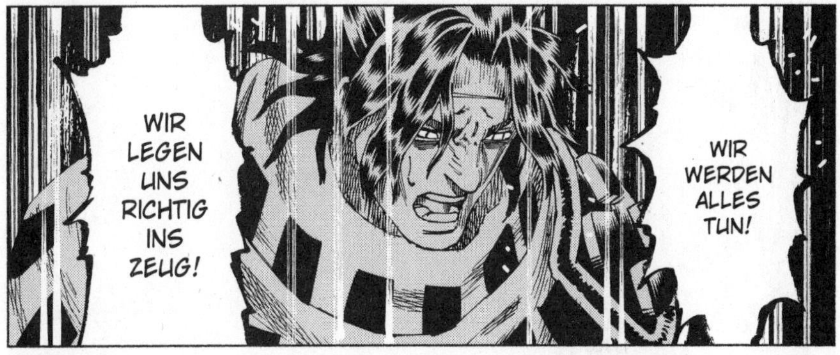
WIR WERDEN ALLES TUN!
WIR LEGEN UNS RICHTIG INS ZEUG!

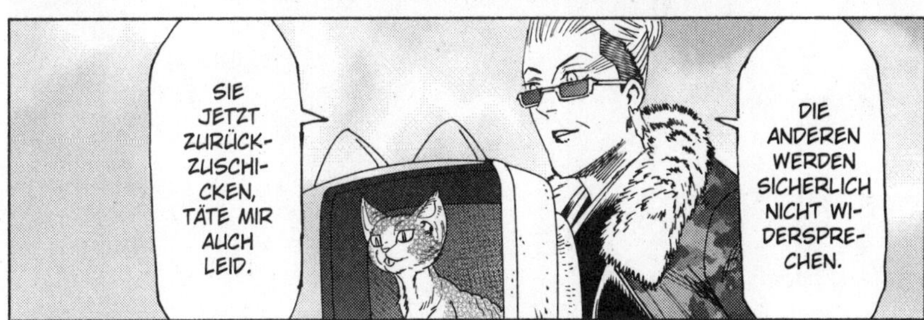
DIE ANDEREN WERDEN SICHERLICH NICHT WI-DERSPRE-CHEN.
SIE JETZT ZURÜCK-ZUSCHI-CKEN, TÄTE MIR AUCH LEID.

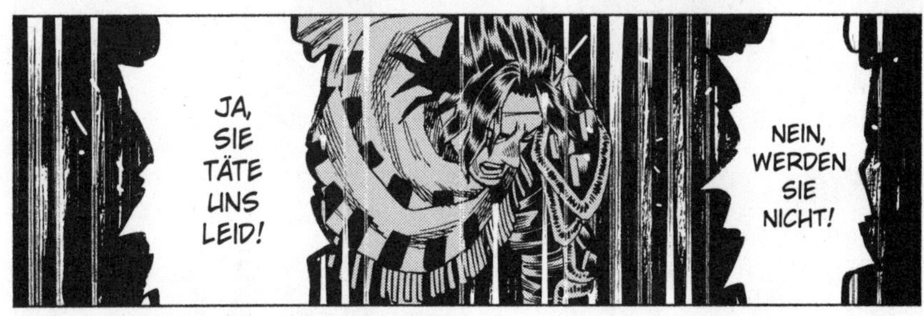
NEIN, WERDEN SIE NICHT!
JA, SIE TÄTE UNS LEID!

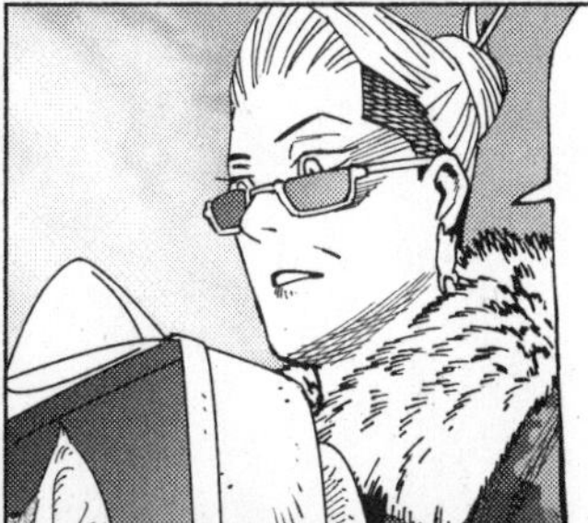
HABT IHR IHR SCHON EINEN NAMEN GEGE-BEN?

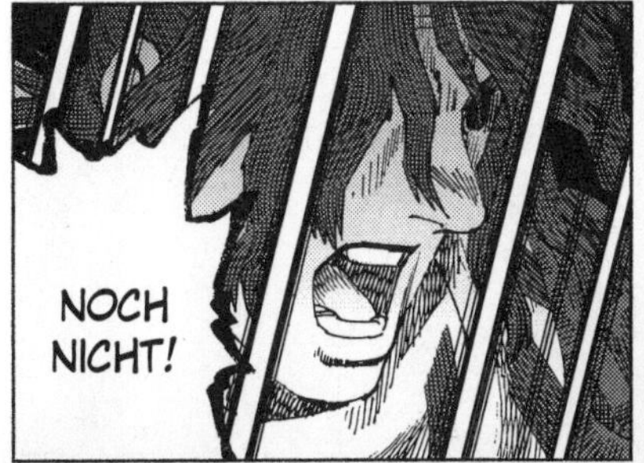
NOCH NICHT!

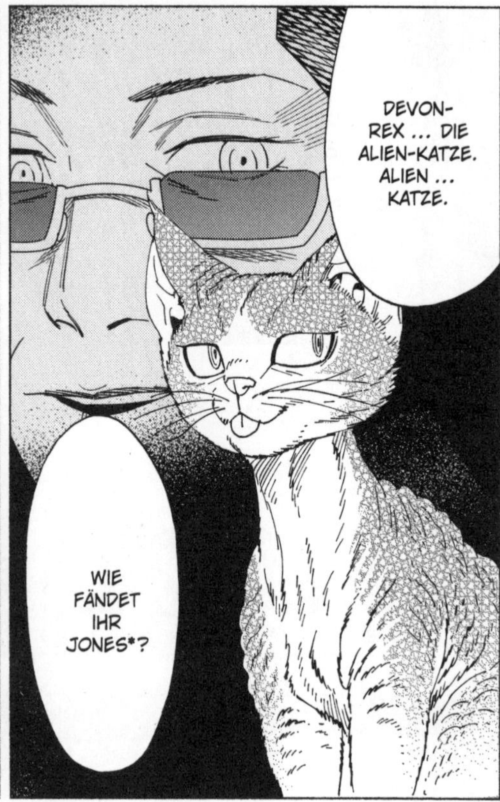

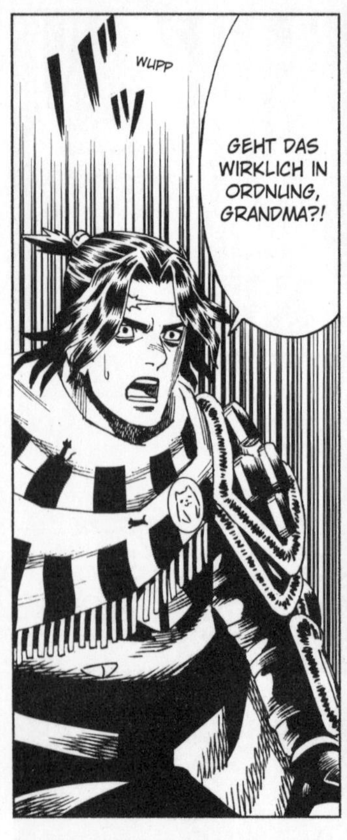

* NAME DER KATZE AUS DER „ALIEN"-FILMREIHE

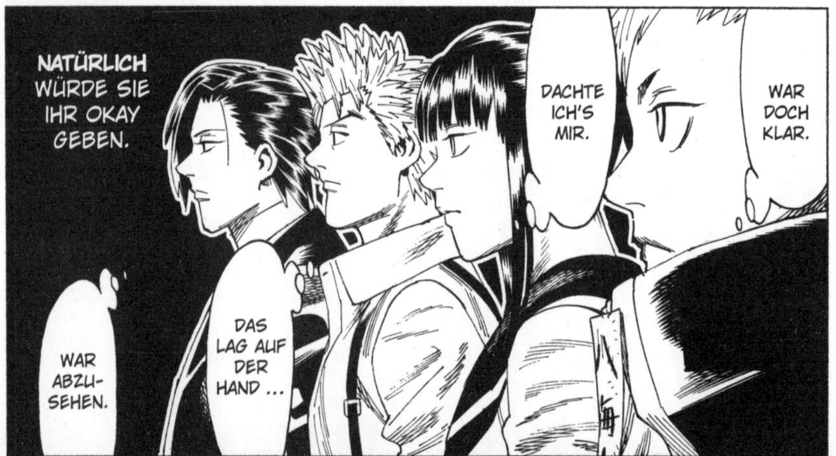

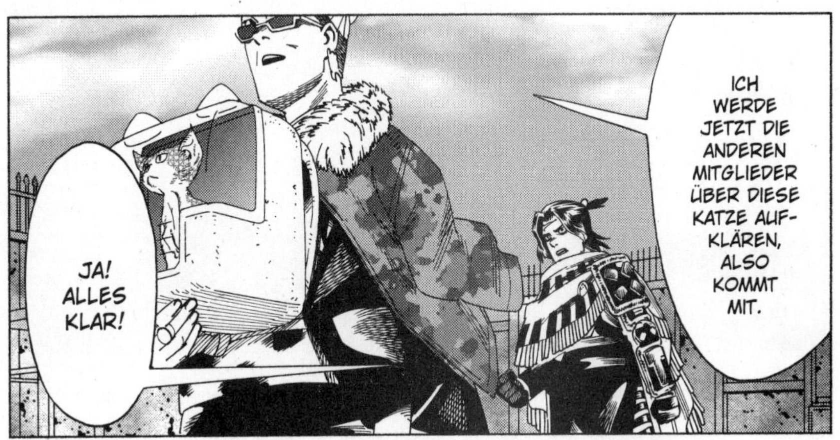
ICH WERDE JETZT DIE ANDEREN MITGLIEDER ÜBER DIESE KATZE AUFKLÄREN, ALSO KOMMT MIT.
JA! ALLES KLAR!

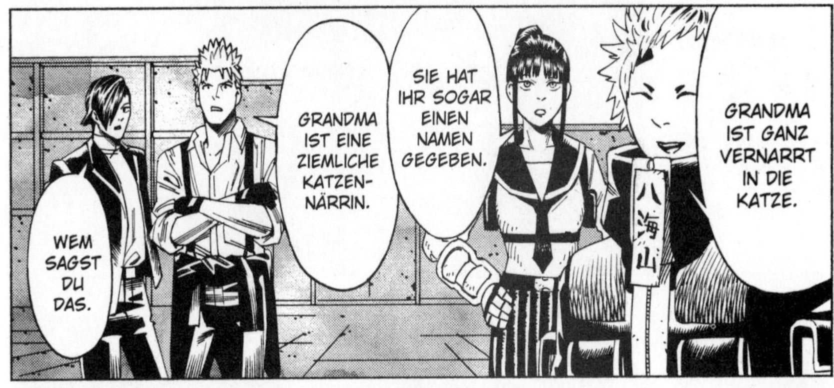
GRANDMA IST GANZ VERNARRT IN DIE KATZE.
八海山
SIE HAT IHR SOGAR EINEN NAMEN GEGEBEN.
GRANDMA IST EINE ZIEMLICHE KATZEN-NÄRRIN.
WEM SAGST DU DAS.

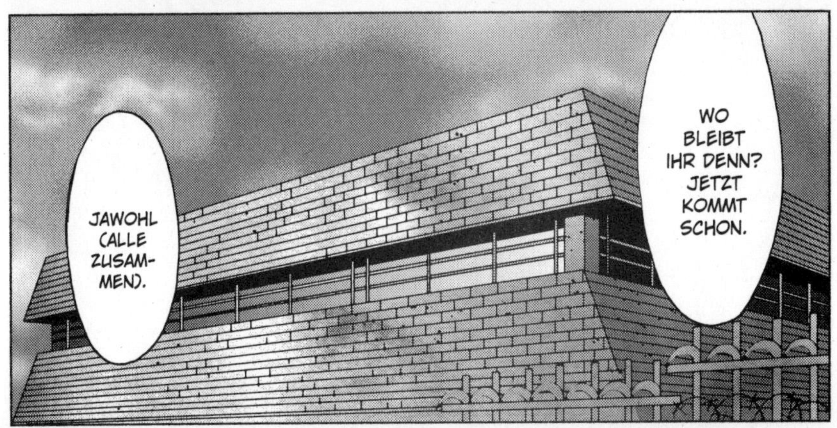
WO BLEIBT IHR DENN? JETZT KOMMT SCHON.
JAWOHL (ALLE ZUSAMMEN).

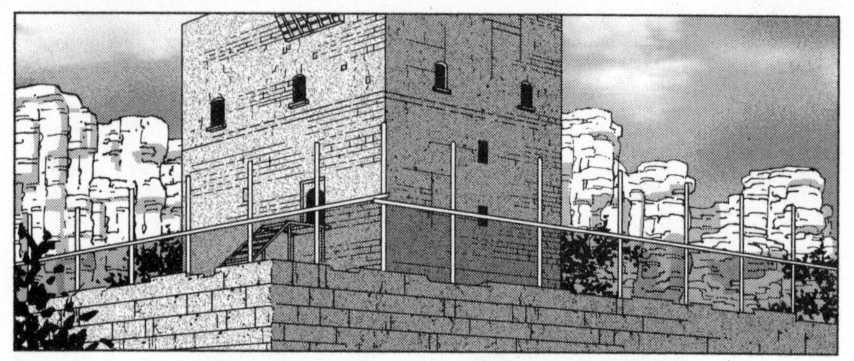

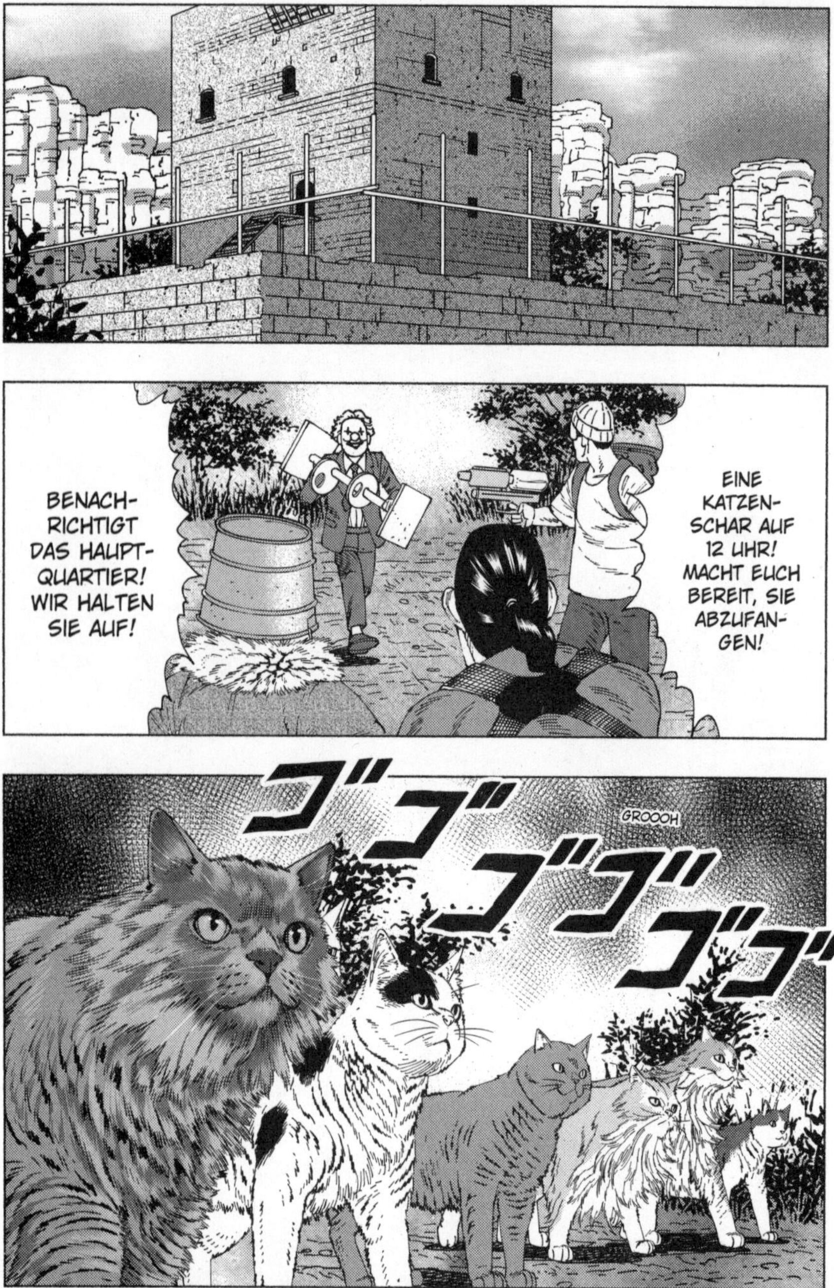

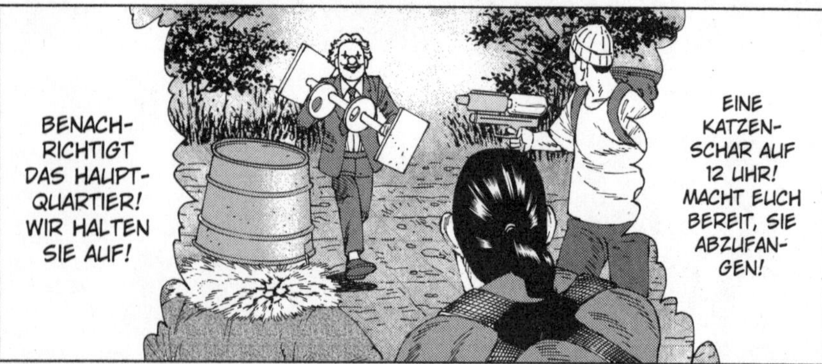

GROOOH

⇧ NIKKE0830S KATER YUMEJI

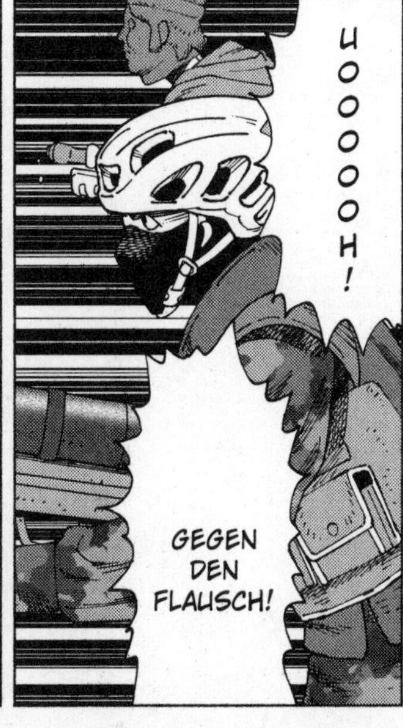

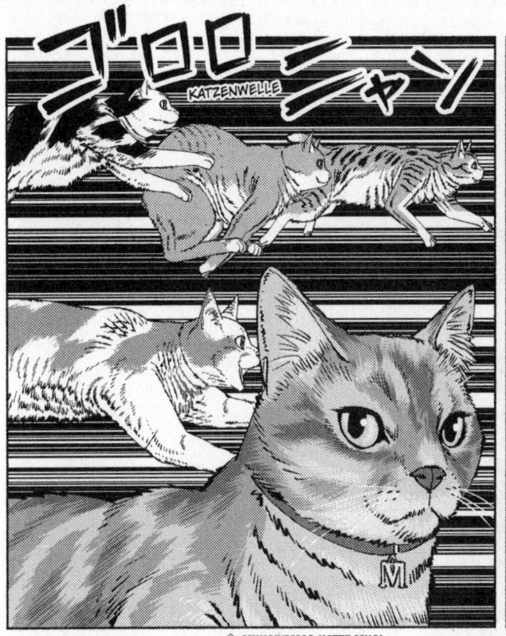

⇧ MUKAIYAMAS KATZE MUGI

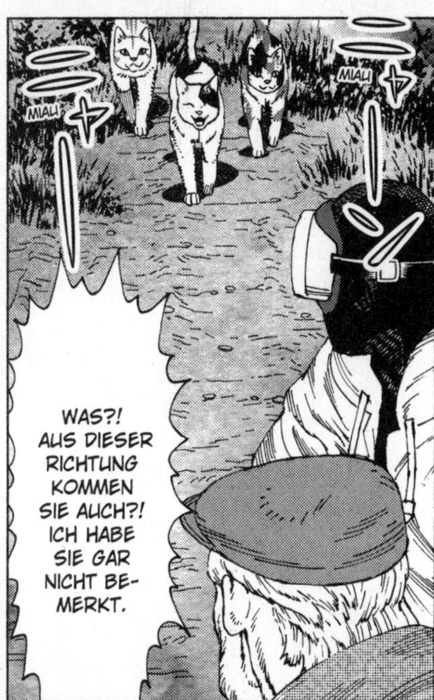

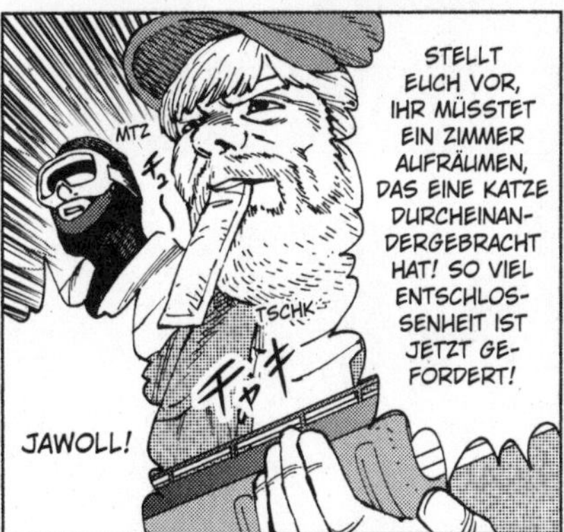

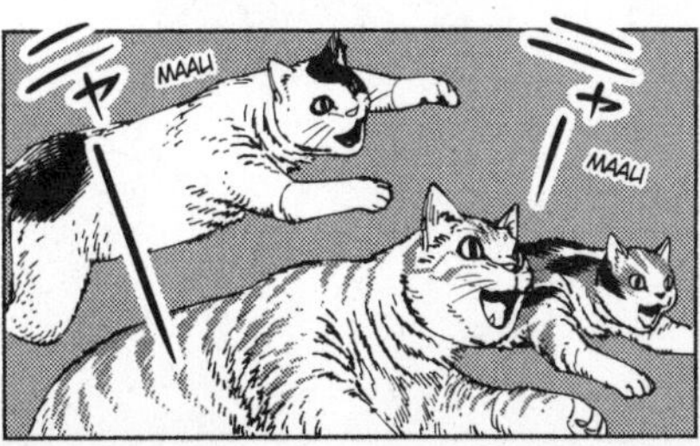

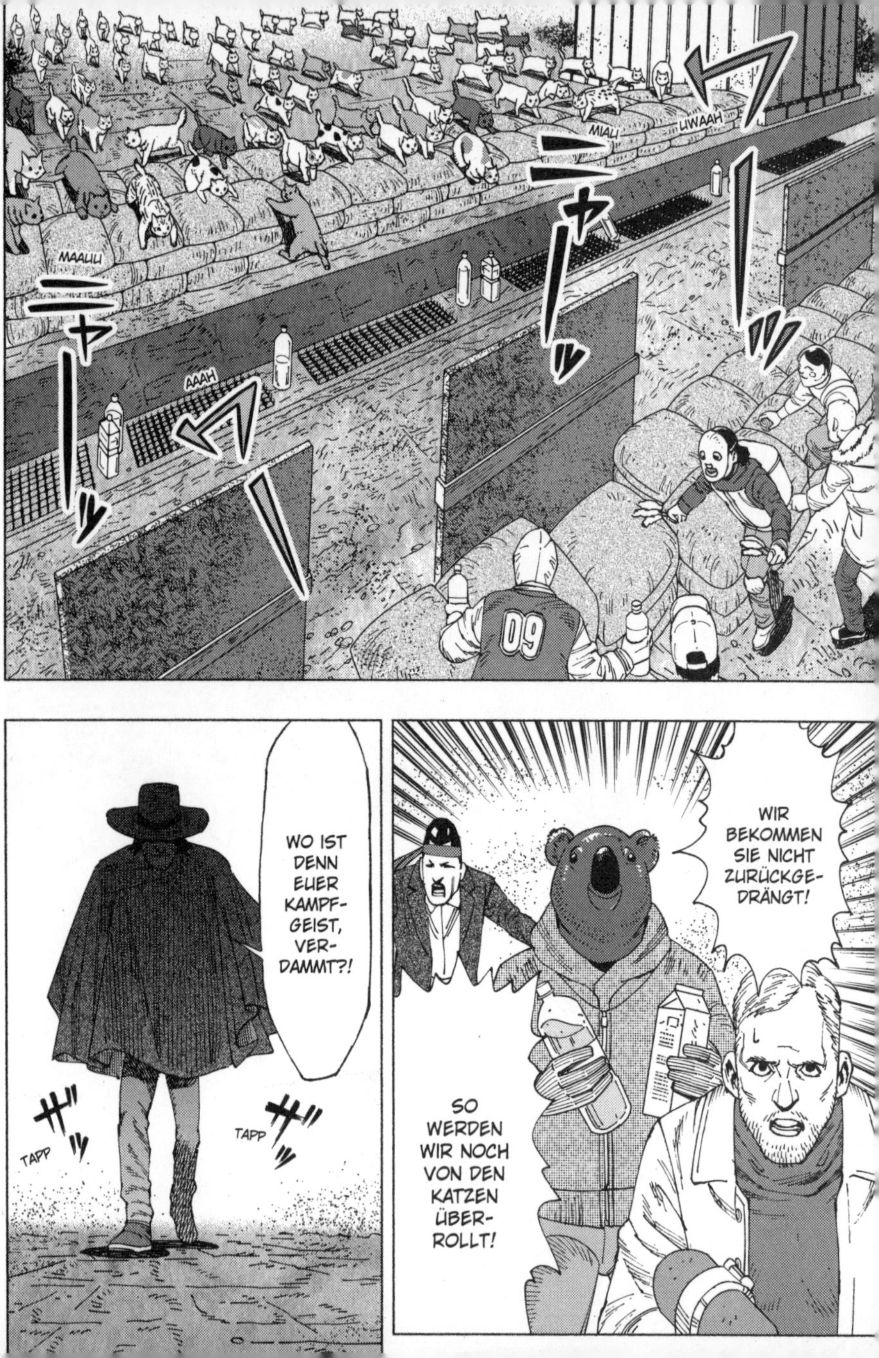

UWAAH
MIAU
AAAH
MAAUU

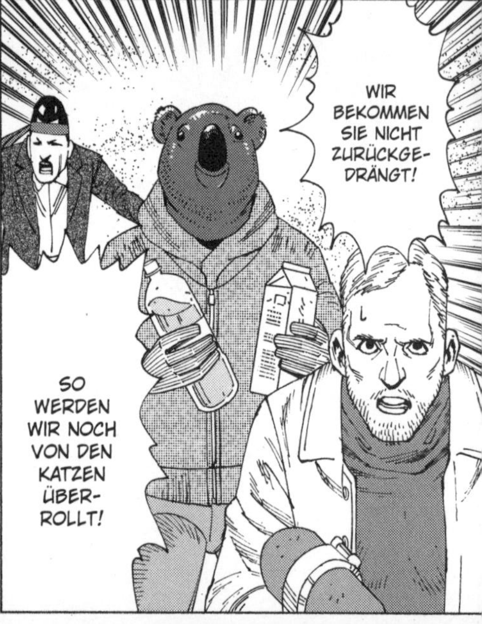

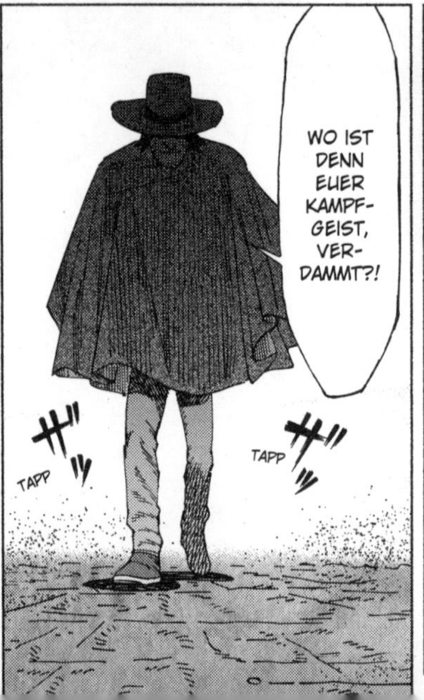

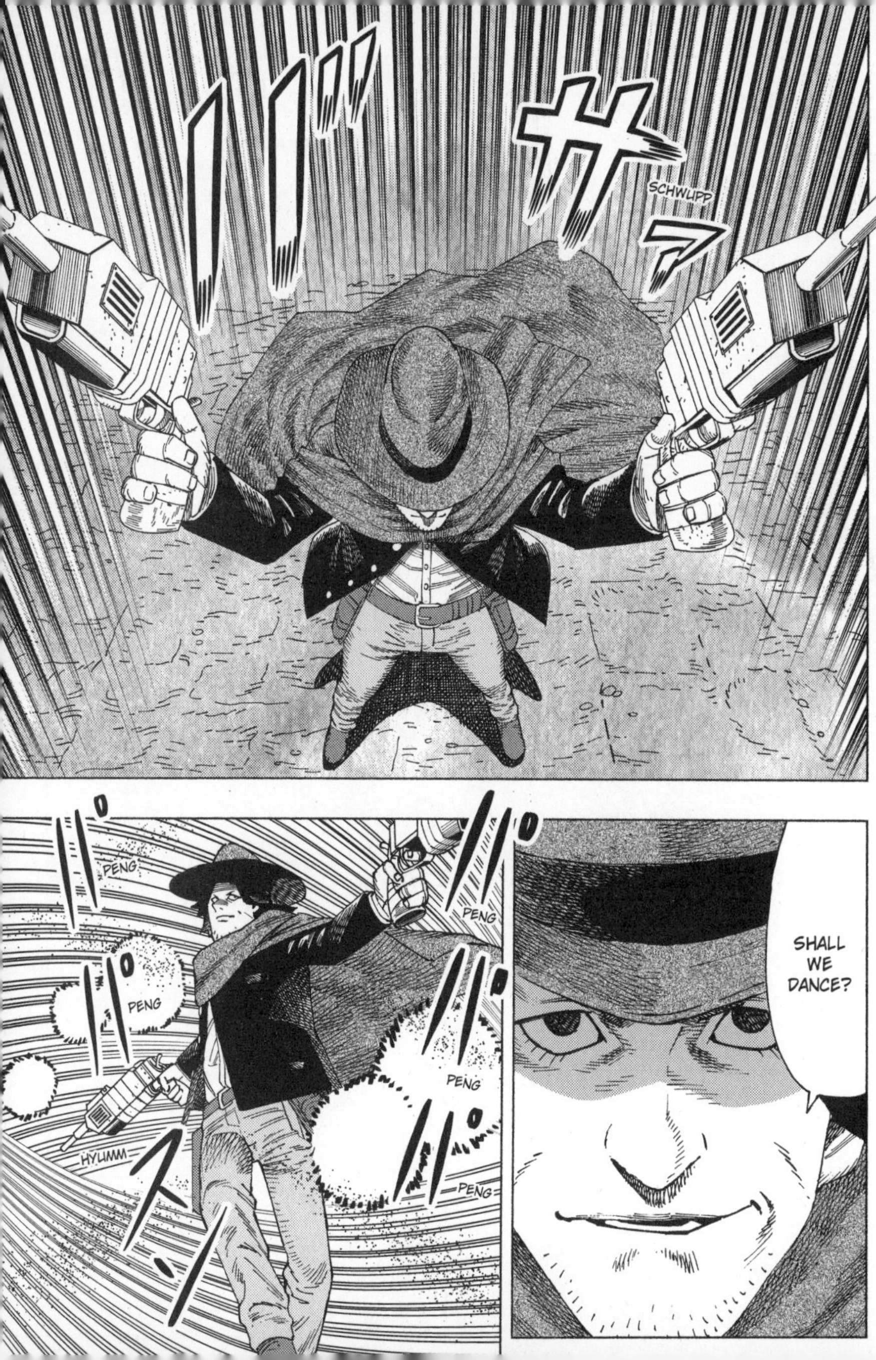

SCHWUPP

SHALL WE DANCE?

PENG

PENG

PENG

PENG

HYUMM

PENG

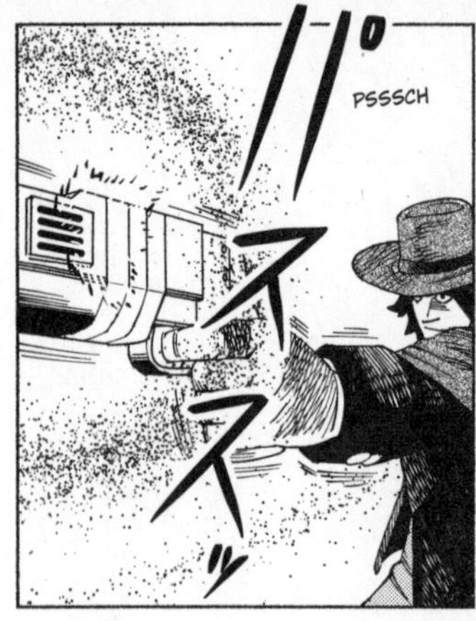
パススッ
PSSSCH

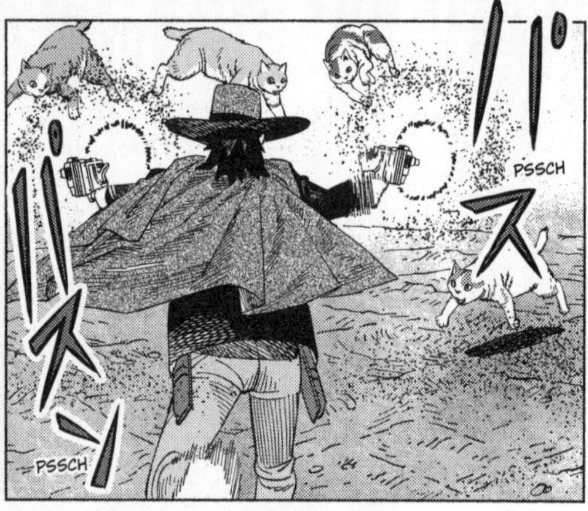
パス
PSSCH
PSSCH

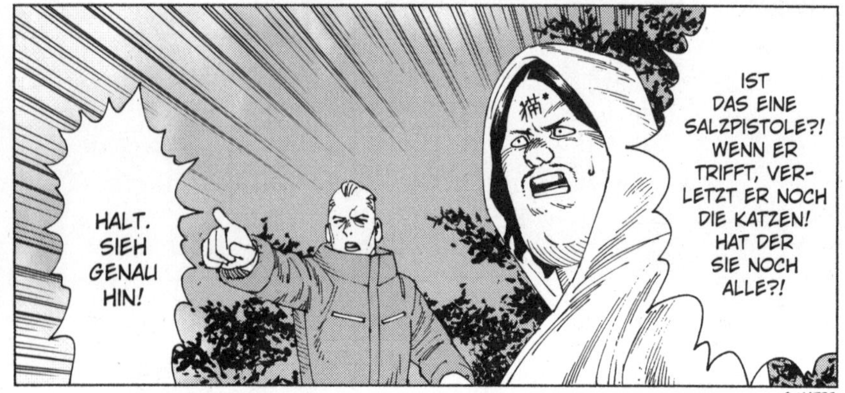
猫*
IST DAS EINE SALZPISTOLE?! WENN ER TRIFFT, VERLETZT ER NOCH DIE KATZEN! HAT DER SIE NOCH ALLE?!
HALT. SIEH GENAU HIN!

* KATZE

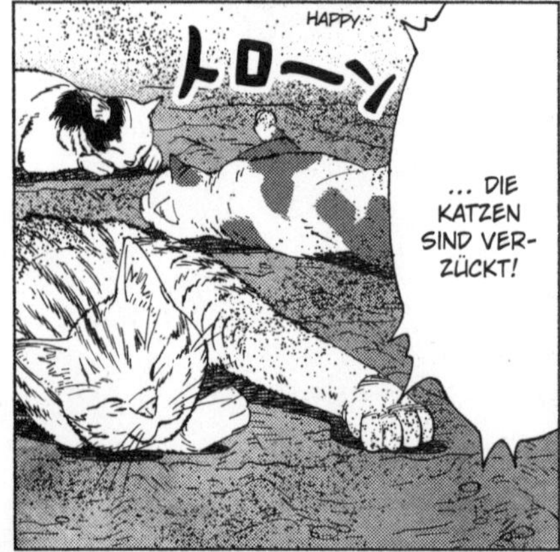
トローン
HAPPY
... DIE KATZEN SIND VERZÜCKT!

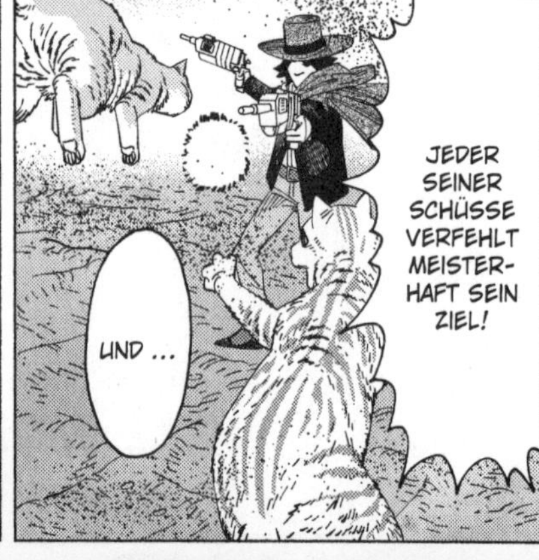
JEDER SEINER SCHÜSSE VERFEHLT MEISTERHAFT SEIN ZIEL!
UND ...

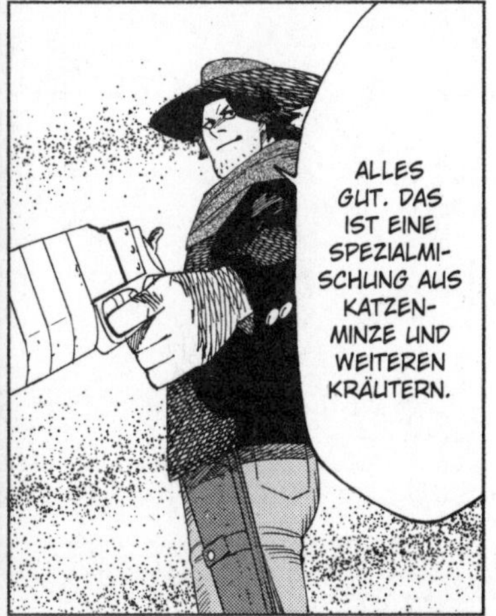
ALLES GUT. DAS IST EINE SPEZIALMISCHUNG AUS KATZENMINZE UND WEITEREN KRÄUTERN.

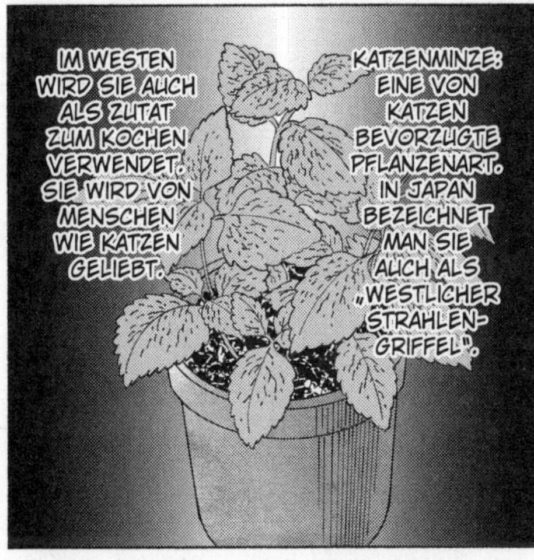
KATZENMINZE: EINE VON KATZEN BEVORZUGTE PFLANZENART. IN JAPAN BEZEICHNET MAN SIE AUCH ALS „WESTLICHER STRAHLENGRIFFEL".
IM WESTEN WIRD SIE AUCH ALS ZUTAT ZUM KOCHEN VERWENDET. SIE WIRD VON MENSCHEN WIE KATZEN GELIEBT.

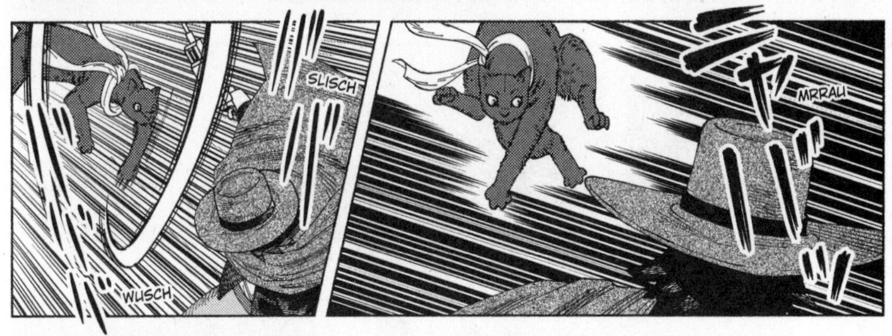
MRRAU
SLISCH
WUSCH

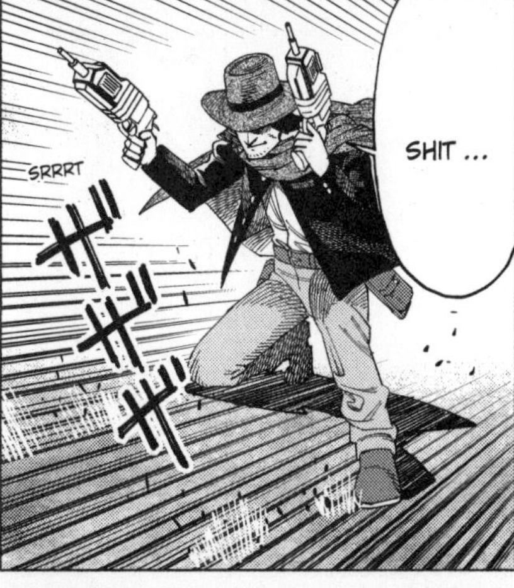
SHIT ...
SRRRT

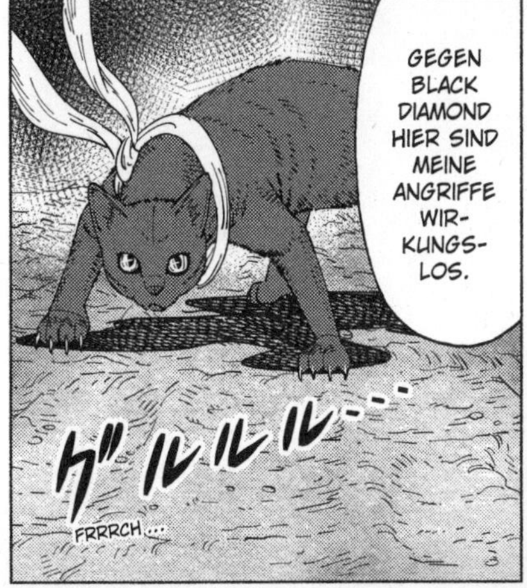
GEGEN BLACK DIAMOND HIER SIND MEINE ANGRIFFE WIRKUNGSLOS.
FRRRCH ...

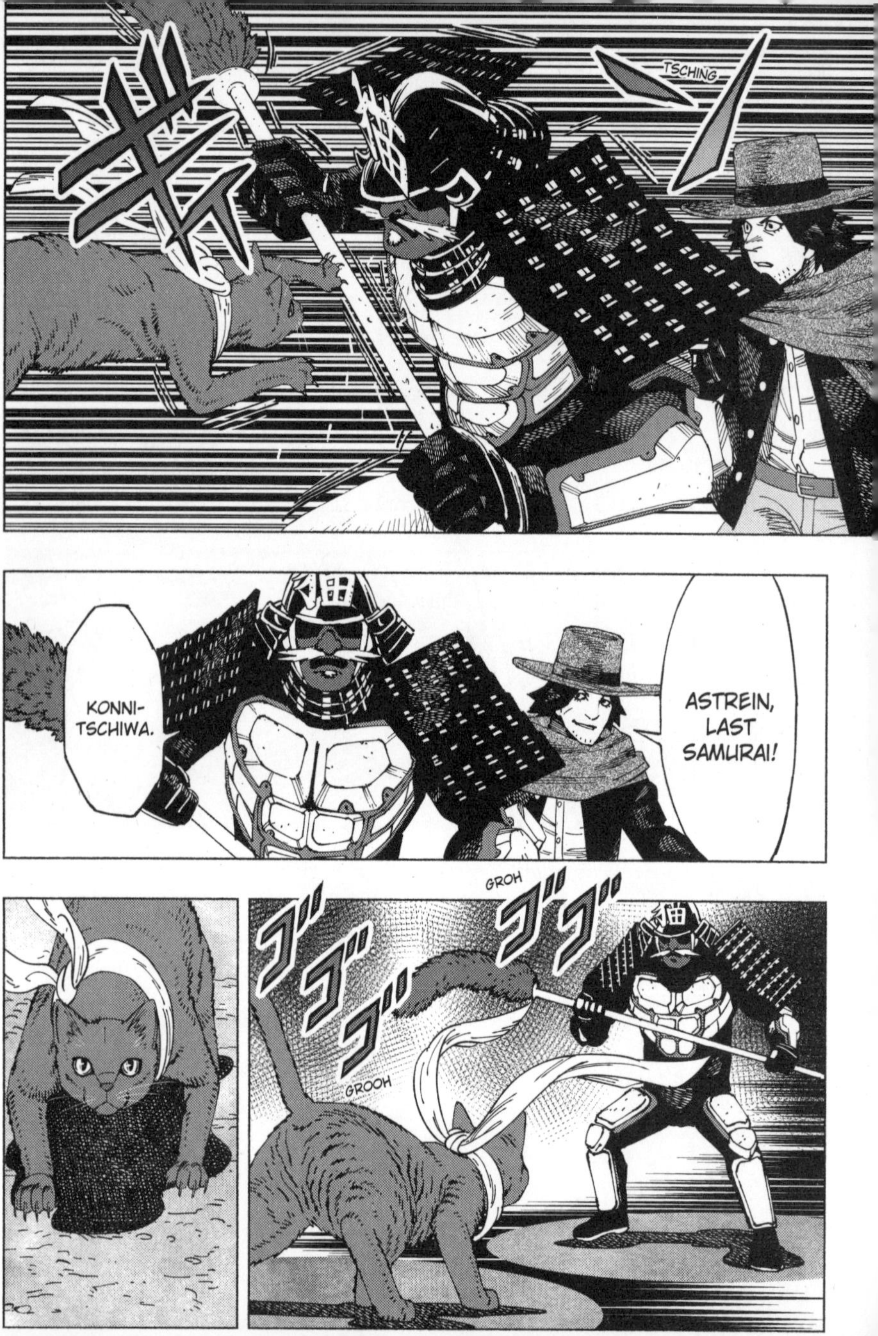

TSCHING

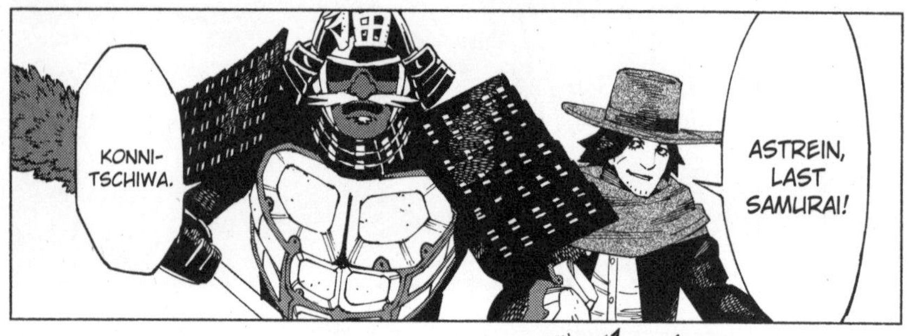

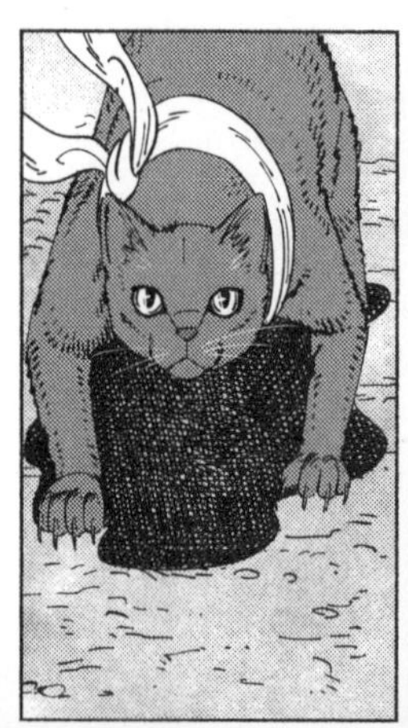

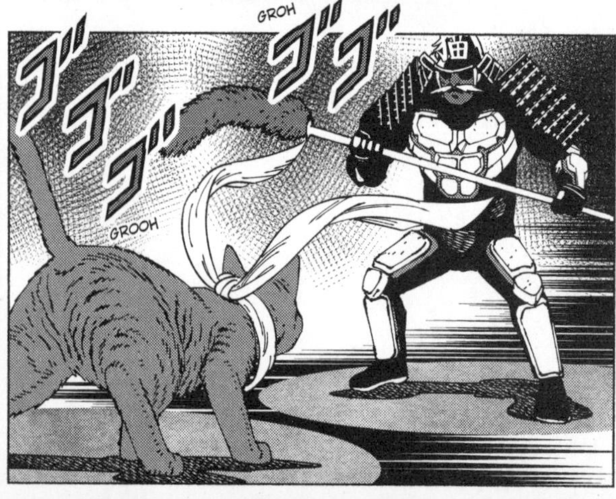

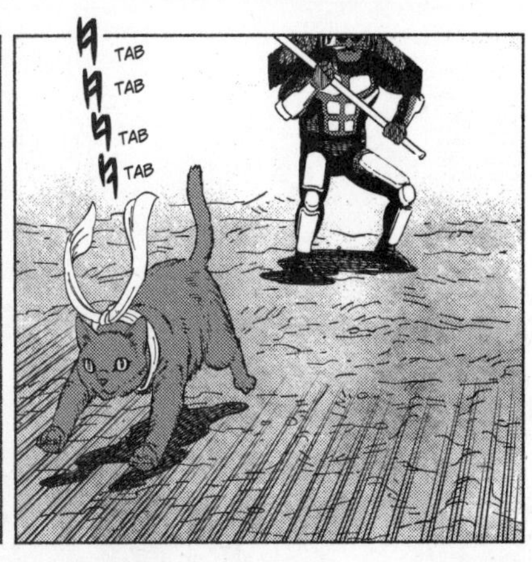

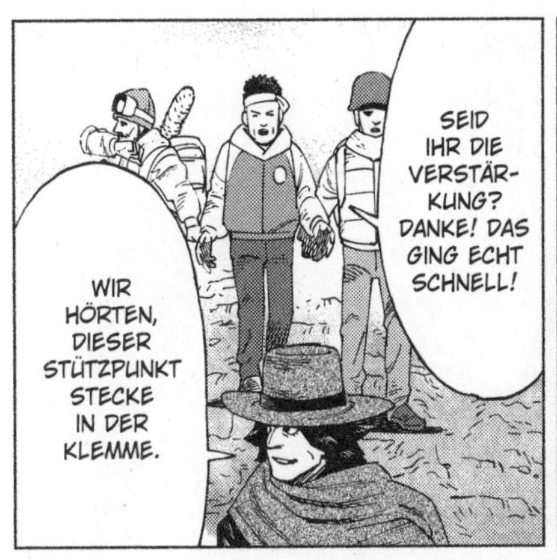

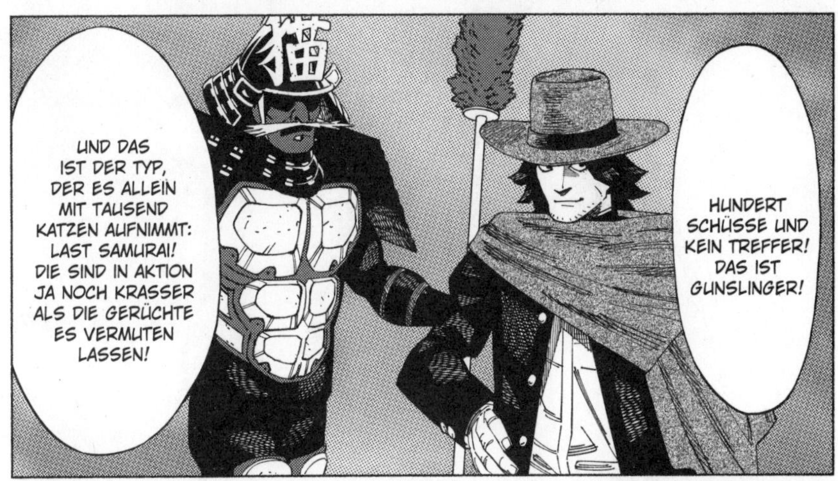

* IST DIE SAMURAI-VERSION VON „DANKE".

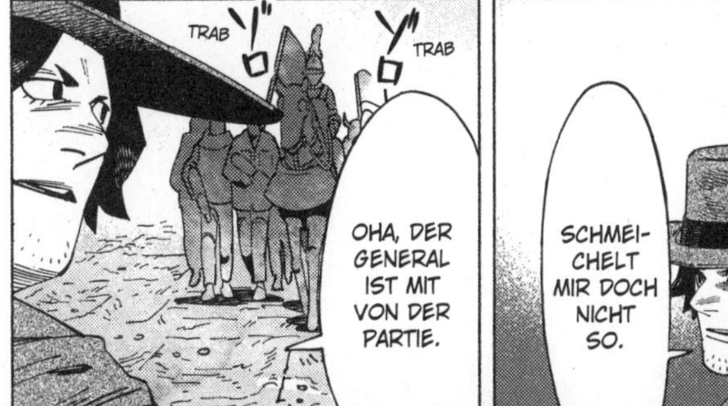

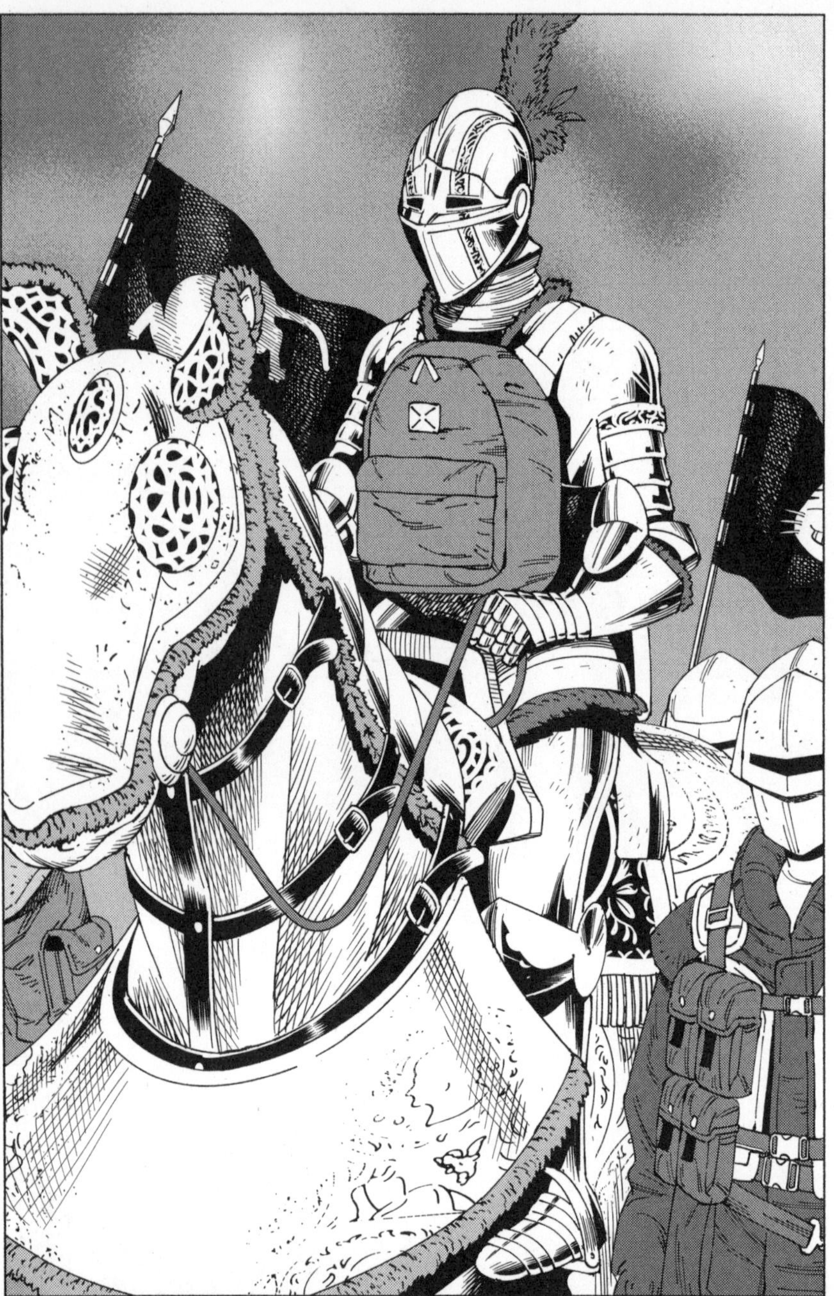

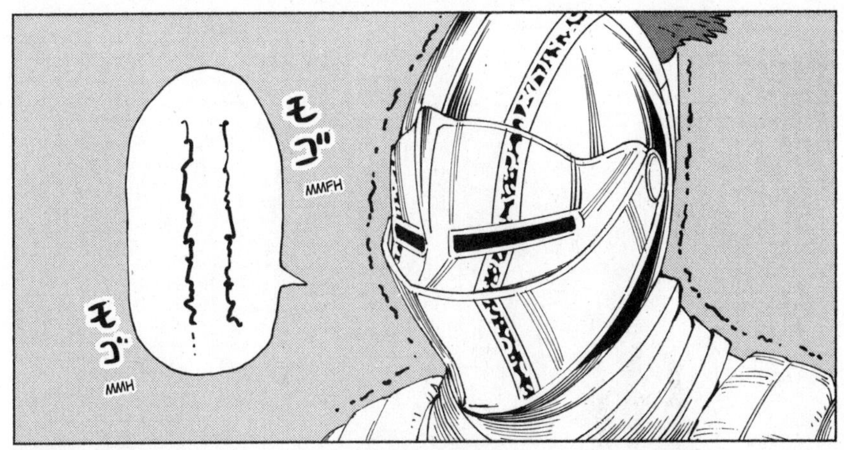

モゴ
MMFH
モゴ
MMH

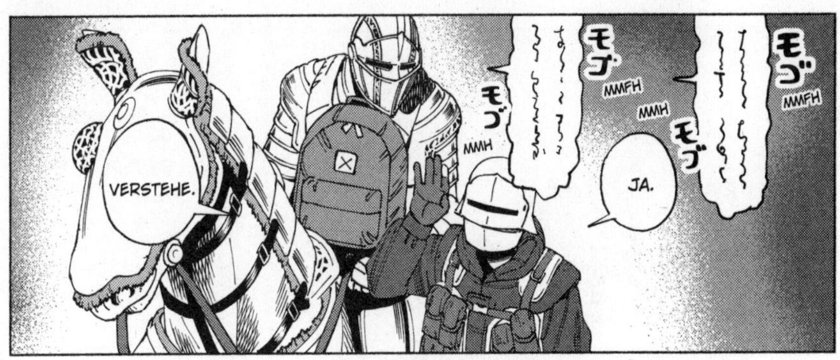

モゴ
MMFH
モゴ
MMH
JA.
モゴ
MMFH
モゴ
MMH
VERSTEHE.

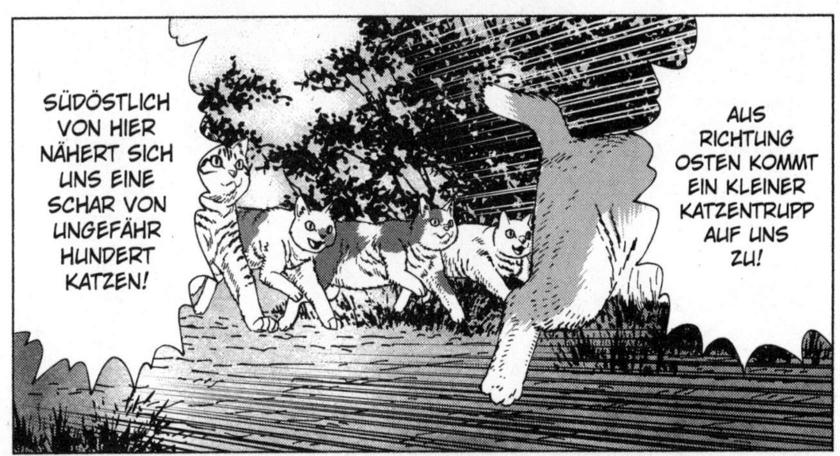

AUS RICHTUNG OSTEN KOMMT EIN KLEINER KATZENTRUPP AUF UNS ZU!
SÜDÖSTLICH VON HIER NÄHERT SICH UNS EINE SCHAR VON UNGEFÄHR HUNDERT KATZEN!

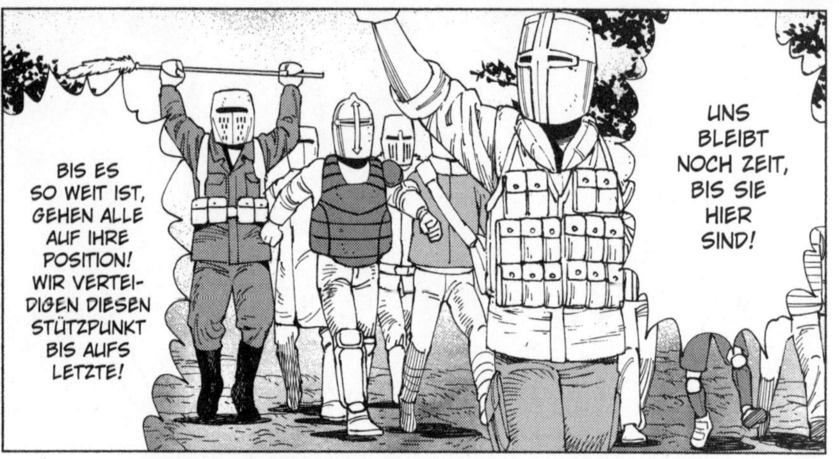
UNS BLEIBT NOCH ZEIT, BIS SIE HIER SIND!
BIS ES SO WEIT IST, GEHEN ALLE AUF IHRE POSITION! WIR VERTEIDIGEN DIESEN STÜTZPUNKT BIS AUFS LETZTE!

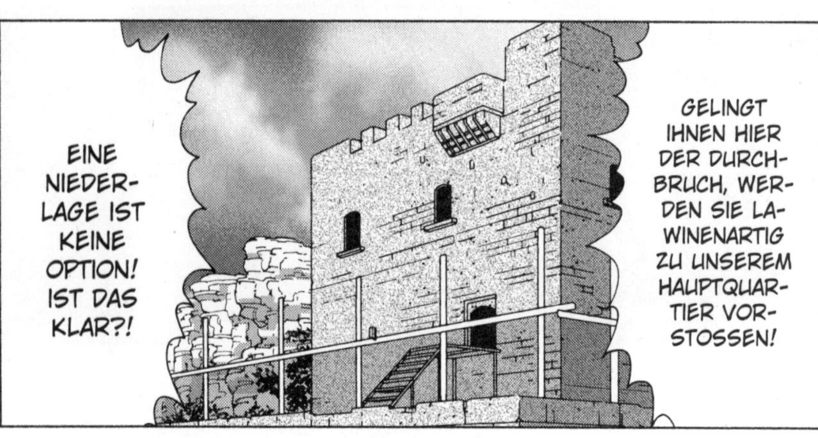
GELINGT IHNEN HIER DER DURCHBRUCH, WERDEN SIE LAWINENARTIG ZU UNSEREM HAUPTQUARTIER VORSTOSSEN!
EINE NIEDERLAGE IST KEINE OPTION! IST DAS KLAR?!

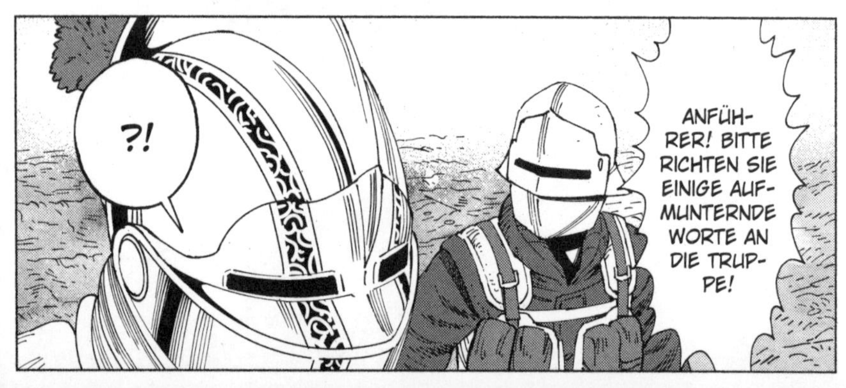
ANFÜHRER! BITTE RICHTEN SIE EINIGE AUFMUNTERNDE WORTE AN DIE TRUPPE!
?!

…
MMHMHMH
モゴゴゴ
JAAAAAAA!
DA~ISUKI!!*

* LIEBE

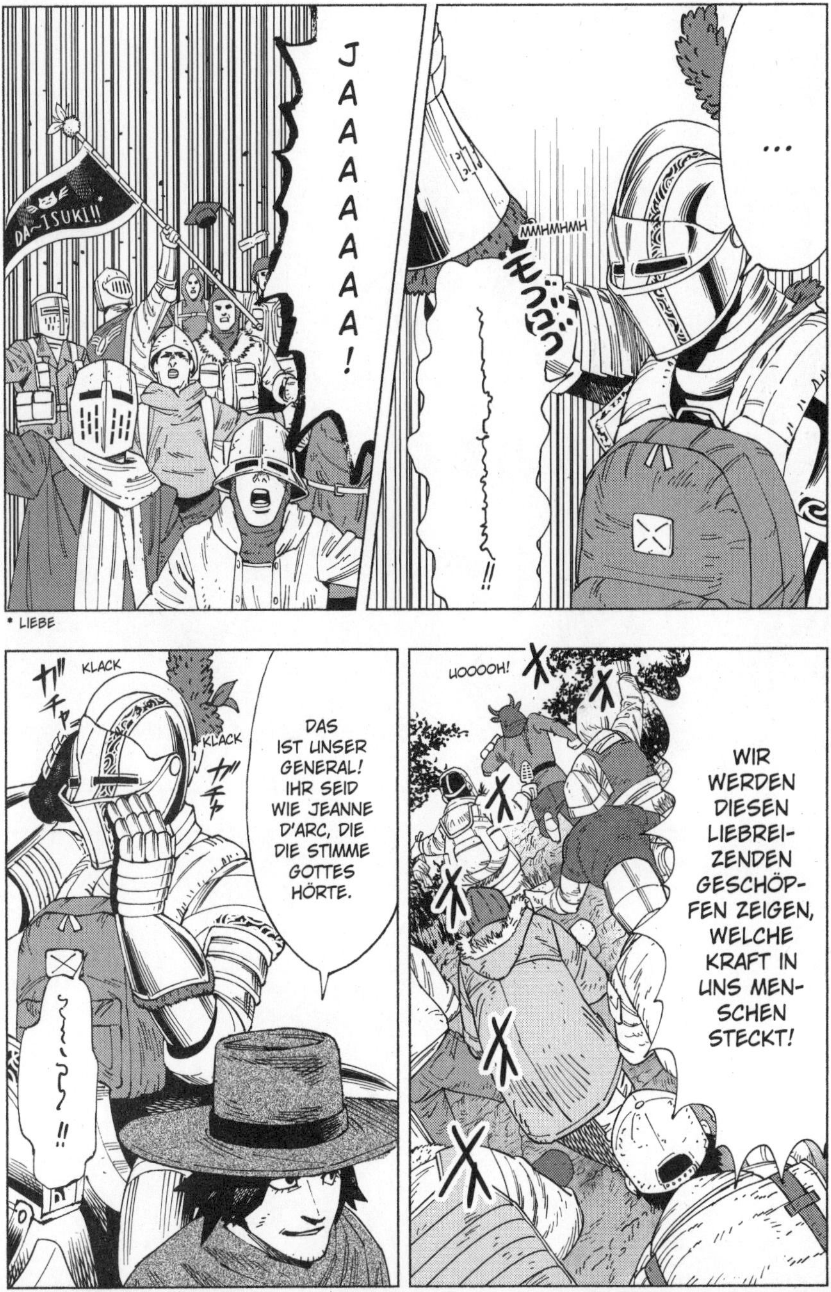

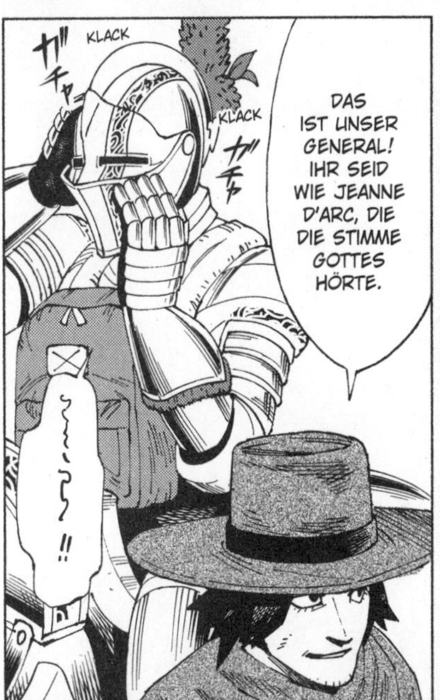
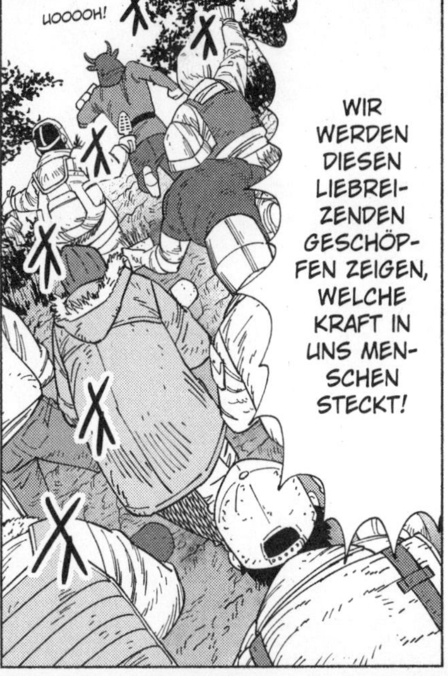
UOOOOH!
WIR WERDEN DIESEN LIEBREIZENDEN GESCHÖPFEN ZEIGEN, WELCHE KRAFT IN UNS MENSCHEN STECKT!
KLACK
KLACK
DAS IST UNSER GENERAL! IHR SEID WIE JEANNE D'ARC, DIE DIE STIMME GOTTES HÖRTE.

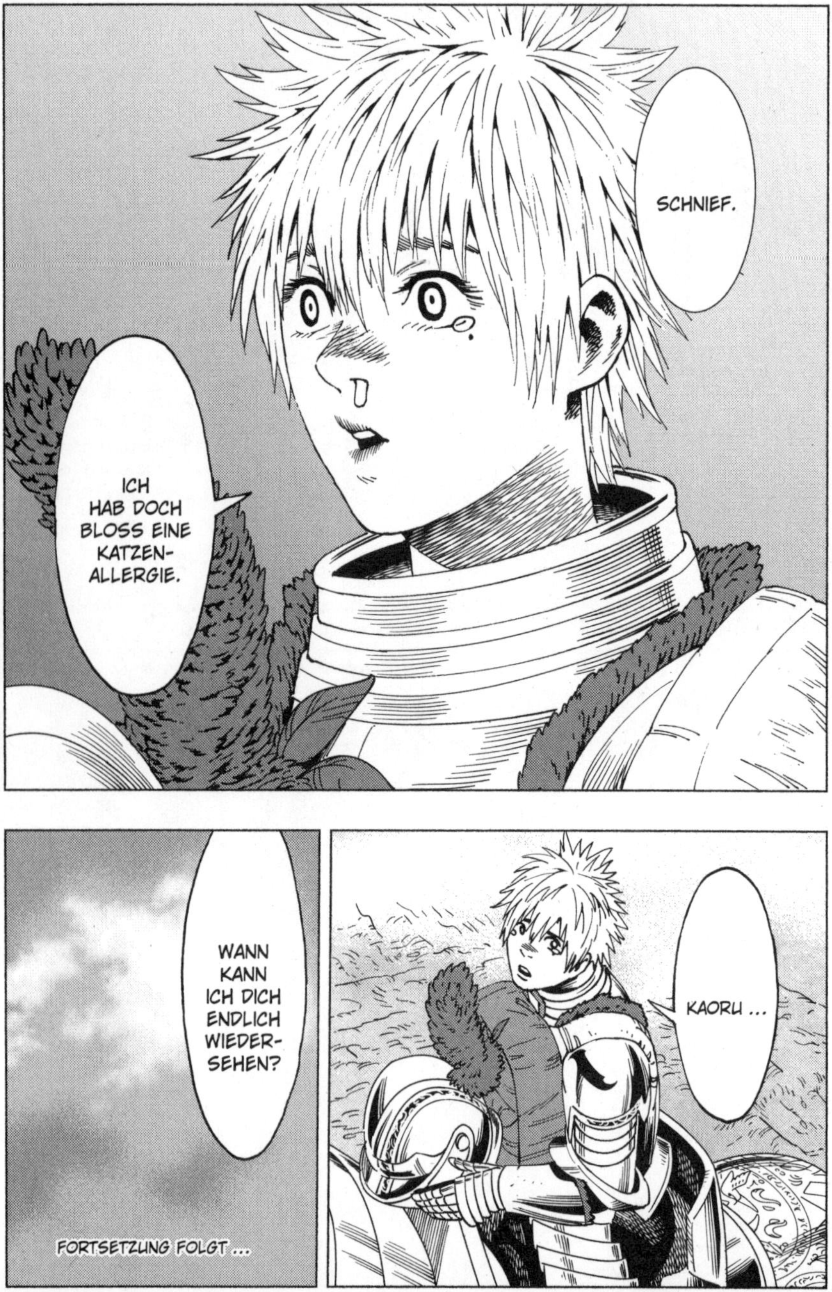

SCHNIEF.

ICH HAB DOCH BLOSS EINE KATZEN-ALLERGIE.

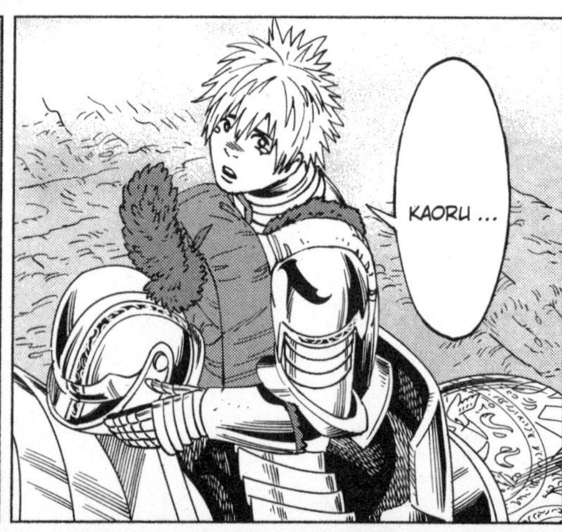

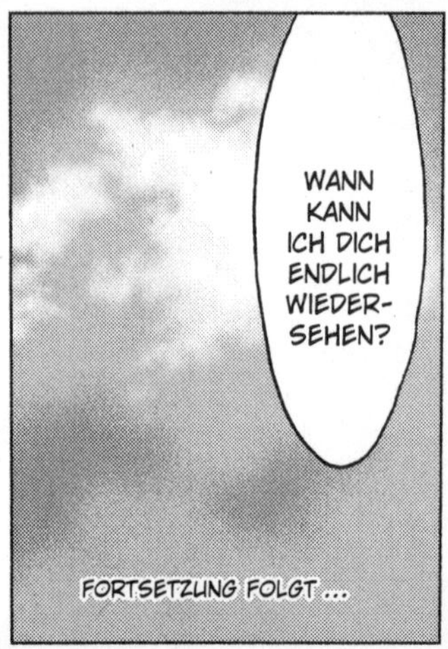

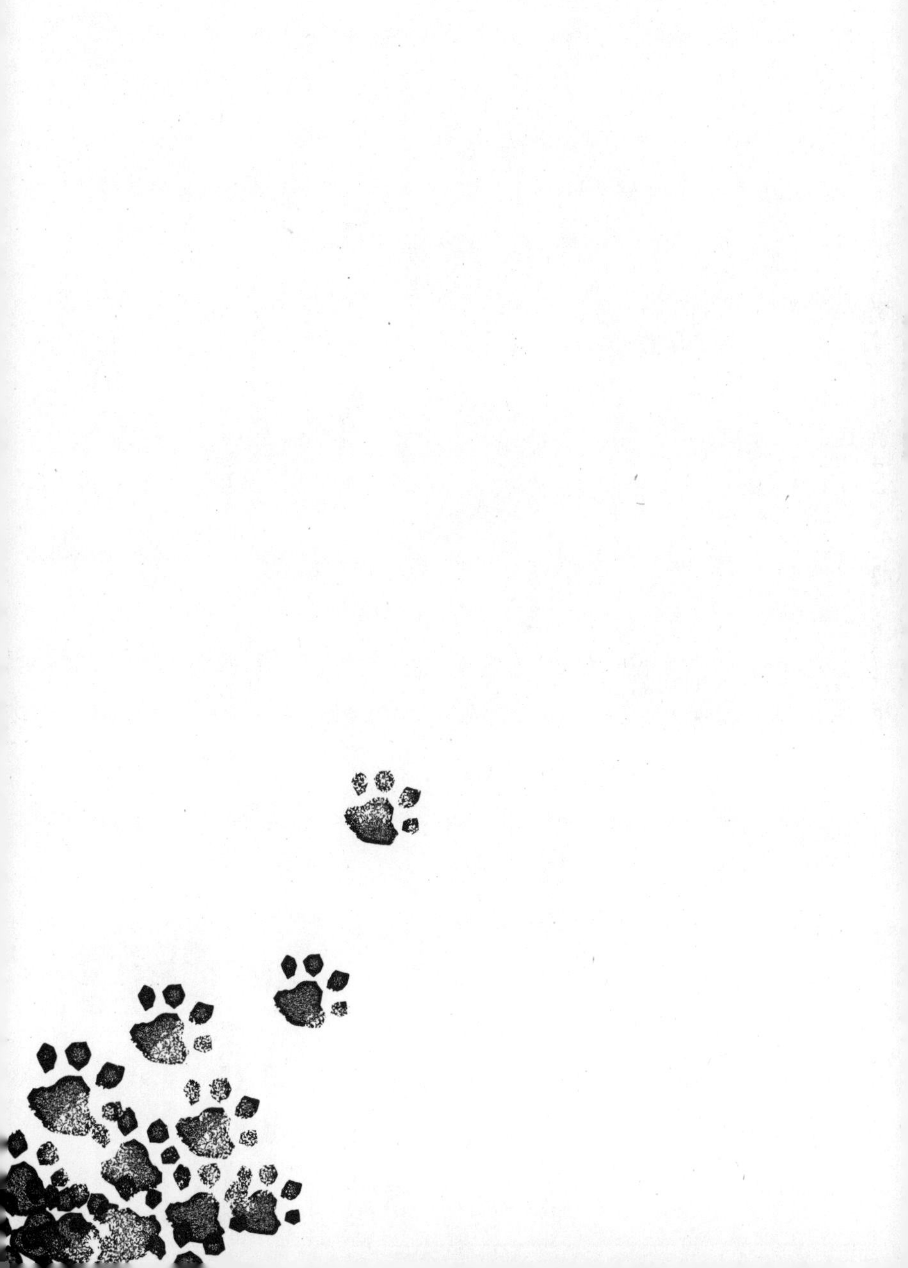

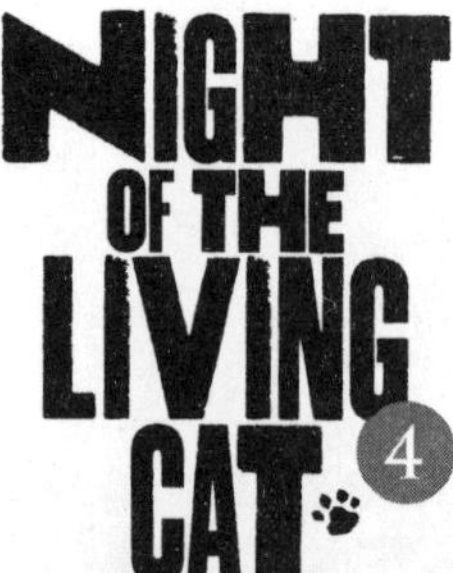
NIGHT
OF THE
LIVING
CAT
4

ANOTHER CASE: JIN EVELYN MURROW

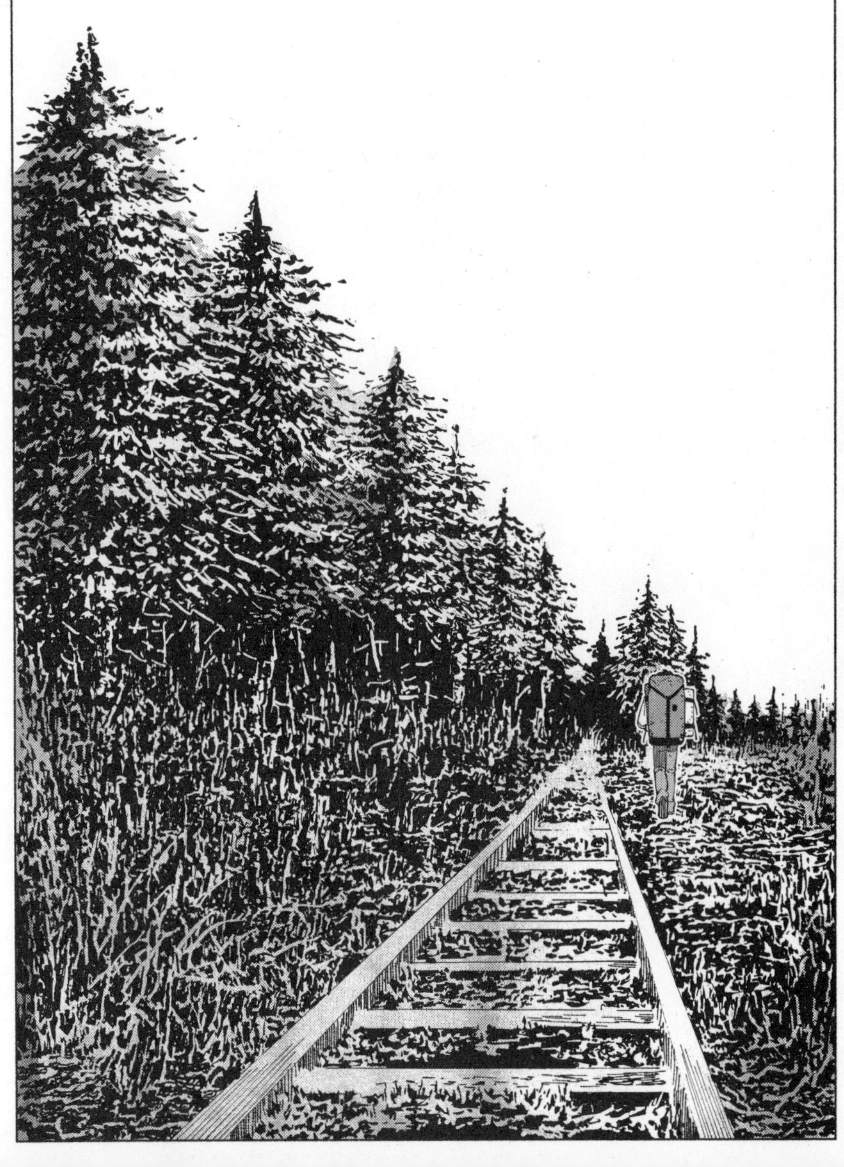

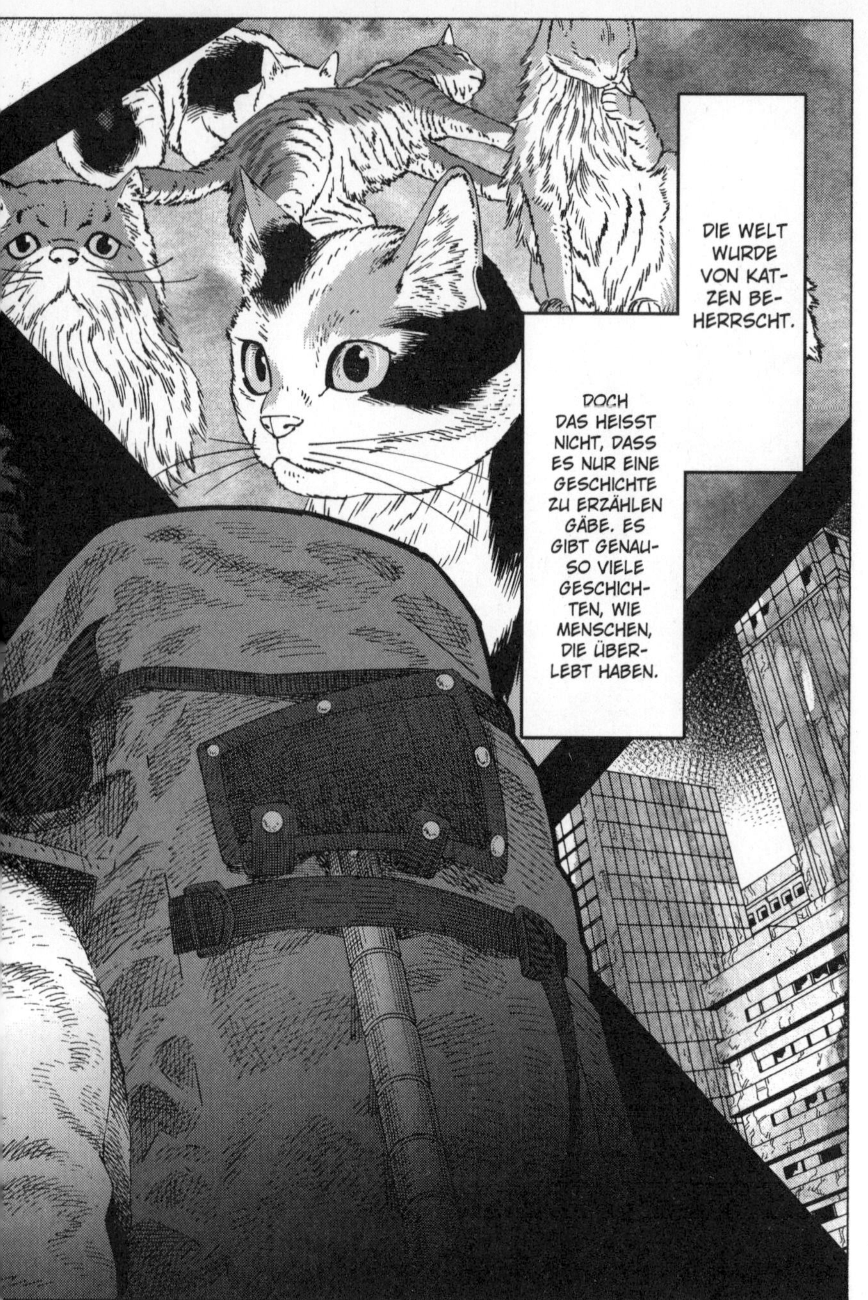
DIE WELT WURDE VON KATZEN BEHERRSCHT.
DOCH DAS HEISST NICHT, DASS ES NUR EINE GESCHICHTE ZU ERZÄHLEN GÄBE. ES GIBT GENAUSO VIELE GESCHICHTEN, WIE MENSCHEN, DIE ÜBERLEBT HABEN.

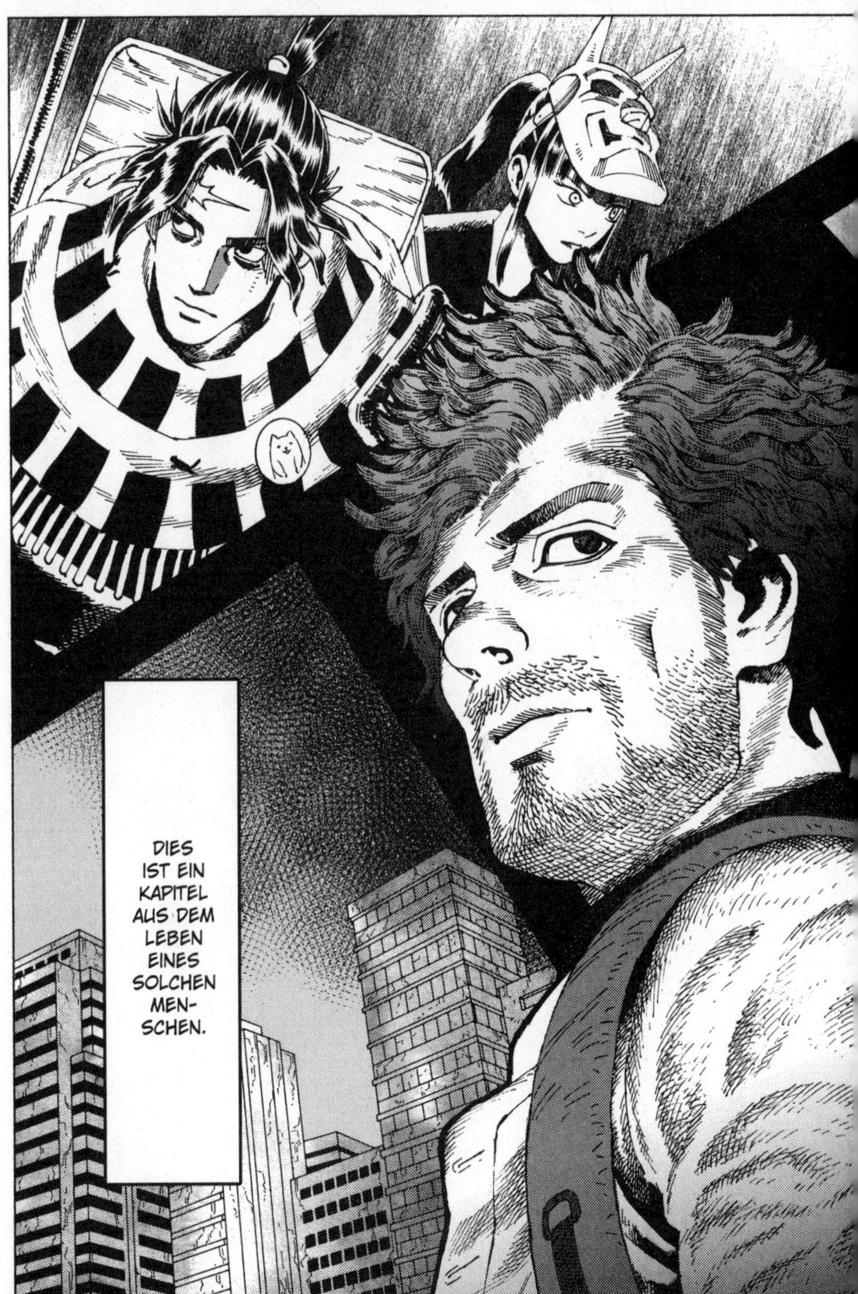
DIES IST EIN KAPITEL AUS DEM LEBEN EINES SOLCHEN MEN- SCHEN.

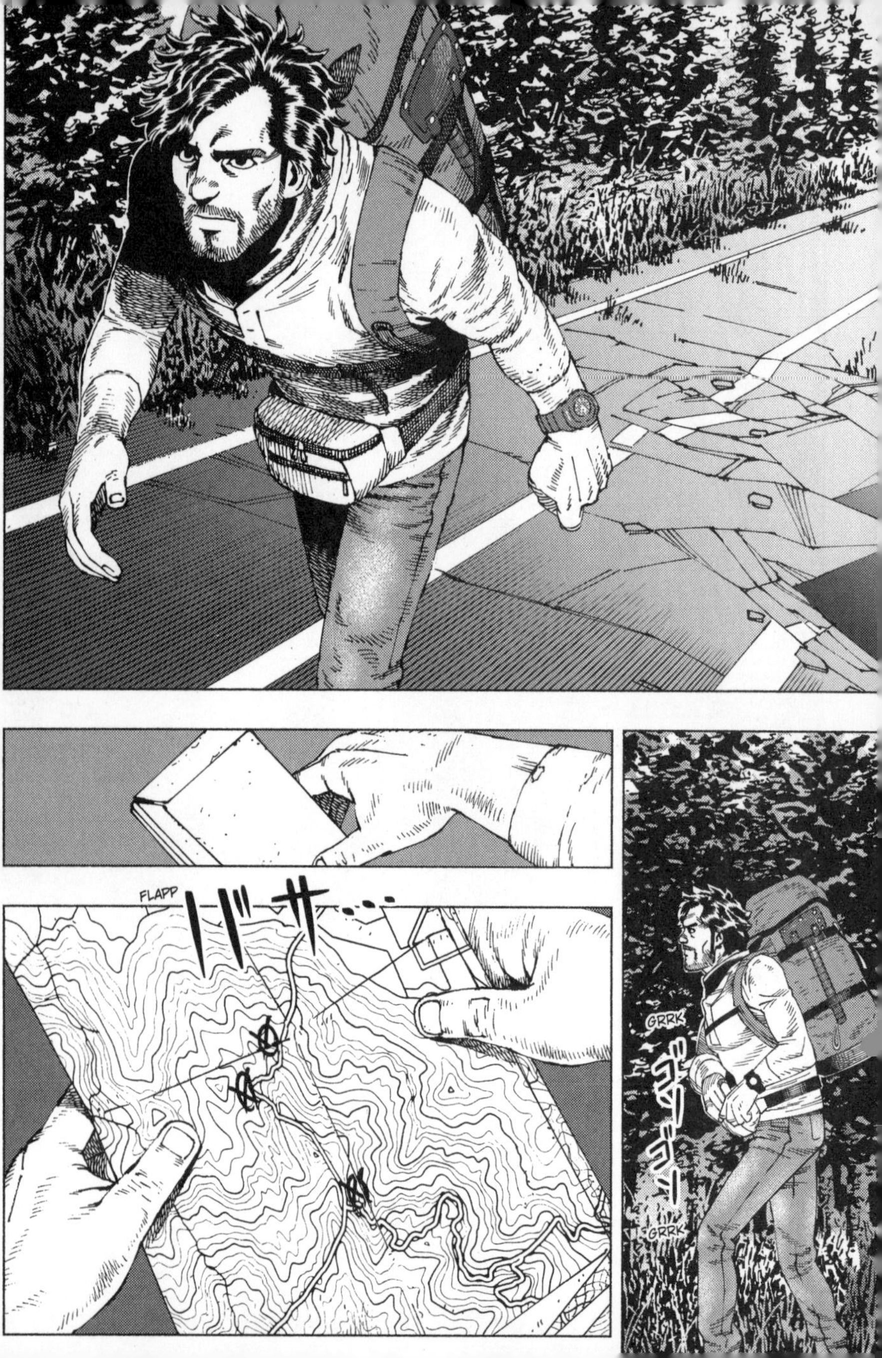

FLAPP
バサ…
GRRK
GRRK

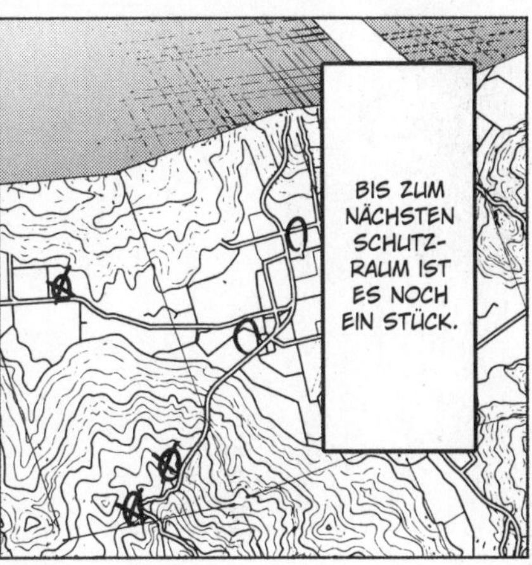

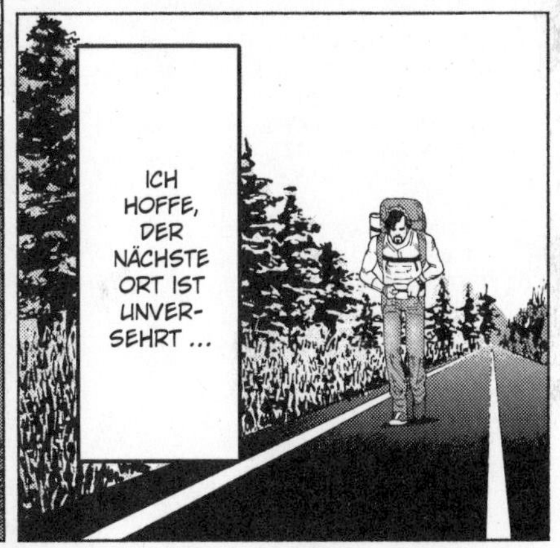

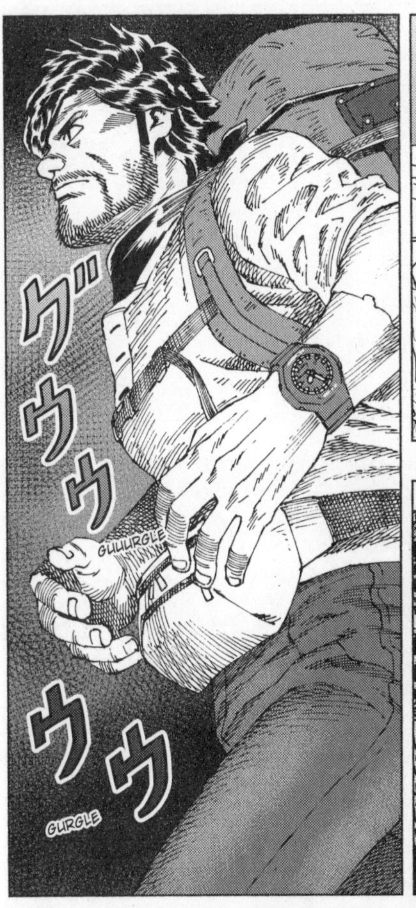

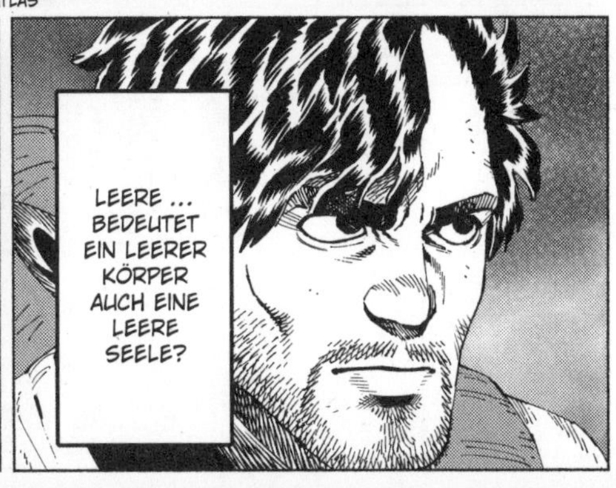

* TASCHENLEXIKON: DER KLEINE KATZENKRÄUTER-ATLAS

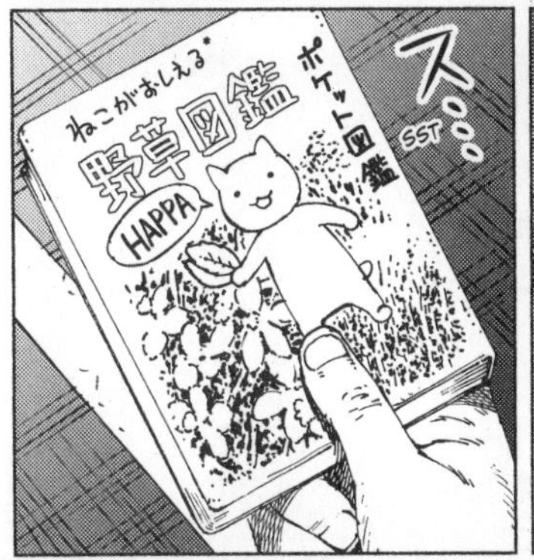

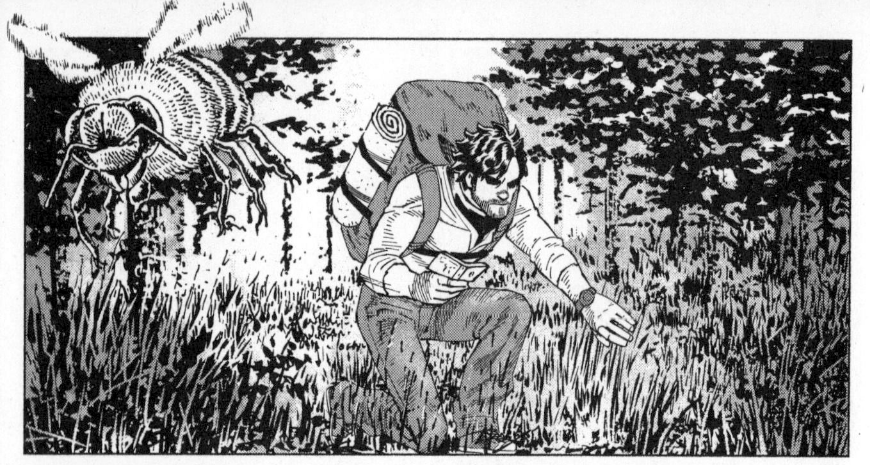

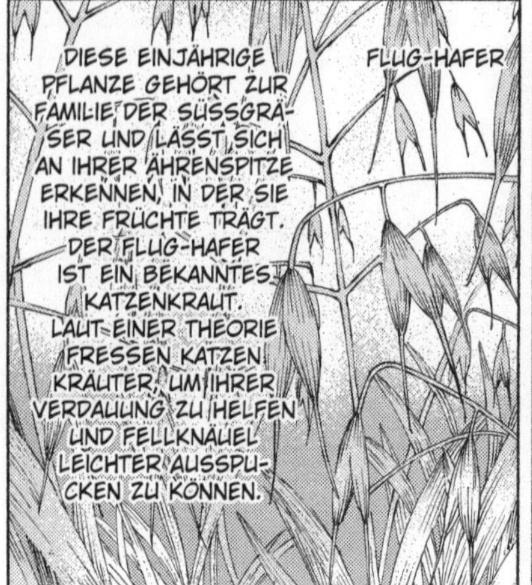
FLUG-HAFER
DIESE EINJÄHRIGE PFLANZE GEHÖRT ZUR FAMILIE DER SÜSSGRÄSER UND LÄSST SICH AN IHRER ÄHRENSPITZE ERKENNEN, IN DER SIE IHRE FRÜCHTE TRÄGT. DER FLUG-HAFER IST EIN BEKANNTES KATZENKRAUT. LAUT EINER THEORIE FRESSEN KATZEN KRÄUTER, UM IHRER VERDAUUNG ZU HELFEN UND FELLKNÄUEL LEICHTER AUSSPUCKEN ZU KÖNNEN.

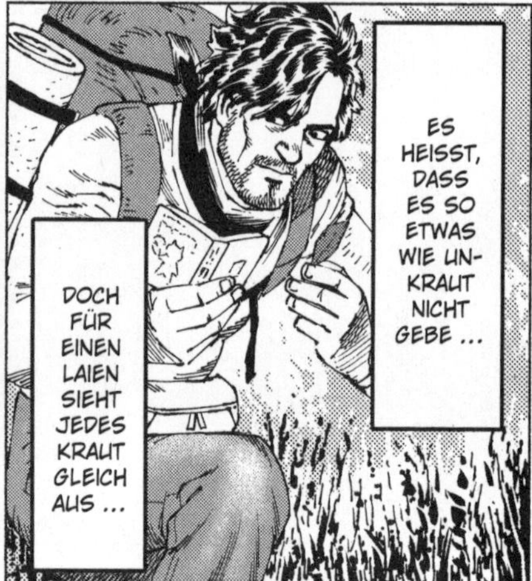
ES HEISST, DASS ES SO ETWAS WIE UNKRAUT NICHT GEBE …
DOCH FÜR EINEN LAIEN SIEHT JEDES KRAUT GLEICH AUS …

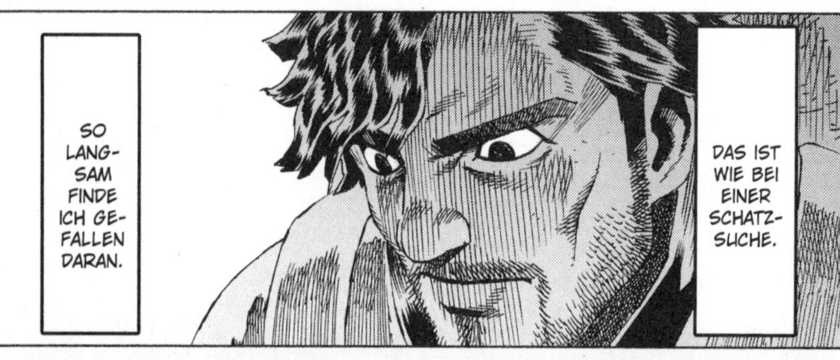
DAS IST WIE BEI EINER SCHATZSUCHE.
SO LANGSAM FINDE ICH GEFALLEN DARAN.

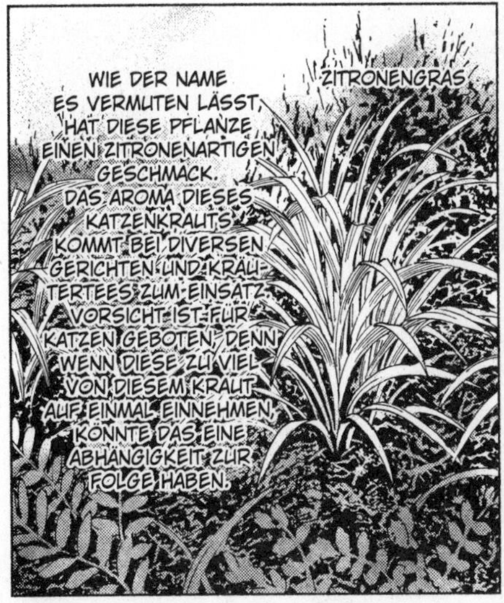
ZITRONENGRAS
WIE DER NAME ES VERMUTEN LÄSST, HAT DIESE PFLANZE EINEN ZITRONENARTIGEN GESCHMACK. DAS AROMA DIESES KATZENKRAUTS KOMMT BEI DIVERSEN GERICHTEN UND KRAUTERTEES ZUM EINSATZ. VORSICHT IST FÜR KATZEN GEBOTEN, DENN WENN DIESE ZU VIEL VON DIESEM KRAUT AUF EINMAL EINNEHMEN, KÖNNTE DAS EINE ABHÄNGIGKEIT ZUR FOLGE HABEN.

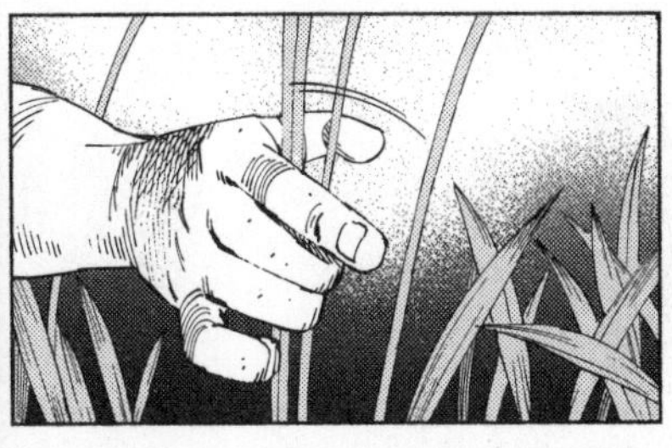

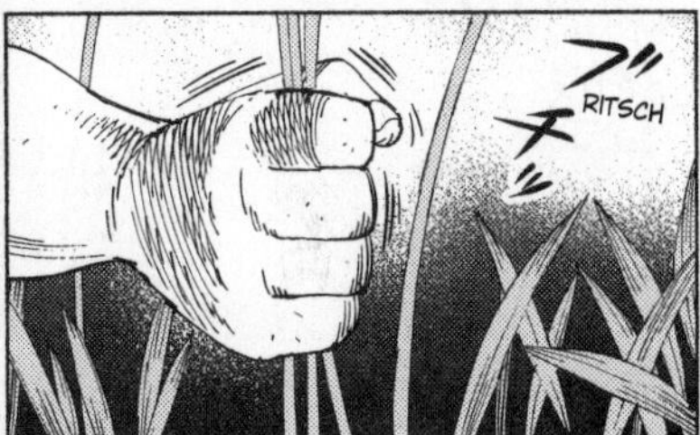
ブチッ
RITSCH

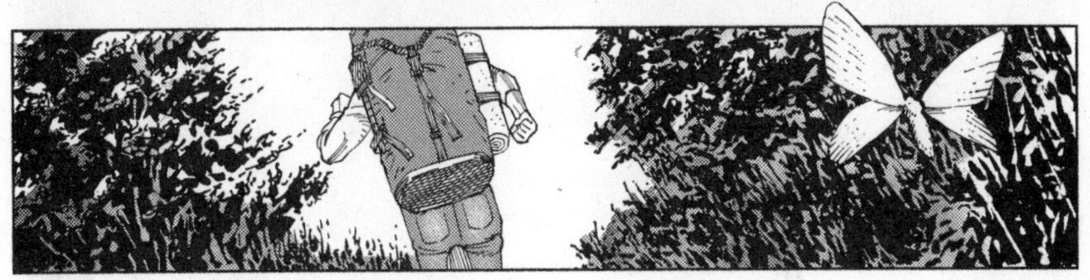

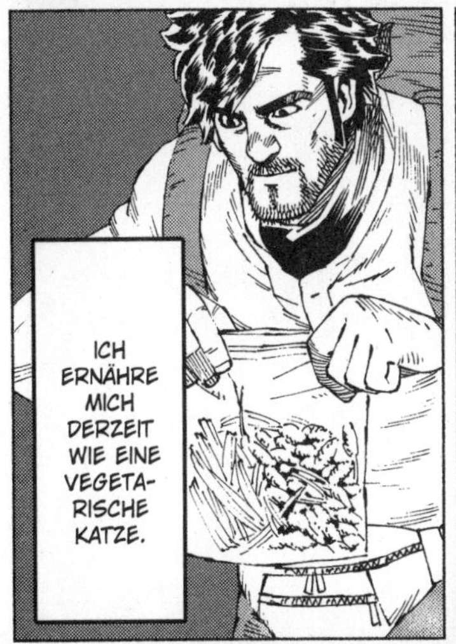
ICH ERNÄHRE MICH DERZEIT WIE EINE VEGETARISCHE KATZE.

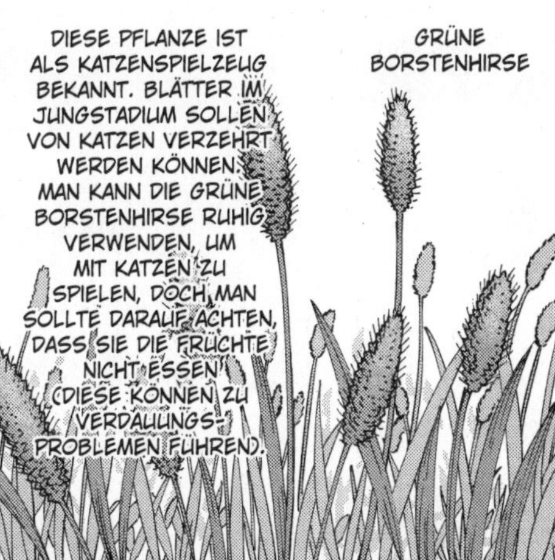
GRÜNE BORSTENHIRSE
DIESE PFLANZE IST ALS KATZENSPIELZEUG BEKANNT. BLÄTTER IM JUNGSTADIUM SOLLEN VON KATZEN VERZEHRT WERDEN KÖNNEN. MAN KANN DIE GRÜNE BORSTENHIRSE RUHIG VERWENDEN, UM MIT KATZEN ZU SPIELEN, DOCH MAN SOLLTE DARAUF ACHTEN, DASS SIE DIE FRÜCHTE NICHT ESSEN (DIESE KÖNNEN ZU VERDAUUNGSPROBLEMEN FÜHREN).

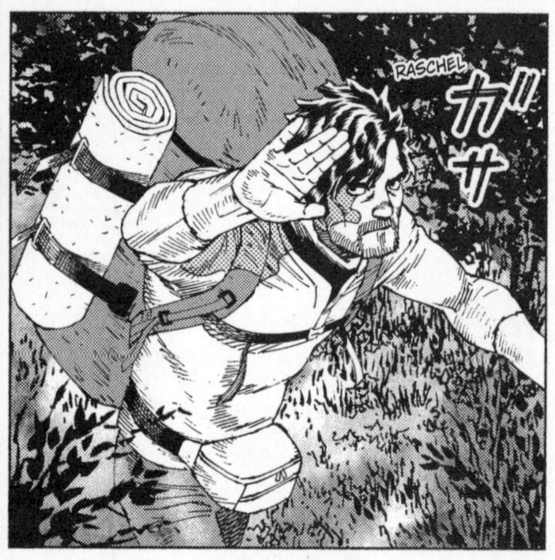
RASCHEL
ガサ

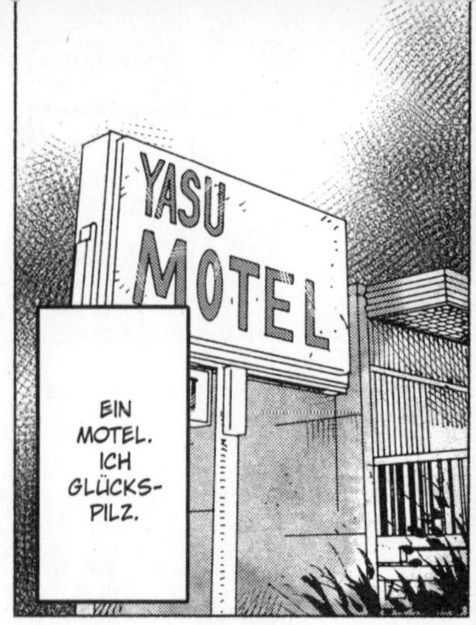
YASU
MOTEL
EIN MOTEL. ICH GLÜCKS-PILZ.

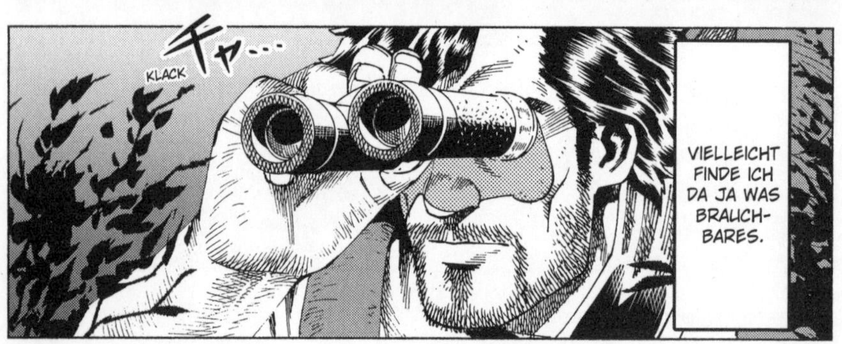
KLACK
チャ…
VIELLEICHT FINDE ICH DA JA WAS BRAUCH-BARES.

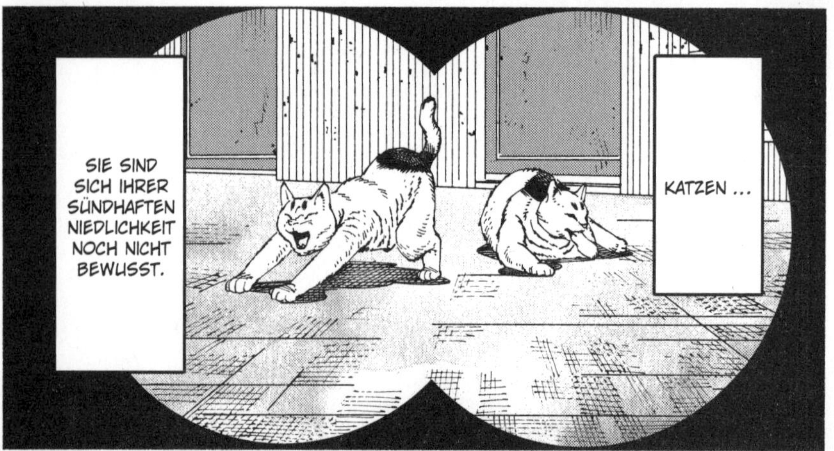
KATZEN …
SIE SIND SICH IHRER SÜNDHAFTEN NIEDLICHKEIT NOCH NICHT BEWUSST.

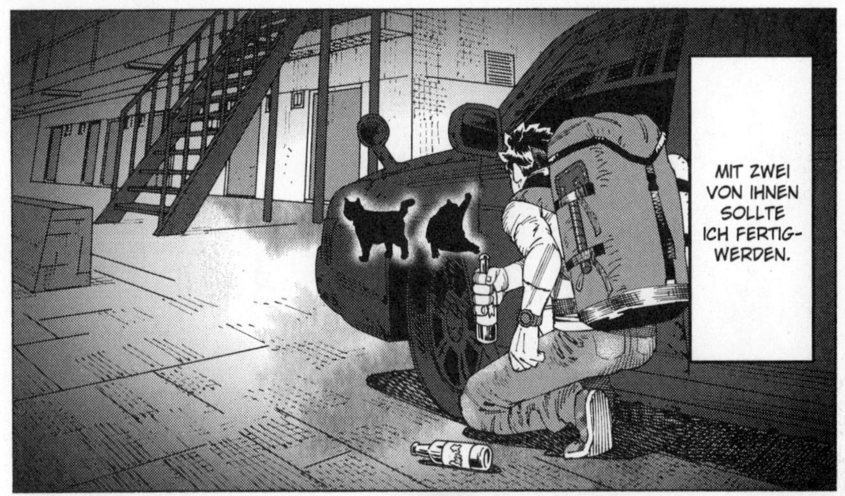
MIT ZWEI VON IHNEN SOLLTE ICH FERTIG-WERDEN.

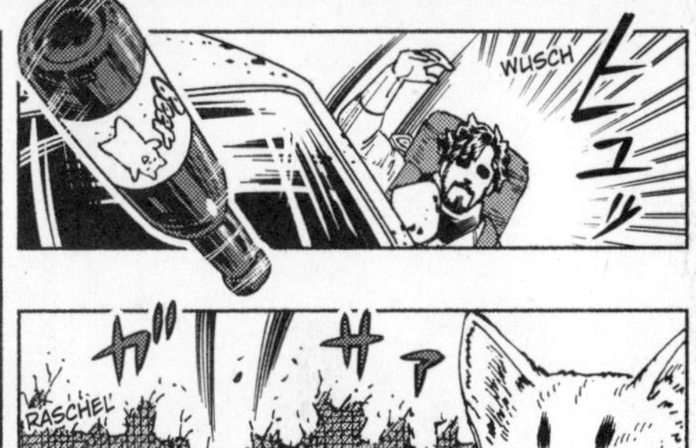
WUSCH
RASCHEL

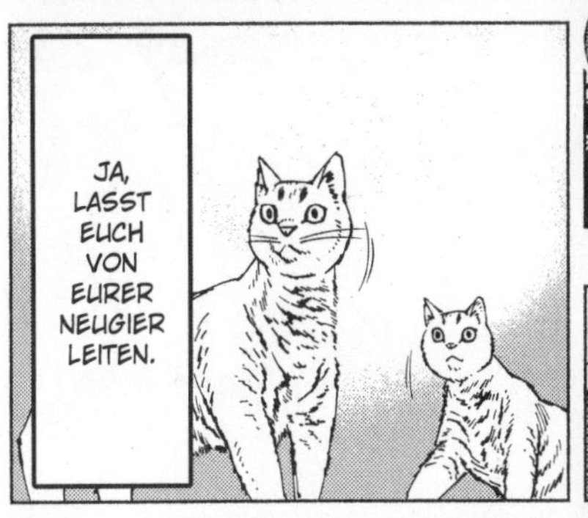
JA, LASST EUCH VON EURER NEUGIER LEITEN.

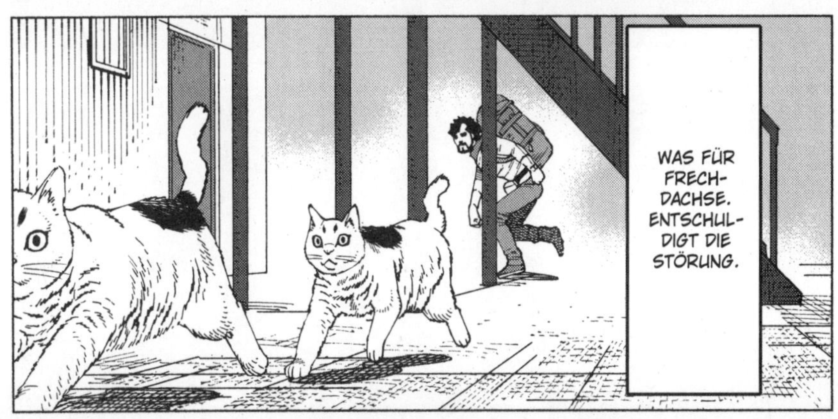
WAS FÜR FRECH-DACHSE. ENTSCHUL-DIGT DIE STÖRUNG.

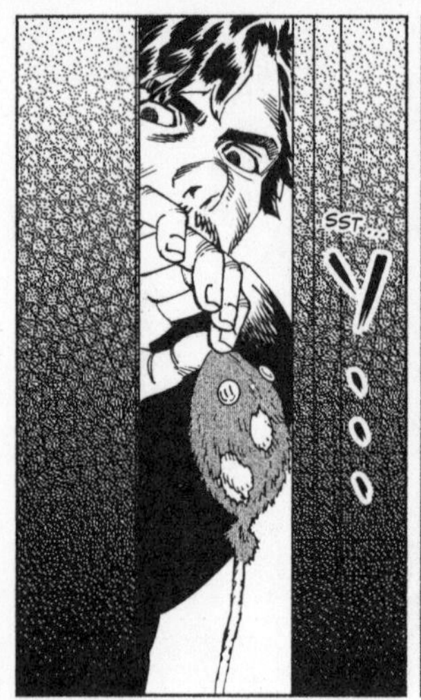
SST...
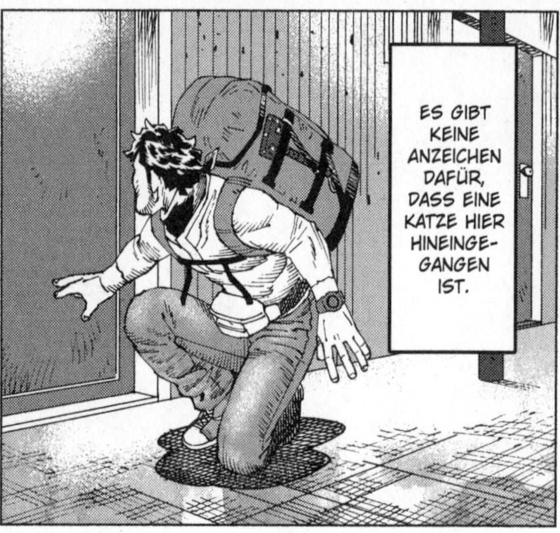
ES GIBT KEINE ANZEICHEN DAFÜR, DASS EINE KATZE HIER HINEINGE-GANGEN IST.
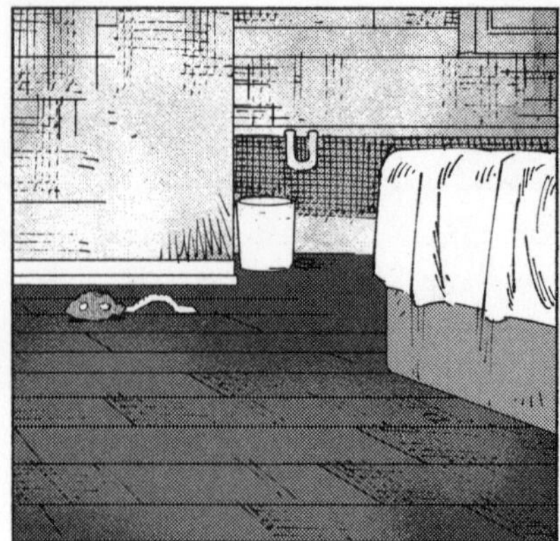
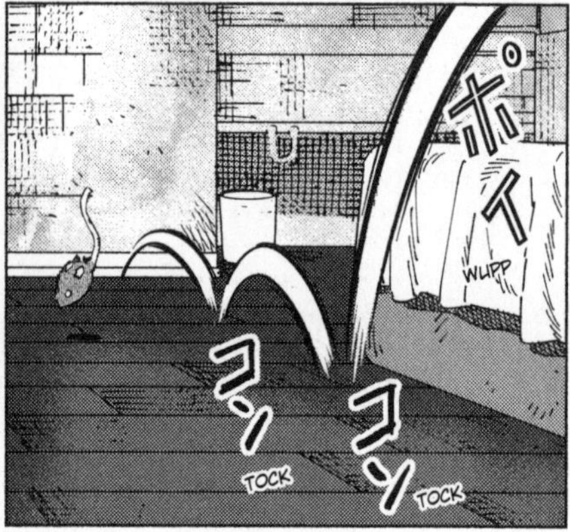
WUPP
TOCK
TOCK
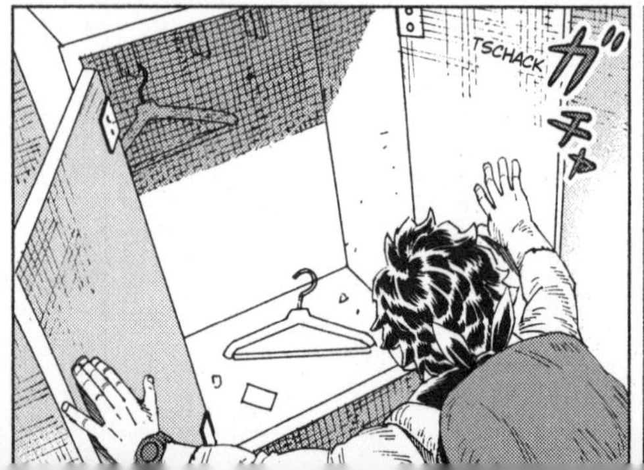
TSCHACK
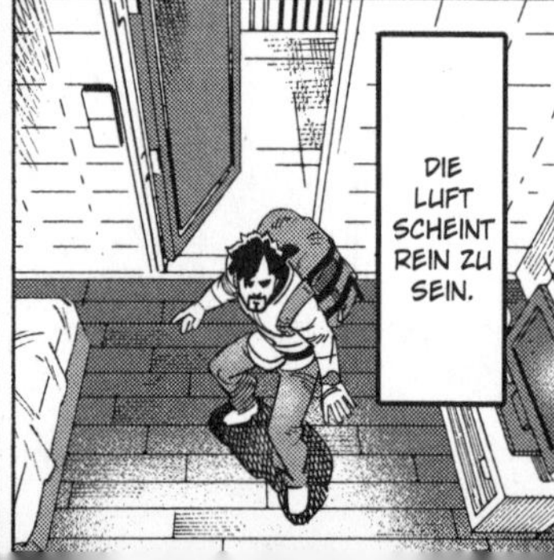
DIE LUFT SCHEINT REIN ZU SEIN.

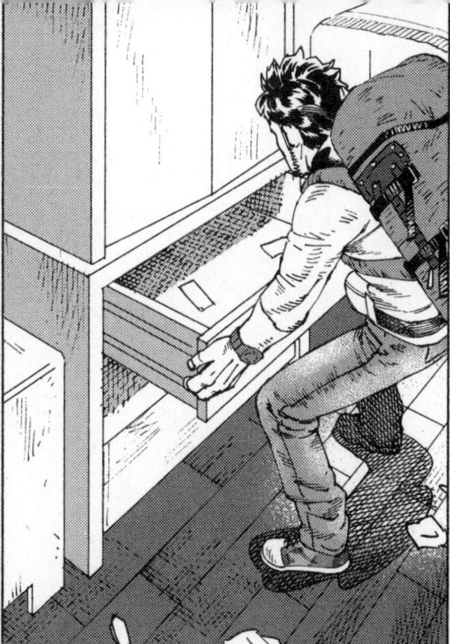
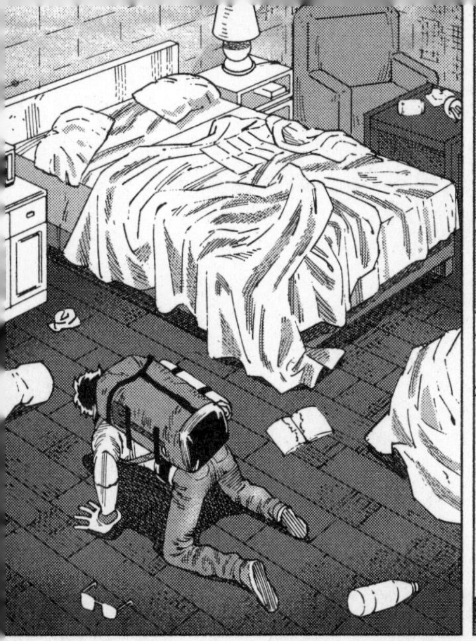
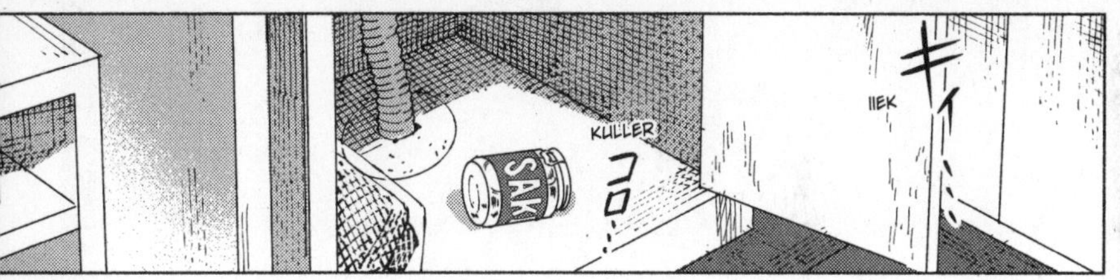
IIEK
KULLER
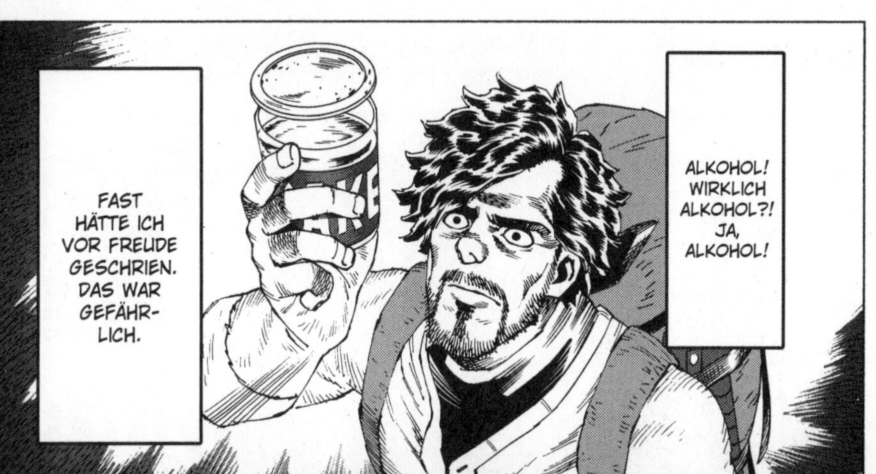
ALKOHOL! WIRKLICH ALKOHOL?! JA, ALKOHOL!
FAST HÄTTE ICH VOR FREUDE GESCHRIEN. DAS WAR GEFÄHR-LICH.

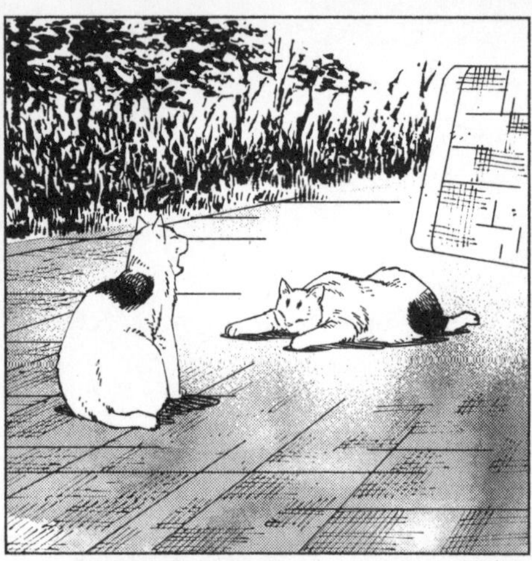

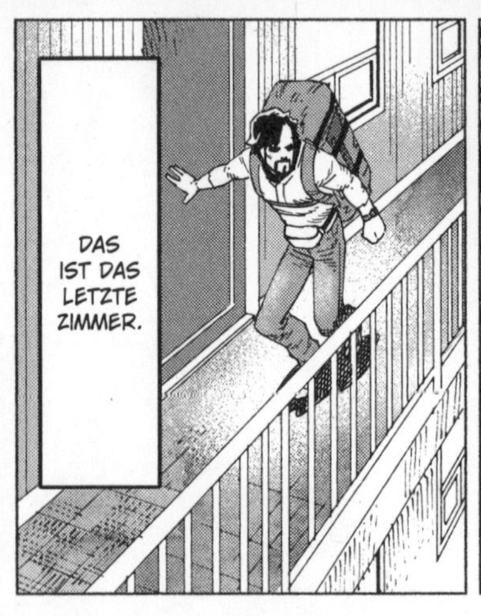
DAS IST DAS LETZTE ZIMMER.

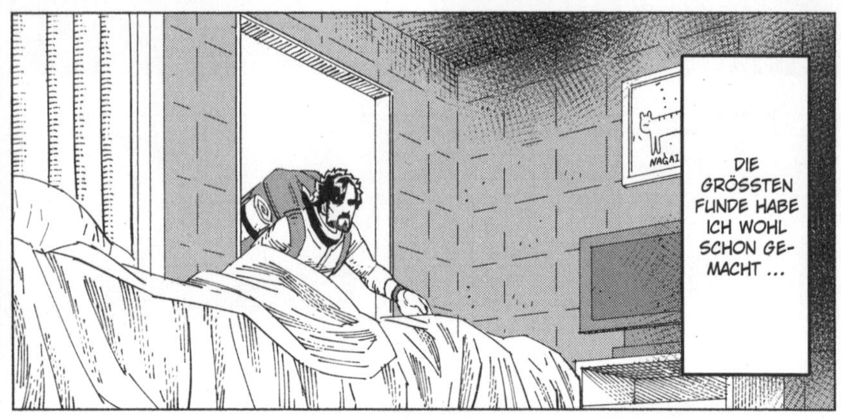
DIE GRÖSSTEN FUNDE HABE ICH WOHL SCHON GE-MACHT …
NAGAI

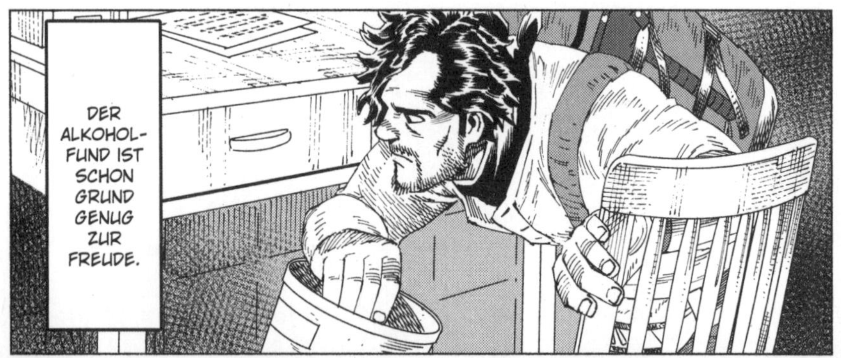
DER ALKOHOL-FUND IST SCHON GRUND GENUG ZUR FREUDE.

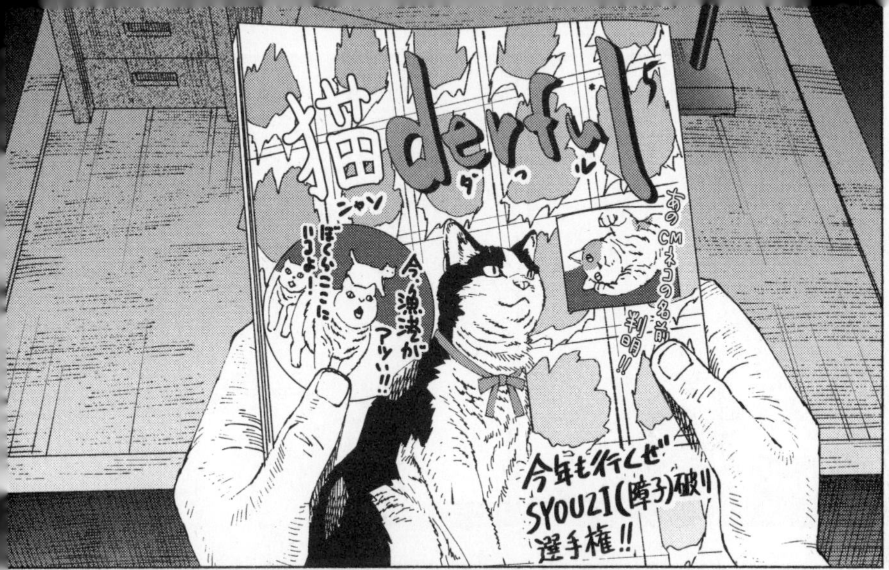

* MIAUGAZIN: FISCHERHÄFEN SIND JETZT IM TREND! „DA WOLLEN WIR HIN!" / WIR VERRATEN, WIE DIE KATZE AUS DER WERBUNG HEISST! / DIESES JAHR GEHT'S WIEDER ZUR TAPETENKRATZ-OLYMPIADE!

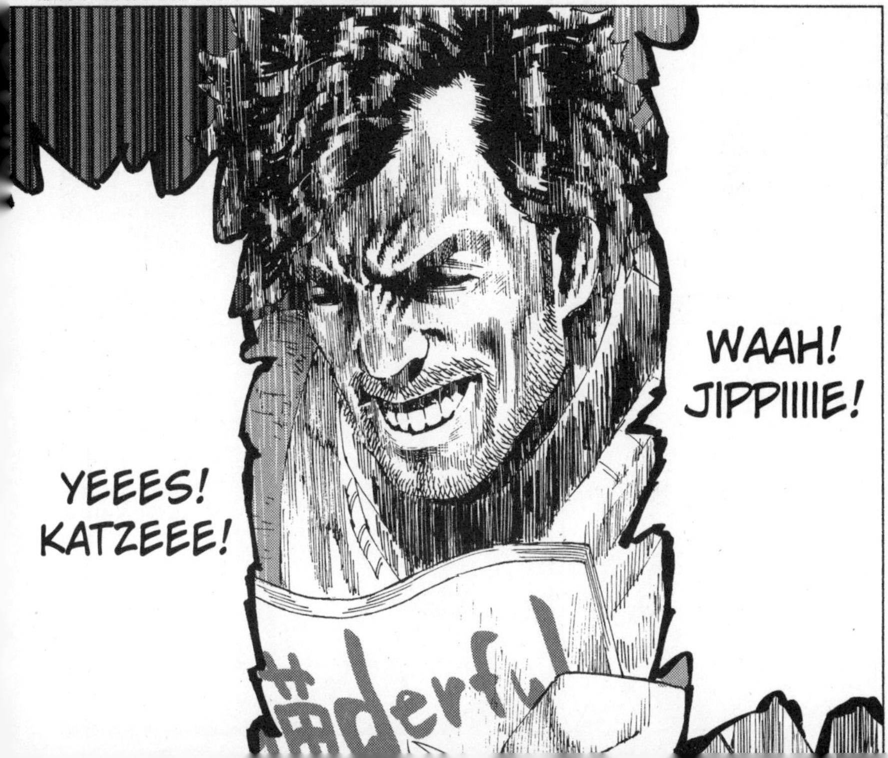

WAAH! JIPPIIIIE!

YEEES! KATZEEE!

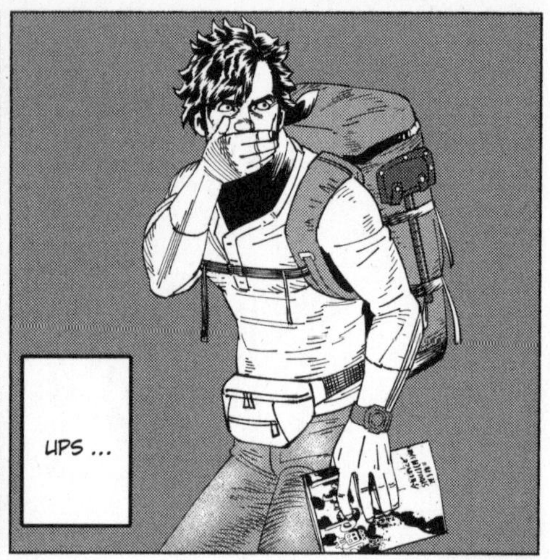
UPS ...

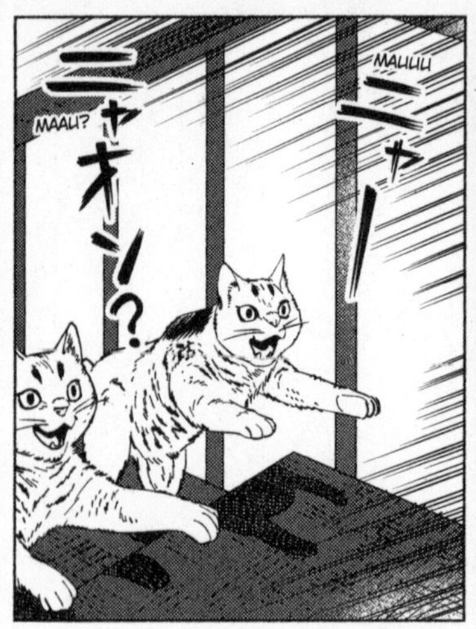
MAUUU
MAAU?

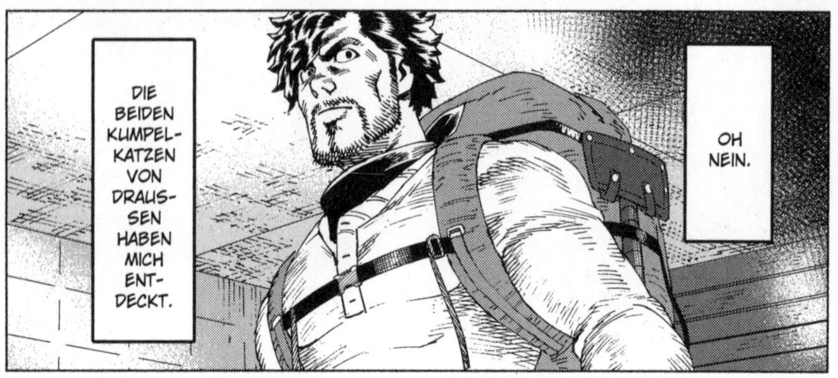
OH NEIN.
DIE BEIDEN KUMPEL-KATZEN VON DRAUS-SEN HABEN MICH ENT-DECKT.

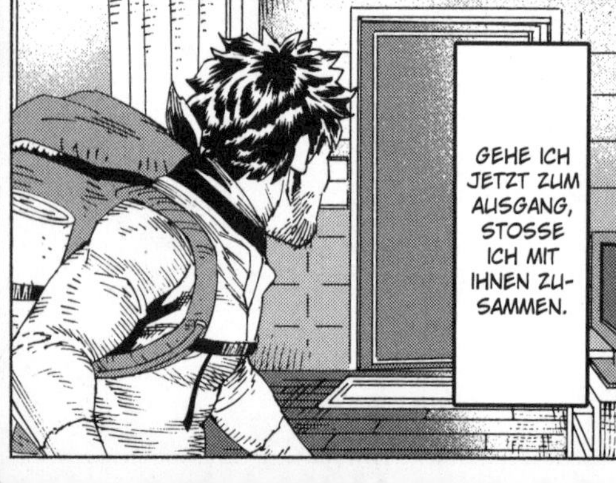
GEHE ICH JETZT ZUM AUSGANG, STOSSE ICH MIT IHNEN ZU-SAMMEN.

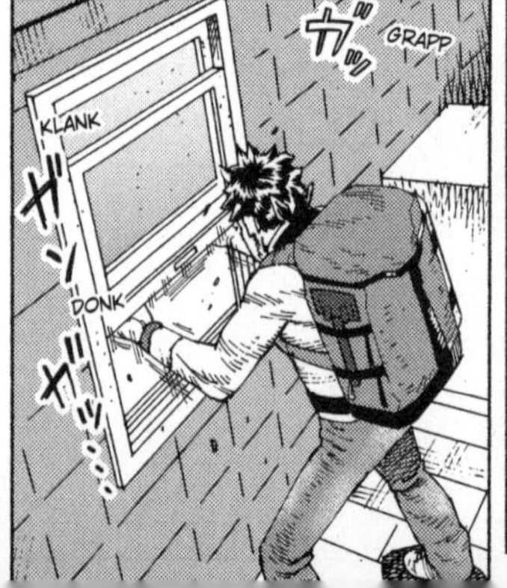
GRAPP
KLANK
DONK

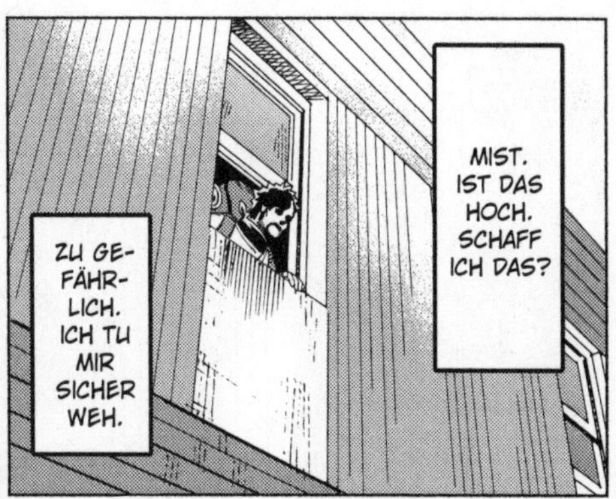
MIST. IST DAS HOCH. SCHAFF ICH DAS?
ZU GEFÄHRLICH. ICH TU MIR SICHER WEH.

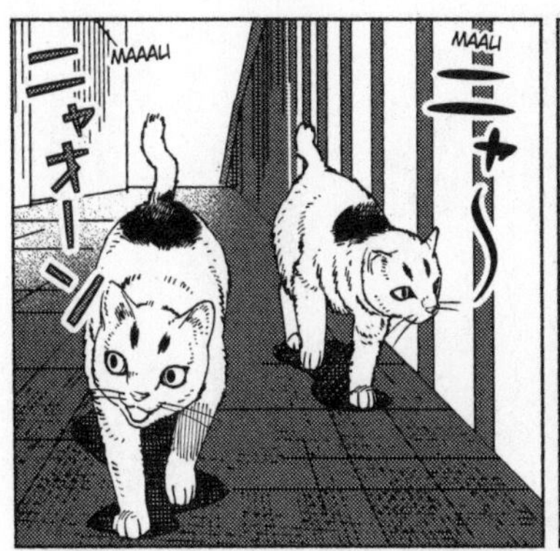
MAAAU
MAAU

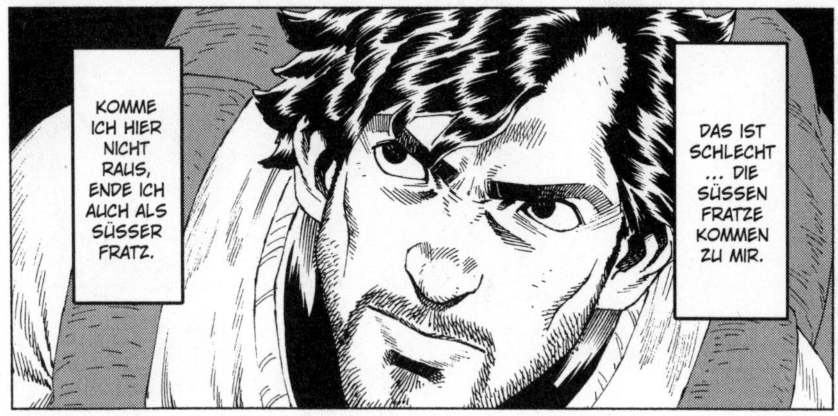
DAS IST SCHLECHT ... DIE SÜSSEN FRATZE KOMMEN ZU MIR.
KOMME ICH HIER NICHT RAUS, ENDE ICH AUCH ALS SÜSSER FRATZ.

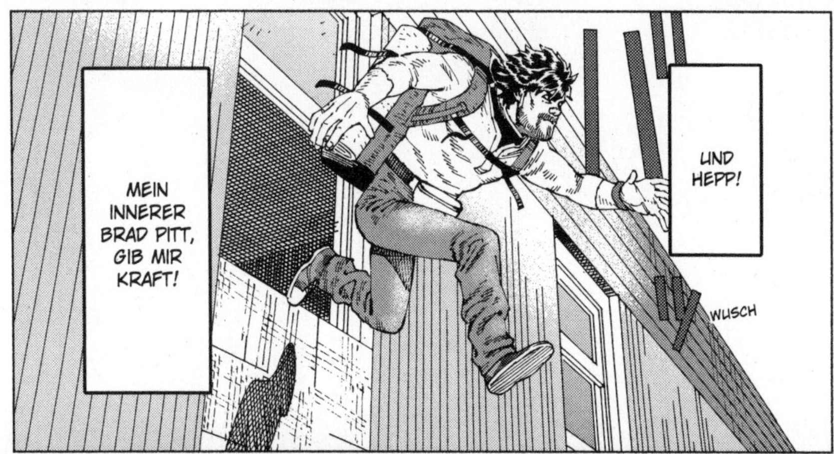
UND HEPP!
WUSCH
MEIN INNERER BRAD PITT, GIB MIR KRAFT!

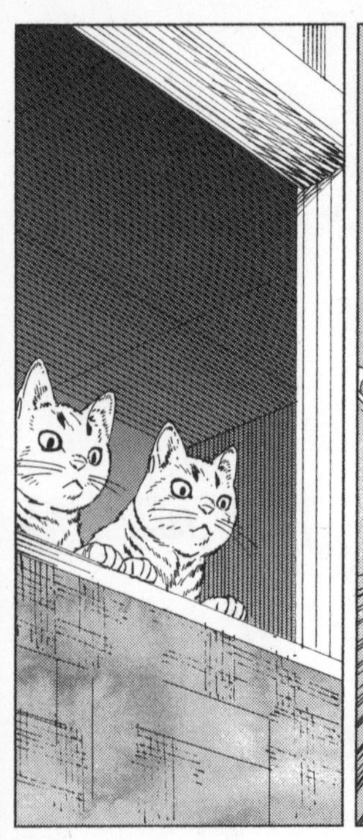

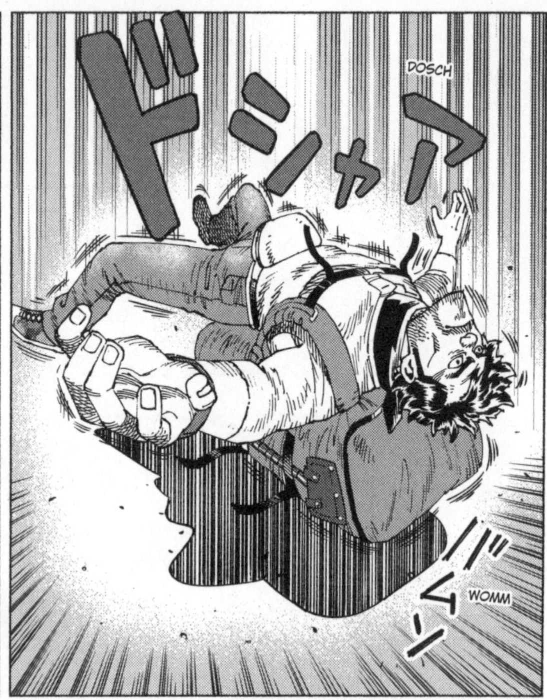
ドシャア
DOSCH
ドムーン
WOMM

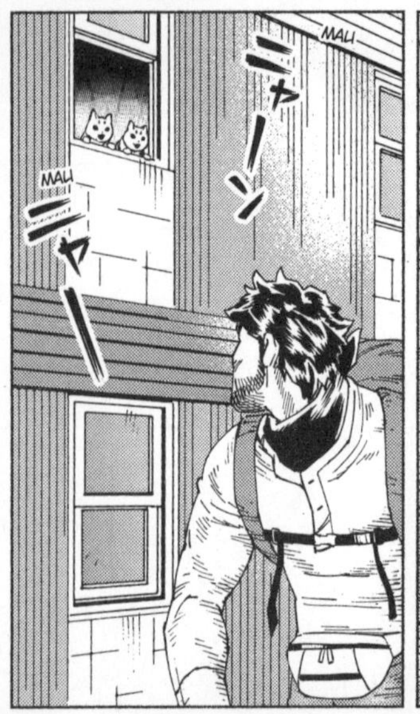
ニャーン
MAU
ニャー
MAU

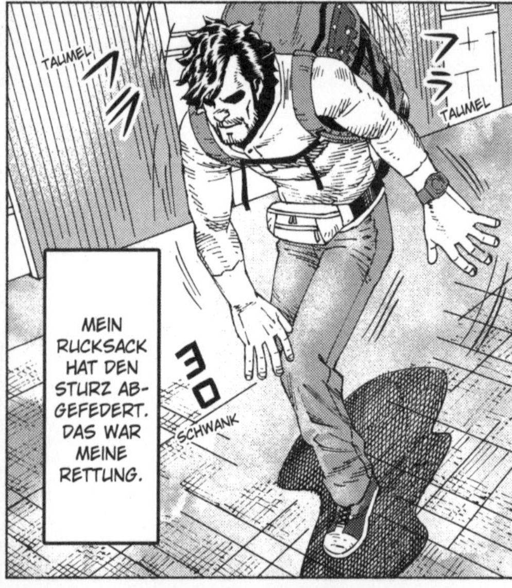
フラ
TAUMEL
ヘロ
TAUMEL
ヨロ
SCHWANK
MEIN RUCKSACK HAT DEN STURZ AB-GEFEDERT. DAS WAR MEINE RETTUNG.

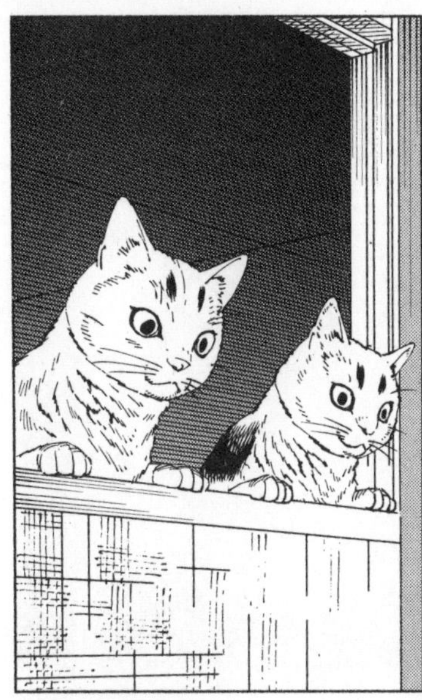

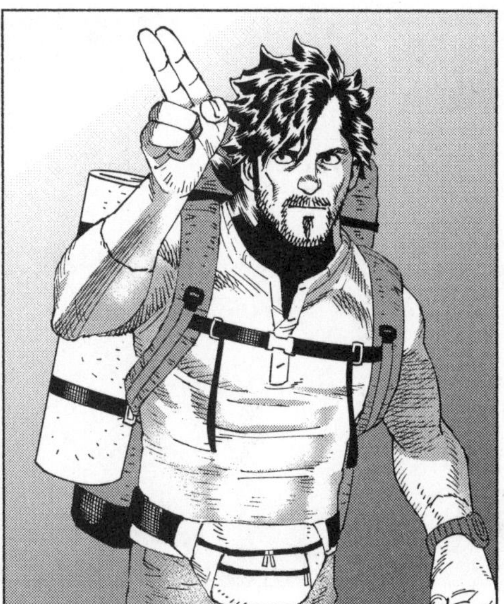

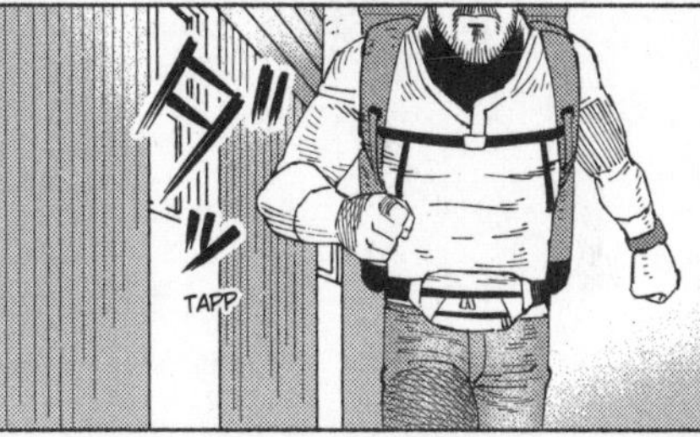
ICH HAU BESSER AB, BEVOR SIE MIR FOLGEN.
タッ
TAPP

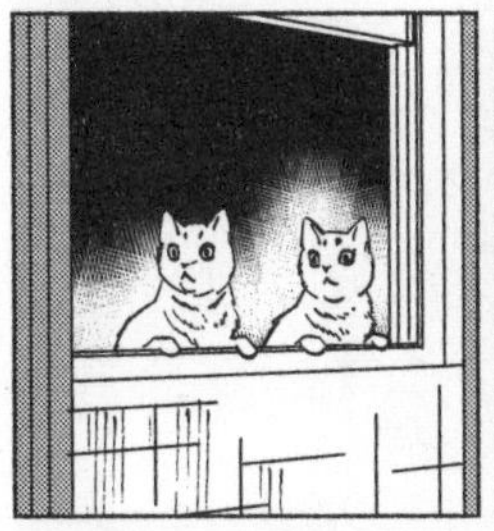

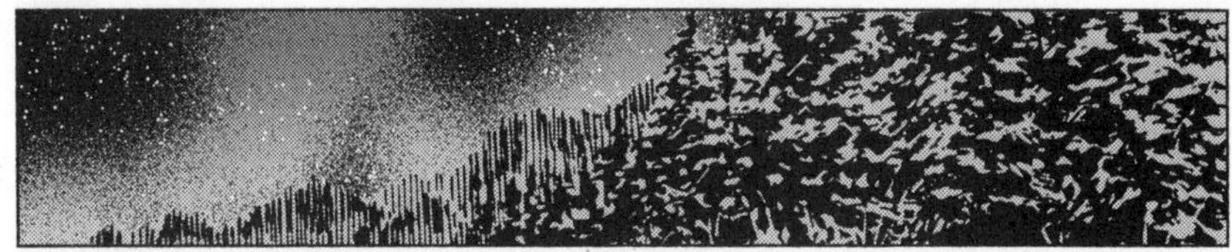

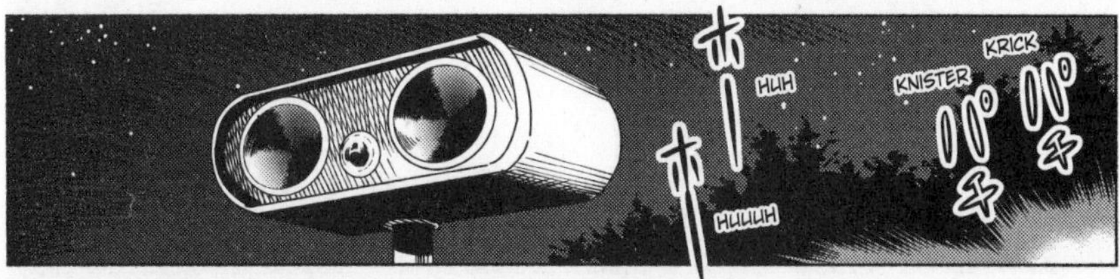
パチ
KRICK
パチ
KNISTER
ホー
HUH
ホー
HUUUH

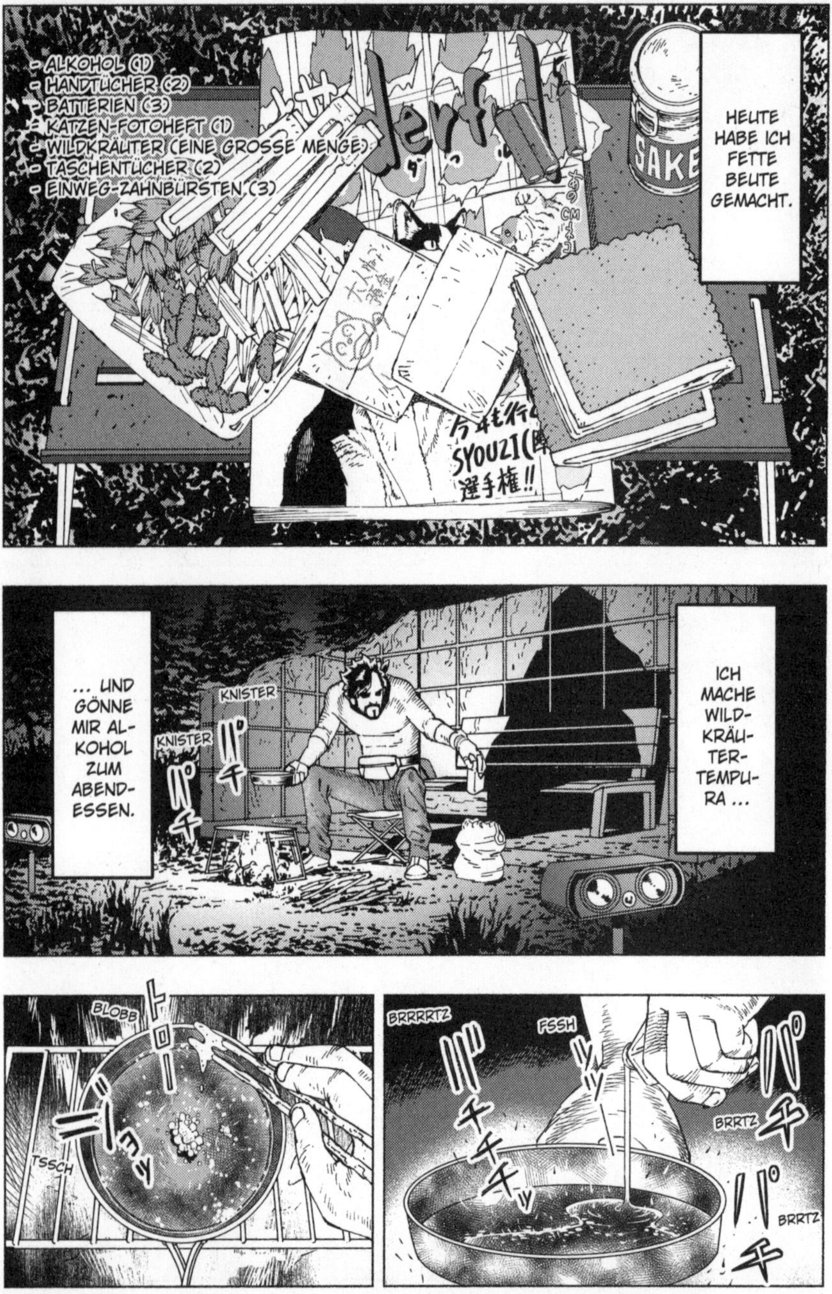

- ALKOHOL (1)
- HANDTÜCHER (2)
- BATTERIEN (3)
- KATZEN-FOTOHEFT (1)
- WILDKRÄUTER (EINE GROSSE MENGE)
- TASCHENTÜCHER (2)
- EINWEG-ZAHNBÜRSTEN (3)

SAKE

HEUTE HABE ICH FETTE BEUTE GEMACHT.

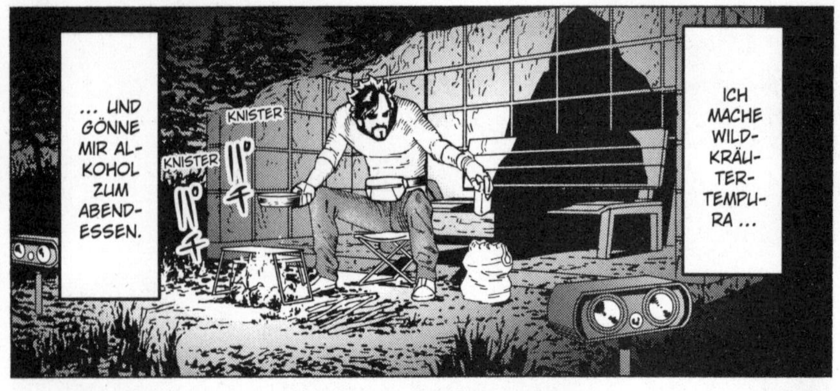

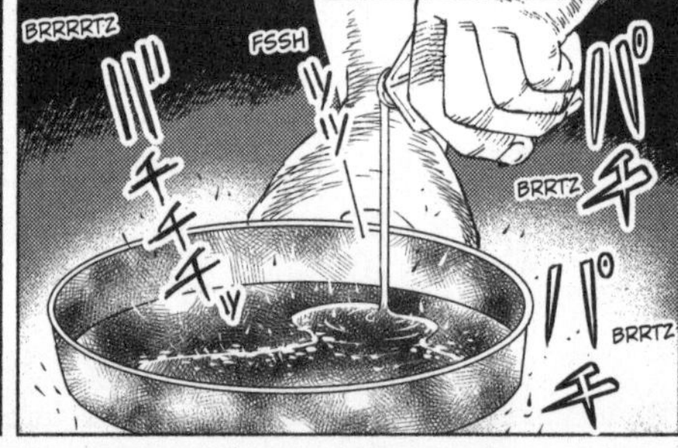

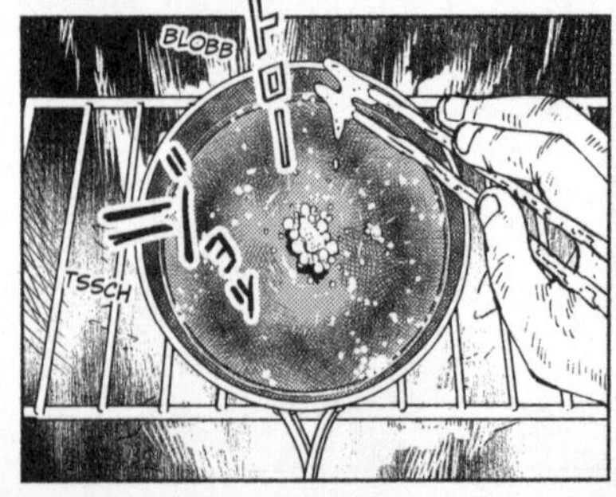

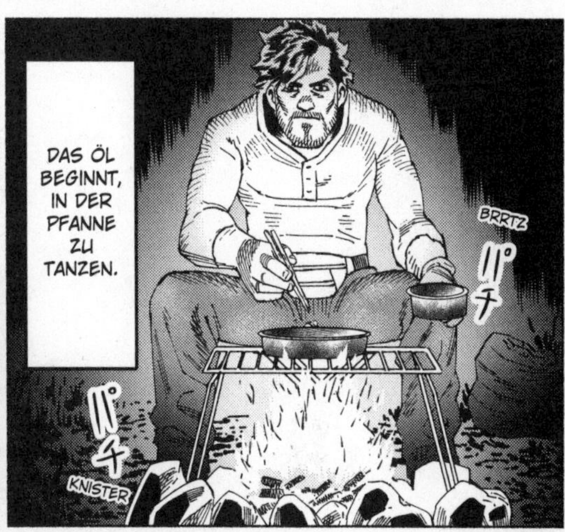
DAS ÖL BEGINNT, IN DER PFANNE ZU TANZEN.
BRRTZ
パチ
パチ
KNISTER

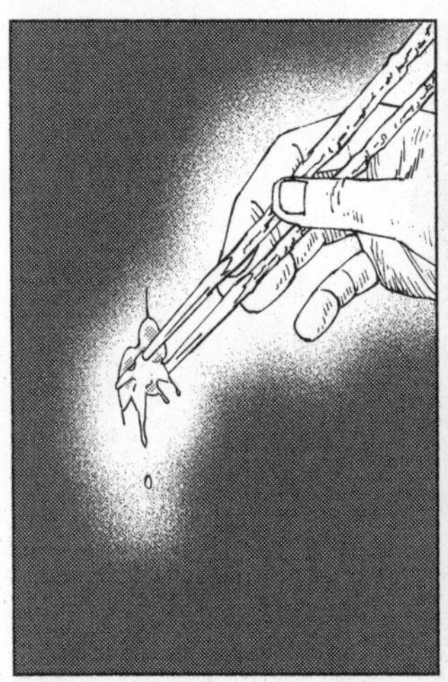

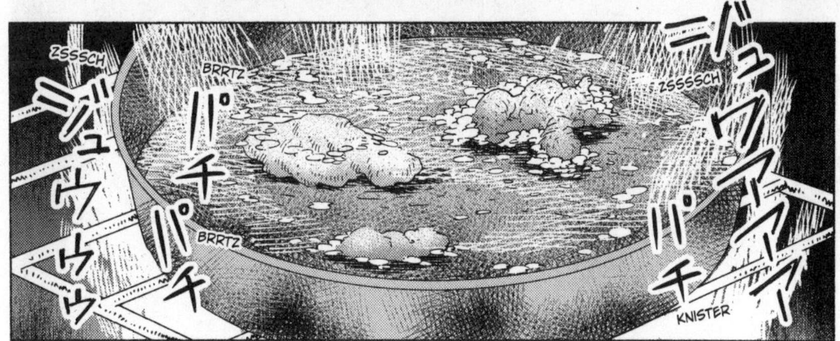
ジュウアアアア
ZSSSSCH
パチ
KNISTER
BRRTZ
パチパチ
BRRTZ
ZSSSCH
ジュウウウウ

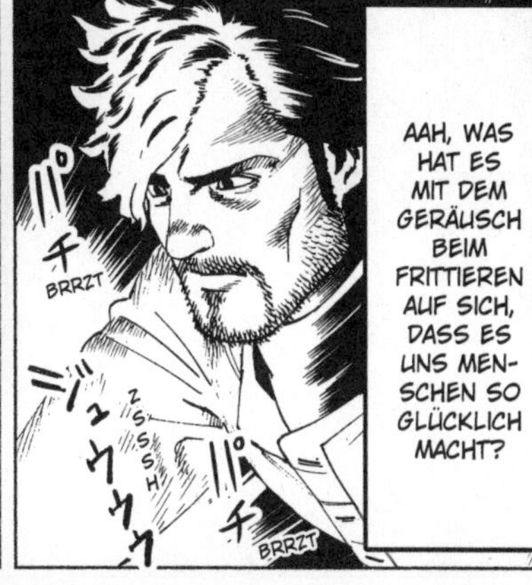
AAH, WAS HAT ES MIT DEM GERÄUSCH BEIM FRITTIEREN AUF SICH, DASS ES UNS MENSCHEN SO GLÜCKLICH MACHT?
パチ
BRRZT
ジュウウウ
ZSSSH
パチ
BRRZT

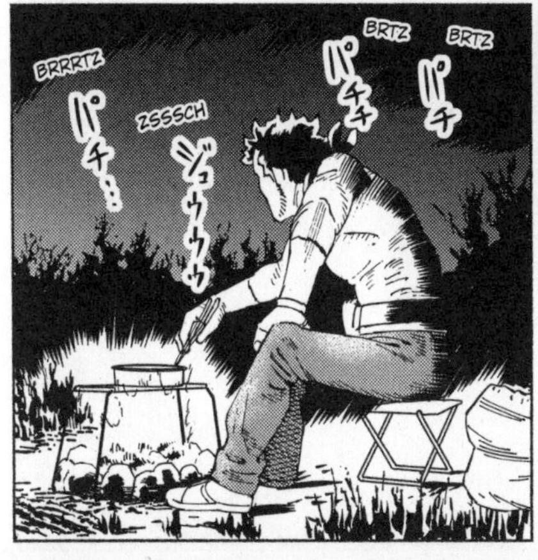
BRTZ
パチ
BRTZ
パチチ
ZSSSCH
ジュウウウウ
BRRRTZ
パチ…

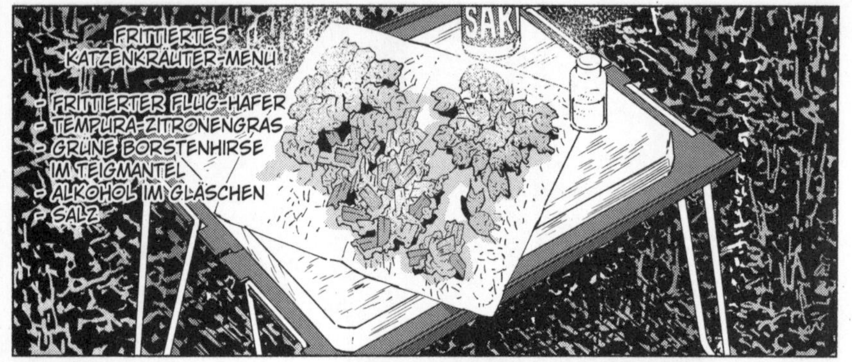
FRITTIERTES
KATZENKRÄUTER-MENÜ
- FRITTIERTER FLUG-HAFER
- TEMPURA-ZITRONENGRAS
- GRÜNE BORSTENHIRSE
IM TEIGMANTEL
- ALKOHOL IM GLÄSCHEN
- SALZ
SAKE

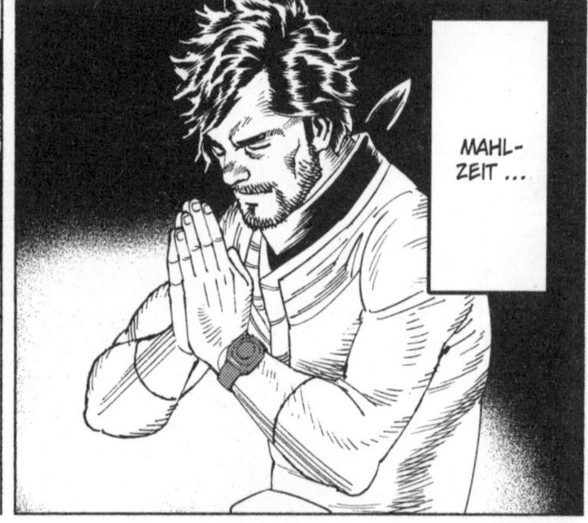
MAHL-
ZEIT ...

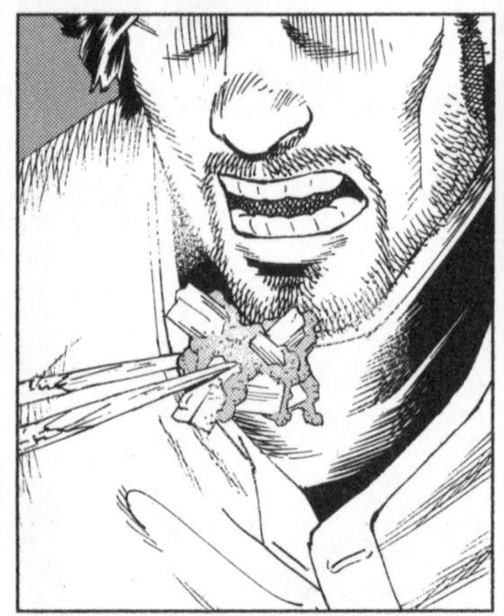

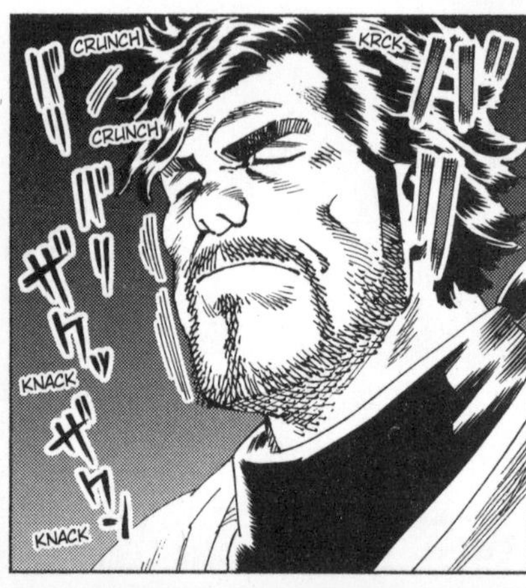
KRCK
CRUNCH
CRUNCH
KNACK
KNACK

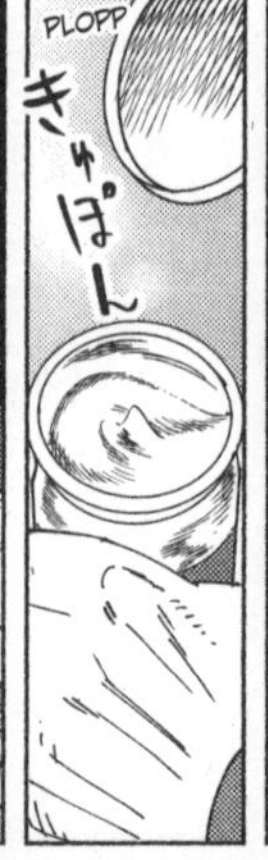
PLOPP
きゅぽん

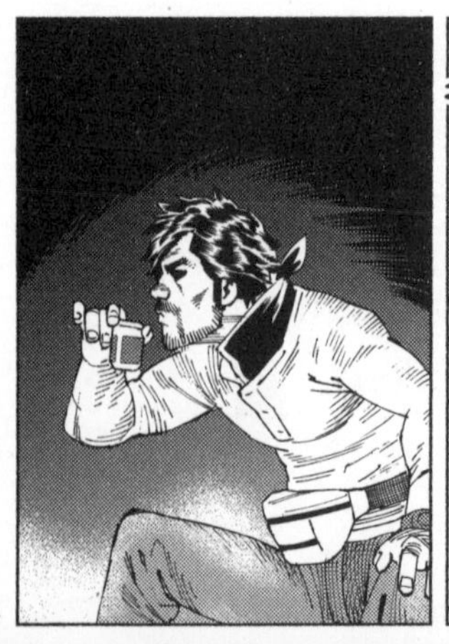

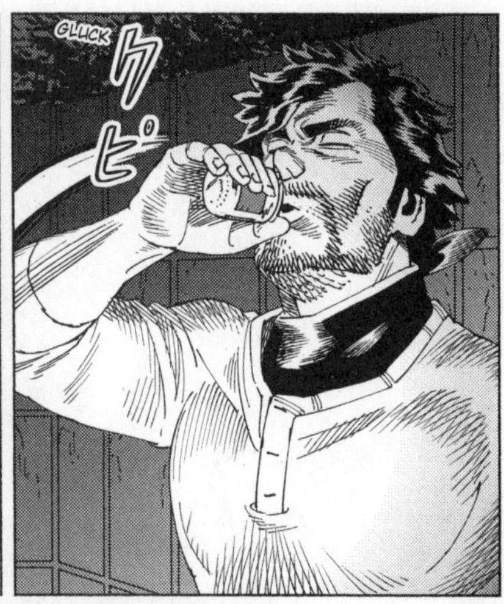
GLUCK

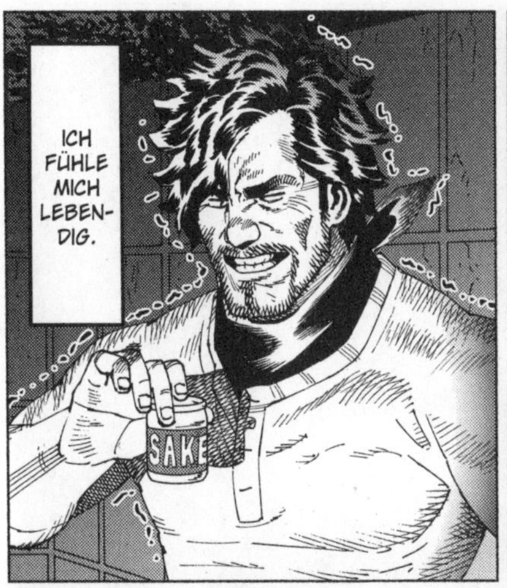
ICH FÜHLE MICH LEBEN-DIG.
SAKE

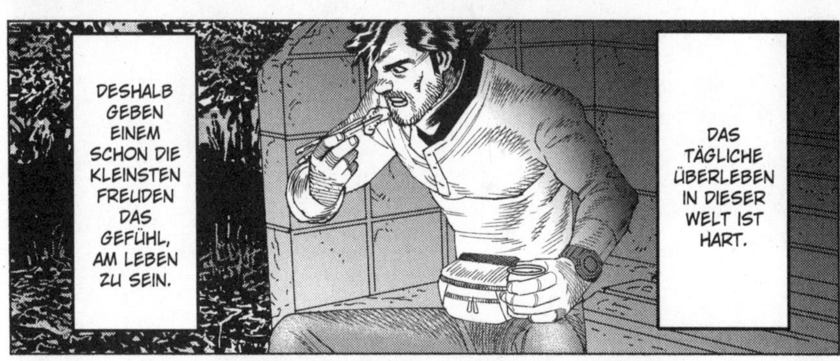
DAS TÄGLICHE ÜBERLEBEN IN DIESER WELT IST HART.
DESHALB GEBEN EINEM SCHON DIE KLEINSTEN FREUDEN DAS GEFÜHL, AM LEBEN ZU SEIN.

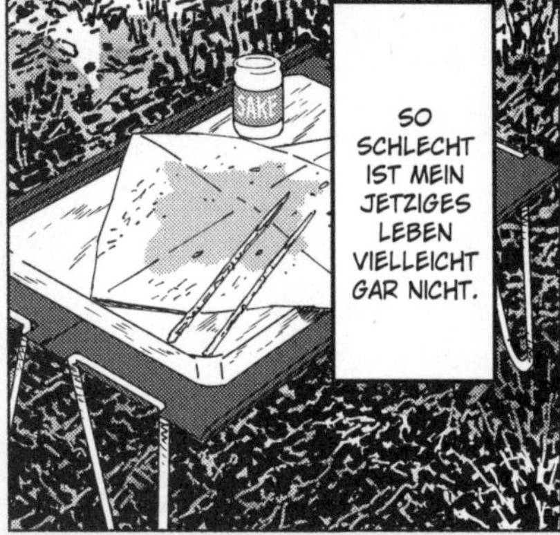
SAKE
SO SCHLECHT IST MEIN JETZIGES LEBEN VIELLEICHT GAR NICHT.

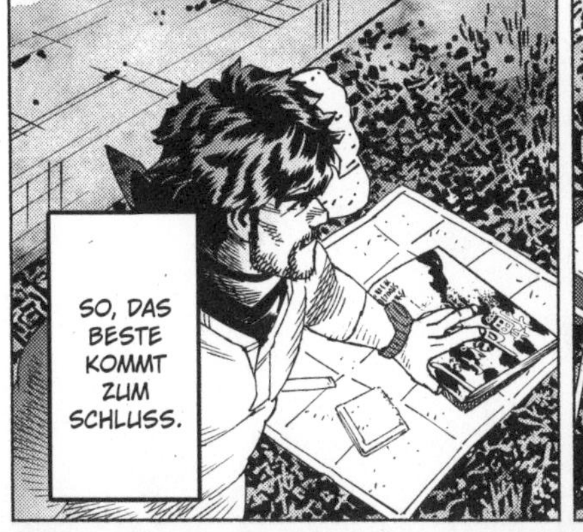
SO, DAS BESTE KOMMT ZUM SCHLUSS.

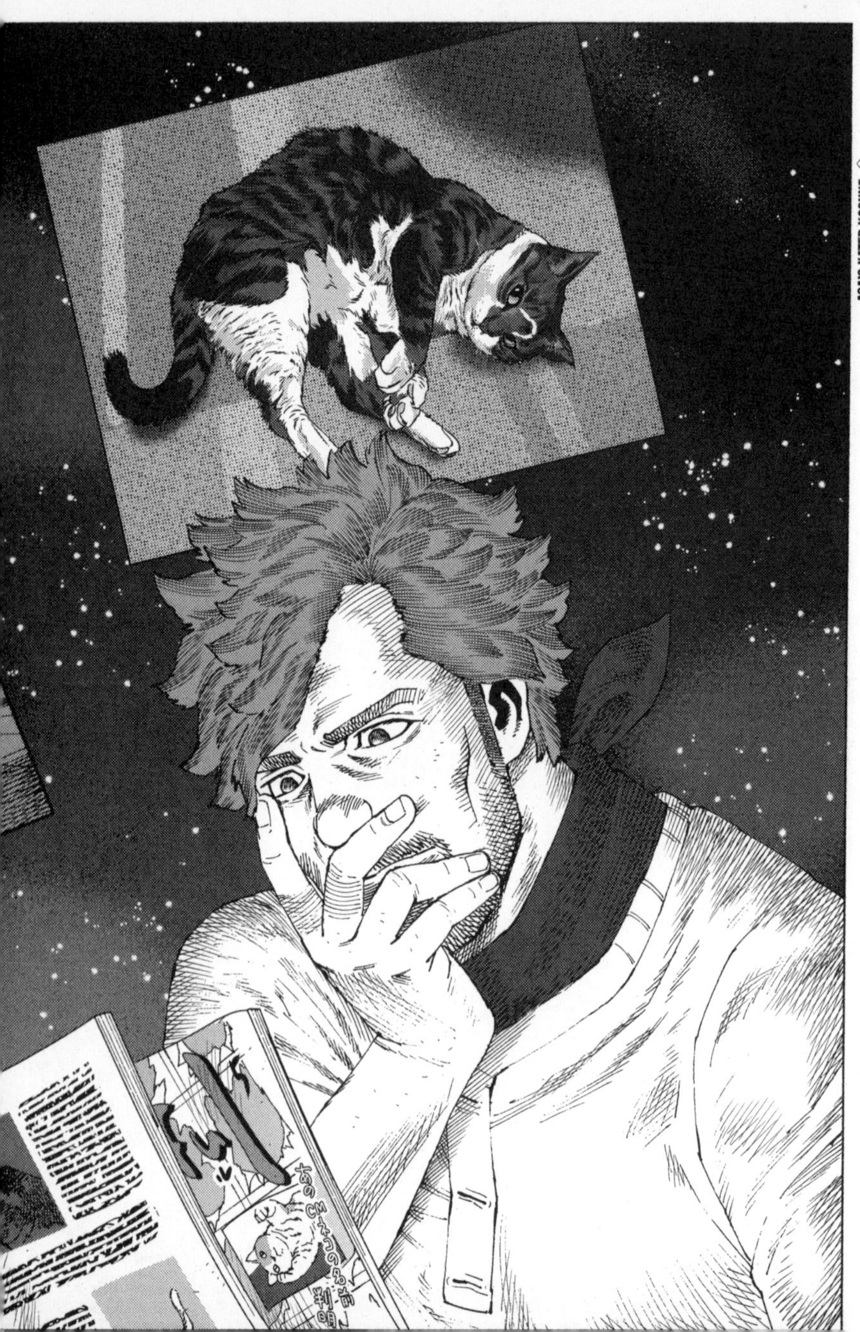

ASAIS KATER KOSUKE ⇧

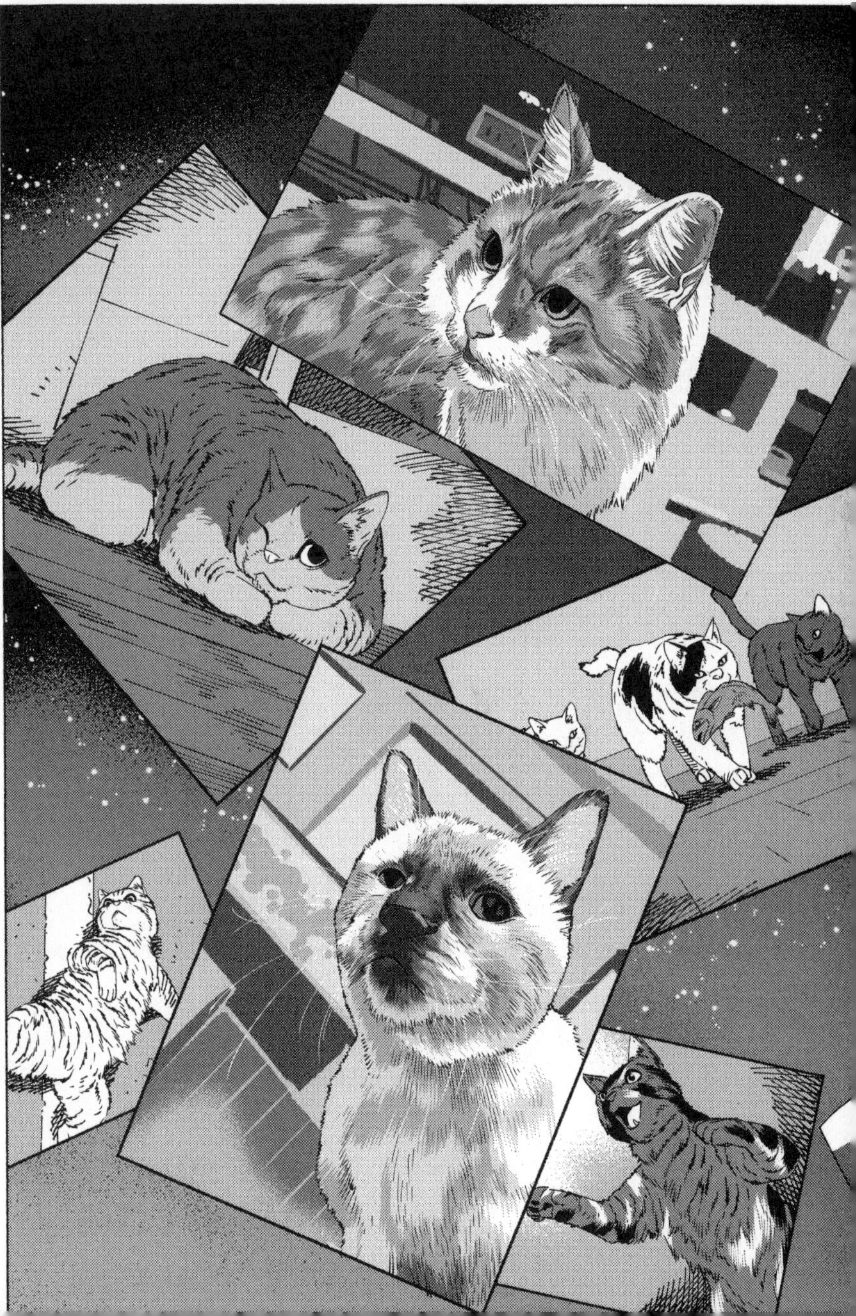

SASAKURES KATER YACCHI

MUKURO-JIMAS KATER YUAN

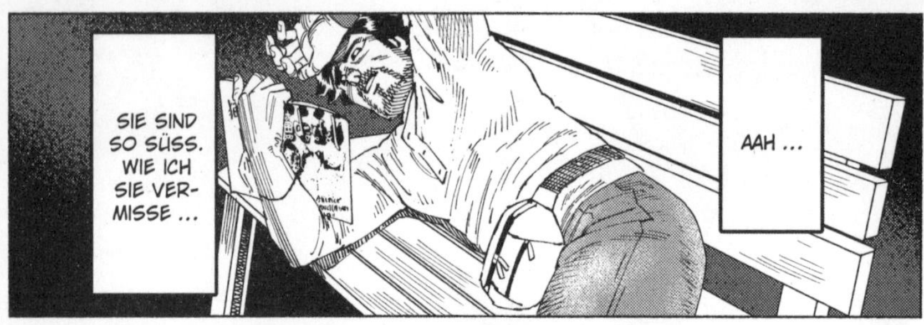
AAH ...
SIE SIND SO SÜSS. WIE ICH SIE VERMISSE ...

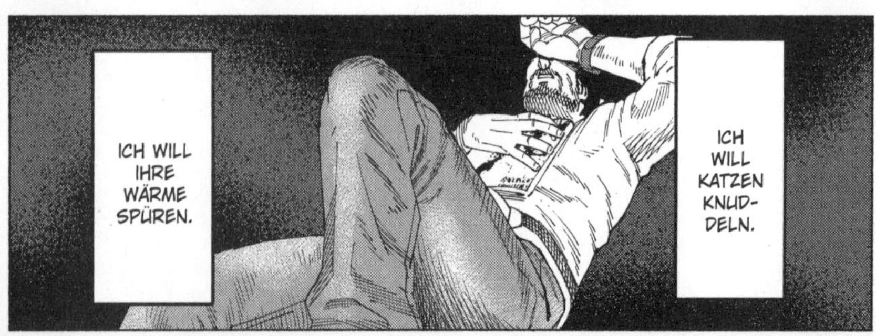
ICH WILL KATZEN KNUDDELN.
ICH WILL IHRE WÄRME SPÜREN.

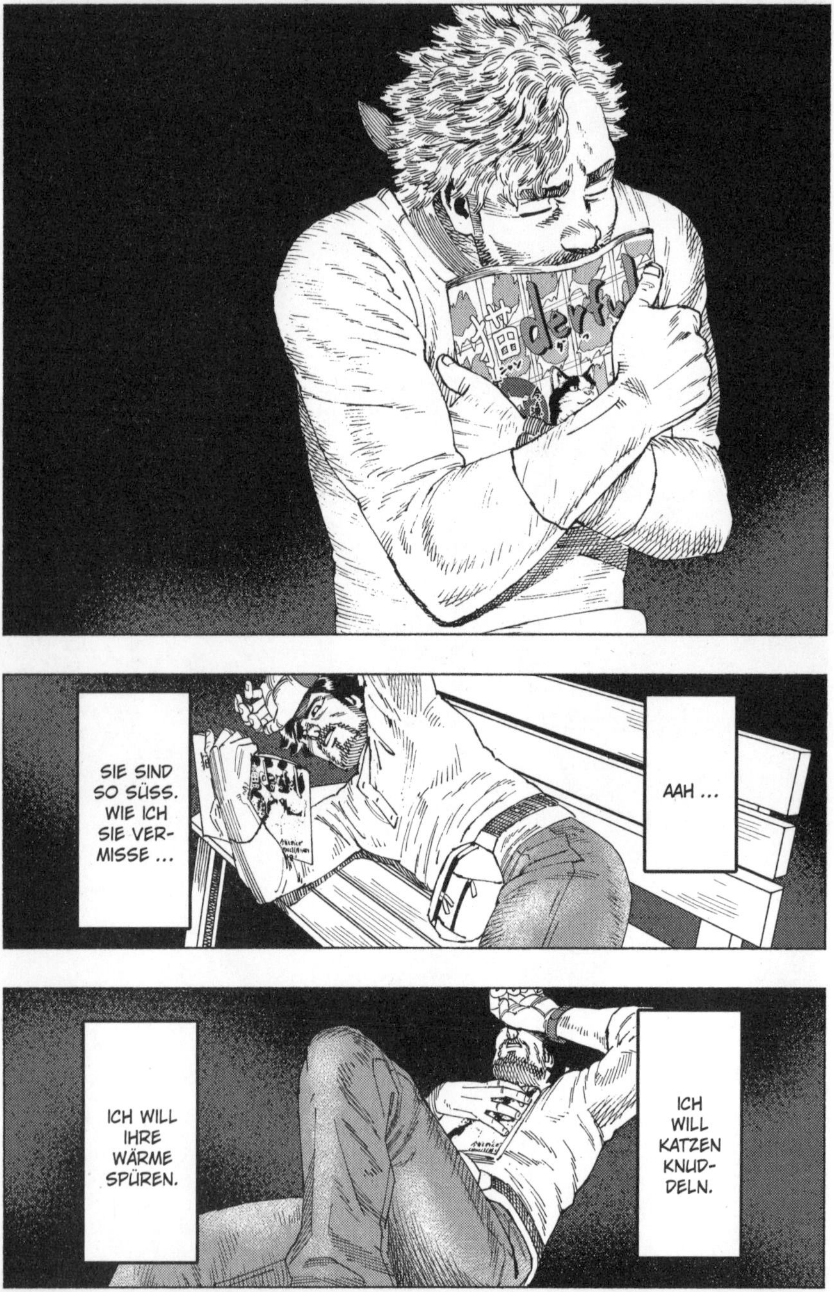

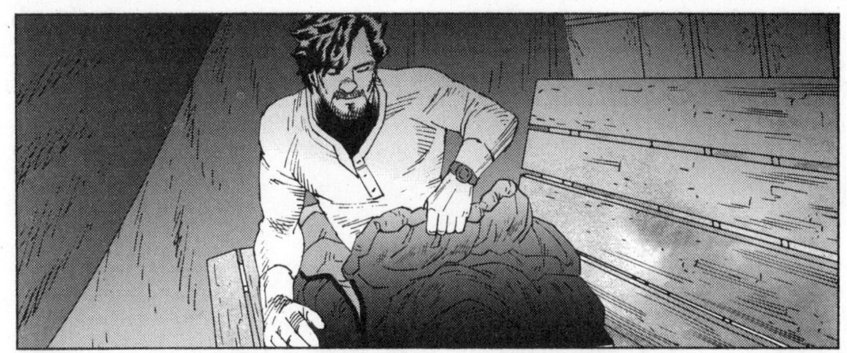

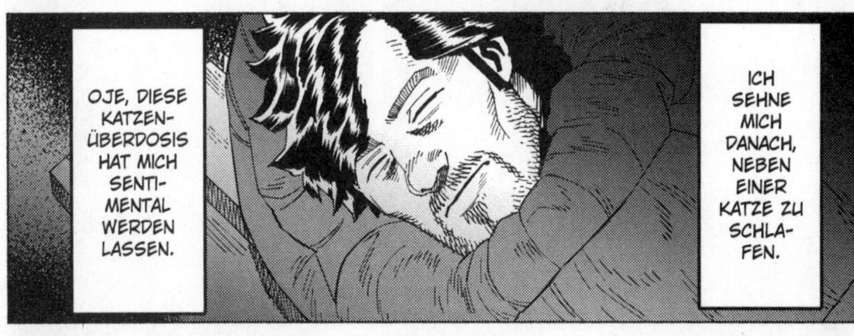
ICH SEHNE MICH DANACH, NEBEN EINER KATZE ZU SCHLAFEN.
OJE, DIESE KATZENÜBERDOSIS HAT MICH SENTIMENTAL WERDEN LASSEN.

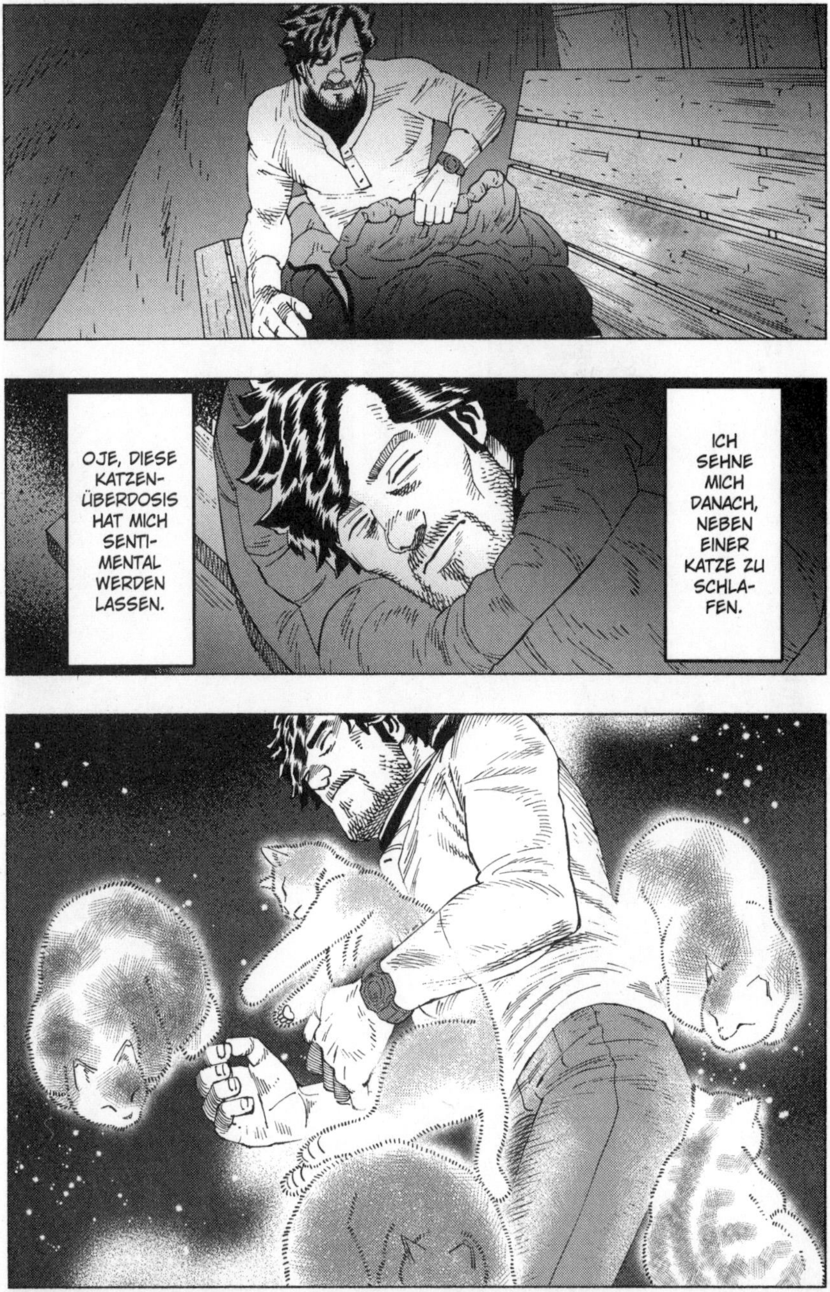

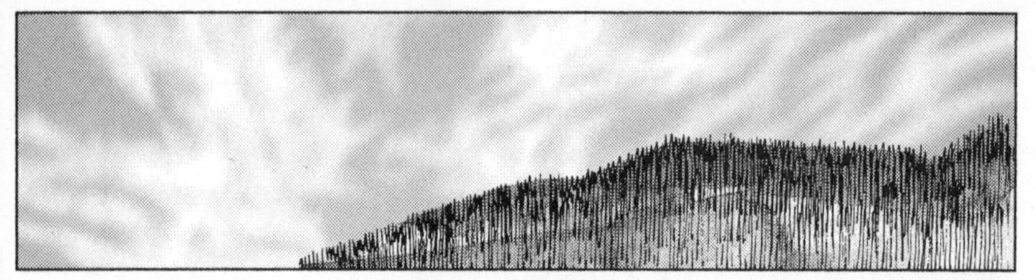

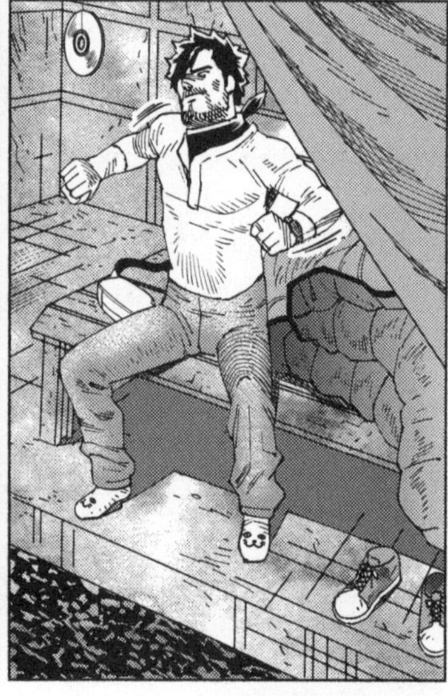

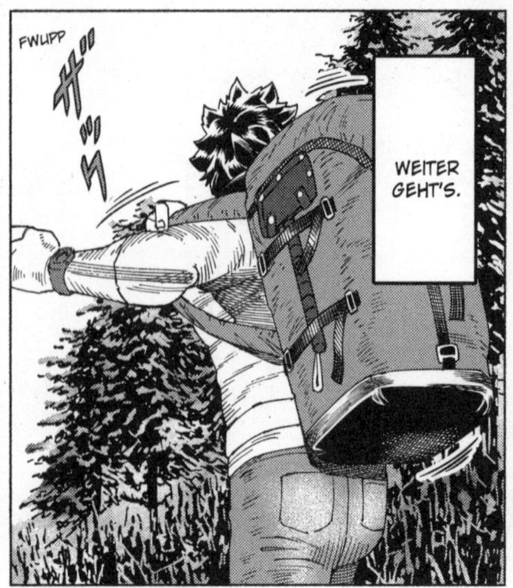
FWUPP
WEITER GEHT'S.

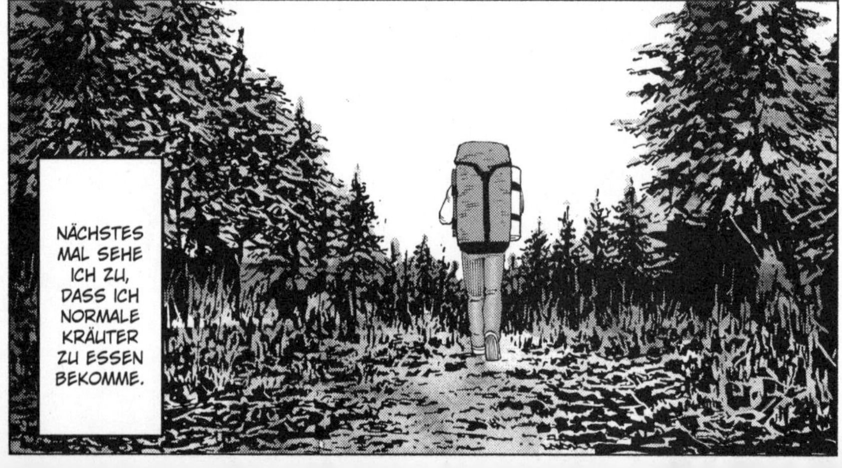
NÄCHSTES MAL SEHE ICH ZU, DASS ICH NORMALE KRÄUTER ZU ESSEN BEKOMME.

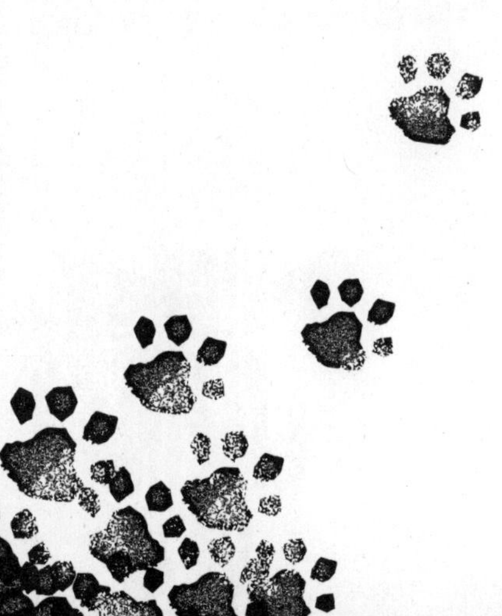

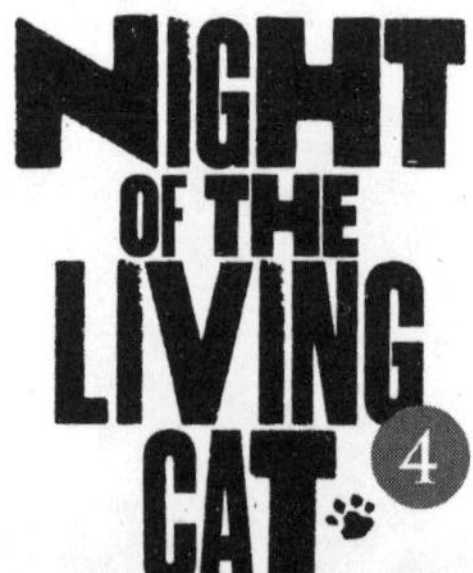
NIGHT
OF THE
LIVING
CAT
4

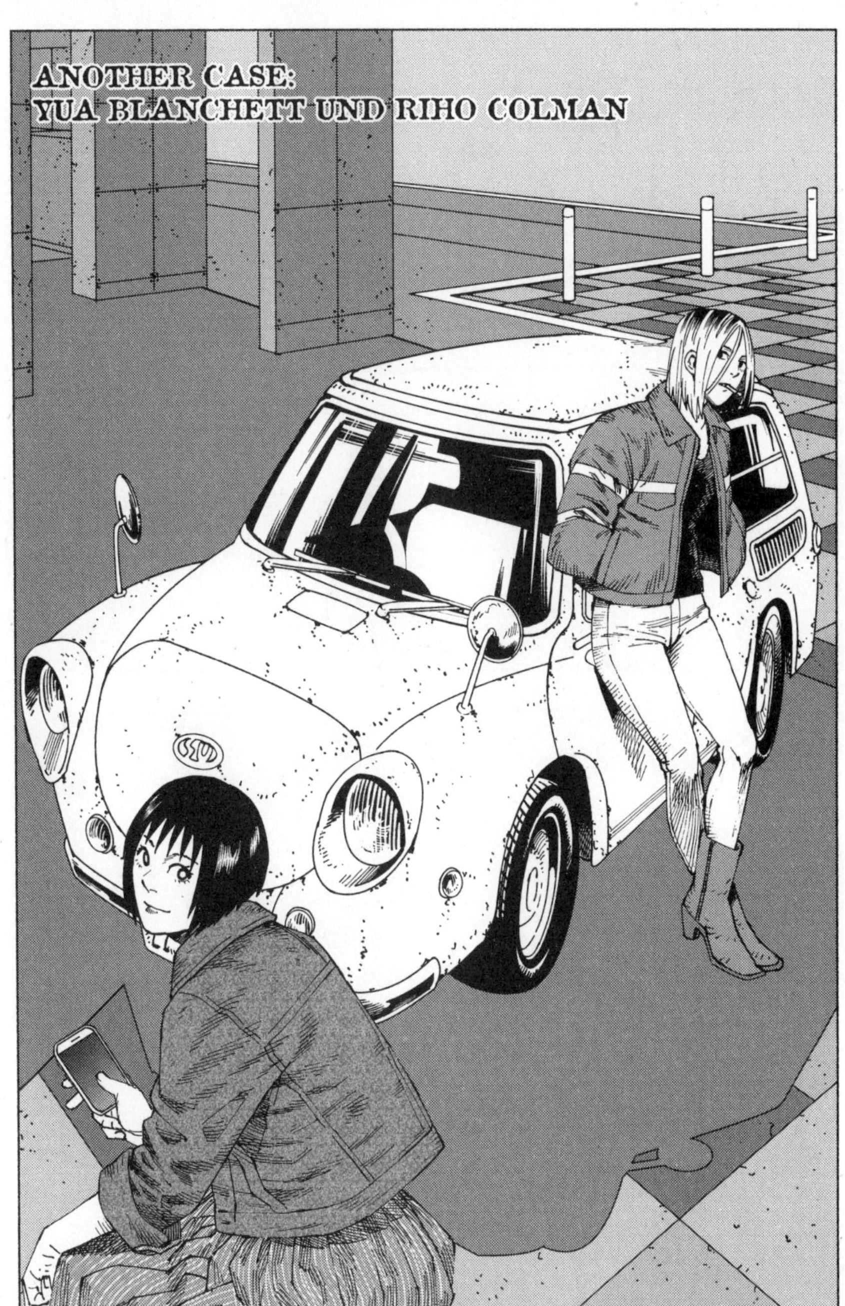
ANOTHER CASE:
YUA BLANCHETT UND RIHO COLMAN

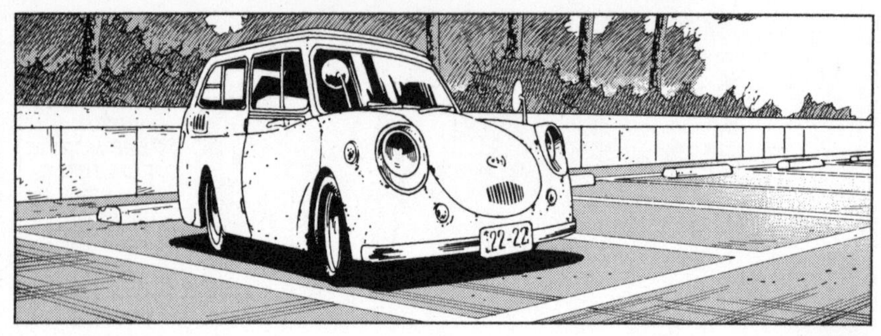

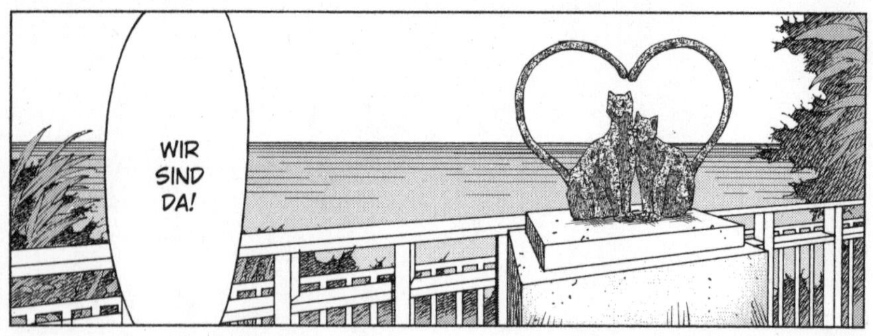

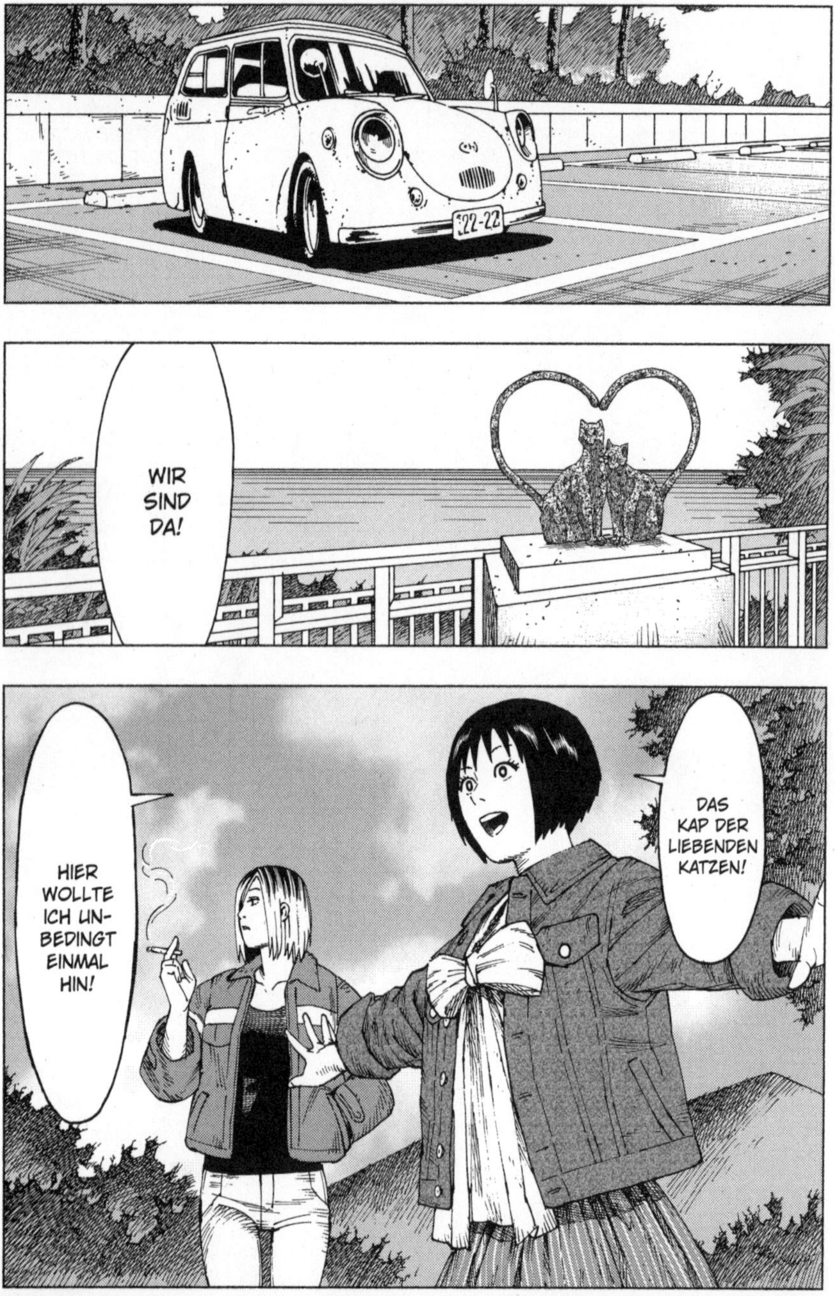

DAS KAP DER LIEBENDEN KATZEN!

HIER WOLLTE ICH UN-BEDINGT EINMAL HIN!

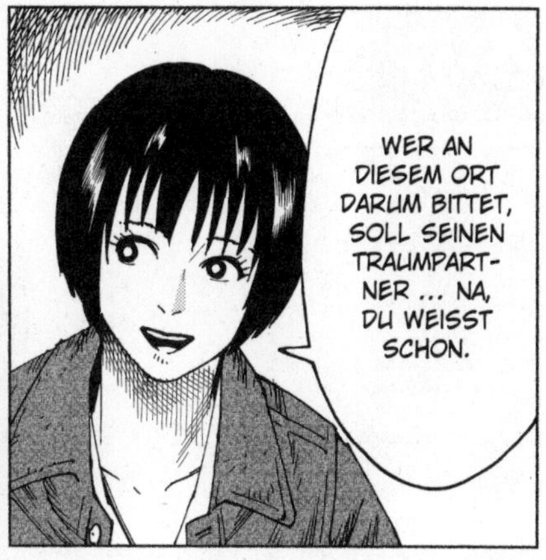
WER AN DIESEM ORT DARUM BITTET, SOLL SEINEN TRAUMPARTNER ... NA, DU WEISST SCHON.

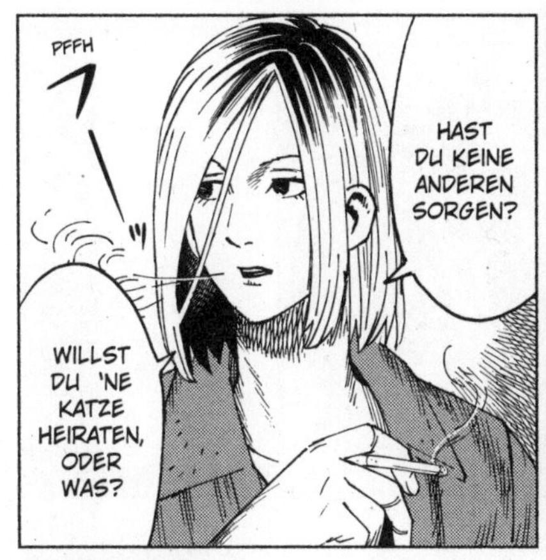
HAST DU KEINE ANDEREN SORGEN?
PFFH
WILLST DU 'NE KATZE HEIRATEN, ODER WAS?

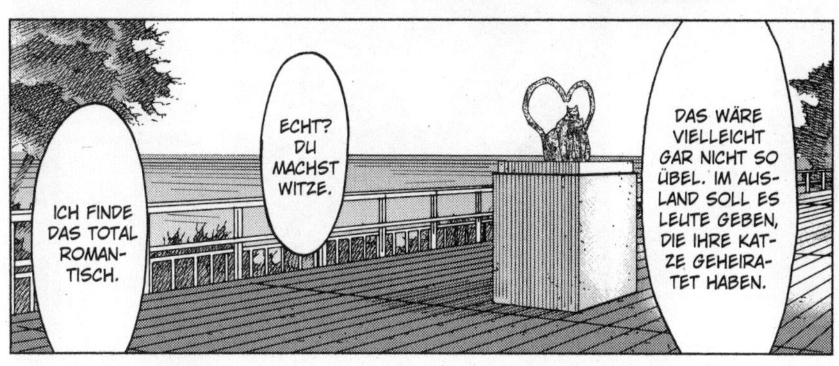
DAS WÄRE VIELLEICHT GAR NICHT SO ÜBEL. IM AUSLAND SOLL ES LEUTE GEBEN, DIE IHRE KATZE GEHEIRATET HABEN.
ECHT? DU MACHST WITZE.
ICH FINDE DAS TOTAL ROMANTISCH.

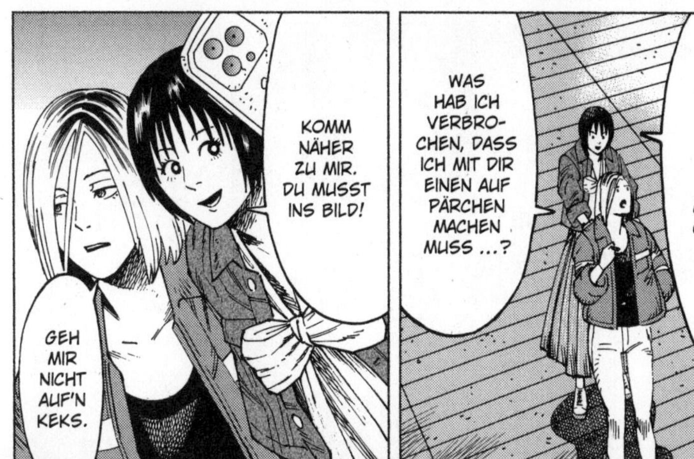
SCHAU DA! PAARE, DIE VOR DIESEM KATZENPAAR EIN FOTO MACHEN, SOLL GLÜCK WIDERFAHREN! ICH WERDE MICH MIT DIR BEGNÜGEN.
WAS HAB ICH VERBROCHEN, DASS ICH MIT DIR EINEN AUF PÄRCHEN MACHEN MUSS ...?
KOMM NÄHER ZU MIR. DU MUSST INS BILD!
GEH MIR NICHT AUF'N KEKS.

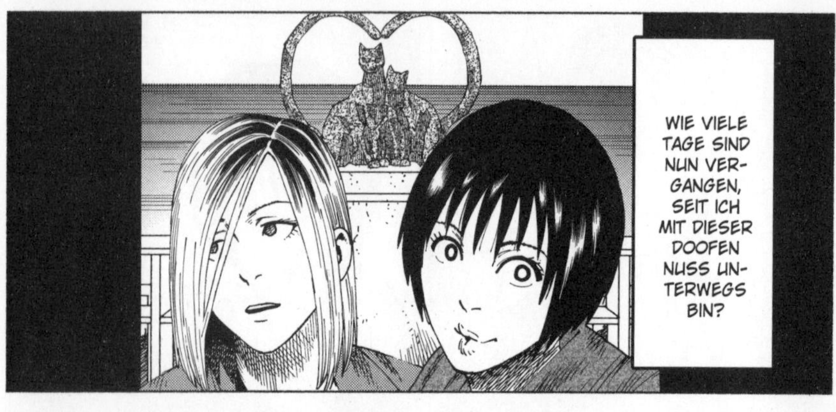
WIE VIELE TAGE SIND NUN VERGANGEN, SEIT ICH MIT DIESER DOOFEN NUSS UNTERWEGS BIN?

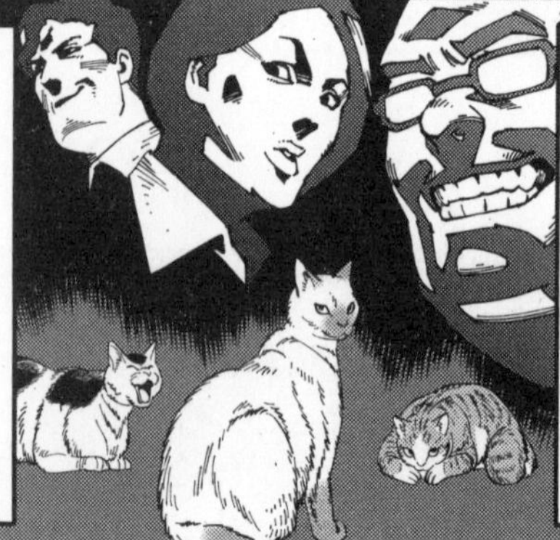
DER AUSBEUTERBETRIEB, IN DEM ICH ZEHN JAHRE LANG ARBEITETE, GING DANK DIESER RÄTSELHAFTEN PANDEMIE KOMPLETT VOR DIE KATZEN.
MEIN VORGESETZTER, DER MICH SEXUELL BELÄSTIGTE, UND DIESE GEHÄSSIGE ALTE BÜROTRULLA VERWANDELTEN SICH IN NIEDLICHE KATZEN.

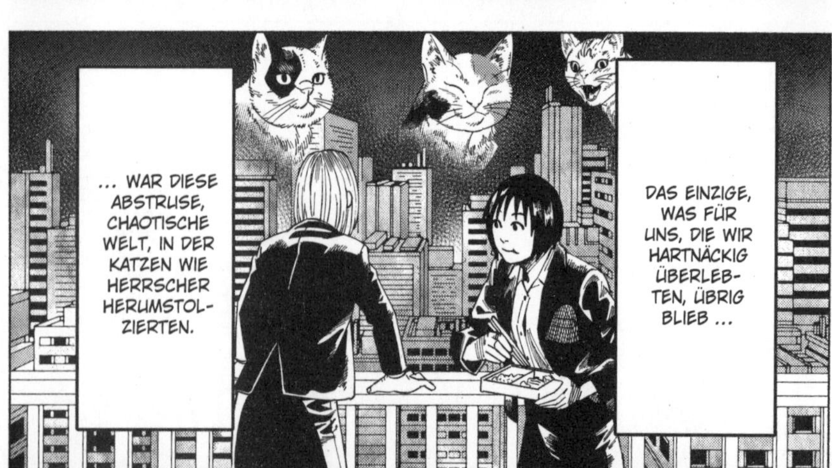
DAS EINZIGE, WAS FÜR UNS, DIE WIR HARTNÄCKIG ÜBERLEBTEN, ÜBRIG BLIEB …
… WAR DIESE ABSTRUSE, CHAOTISCHE WELT, IN DER KATZEN WIE HERRSCHER HERUMSTOLZIERTEN.

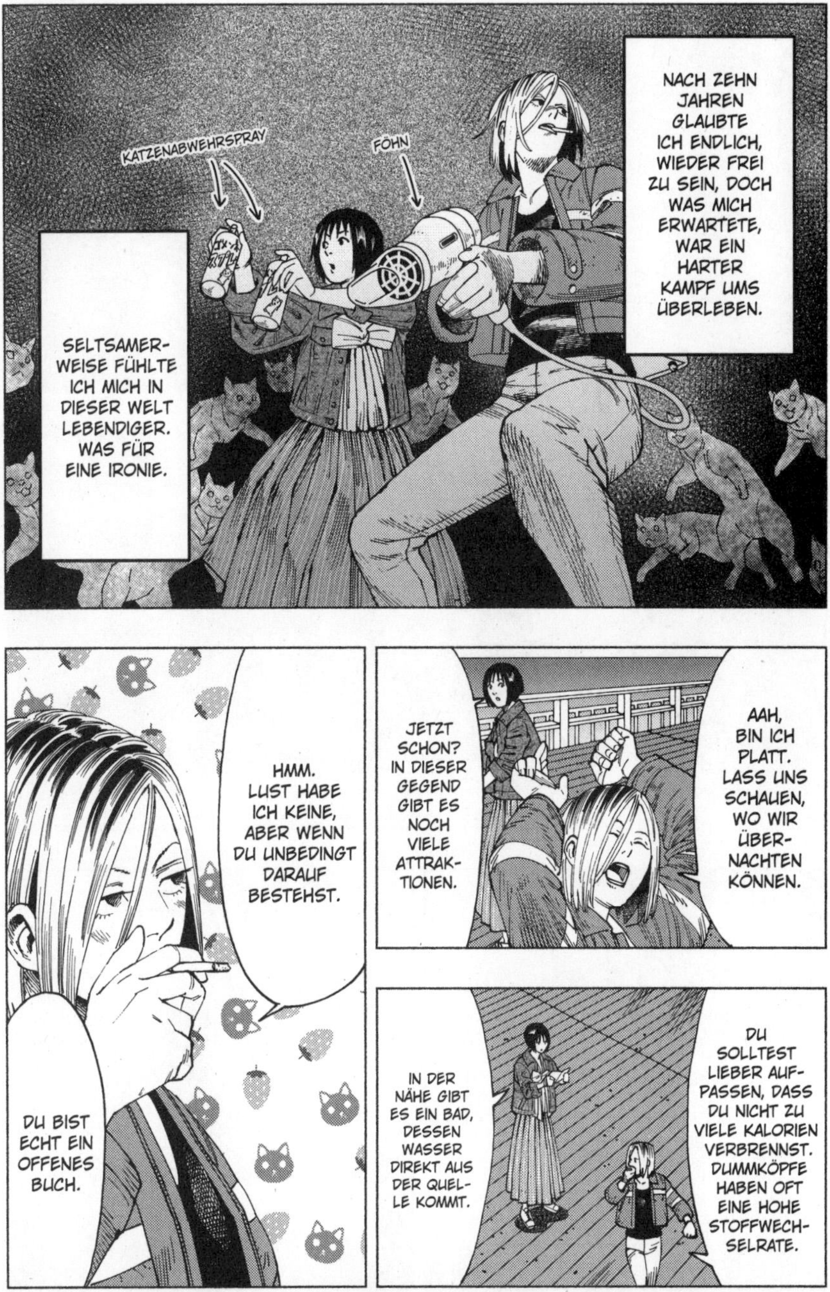

NACH ZEHN JAHREN GLAUBTE ICH ENDLICH, WIEDER FREI ZU SEIN, DOCH WAS MICH ERWARTETE, WAR EIN HARTER KAMPF UMS ÜBERLEBEN.

FÖHN

KATZENABWEHRSPRAY

SELTSAMERWEISE FÜHLTE ICH MICH IN DIESER WELT LEBENDIGER. WAS FÜR EINE IRONIE.

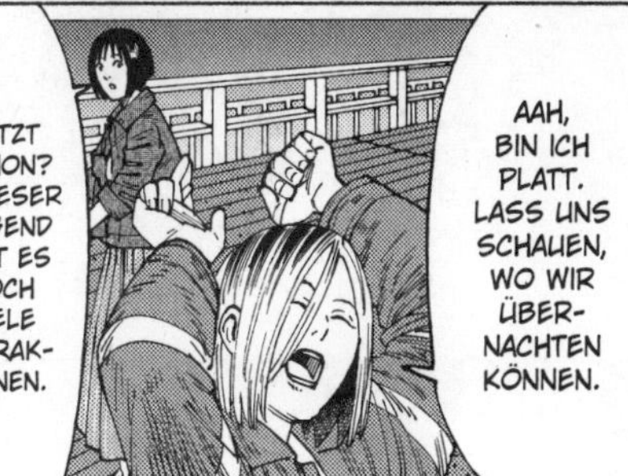

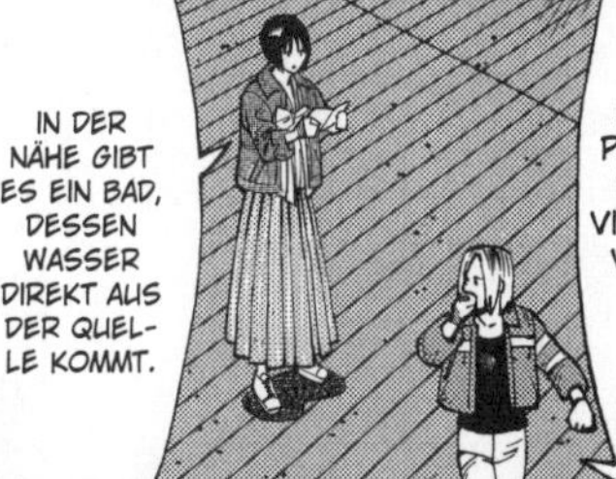

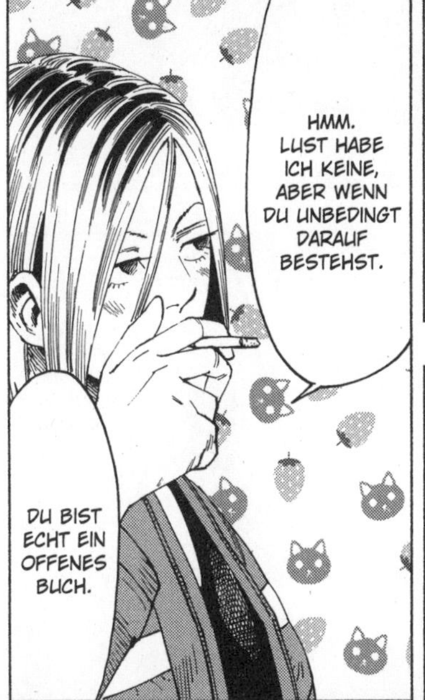

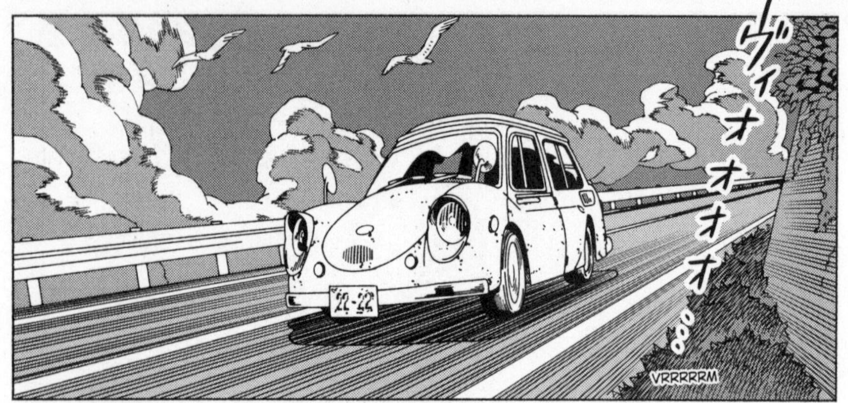
ヴィオオオオ
VRRRRRM

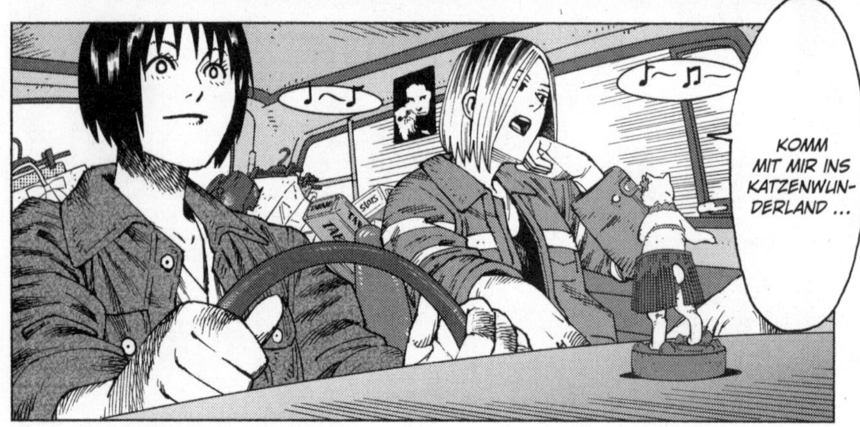
KOMM MIT MIR INS KATZENWUNDERLAND ...
♪～♫～
♪～♪

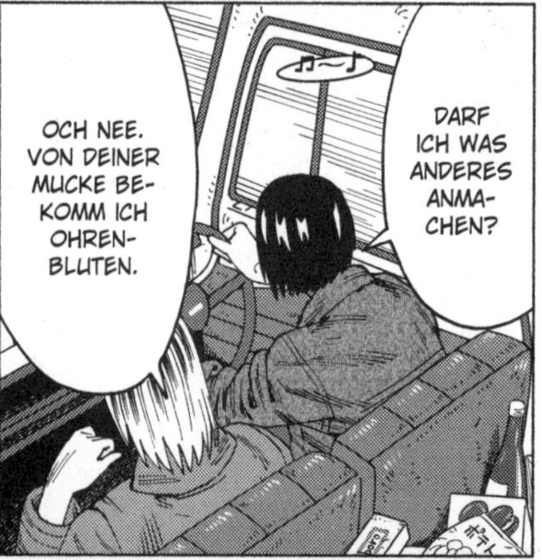
DARF ICH WAS ANDERES ANMACHEN?
♫～♪
OCH NEE. VON DEINER MUCKE BEKOMM ICH OHRENBLUTEN.

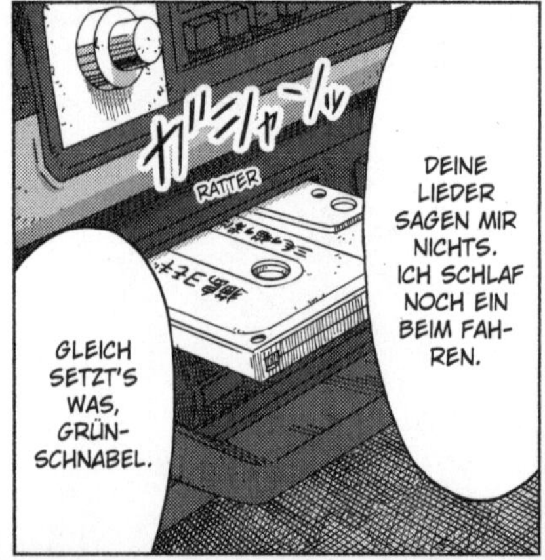
DEINE LIEDER SAGEN MIR NICHTS. ICH SCHLAF NOCH EIN BEIM FAHREN.
RATTER
GLEICH SETZT'S WAS, GRÜNSCHNABEL.

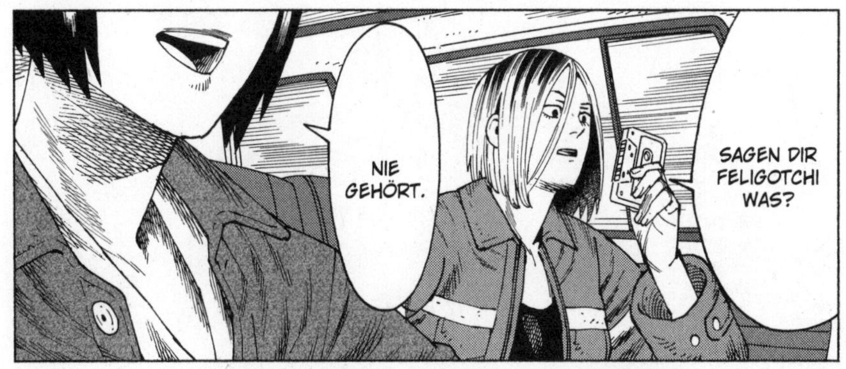
SAGEN DIR FELIGOTCHI WAS?
NIE GEHÖRT.

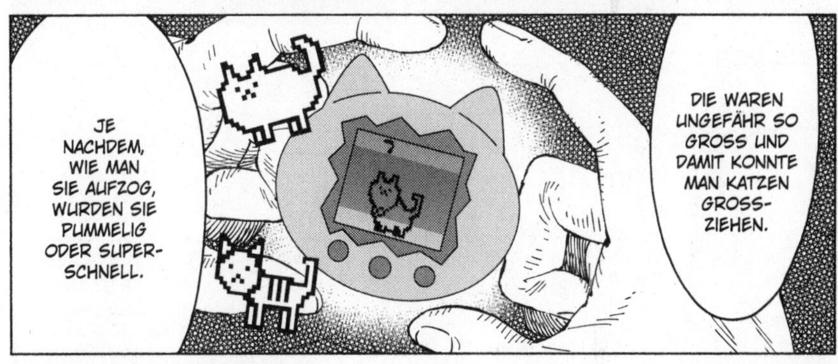
DIE WAREN UNGEFÄHR SO GROSS UND DAMIT KONNTE MAN KATZEN GROSS-ZIEHEN.
JE NACHDEM, WIE MAN SIE AUFZOG, WURDEN SIE PUMMELIG ODER SUPER-SCHNELL.

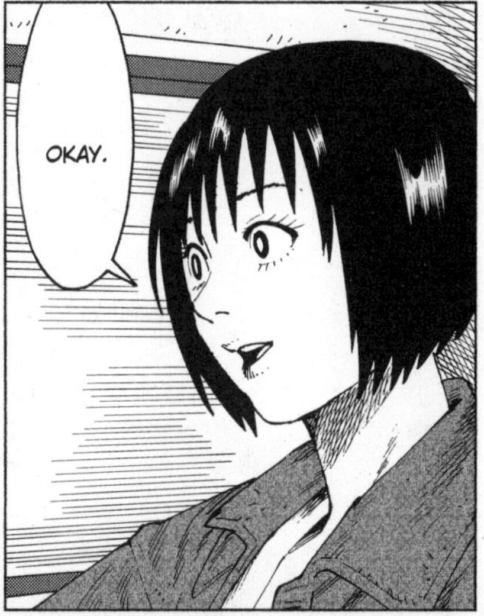
OKAY.

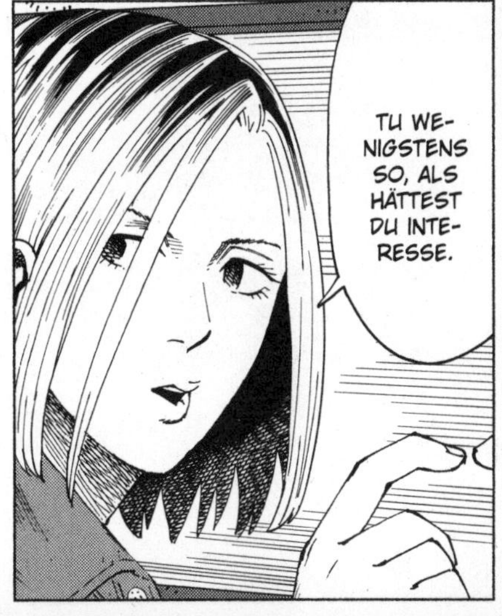
TU WE-NIGSTENS SO, ALS HÄTTEST DU INTE-RESSE.

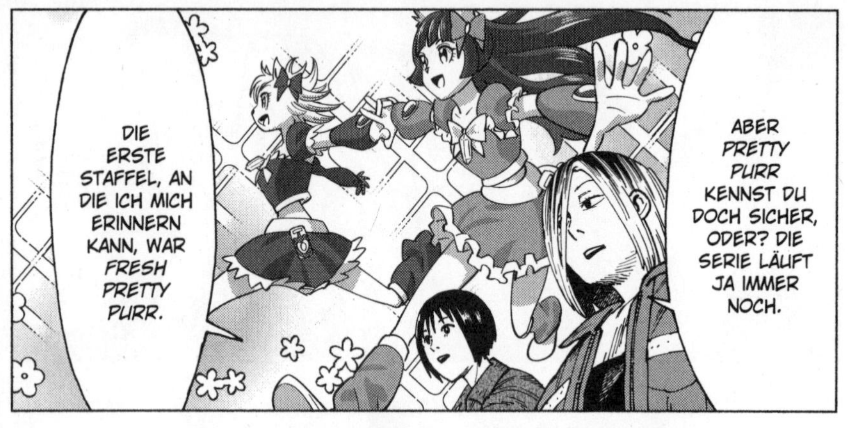
ABER PRETTY PURR KENNST DU DOCH SICHER, ODER? DIE SERIE LÄUFT JA IMMER NOCH.
DIE ERSTE STAFFEL, AN DIE ICH MICH ERINNERN KANN, WAR FRESH PRETTY PURR.

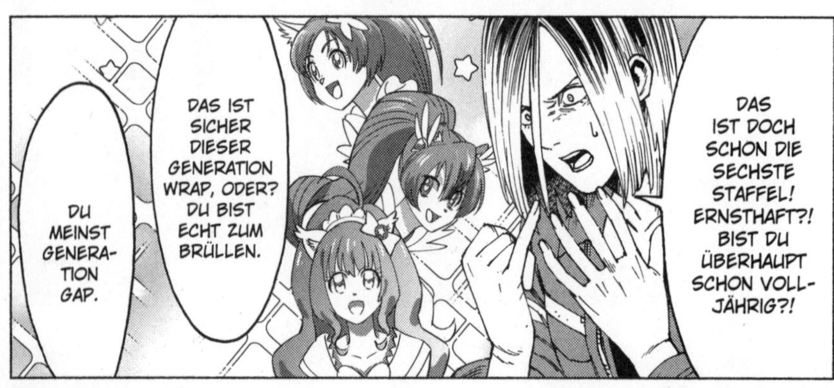
DAS IST DOCH SCHON DIE SECHSTE STAFFEL! ERNSTHAFT?! BIST DU ÜBERHAUPT SCHON VOLLJÄHRIG?!
DAS IST SICHER DIESER GENERATION WRAP, ODER? DU BIST ECHT ZUM BRÜLLEN.
DU MEINST GENERATION GAP.

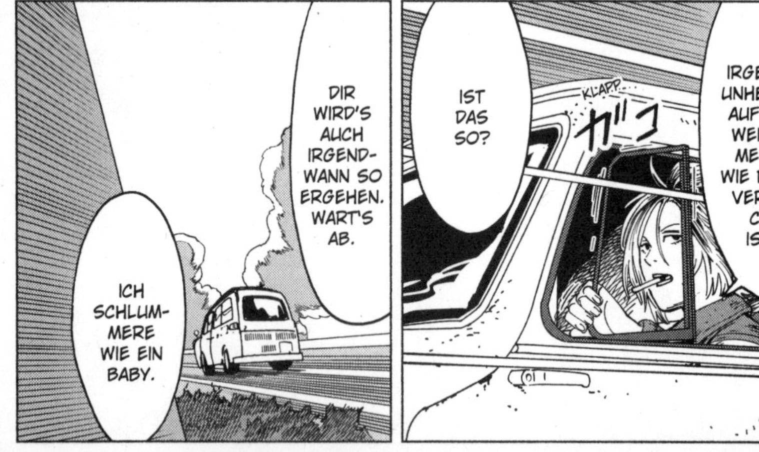
IRGENDWIE UNHEIMLICH, AUF DIESE WEISE ZU MERKEN, WIE DIE ZEIT VERSTRICHEN IST …
KLAPP
ガコ
IST DAS SO?
DIR WIRD'S AUCH IRGENDWANN SO ERGEHEN. WART'S AB.
ICH SCHLUMMERE WIE EIN BABY.

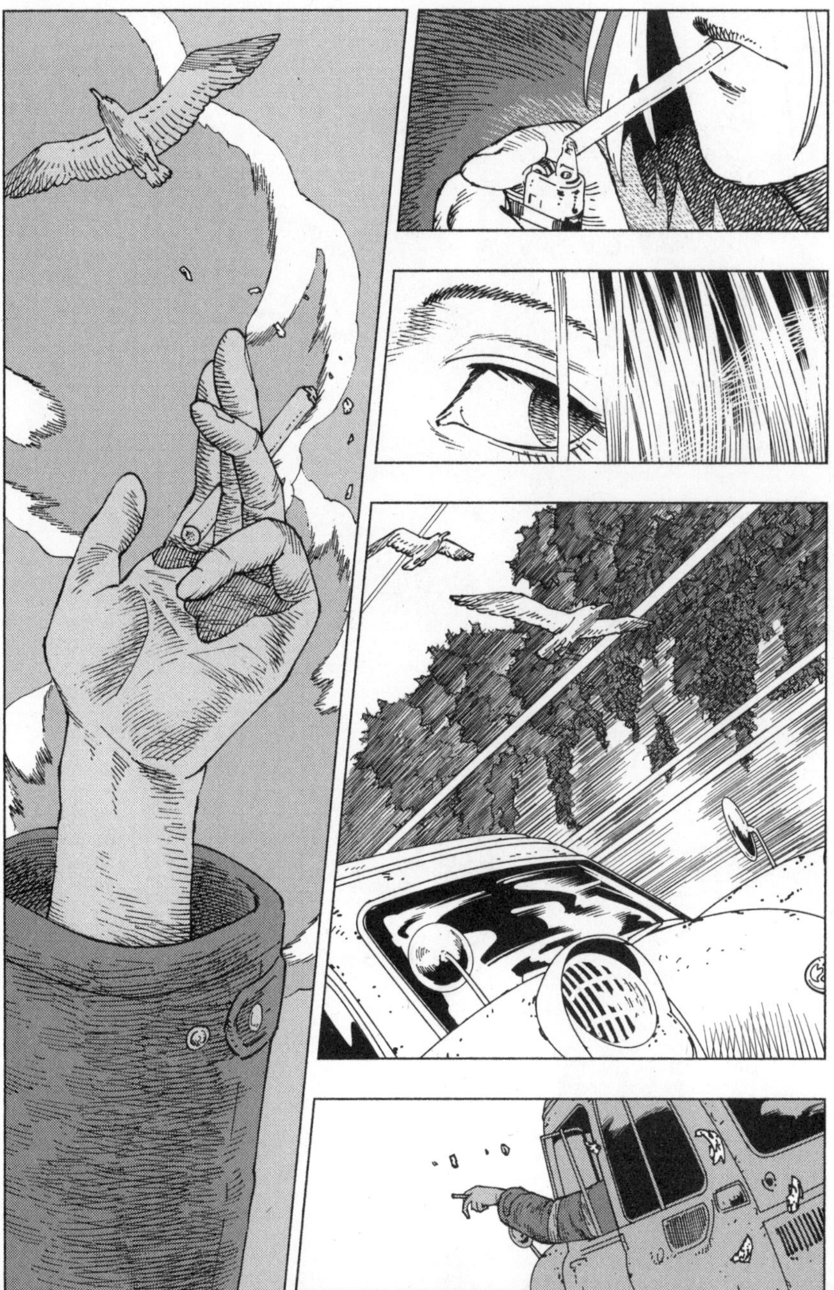

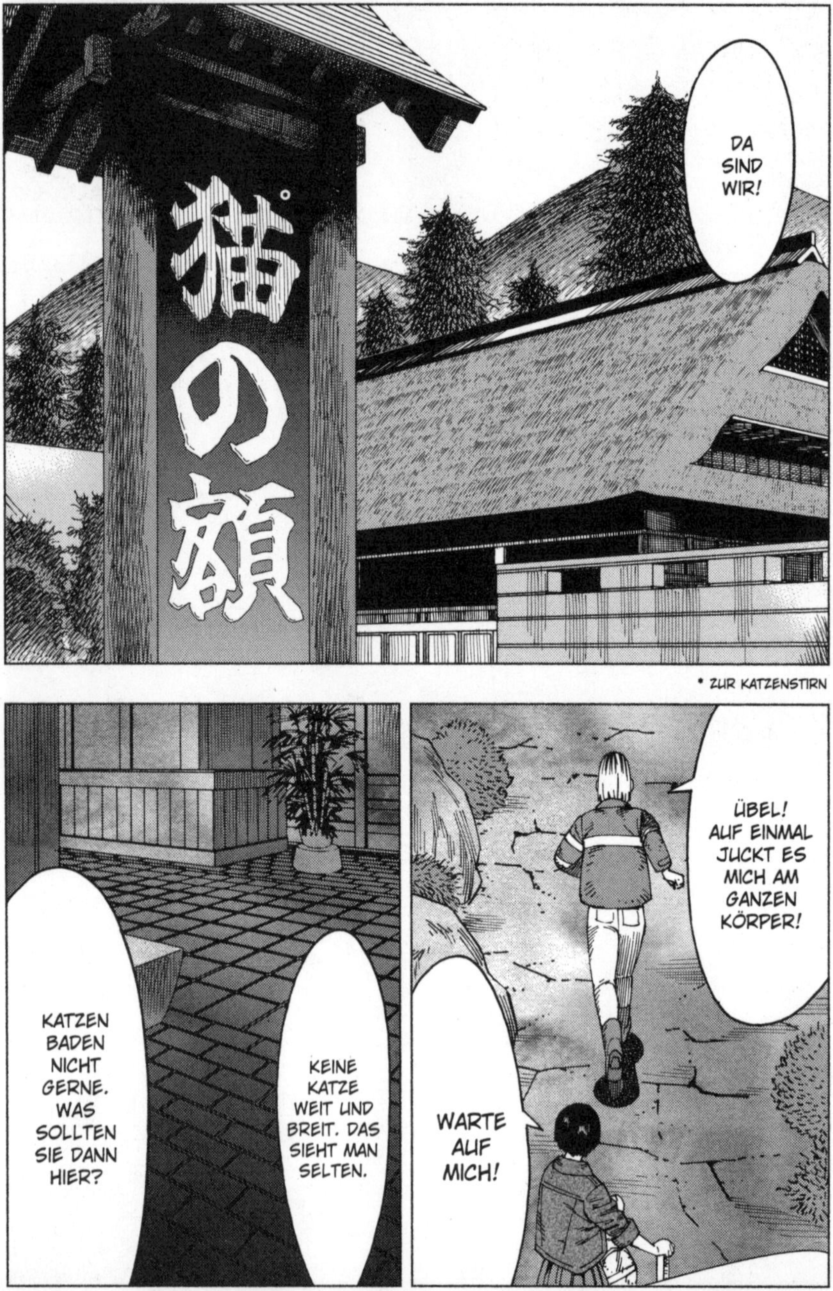

猫の額

DA SIND WIR!

* ZUR KATZENSTIRN

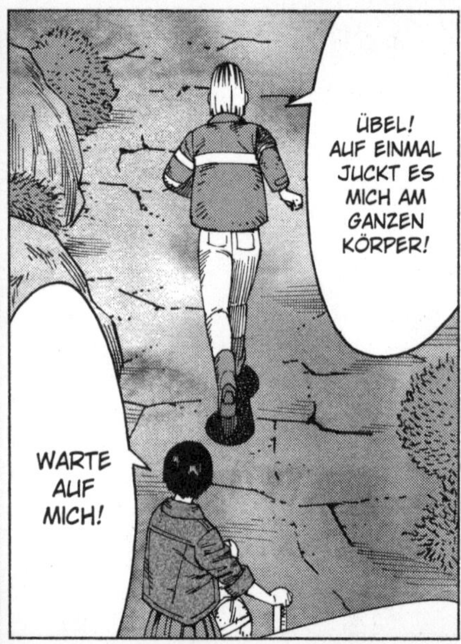

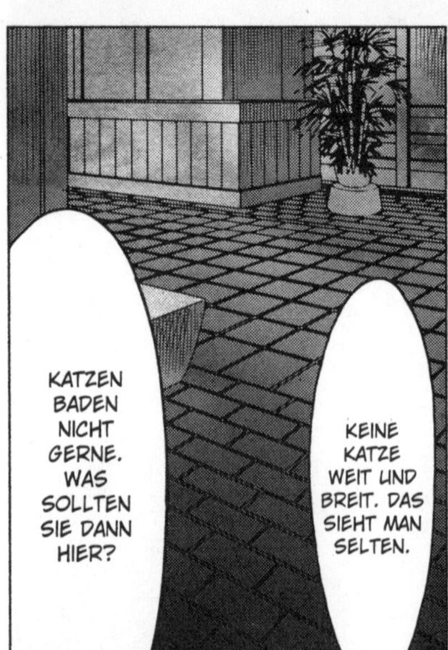

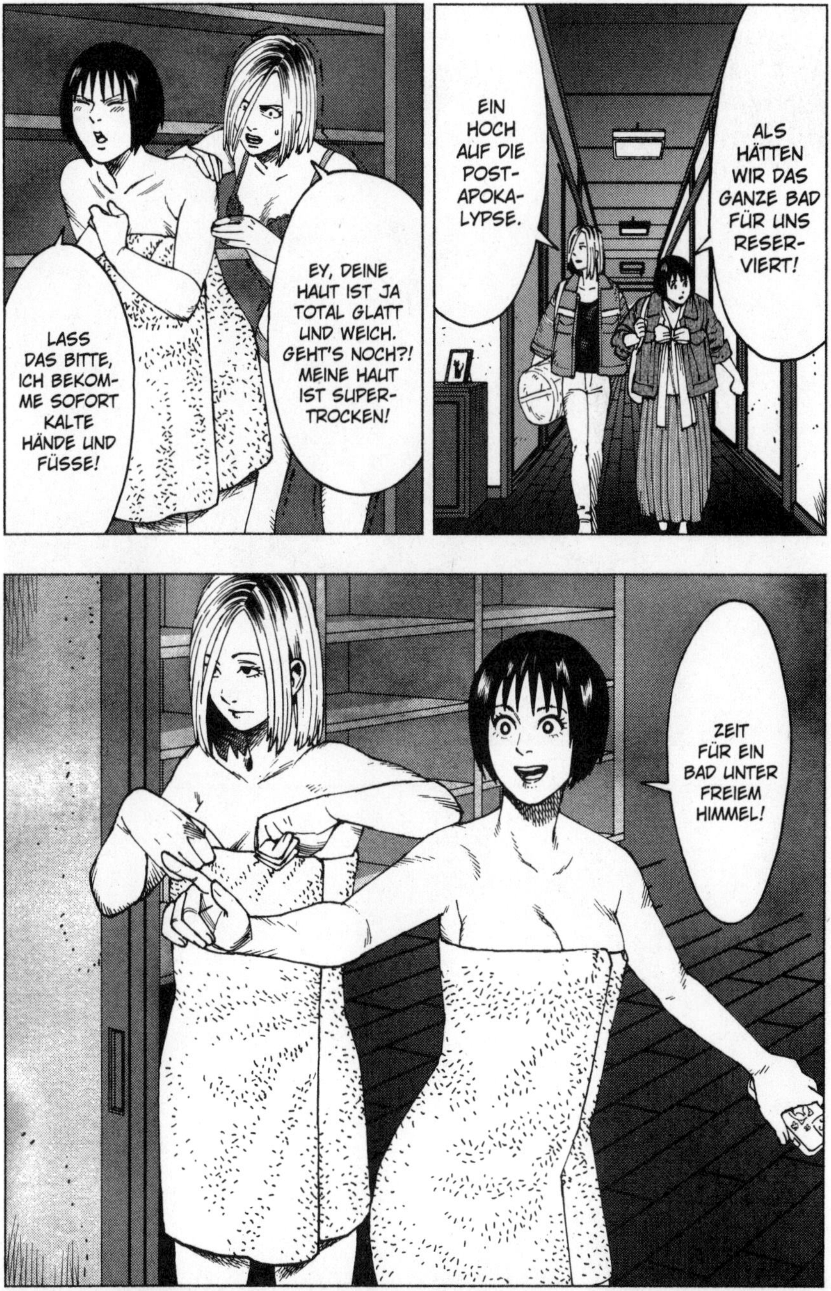

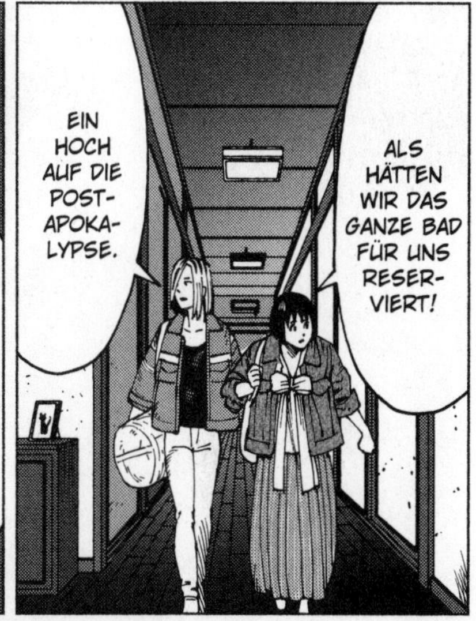
ALS HÄTTEN WIR DAS GANZE BAD FÜR UNS RESERVIERT!
EIN HOCH AUF DIE POST-APOKALYPSE.

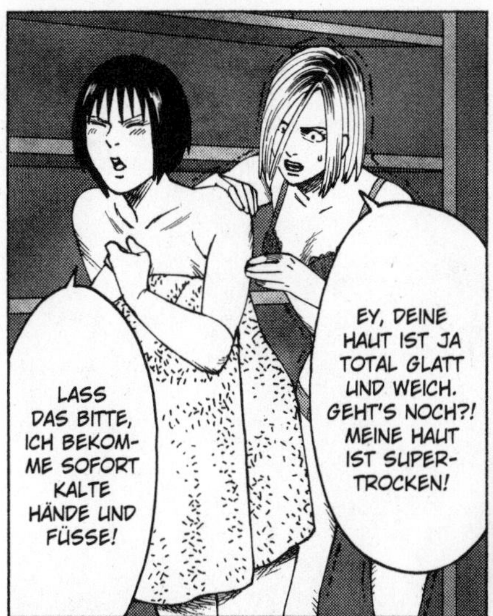
EY, DEINE HAUT IST JA TOTAL GLATT UND WEICH. GEHT'S NOCH?! MEINE HAUT IST SUPERTROCKEN!
LASS DAS BITTE, ICH BEKOMME SOFORT KALTE HÄNDE UND FÜSSE!

ZEIT FÜR EIN BAD UNTER FREIEM HIMMEL!

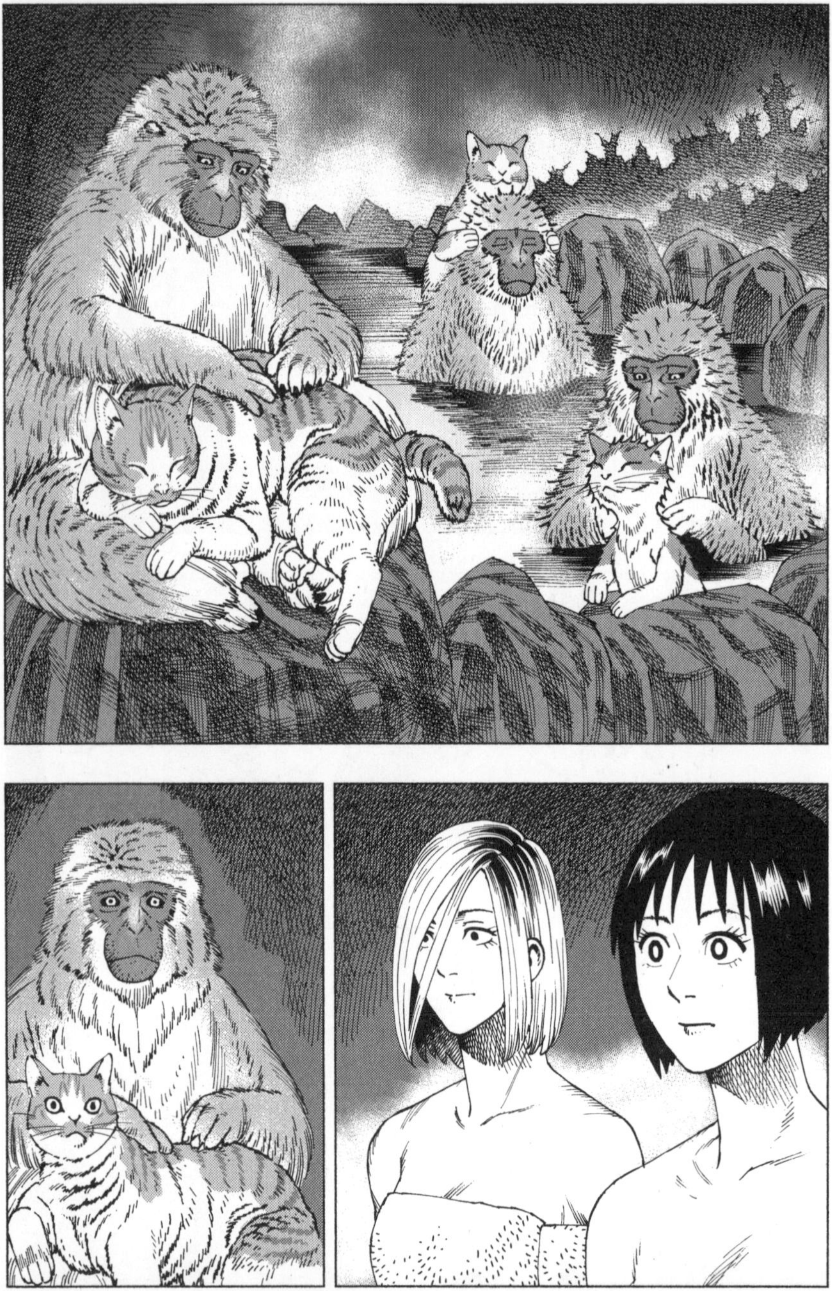

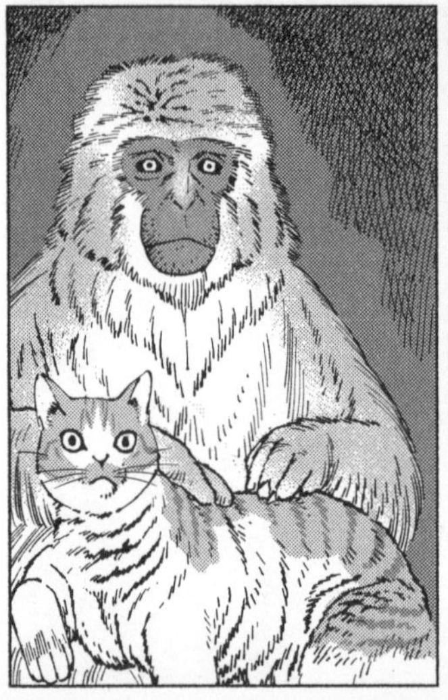

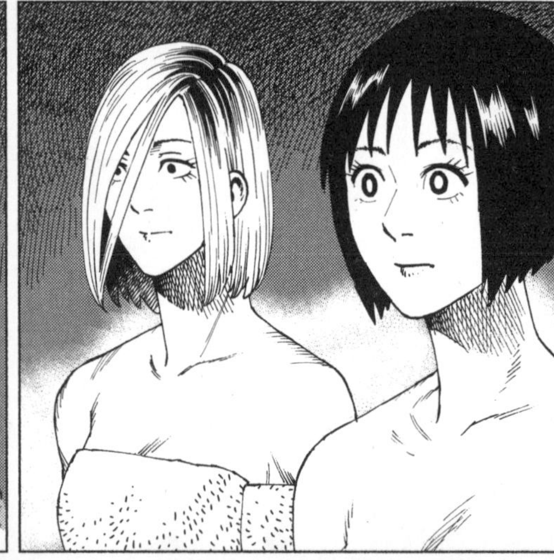

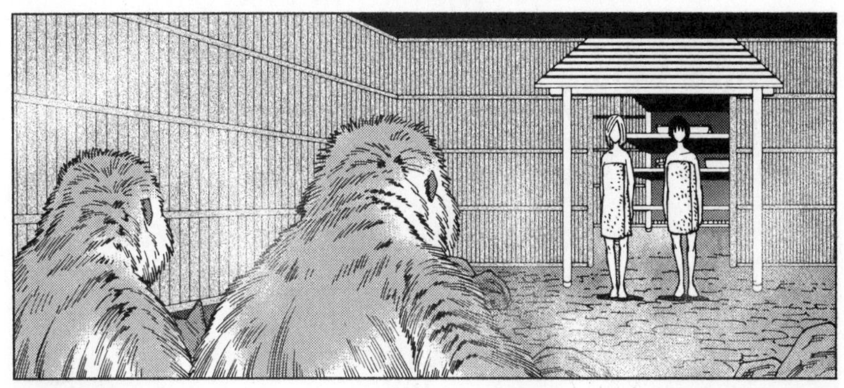

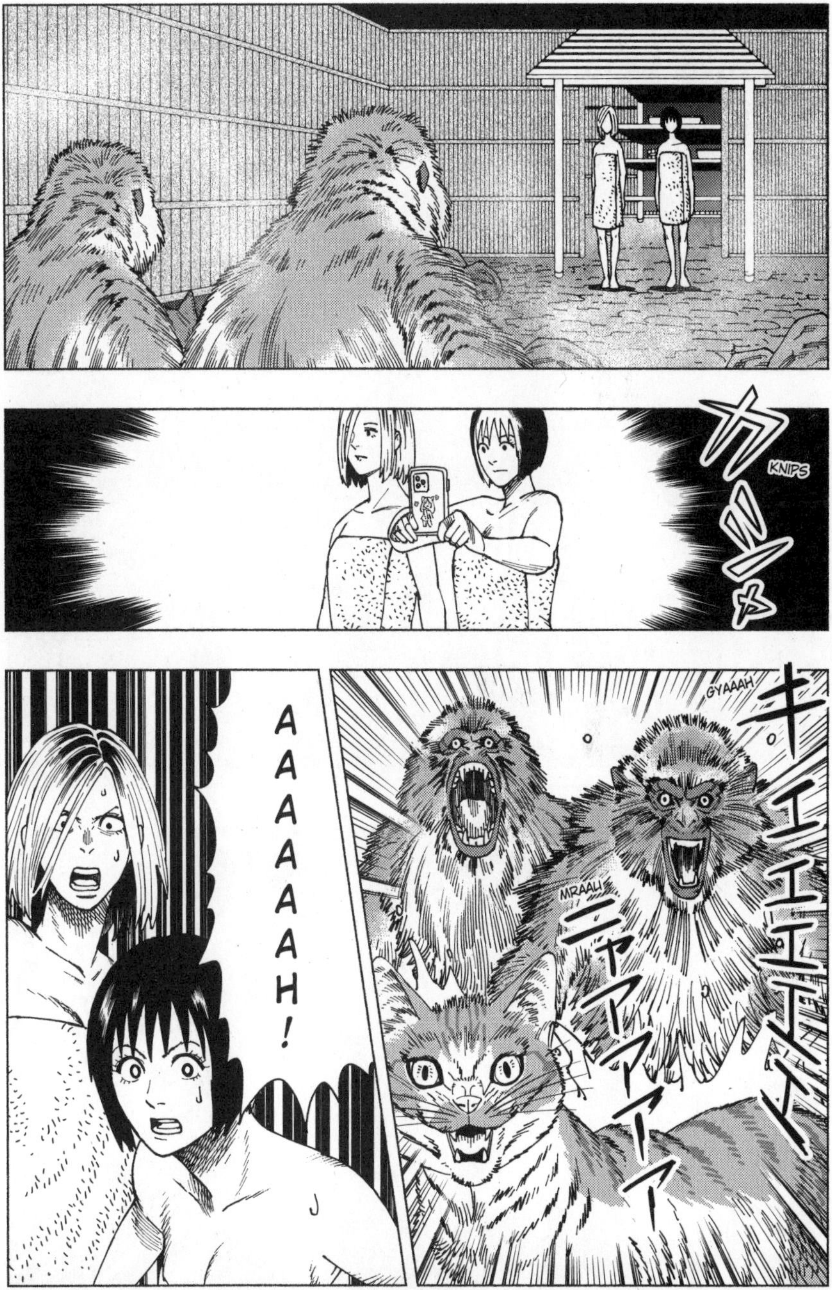

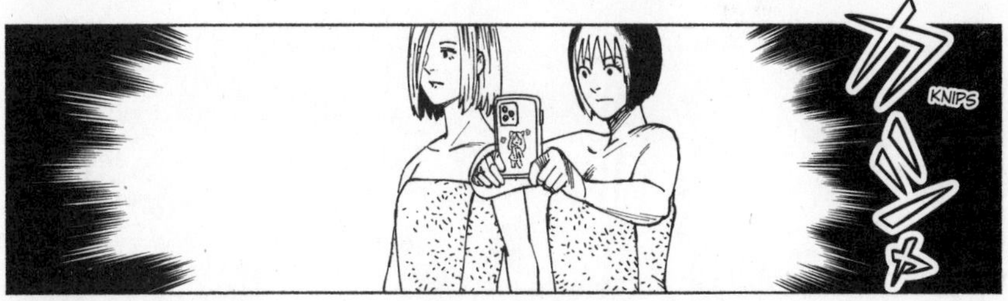

キエエエエエ
GYAAAH
ニャアアアアー
MRAAH
AAAAAAH!

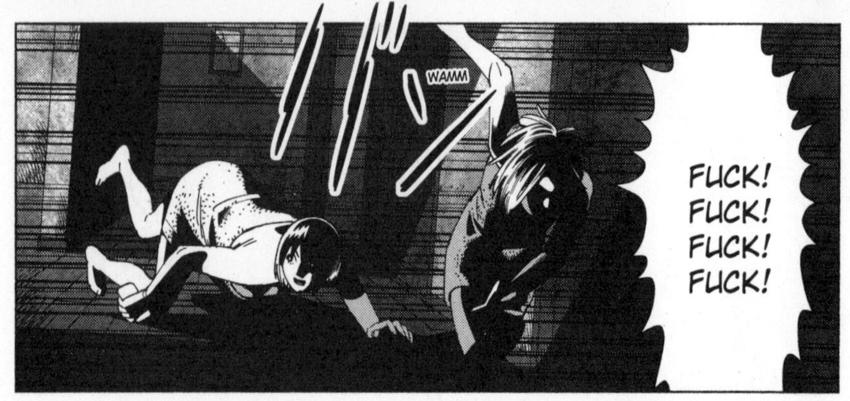
WAMM
FUCK! FUCK! FUCK! FUCK!

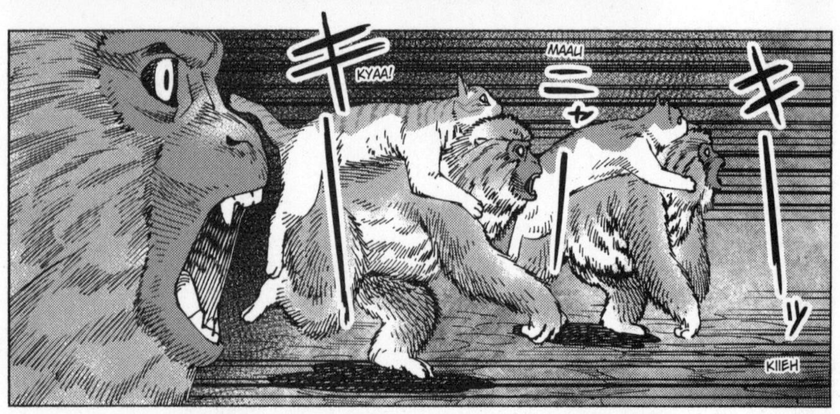
KYAA!
MAAU
KIIEH

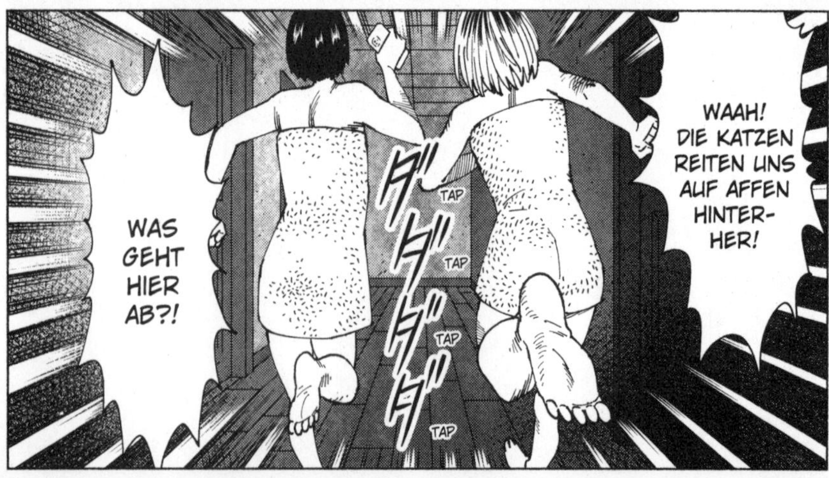
WAAH! DIE KATZEN REITEN UNS AUF AFFEN HINTER-HER!
TAP
TAP
TAP
TAP
WAS GEHT HIER AB?!

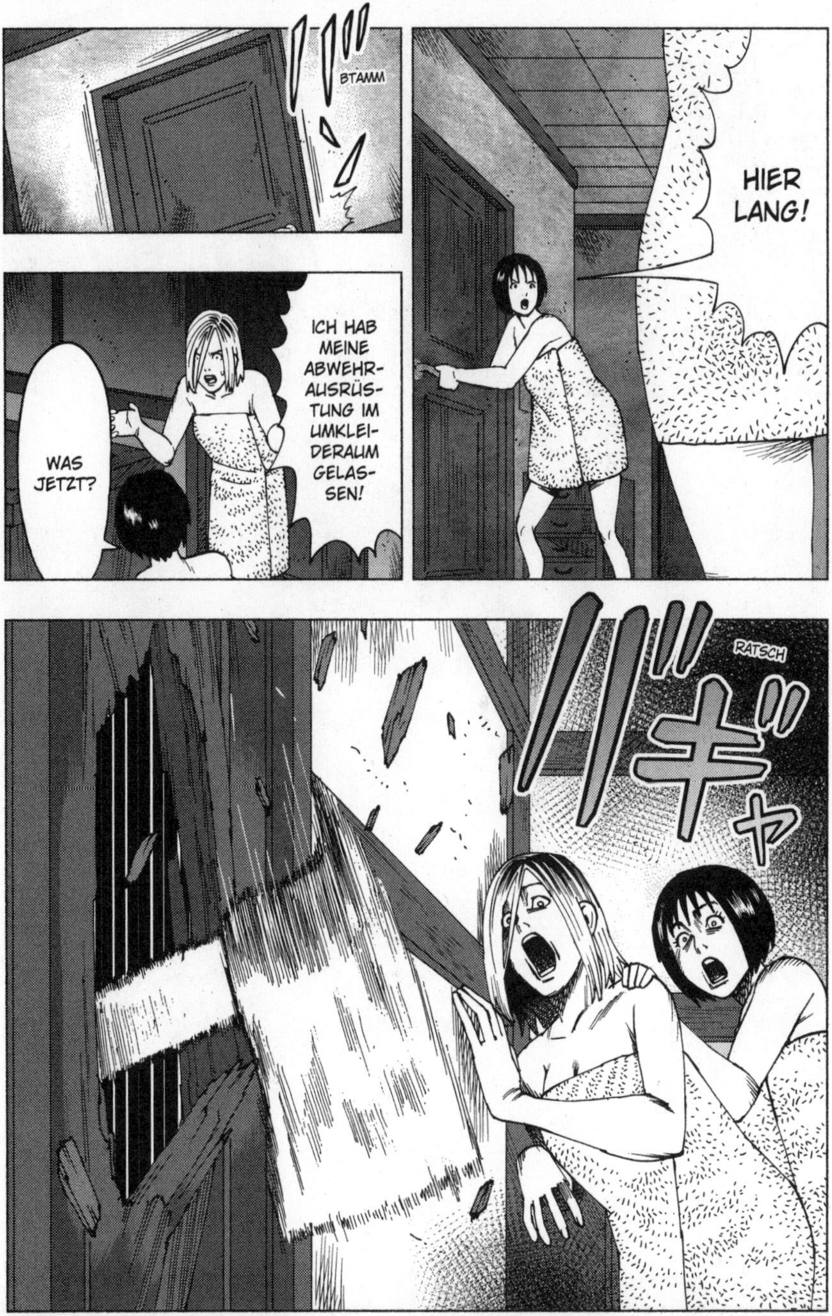

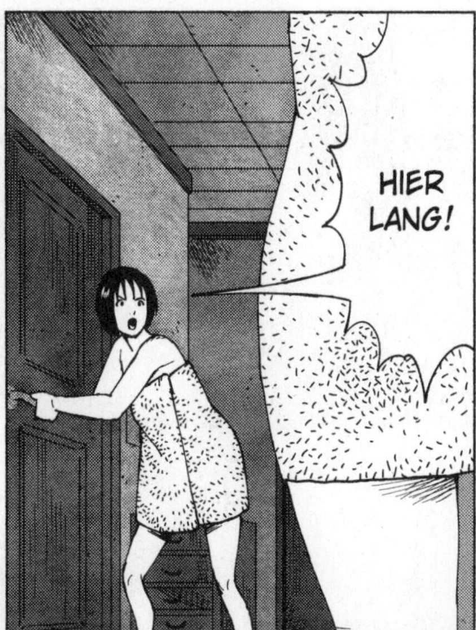
HIER LANG!

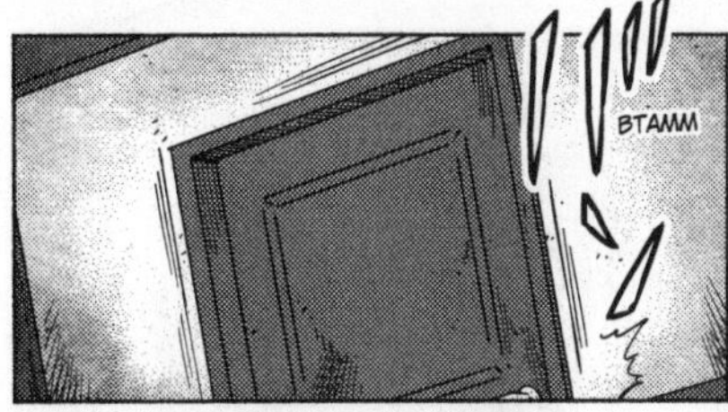
BTAMM

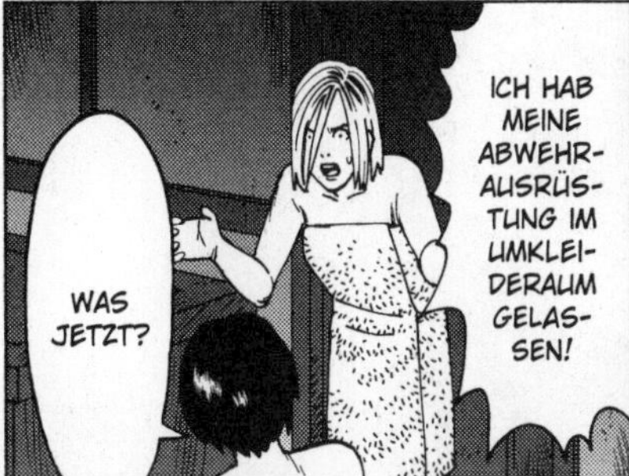
ICH HAB MEINE ABWEHR-AUSRÜS-TUNG IM UMKLEI-DERAUM GELAS-SEN!
WAS JETZT?

RATSCH

MAAUUU

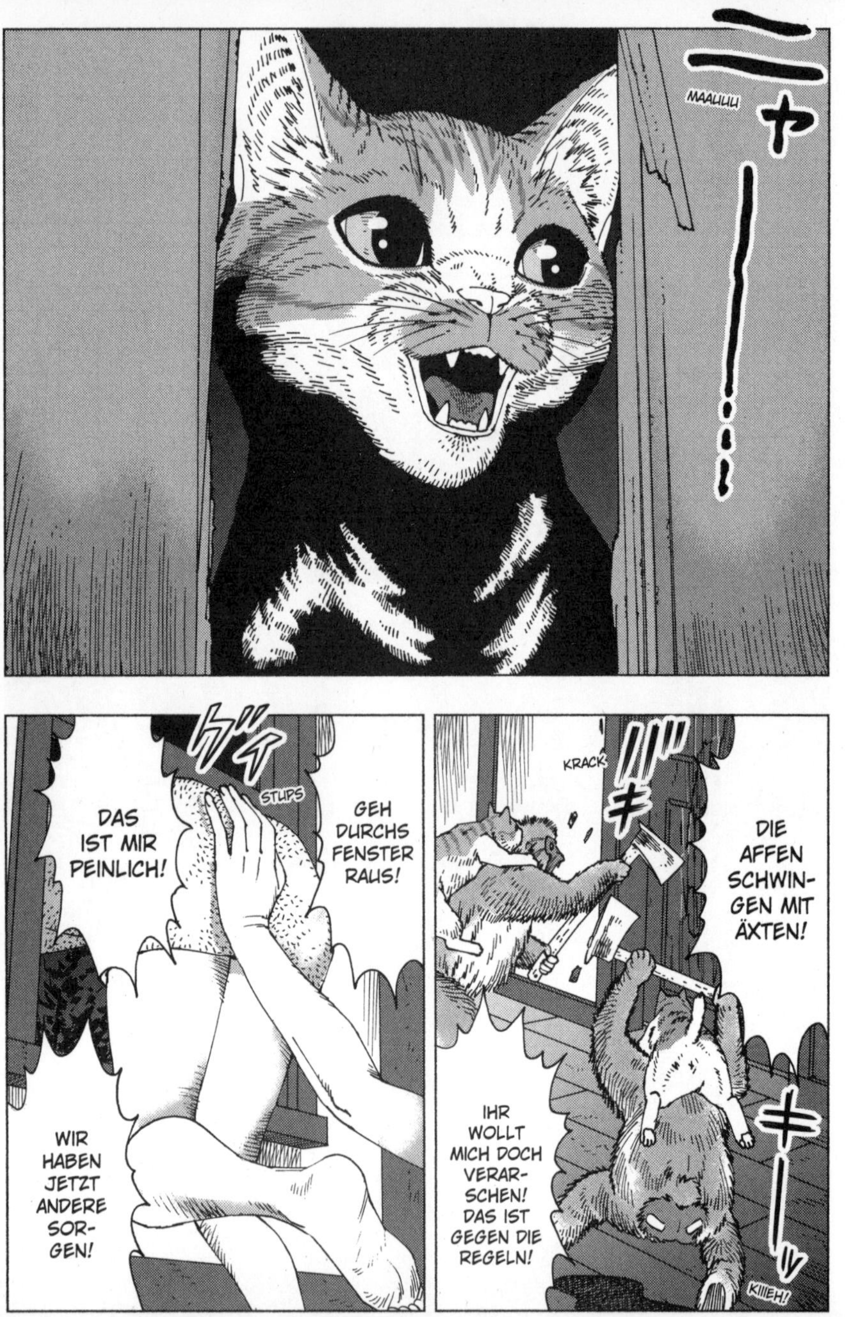

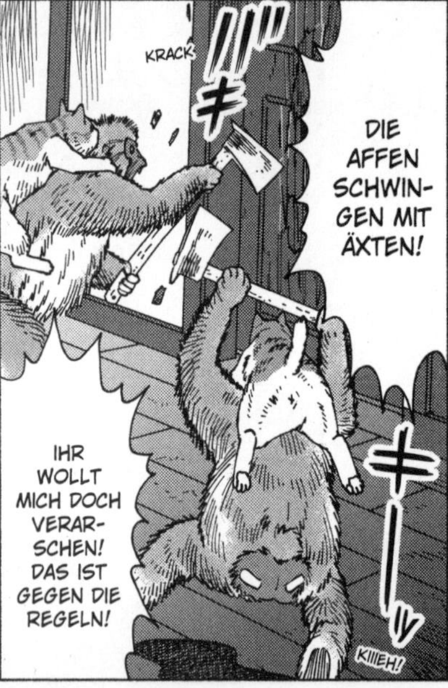
KRACK
DIE AFFEN SCHWIN-GEN MIT ÄXTEN!
IHR WOLLT MICH DOCH VERAR-SCHEN! DAS IST GEGEN DIE REGELN!
KIIIEH!

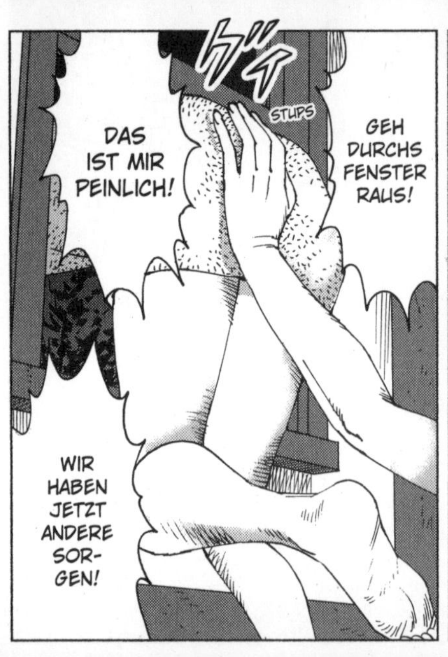
STUPS
GEH DURCHS FENSTER RAUS!
DAS IST MIR PEINLICH!
WIR HABEN JETZT ANDERE SOR-GEN!

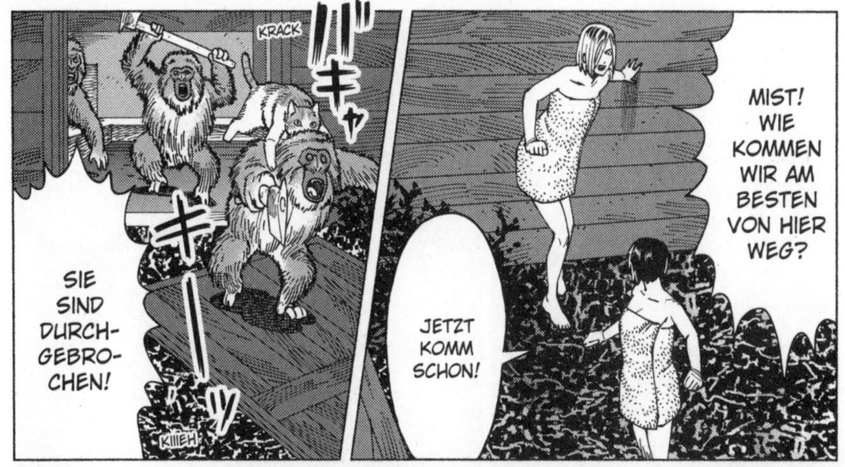
MIST! WIE KOMMEN WIR AM BESTEN VON HIER WEG?
JETZT KOMM SCHON!
バキャ
KRACK
SIE SIND DURCH-GEBRO-CHEN!
キーッ
KIIIEH

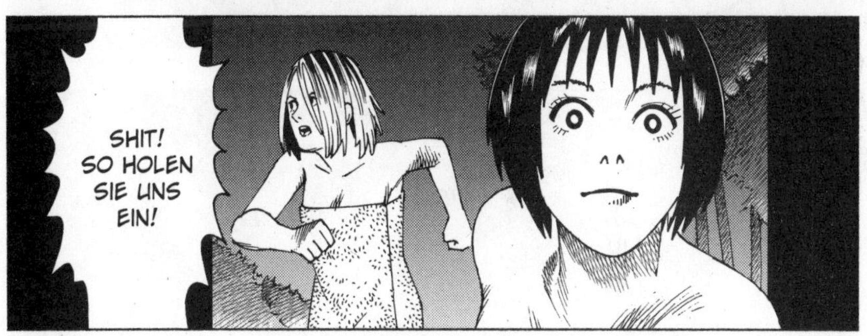
SHIT! SO HOLEN SIE UNS EIN!

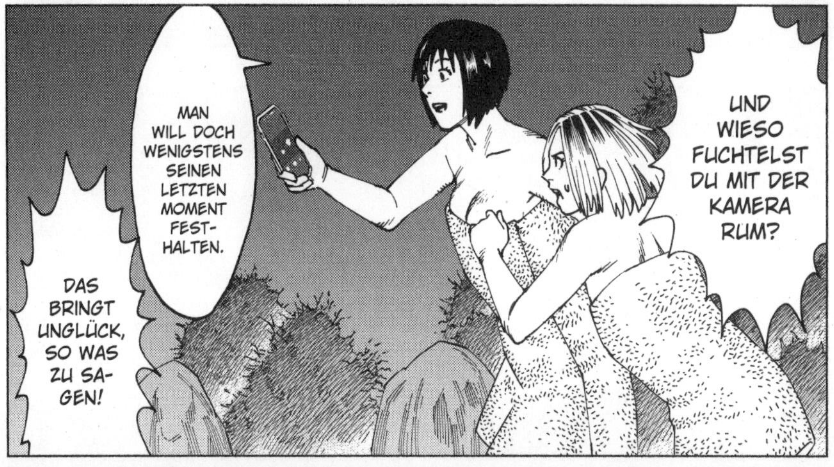
UND WIESO FUCHTELST DU MIT DER KAMERA RUM?
MAN WILL DOCH WENIGSTENS SEINEN LETZTEN MOMENT FEST-HALTEN.
DAS BRINGT UNGLÜCK, SO WAS ZU SA-GEN!

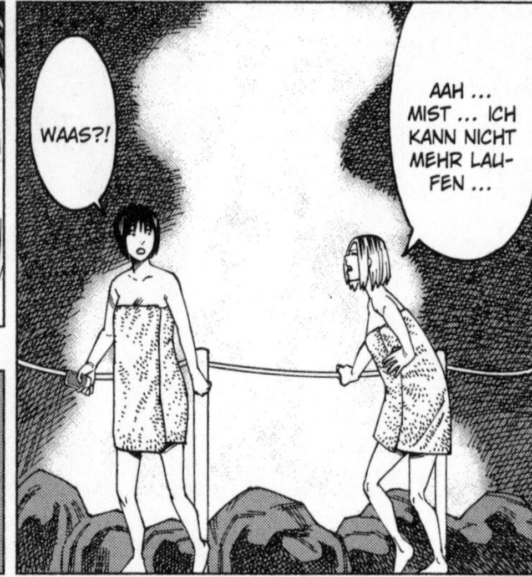
AAH ... MIST ... ICH KANN NICHT MEHR LAUFEN ...
WAAS?!

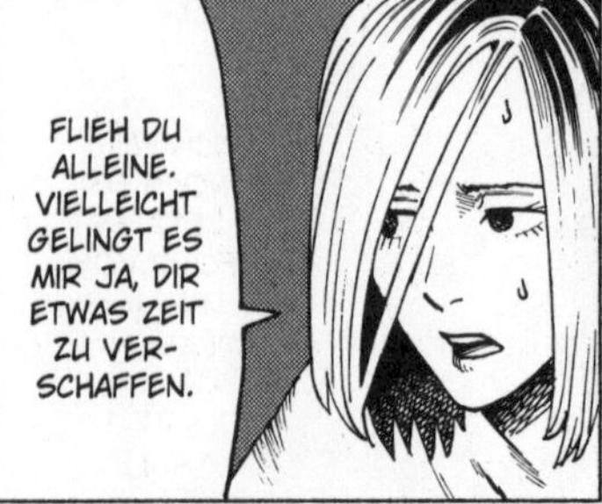
FLIEH DU ALLEINE. VIELLEICHT GELINGT ES MIR JA, DIR ETWAS ZEIT ZU VERSCHAFFEN.

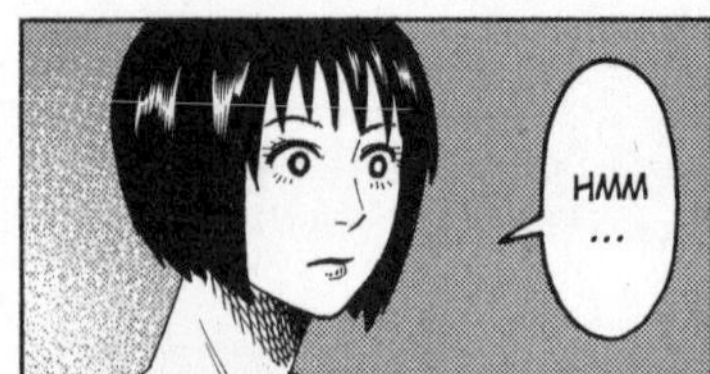
HMM ...

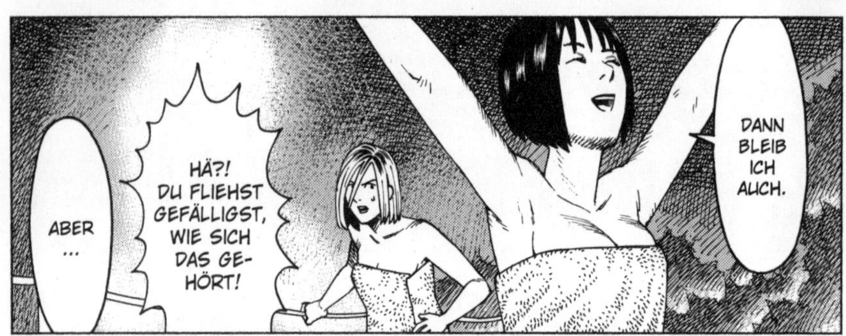
DANN BLEIB ICH AUCH.
HÄ?! DU FLIEHST GEFÄLLIGST, WIE SICH DAS GEHÖRT!
ABER ...

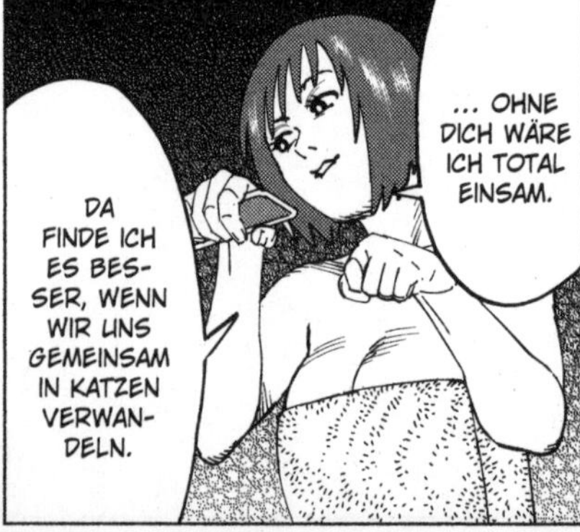
... OHNE DICH WÄRE ICH TOTAL EINSAM.
DA FINDE ICH ES BESSER, WENN WIR UNS GEMEINSAM IN KATZEN VERWANDELN.

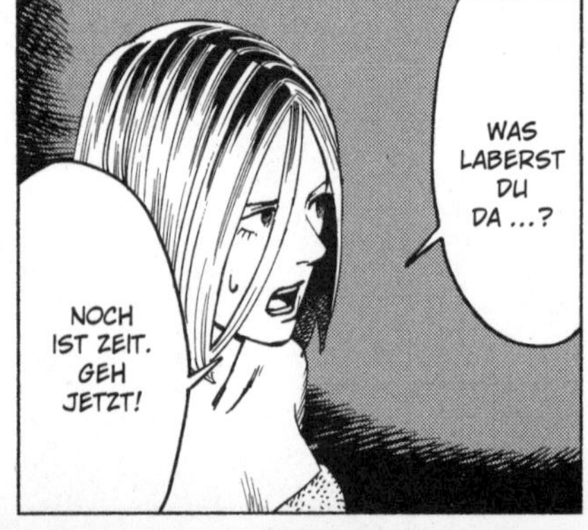
WAS LABERST DU DA ...?
NOCH IST ZEIT. GEH JETZT!

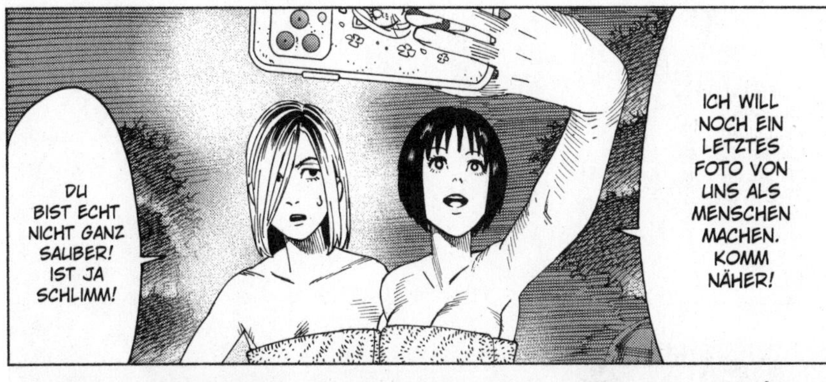
ICH WILL NOCH EIN LETZTES FOTO VON UNS ALS MENSCHEN MACHEN. KOMM NÄHER!
DU BIST ECHT NICHT GANZ SAUBER! IST JA SCHLIMM!

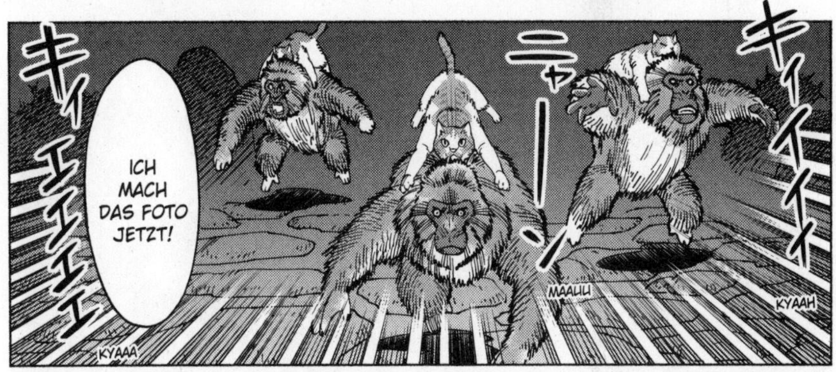
キィイイイ
KYAAH
ニャー
MAAUU
ICH MACH DAS FOTO JETZT!
キィエエエエ
KYAAA

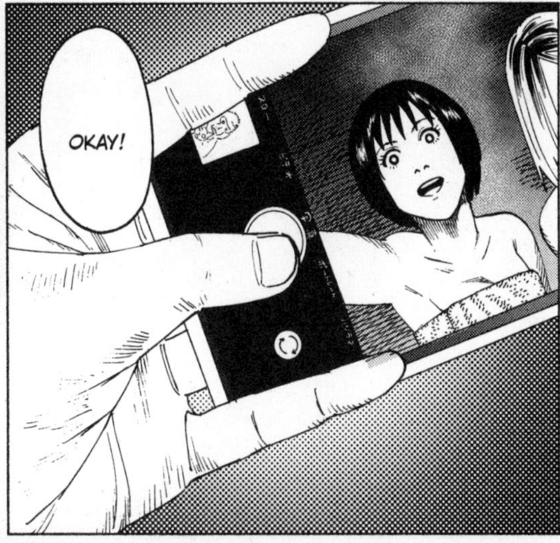
OKAY!

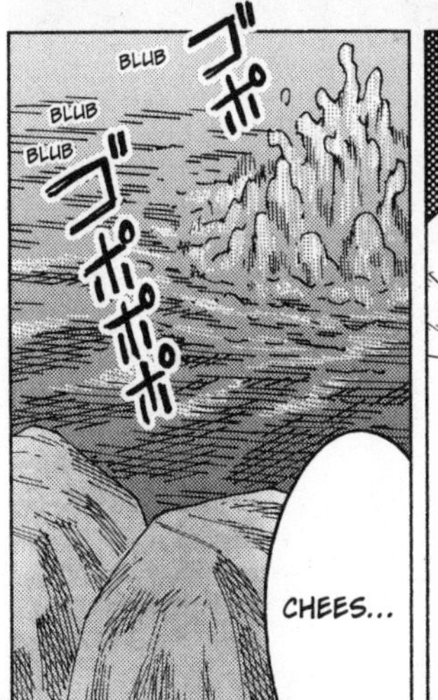
ゴポ
ゴポポポポ
BLUB
BLUB
BLUB
CHEES...

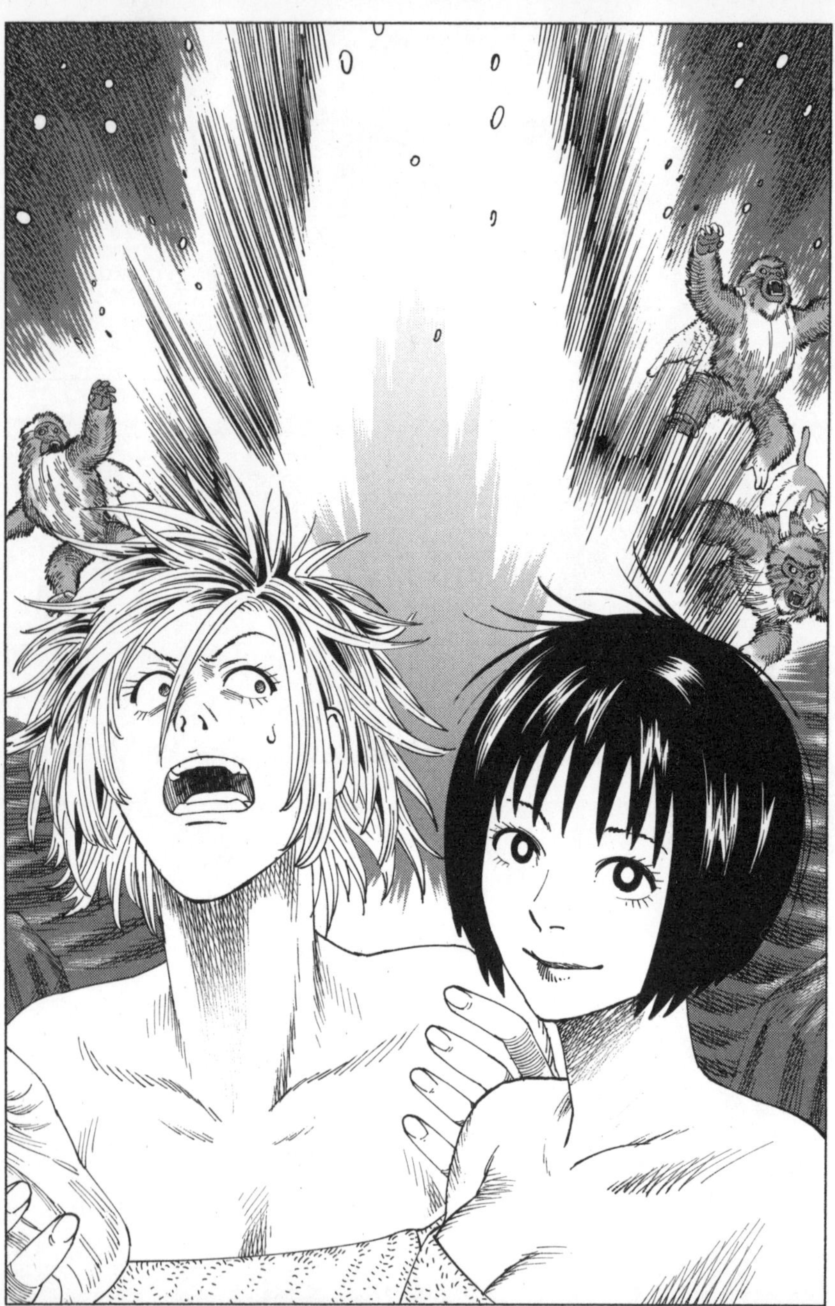

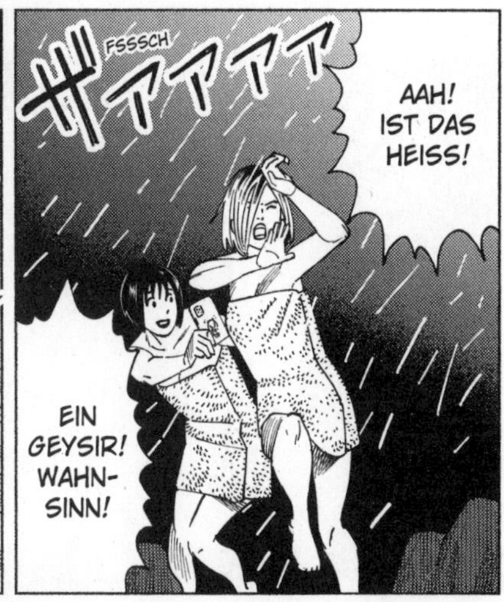
ザァァァァ
FSSSCH
AAH! IST DAS HEISS!
EIN GEYSIR! WAHN-SINN!

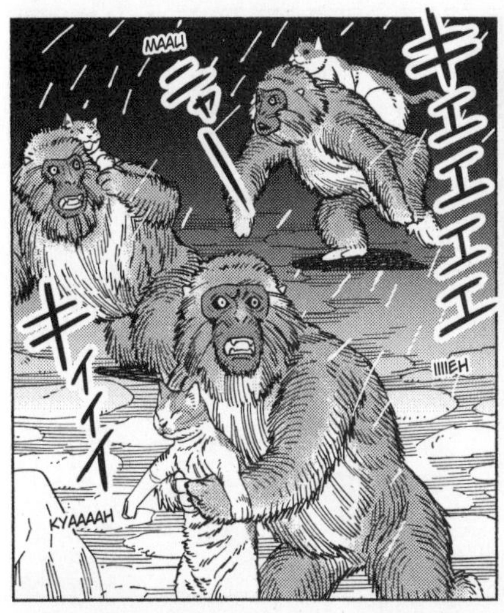
キェェェェ
IIIIEH
ニャー
MAAU
キィイイ
KYAAAAH

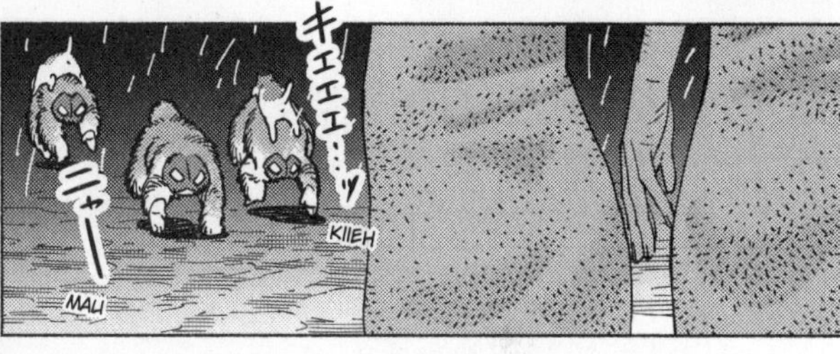
キェェェ…ッ
KIIEH
ニャー
MAU

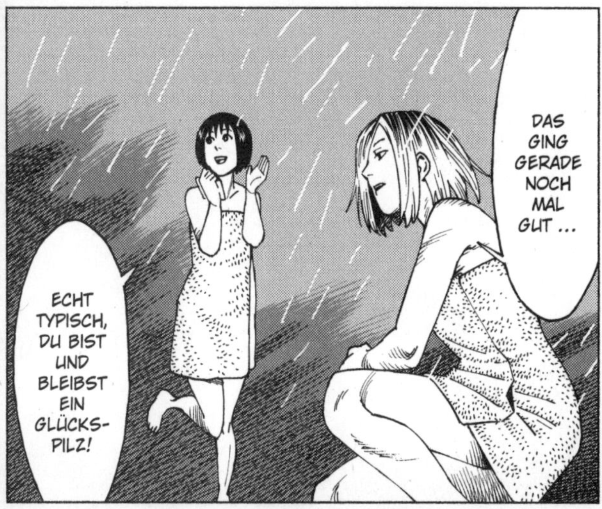
DAS GING GERADE NOCH MAL GUT …
ECHT TYPISCH, DU BIST UND BLEIBST EIN GLÜCKS-PILZ!

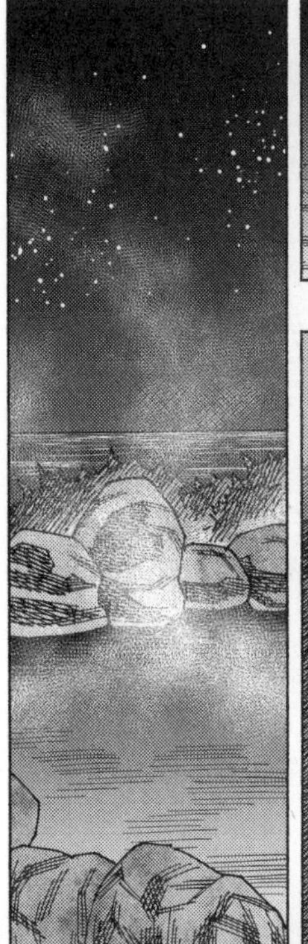

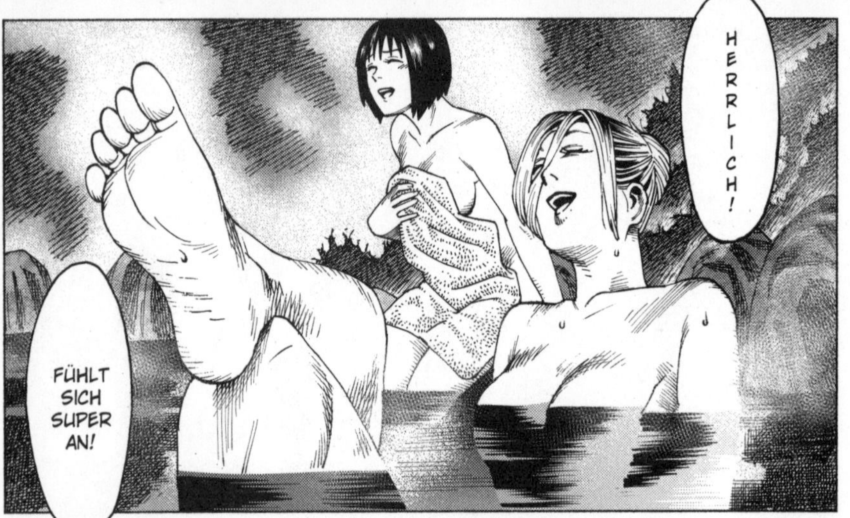

HERRLICH!

FÜHLT SICH SUPER AN!

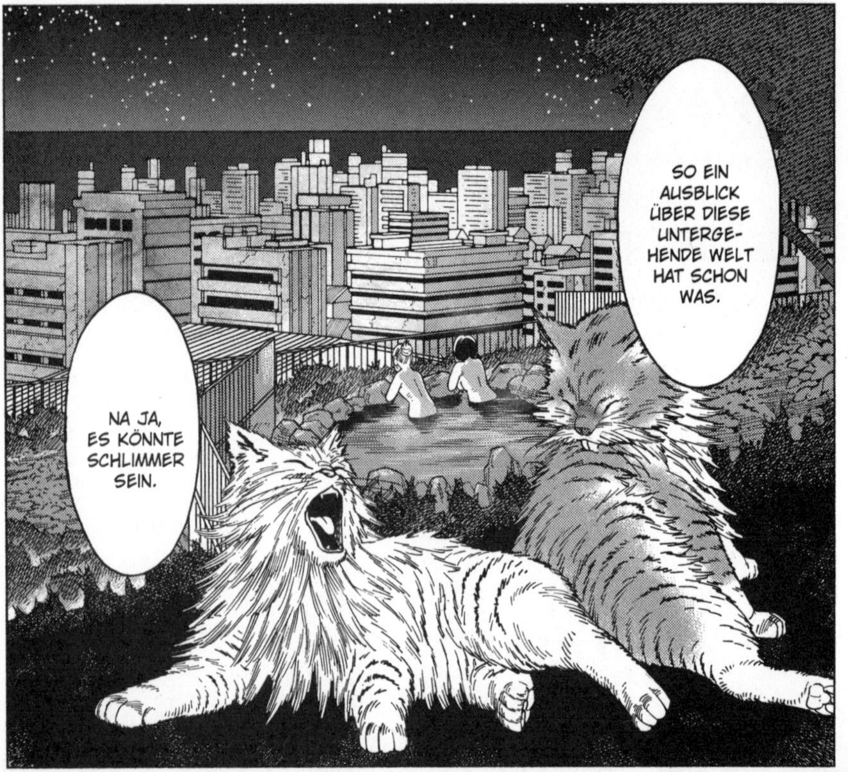

SO EIN AUSBLICK ÜBER DIESE UNTERGEHENDE WELT HAT SCHON WAS.

NA JA, ES KÖNNTE SCHLIMMER SEIN.

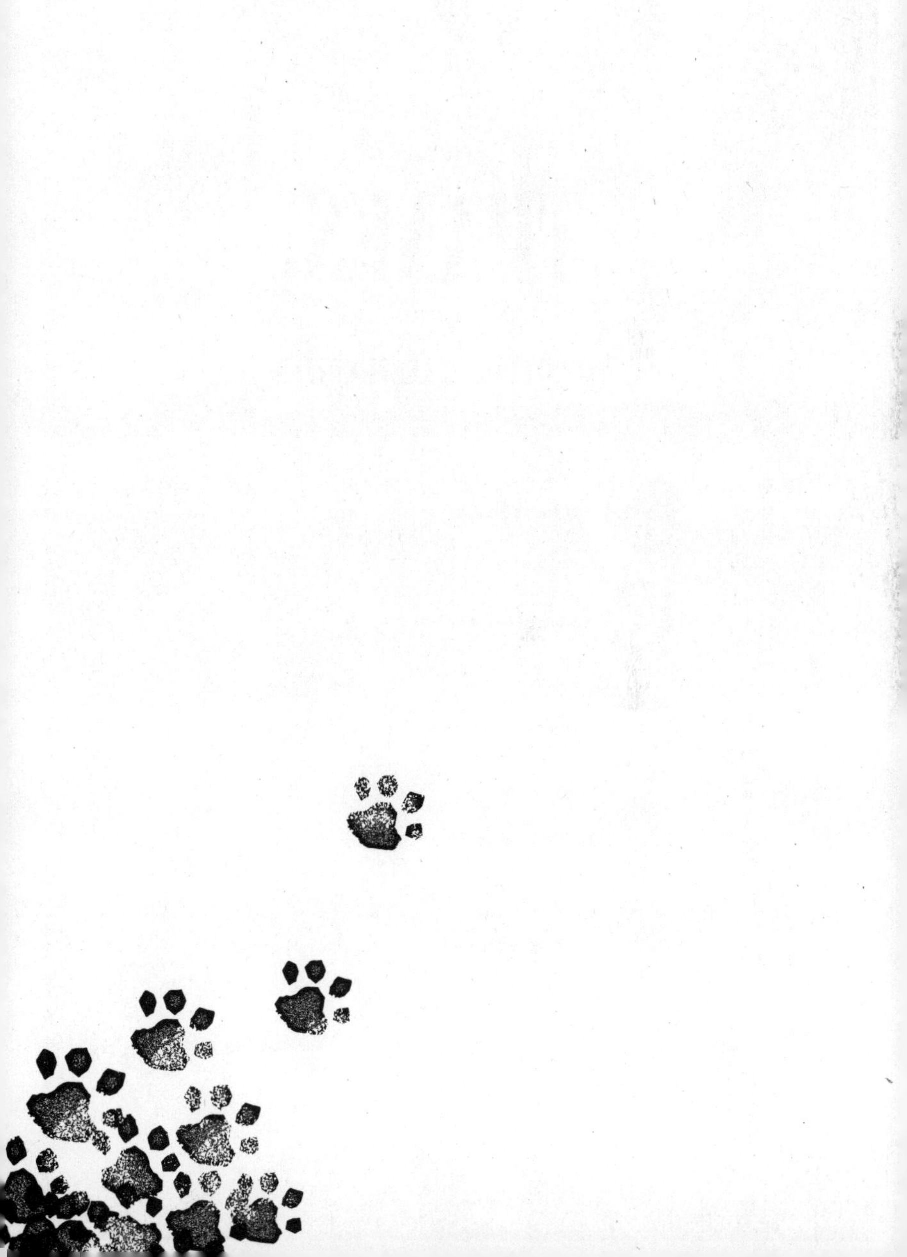

Special

THANKS

VORSTELLUNG LESERKATZEN:

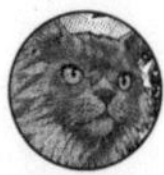

NIKKE0830S KATER YUMEJI

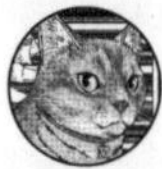

MUKAIYAMAS KATZE MUGI

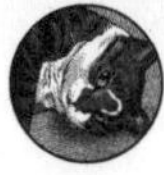

ASAIS KATER KOSUKE

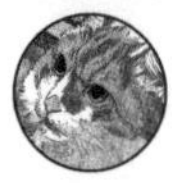

SASAKURES KATER YACCHI

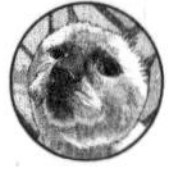

MUKURO-JIMAS KATER YUAN

IN DER REIHENFOLGE IHRES ERSCHEINENS.

OUTTAKES VON BAND 4

▷START

1. HUNGER
2. WACKELN
3. SPIELZEUG
4. PATZER

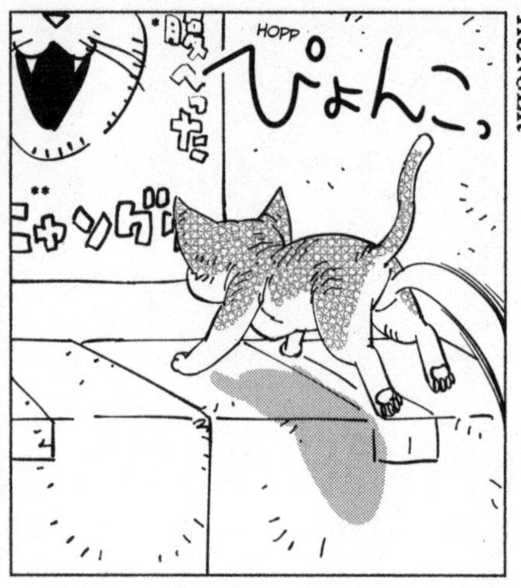

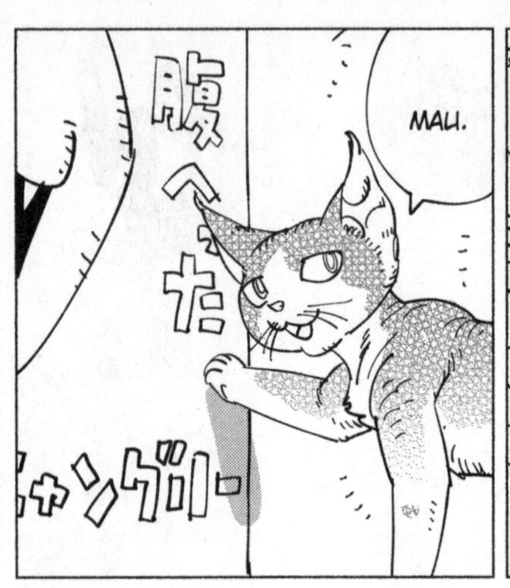

* HAB ICH EINEN HUNGER ** KATZENHUNGER

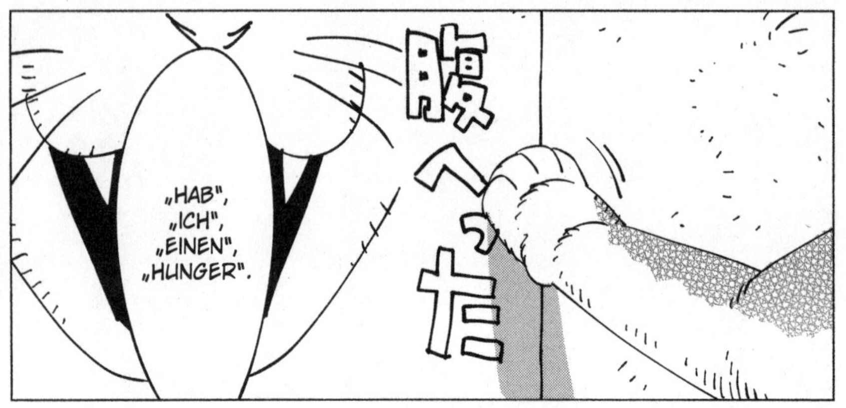

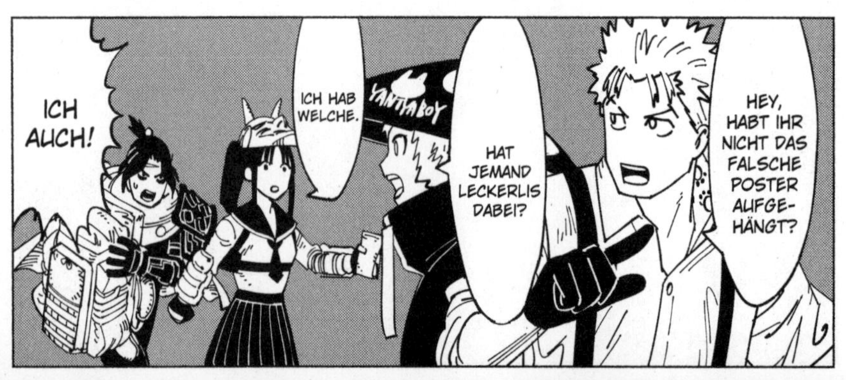

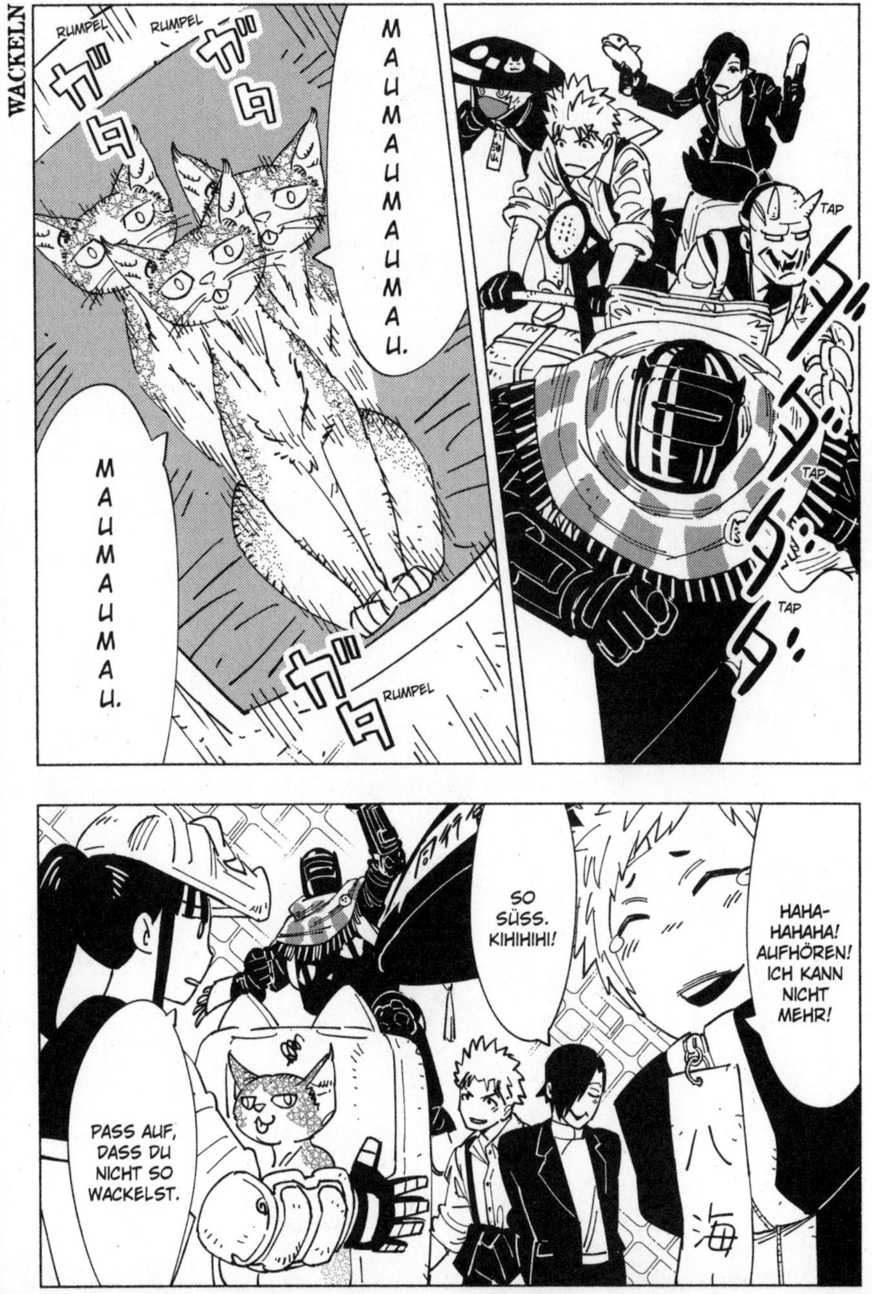

TAP
TAP
TAP

RUMPEL
RUMPEL
MAUMAUMAUMAUMAU.
MAUMAUMAUMAU.
RUMPEL

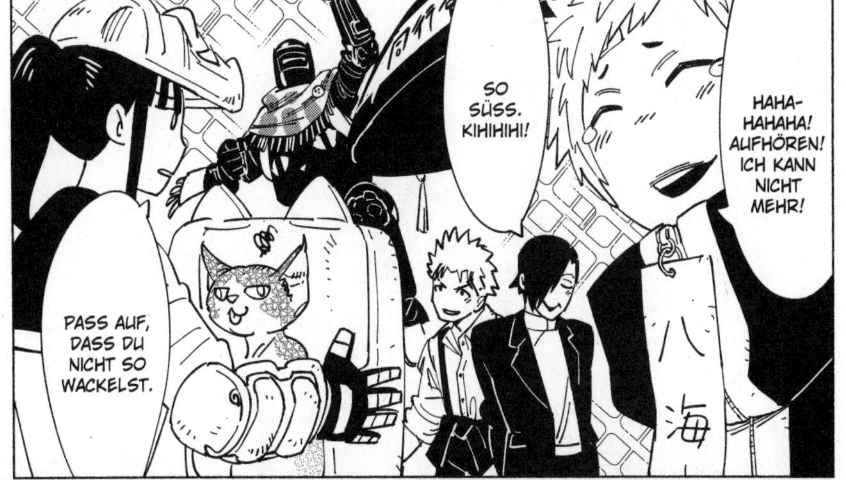

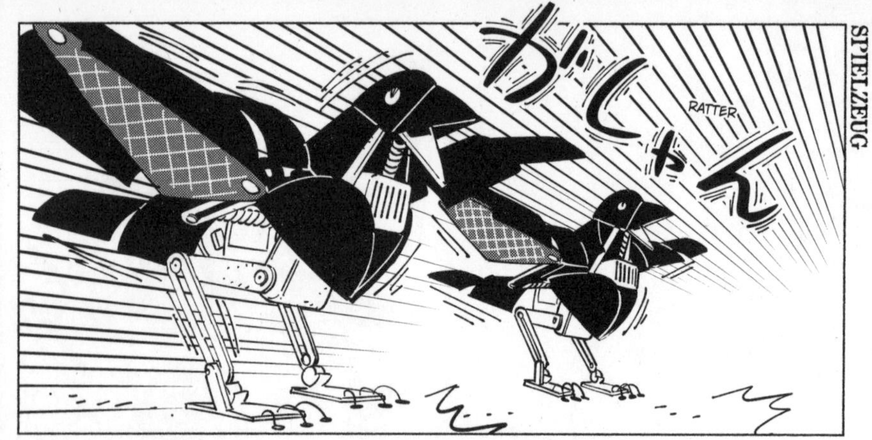

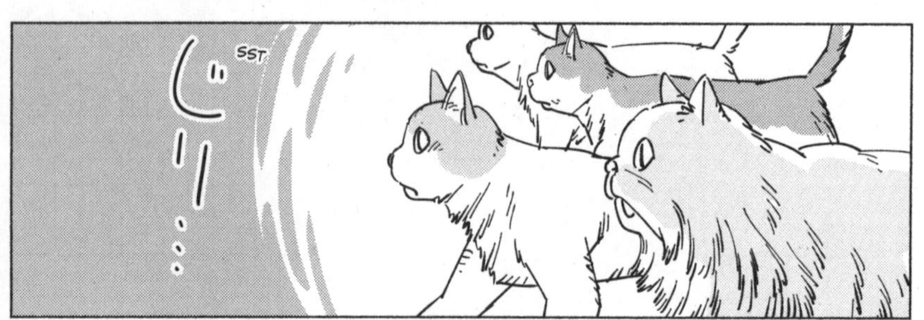

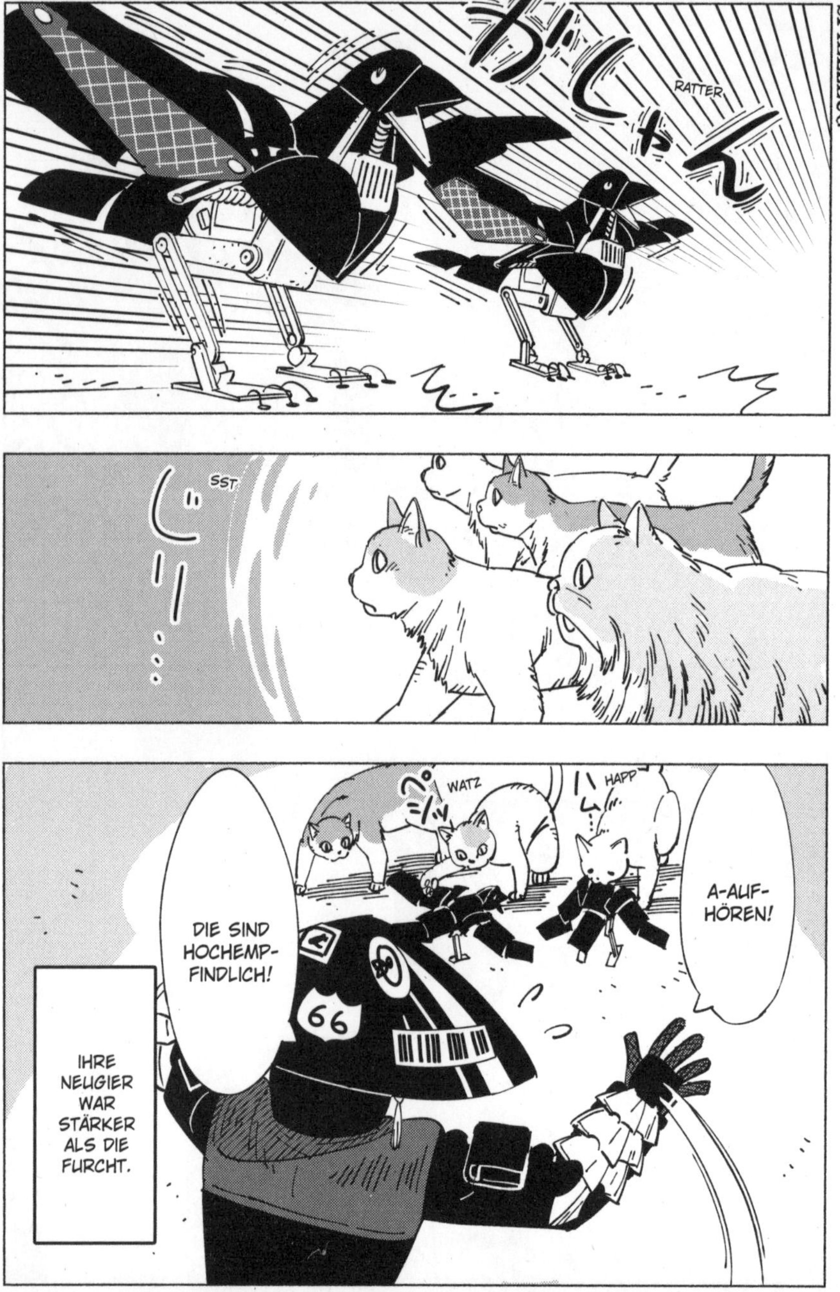

A-AUFHÖREN!

HAPP

WATZ

DIE SIND HOCHEMPFINDLICH!

IHRE NEUGIER WAR STÄRKER ALS DIE FURCHT.

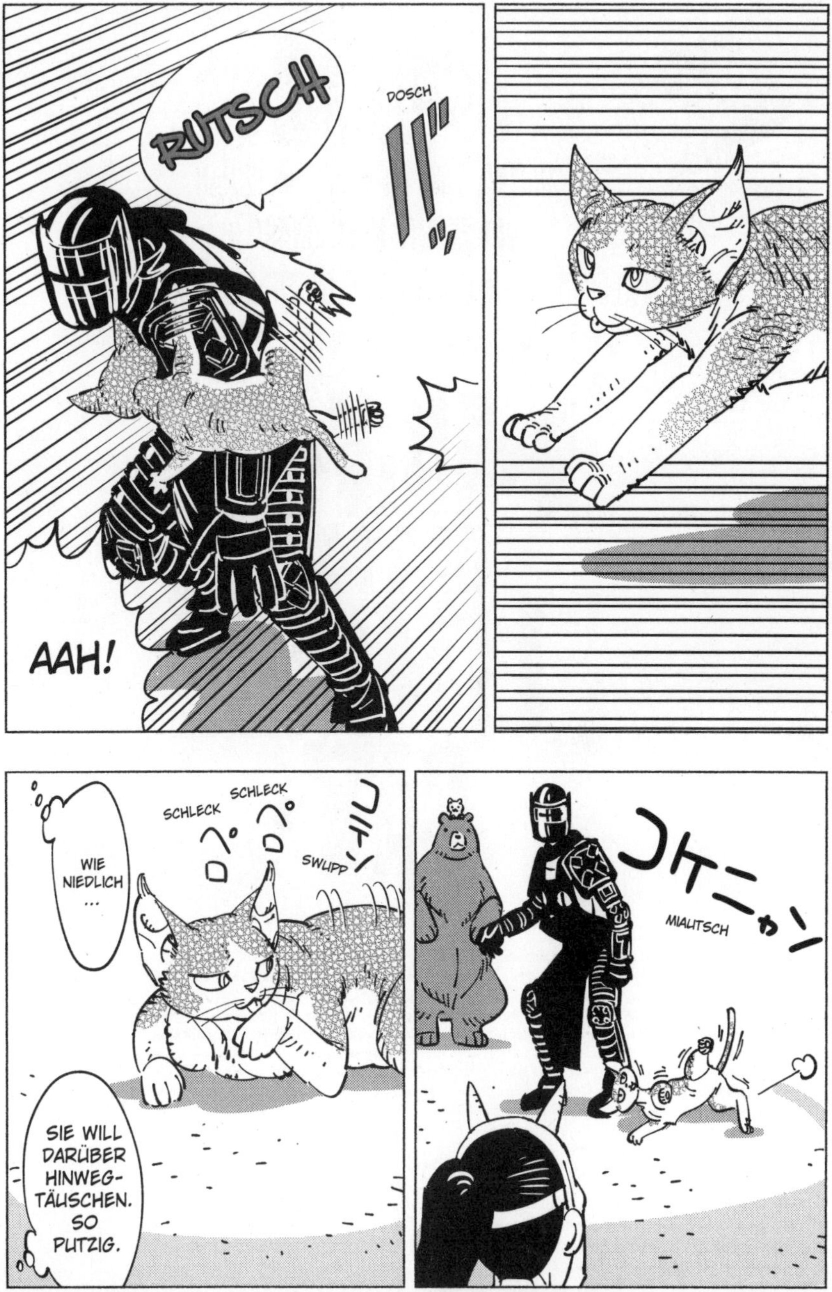

DOSCH
RUTSCH
AAH!

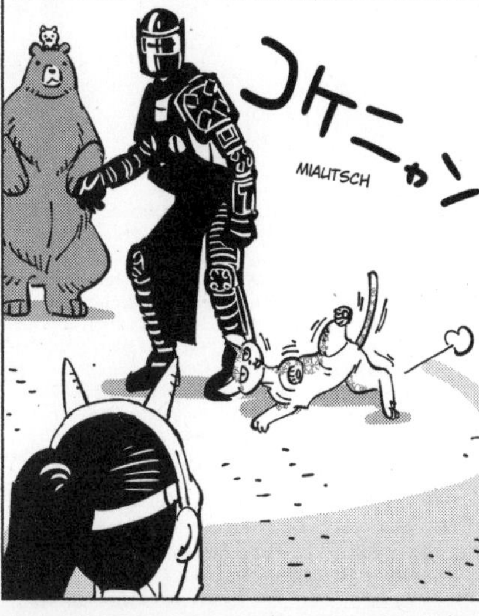

コケーニャン
MIAUTSCH

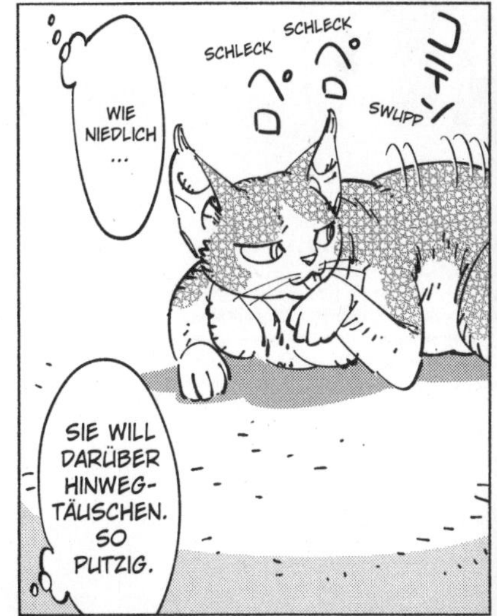

SWUPP
SCHLECK
SCHLECK
WIE NIEDLICH ...
SIE WILL DARÜBER HINWEG-TÄUSCHEN. SO PUTZIG.

ACHTUNG!

DIESER COMIC WIRD WIE IM ORIGINAL GELESEN:

VON RECHTS NACH LINKS.

ALSO FANGT EINFACH VON DER ANDEREN SEITE DES BUCHES AN

UND STÜRZT EUCH IN DIE WELT VON

NIGHT OF THE LIVING CAT

NIGHT OF THE LIVING CAT erscheint bei **PANINI MANGA**, Schloßstraße 76, D-70176 Stuttgart. NIGHT OF THE LIVING CAT wird unter Lizenz in Deutschland von PANINI Verlags-GmbH veröffentlicht. Druck: LEGO PRINT S.p.A. Direkt-Abos auf **www.paninimanga.de**. Geschäftsführer **Hermann Paul**, Publishing Director Europe **Marco M. Lupoi**, Finanzen/Logistik **Felix Bauer**, Marketing Director **Holger Wiest**, Marketing **Dr. Rebecca Haar**, **Jessica Langer**, Vertrieb **Alexander Bubenheimer**, PR/Presse **Steffen Volkmer**, Publishing Manager **Lisa Pancaldi**, Redaktion **Marlene Eggertsberger**, **Stephanie Jakob**, **Matthias Korn**, **Philipp Nakata**, **Daniela Uhlmann**, Übersetzung **Jan Lukas Kuhn**, Proofreading **Beatrice Tavares**, grafische Gestaltung **Rudy Remitti**, **Nicola Spano**, Art Director **Alessandro Gucciardo**, Redaktion Panini Comics **Elisa Panzani**, **Ludovica Ungari**, Repro/Packager **Alessandro Nalli** (coordinator), **Anna Boselli**, **Mario Da Rin Zanco**, **Valentina Esposito**, **Luca Ficarelli**, **Simone Guidetti**, **Linda Leporati**, **Fabio Melatti**. **ISBN** 978-3-7416-3715-5

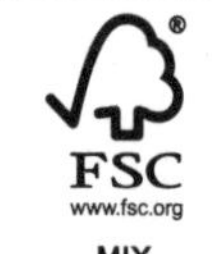

1. Auflage

Bibliografische Information der Deutschen Nationalbibliothek
Die Deutsche Nationalbibliothek verzeichnet diese Publikation in der Deutschen Nationalbibliografie; detaillierte bibliografische Daten sind im Internet über dnb.d-nb.de abrufbar.